博雅撷英·赵世瑜社会史作品集

赵世瑜 著

狂欢与日常
明清以来的庙会与民间社会

Carnivals in Daily Life:
The Temple Fairs and
Local Society Since Ming and
Qing Dynasties

北京大学出版社
PEKING UNIVERSITY PRESS

图书在版编目（CIP）数据

狂欢与日常：明清以来的庙会与民间社会/赵世瑜著.—北京：北京大学出版社，2017.11

（博雅撷英）

ISBN 978-7-301-28868-9

Ⅰ.①狂… Ⅱ.①赵… Ⅲ.①庙会—研究—中国—明清时代 ②文化生活—研究—中国—明清时代 Ⅳ.①K892②K248.03

中国版本图书馆CIP数据核字（2017）第252600号

书　　名	狂欢与日常：明清以来的庙会与民间社会 KUANGHUAN YU RICHANG: MINGQING YILAI DE MIAOHUI YU MINJIAN SHEHUI
著作责任者	赵世瑜　著
责任编辑	张　晗
标准书号	ISBN 978-7-301-28868-9
出版发行	北京大学出版社
地　　址	北京市海淀区成府路205号　100871
网　　址	http://www.pup.cn　新浪微博：@北京大学出版社
电子邮箱	编辑部 wsz@pup.cn　总编室 zpup@pup.cn
电　　话	邮购部 62752015　发行部 62750672　编辑部 62767315
印 刷 者	北京中科印刷有限公司
经 销 者	新华书店
	880毫米×1230毫米　A5　13印张　320千字
	2017年11月第1版　2024年1月第4次印刷
定　　价	84.00元

未经许可，不得以任何方式复制或抄袭本书之部分或全部内容。
版权所有，侵权必究
举报电话：010-62752024　电子邮箱：fd@pup.cn
图书如有印装质量问题，请与出版部联系，电话：010-62756370

目 录

叙 说 1

概说之部

中国传统社会中的寺庙与民间文化
　　——以明清时代为例 43

民间社会中的寺庙：一种文化景观 72

中国传统庙会中的狂欢精神 98

寺庙宫观与明清中西文化冲突 120

庙会与明清以来的城乡关系 135

地域研究之部

明清时期的华北庙会 157

明清时期江南庙会与华北庙会之比较 180

明清华北的社与社火
　　——关于地缘组织、仪式表演以及二者的关系 196

个案研究之部

明清以来妇女的宗教活动、闲暇生活与女性亚文化 219

太阳生日：东南沿海地区对崇祯之死的历史记忆 253

黑山会的故事：明清宦官政治与民间社会　277

国家正祀与民间信仰的互动
　　——以明清京师的"顶"与东岳庙为个案　302

鲁班会：清至民国初北京的祭祀组织与行业组织　322

附　录

社会史：历史学与社会科学的对话　351

再论社会史的概念问题　373

文献工作与田野工作
　　——民间文化史研究的一点体验　400

后　记　411

再版后记　415

叙 说

一

中国的历史学究竟应该有什么样的学术取向？自从 20 世纪 80 年代初以来，中国史学界开始重新了解国际历史学研究的动向，发现 19 世纪末、20 世纪初开始的国际史学的变化，到第二次世界大战以后已然蔚然大观。这个变化就是以兰克学派为代表的政治史模式和科学主义史观已经遭到了重大的挑战，用巴勒克拉夫的话说，就是在"1917 年以后，马克思主义成为历史思想中的重要成分，政治史的地位开始动摇"。具体的表现是，历史研究的对象已扩展到社会的各个角落，而绝不仅限于重大的政治事件、精英人物，其后果必然是史料范围的扩大和研究方法的丰富多样。

在中国，新史学观早已传入，马克思主义史学日益深入人心，经济史范式的推广给予传统旧史学以重创，人民群众是推动历史前进的动力，也已为史学家所接受。从理论上说，新史学范式在中国并非姗姗来迟。但是在相当一段时间内，前进的步伐放慢甚至是停滞了，以政治史（包括经济制度史、精英思想史）代替了整个社会的历史，以"重大"事件的历史代替了日常生活的历史，以农民战争史代替了人民群众在一切时间和一切领域里创造的历史。更为重要的是，史家的眼光始终是"自上而下"或"自上而下"的，即使当他们偶尔关注普通人的历史时,那也已是精英历史的附属、延续或者残余,或是不自觉地居高临下地审视它,而不是设身处地地同情理解它。这种眼光也导致我们首先热衷于寻找规律,然后把各种事实纳入这个规律之中,而不是在真正和全面了解事实的基础上总结规律。

与此相反,走向民间的历史学实际上就是"自下而上"看的历史学,也就是说,它强调"下",但却不排斥"上"。所谓"下",就是民间文化、基层社会、普通群众、日常生活,它们是整个人类历史的基础和主体。重大的政治事件只在历史上占极短暂的时间,精英和领袖不会超过总人口的10%,如果我们忽视对"下"的研究,如果我们只强调重大事件对日常生活、精英人物对普通群众的影响,而不考虑前者是后者的积累的结果,后者是前者的基础,那么我们的史观必将是反历史的。幸运的是,近年来这样一种态度已为越来越多的人所接受,社会史研究的蓬勃兴起就是明证。但是我们的社会史研究刚刚起步,还有明显的认识上的偏差。比如说,我们有许多关于传统社会三教九流的出版物,就社会群体研究而言,这些选题都非常必要,但问题在于这里有不少有意追求冷僻,甚至(说得严重一点)带有猎奇猎艳的味道。这虽研究的是"下",但却仍是"自上而下"的。造成这个问题的可能原因之一,是把社会史简单地当作社会生活史,而不是全社会的历史或者年鉴学派所谓的"整体历史"。

"自下而上"的或者"走向民间"的历史学绝不是这种狭义的社会史,"民间"并不是历史学研究的终点,而只是重要的一站,是走向整体历史或总体史学的必由之路,也是为了纠正以往史学研究中的偏差。这项任务将由更为广义的、作为历史学研究新范式的社会史来承担。它将正确地坚持强调综合和长时段研究的马克思主义史学,一要把以往忽略的基层社会的历史、普通民众的历史、日常生活的历史和民间文化史掸去灰尘,重新放在适当的或者显要的位置;二要以"自下而上"的眼光重新审视和改造政治史学范式下的传统研究领域。比如说,在传统的政治史、经济史和思想史这三大块中,更多侧重研究一些制度的实践或操作层面,更多考虑其结构——功能意义,而不仅限于制度规定和沿革本身,要注意"说"的和"做"的之间的差距(实际上测量这个差距就很有意义)。再比如说,多考虑一些上层与下层之间的互动关系,像近年来国外汉学界较多研究传统社会中国家与基层社会之间的关系(控制与反控制等等)那样。三要在研究的任何主题上,注意反映有关联的部分之间的横向或纵向联系,即如多年前有的学者主张的:"既要瞻前顾后,又要左顾右盼。"

走向民间的历史学并非像有些人认为的那样,关注的都是些微不足道的小问题。早在1926年,顾颉刚先生就曾有针对性地指出:"我们决不因为古物是值钱的骨董而特别宝贵它,也决不因为史料是帝王家的遗物而特别尊敬它,也决不因为风俗物品和歌谣是小玩意儿而轻蔑它。"实际上,我们关注占人口多数的普通民众,代表着一种人本主义的观念变革。在传统的政治史范式中,个别的普通人在"重大"事件中是微不足道的,人们对长平之战后坑杀的几十万人并不十分在意,而更多地关注"秦王扫六合"。这在今天来看,不能说是公平的态度,因此需要彻底的改变。我们更关注日复一日的生活结构,关注人们的生活起居,关注人们相互之间的关系和处理方式,因为我们从历史当中汲取经验教训,决不限于战争与革命。我们生活在一个和平但社会关系复杂多变的时代,我们应该让每一个普通人而不仅仅是领袖和精英,都能从他们感到熟悉和亲切的历史氛围中接受他们所需要的历史教诲。我们像关注大城市那样关注每一个小乡村,关注它的内部运作机制和与外部世界的联系方式;我们像关注每一个社会群体那样关注每一个个人,关注他在特定人际关系网络中的位置,也关注他的内心世界。

1991年5月我首次访问北美,由于当时我已开始研究民间信仰,特别是与庙会有关的问题,于是在加拿大温哥华逗留期间,专门拜访了素以研究中国民间宗教知名的欧大年教授(Daniel Overmyer),作为当时的不列颠哥伦比亚大学亚洲研究中心主任,他在颇有东方风格的庭院式建筑里接待了我。他当时对我说的一席话,令我感到惭愧和刺激。他说,马克思主义史学是中国历史学研究的主流,但马克思主义最注重民众,而中国的历史学家却很少研究民众,这是为什么?我虽然嘴上表示目前已有人开始做这方面的工作,但心里却知道他的批评完全正确。时至今日,倏忽十年过去,虽然国内在这方面的研究已有很大改观,但研究者在整个历史学者的队伍中还是少数。

二

以上谈到我所主张的作为历史学研究新范式的社会史,关于这一点,我已有专文从理论和学术史上加以论述[①],这些意见可以在本书的附录中找到,而且日益得到同行的支持和不同角度的补充[②]。由于曾有人怀疑这种理论上的见解是否能在实践中行得通,因而本书中的大部分内容,就是试图回答这种疑问的一些例子。在这里,我还是想把关于学科范式的想法重申一遍,目的是希望不断更新我们的史学实践。

---

① 见本书附录中的《社会史:历史学与社会科学的对话》与《再论社会史的概念问题》两文。

② 见张乃和:《社会及社会结构的理论问题——兼论历史学分支学科社会史能否成立》,《史学理论研究》2000年第3期,第27—36页。

正如西方因两次世界大战而使新史学范式的登堂入室延迟到了20世纪下半叶一样,中国史学界取代和改造政治史范式的工作也一度陷于停顿,政治史范式在史学界的支配地位依然故我,直到近20年,这项工作才因西方史学思想的再度传入而复兴。但是由于我们对国际史学发展潮流长期隔膜,传统的治史实践根深蒂固,对前述史学大师的学术又缺乏主动传承的意识,因此对史学的发展和更新还没有提高到范式的层面上去认识。许多人仍然只是在学科分支的意义上认识经济史、社会史、文化史甚至思想史,这样就很难在顺应国际学术发展趋势的意义上自觉地进行史学的创新工作。

作为范式出现的社会史的特征之一,就是它是一种整体的综合的研究。这种整体的和综合的特征并不标志它是一种宏观的通史,也不代表它只是研究对象的社会背景,它可以在非常具体而微观的研究中表现出来。正如文化史那样,让社会史画地为牢殊为不易。因为从广义来说,社会与文化同政治、经济、军事、宗教、哲学、文学、艺术等范畴不在一个层次上。有的学者把作为专史的社会史的研究对象和范围设定为群体结构、社会生活、社会心态、社会运行和区域社会,但社会心态难道不是思想史、宗教史等等可以研究的吗?社会生活不是可以由民俗史研究的吗?区域社会就更不用说,研究区域经济、区域文化,甚至人文地理的人都可以加入进来,凭什么说这是社会史的禁脔呢?何况在群体结构中,宦官究竟是政治群体还是社会群体呢?到底该归政治史研究还是归社会史研究呢?

我曾几次转述过下列故事。一个是刘志伟教授向我们讲述的、在广东番禺沙湾曾经流传的"姑嫂坟"传说。我个人认为这样的研究是典型的社会史研究。这固然是因为它研究的主要对象是女性,因为它把民间故事研究上升到一种文化批评,并把一种(传说故事所表现的)心态落实到社会的情境中,但关键在于它与传统的政治史背道而驰。研究女性未必不可以是政治史,如果研究循着族权……夫权的模式,离不开妇女受压迫和妇女解放的唯一思路,它就不可能是社会史。但社会史决不回避政治(无论承认与否,把社会史归入专史在潜意识里是在有意回避政治史),它所要做的是改造政治史,上面的故事恰恰反映了政治(国家力量)在地方社会中的推进。

另一个例子是岸本美绪教授向我们讲述的。她独辟蹊径地向人们展示了崇祯十七年三月十八日李自成农民军攻破北京、而后崇祯皇帝自缢于煤山这一爆炸性新闻,是如何传播到江南社会的具体过程。借此,她向我们揭示了对李自成农民起义、清兵入关、南明政权等问题进行社会史探索的可能性①。在这项研究中,传统的事件研究就被转化为对大众传播系统在社会变动中的作用、社会心理和社会反应的研究,反过来有助于对事件研究的可信程度的重新判断。传统的政治史就被改造成社会史。

实际上,西方史学的最新变化似乎就是"政治史的复归",它是在福柯和布尔迪厄的影响下出现的:哲学和社会学都对一个社会构成内部的权力运作大感兴趣,而文化人类学也从单纯地研究民间社会转而探讨国家与民间社会的关系。历史学也紧踵其后,但是正如乔治·杜比(G.Duby)所说,"重返政治史的我们已今非昔比"。他曾写了一部关于1214年布维纳战役的书,但他并"没有叙述战役的过程,而是利用了这一重大事件所引起的议论和反响","从围绕这次战役形成的大量人际关系的迹象着手,勾画出一种封建战争的社会学或人类学,再现出参加这次战斗的骑士的行为表现和心理状态"。这种被社会史改造了的政治史或可称为"社会政

---

① 〔日〕岸本美绪:《崇祯十七年的江南社会与关于北京的信息》,底艳译,赵世瑜审校,《清史研究》1999年第2期。

治史",在这方面,孔飞力的《叫魂》可以说是中国史研究领域里的另一个典型的例子。

文化史本来同样是作为史学新范式而出现的,就取代或改造旧的政治史范式而言,它与社会史的意义是同样的,只不过角度不同。当我在撰文论证作为史学范式的社会史时,就意识到文化史也同样不可能作为一个界限清晰的研究领域,因为文化史学者往往承认有包括物质文化、制度文化在内的"大文化"概念,但在研究实践中却只限于描述精神文化,因为如果使用大文化的概念,等于无所不包,文化史就相当于通史;同时"文化史"在描述某学派的思想时,与政治史涉及同一问题时看不出什么区别。更不妥的是,由于把文化史视为学科分支,便引起了进一步的画地为牢,出现了所谓"古代文化史"或"近代文化史"。这样的区分本来没有什么不对,但应该是"古代或近代文化的历史"而非"古代或近代的文化史"。因为既然是文化史,判断是近代还是古代,需以文化自身的发展和社会的发展二者为标准,不好完全以政治概念(比如以鸦片战争为界限的近代分期)来界定文化史。如果是这样,那么"近代文化史"就必定存在这样的理论预设:"近代"的文化都是从鸦片战争以后开始的,甚至都是外国人带到中国来的。

多少有些令人遗憾的是,当社会史界为此问题频繁展开争论的时候,文化史界却没有对此给予足够重视。在几乎是"铁板一块"的形势下,何晓明教授的观点可算是空谷足音,不妨引证如下:

> 问题的关键是,如果企图仅仅在研究对象范围的划分上,将"文化史"与政治史、经济史、思想史、哲学史直至科学史、工艺史等清晰地区分开来,不仅意义不大,而且根本就做不到。几十年来文化史研究的实践已经证明了这一点。依笔者浅见,"文化史"更根本的意义恐怕还在于"以文化的眼光来看待历史"。在世界范围内,从 18 世纪伏尔泰以来;在中国范围

内,从本世纪初以来,文化史研究的兴起,都不是在历史的传统园地里又新圈出来一块"势力范围",也不是在什么生荒之处突然发现了一块"飞地"。①

因此,文化史也是一种新的史学范式,它要对一切历史、一切人和事给出文化的解释,要寻找出文化的意义;它不仅是要研究历史上的"文化",更重要的是从文化的角度研究历史,这样,才有可能使文化史研究走出目前困境,不断推陈出新。

思想史同样可以作为范式而存在,但与社会史或文化史不同而与经济史相似的是,它同时也可以作为学科分支,因此作为范式的思想史也可以说是一种"新思想史"。我不知道这种思路的思想史在中国有没有人具体实践,但与它颇为类似的取向却依稀存在于葛兆光"重写思想史"的努力之中。葛兆光的《中国思想史》第一卷《导论》中,正确地阐述了思想史与哲学史的区别,特别是主张用"一般知识、思想与信仰"来取代精英的思想,避免思想史"成了思想家的历史或者经典的历史",希望描述和分析"非常直接而且真正有效的思想土壤和背景"。这样,他就把思想史变成了社会观念史,由此,对思想史内部进行了改造②。

但是尽管他把思想史视为过去影响今天的两种历史之一(另一是技术史),他还是没有认同这样的说法,即思想史有可能就是全部历史。这里所谓的"思想史",并不是在传统意义上说的史学的专门研究观念形态的那个分支,它如同社会史一样,指的是一种新型的史学(a new genre of history)。也就是说,它是从人的思想

---

① 何晓明:《仁山智水时时新——评60年间问世的五部文化史著作》,《史学月刊》1998年第5期,第10页。

② 参见葛兆光:《中国思想史》第1卷《七世纪前中国的知识、思想与信仰世界》、第2卷《七世纪至十九世纪中国的知识、思想与信仰》,上海:复旦大学出版社,1998年,2000年。

(idea)、心灵(mind)或精神(spirit)入手,而不是像以往那样从政治的或经济的角度,去重新诠释历史。当然,这里的所谓思想的或政治的或经济的角度或者立场,绝不是从终极的因果意义上采取的。这里的思想史通过考察个人的心灵、群体的观点以及某种思想产品的缘起和影响,探讨思想的相互关联的结构、思想交流手段对思想产品的重要性,在学术发展过程中内在的自我促进因素等等①。更重要的是,一切历史都可以通过思想表现出来,或者反过来说,通过观察人们的思想,发现历史的许多新的意义。

以往我们的历史学家往往在两种途径上研究历史,一是基于史料复原历史,基本上不考虑史料是史学家思想的投影;二是认识到历史在一定程度上说就是史学家的思想史,因此在史料所反映的客观真实与其中渗透的主体意识之间做剥离的工作。但是我们忽略了,无论是史学家还是任何人对历史或者现实(当时的现实即今天的历史)的反映,也即关于历史的"思想",也是一种真实,我们完全可以去捕捉、观察和分析流动在人们思想中的社会历史。又有什么东西没有反映在人们的观念中呢? 改革与政争、体制与风俗、宗教与反叛、游牧与农耕……不同人的思想中有不同的历史,我们所要做的就是对这不同的思想版本进行综合。

恰在此时,我们又读到了黄宗智的文章《中国法律制度的经济史、社会史、文化史研究》②。黄宗智是社会经济史领域的专家,以其《华北的小农经济与社会变迁》和《长江三角洲的小农家庭与乡村发展》二书知名,近10年来又着重研究法制史,近年来已经出版

---

① Felix Gilbert. Intellectual History: Its Aims and Methods. In Felix Gilbert, Stephen R. Graubard, ed., *Historical Studies Today*, New York: W. W. Norton & Company. Inc, 1972, pp. 141-158.

② 该义见《中国经济史研究》1999年第2期。

了一部专著和一部论文集①。按传统的观点,法制史或制度史研究本属政治史研究范围,这里倡导用经济史、社会史和文化史去研究它,实际上也是将后者作为新的研究范式对前者进行改造。更多的话不赘引,这一段讲文化史的话可作为代表:

> 我认为话语的分析是很有用的研究方法。它与旧思想史的不同,相似于社会史和旧帝王将相史的不同,话语史可以看作是观念的社会史,把研究目标从一个思想家转移到用共同话语的一个群体,从一个观念转移到多个观念的组合分离。我自己对官方话语的用词、逻辑(甚至于可以称作它的"文法")的一些看法(譬如,贤官和衙蠹的并列对立,道德君子或者是贤良凡人和讼师讼棍的对立并列),可以看作是个初步尝试。

黄宗智的目的是要"结合所谓'旧'经济史和社会史以及所谓'新'文化史的研究,来进行一种也许可以称作'新法制史'的研究"。如同政治史一样,这种"新法制史"就是被社会史、文化史这些史学范式改造过了的法制史,而所谓"新"文化史就是不同于作为学科分支的"旧"文化史的史学范式。

回首 20 世纪的史学,我们看到的是传统的政治史范式受到经济史范式的挑战,然后又出现了范式意义上的社会史和文化史,使史学研究不断更新的过程。但是在世纪末的中国史学界,作为范式的社会史刚开始艰难起步,其实践意义还没有得到多数人的认可;而依我的意见,接下来将挑战社会史范式的思想—文化史,此时还根本没有经历理论的探讨和研究实践的检验。在此,我努力

---

① 专著为《民事审判与民间调解:清代的表达与实践》,中译本 1998 年由中国社会科学出版社出版;论文集为 *Civil law in Qing and Republican China*, Stanford University Press, 1994。

向读者展现的,是世纪末的一种趋势,在新的世纪,这种趋势可能还有生命力,也可能受到新的趋势的挑战,即使是后者,我也会为之拍手称快。

三

本书中谈的多是与庙会或者各种民间祭祀活动有关的事情,这当然不能脱离这一时期民间宗教信仰存在和发展的一般背景,因此这里不妨对本领域之外的读者做一点交代。

复杂多样的民间信仰和民间宗教的存在和发展,是明代特别是明中叶以来民间文化空前繁荣的重要组成部分,它们实际上是宋代以来民间文化高潮的延续。这里的所谓民间宗教,指的是不被官方认可的、由民众组织和参与的宗教体系和组织,它们有自己的组织系统、自己的教义,在思想内容上与官方认可的佛教、道教有一定的联系,可是往往被官方视为危险的邪教和异端。而所谓民间信仰,则指普通百姓所具有的神灵信仰,包括围绕这些信仰而建立的各种仪式活动。它们往往没有组织系统、教义和特定的戒律,既是一种集体的心理活动和外在的行为表现,也是人们日常生活的一个组成部分。

唐宋以来,由于城市的发展、政治控制的相对松弛、人身依附关系的相对松懈,使民众生活的自由度有了较大的增加,而民间文化的发展就有了很好的基础。以区域性的民间信仰而论,东部沿海的妈祖信仰、浙闽一带的陈靖姑(临水夫人)信仰、江南地区的五通神信仰等等,都是在宋代萌芽或形成,然后到明代蔚然大观的。以民间宗教而论,自波斯传入的摩尼教在唐会昌年间遭到禁断之后,五代时便转化为秘密的民间宗教,入宋或称明教,在东南各省颇有势力。到了元代,又与隋唐以来的弥勒教多有融合。与此同时,南宋时从佛教中分化出来的白莲宗的一部分,也加入到民间宗教的队伍之中,形成赫赫有名的白莲教。明太祖朱元璋借以发迹的元末农民大起义,就是以弥勒教及白莲教等为主体的。

首先看看明初的官方态度。

明初官方对于民间宗教和民间信仰的态度,是其重建礼法秩序的一个重要方面。由于朱元璋深知民间宗教在组织民众造反上的重大作用,所以尽管明朝借以建立,还是如同历代统治者一样,对其加以禁断。洪武三年六月,朱元璋批准了中书省的建议:"白莲社、明尊教、白云宗,巫觋、扶鸾、祷圣、书符、咒水诸术,并加禁止。"①《大明律》第181条又重申说:"凡师巫假降邪神,书符咒水,扶鸾祷圣,自号端公、太保、师婆,及妄称弥勒佛、白莲社、明尊教、白云宗等会,一应左道乱正之术,或隐藏图像,烧香集众,夜聚晓散,佯修善事,扇惑人民,为首者,绞;为从者,各杖一百,流三千里。若军民装扮神像,鸣锣击鼓,迎神赛会者,杖一百,罪坐为首之人。里长知而不首者,各笞四十。其民间春秋义社,不在禁限。"②把禁止的范围扩大到民间信仰活动(游神赛会),且惩罚极为严厉。

实际上,对于与宗教信仰直接相关的神灵祭祀,明初统治者并不能同时加以全面的清理和打击。一方面是因为对各种神灵的信仰和祭祀仪式在民间普遍存在,且根深蒂固,构成民众意识形态和群体生活的重要内容,无法彻底根除,一旦如此去做,还会引起强烈的反弹;另一方面,统治者自身也是神道设教,需要借助神灵的力量来愚弄和威吓民众,稳固自己的统治。朱元璋自己就是一个异常迷信的人,他不仅使人在《天潢玉牒》之类文献中捏造自己的

---

① 《明太祖实录》卷五三,洪武三年六月甲子条,台北:历史语言研究所校印本,第1038页。

② 怀效锋点校:《大明律》卷一一《礼律一·禁止师巫邪术》,北京:法律出版社,1998年,第89页。

母亲在生他之前服了神仙的丹丸,然后白气盈室、异香不断的神话,而且承认神鬼的存在,经常占卜吉凶,要求大家在祭祀中必须虔诚①。

此外,在清康熙年间曾引起一大风波的江南五通神信仰,传说也与朱元璋有关。《陔余丛考》卷三五"五圣祠"条记:"(明)太祖既定天下,大封功臣,梦兵卒千万罗拜乞恩。帝曰:'汝固多人,无从稽考,但五人为伍,处处血食可耳。'命江南人各立尺五小庙祀之,俗谓之五圣庙。"②如前述,五通神信仰源于唐宋,但如果此说有一定依据,则朱元璋此举必定强化了这一信仰。与此颇类似的是,宋元时代产生的、属于江西地方性水神的萧公和晏公,因为被朱元璋视为在关键性的鄱阳湖之战中保佑了他的胜利,分别被封为水府侯和平浪侯,成为几乎遍布全国的大神。而汉唐时期还没有专祀的北方真武,同样是到宋代被抬高到"真君"的地位。但也是到了明成祖的时期,把他视为自己从北方而来夺取帝位的保护神,给予极高的礼遇,上升到"大帝"和"天尊"的地位。武当山道观得到大规模重建,从此名闻天下。其他如关羽的崇拜等等,都是因为在明代受到统治者的青睐,而突然在全国范围内流行。由此可见,明统治者本身就是造神的能手。

所以,神灵祭祀在洪武礼制的确立过程中是不可缺少的内容,问题在于必须分清哪些是必须崇拜(正祀)、哪些是允许崇拜(杂祀)、哪些是不允许崇拜的(淫祀);而哪些又是只许统治者崇拜,而不许普通人崇拜的。比如社稷的祭祀,是从京城到乡里都存在的,日月、先农、先蚕、高媒等只存在于京城;在各级统治中心城市里,

---

① 张德信、毛佩琦主编:《洪武御制全书·御制文集·鬼神有无论》及《教民榜文》《皇明祖训》《御制大诰》等的有关内容,合肥:黄山书社,1995年。

② (清)赵翼著,栾保群、吕宗力校点:《陔余丛考》卷三五、"五圣祠"条,石家庄:河北人民出版社,1990年,第636—637页。

城隍、旗纛、马神、关帝、东岳等等，都属于正祀系统。但是这对于朱元璋来说显然还远远不够。"洪武元年命中书省下郡县，访求应祀神祇。名山大川、圣帝明王、忠臣烈士，凡有功于国家及惠爱在民者，著于祀典，命有司岁时致祭"，这样在实际上就大大增加了应列入"正祀"的神灵。但由于划定了范围，大量民间神祇还是不能得到官方的承认。然而第二年"又诏天下神祇，常有功德于民，事迹昭著者，虽不致祭，禁人毁撤祠宇"，这就大大扩大了民间神灵信仰存在的空间，因为任何神鬼都可以假托灵验，被传说为"有功德于民"，虽不被官方致祭，却可以保留民间的香火。洪武三年再下令说，"天下神祠不应祀典者，即淫祠也，有司毋得致祭"①。即使是"淫祠"，也只是禁止官方的礼仪行为，而没有采取禁毁的行动。这无疑表明属于"淫祀"的民间信仰十分普遍，甚至地方官员也往往入乡随俗，对其采取了礼仪性的做法。

一般来说，明初的文化政策是相对保守的。"明兴，高皇帝立教著政，因文见道，使天下之士一尊朱氏为功令。士之防闲于道域，而优游于德囿者，非朱氏之言不尊。"②朱元璋命删《孟子》，朱棣命编《四书大全》诸书，惩罚对程朱之学有异议的儒士，大搞文字狱，使学术空气呆板僵化，连戏曲小说也用来宣扬传统的伦理纲常。因此对于民间社会的控制也是异常严密的。他除了使用里甲、黄册、关津路引制度等硬的一手外，还规定定期举行乡饮酒礼来密切乡里关系和明确尊卑秩序，设老人、木铎等进行礼教的宣传。更通过表彰"义门"来提倡利用血缘纽带的家族统治，通过倡导"社祭"来加强地缘的联系和控制。比如江西新昌在明初"每里百户内立坛一所，祀土谷之神"，每逢二、八月社日，"约聚祭祀"，然

---

① （清）张廷玉等：《明史》卷五〇《礼四》，北京：中华书局，1974年，第1306页。
② （明）何乔远：《名山藏》卷八五《儒林记》，《北京大学图书馆藏善本丛书·明清史料丛编》本，北京：北京大学出版社，1993年，第5143—5144页。

后宣读誓词。誓词的内容包括不许以强凌弱,大家共同扶助贫困者,凡作奸犯科、为非作歹之人不许入会等等。一直延续到清代,"春秋二社犹聚族祭社"①。在许多地方,社祭传统一直延续至今。

这样的结果,实际上是在相当的程度上为民间的神灵信仰活动造成了可乘之机,使原来对迎神赛会的禁止变成了一纸空文。因为家族活动中的一项很重要的内容就是在岁时年节敬神迎神,通过这些活动加强家族成员之间的凝聚力;而社祭也绝不可能局限于官方规定的仪式,必然发展成不同规模的迎神赛社活动。另外,统治者把特定的神灵祭祀与统治秩序的维持、官方权威地位的巩固联系起来的企图,也在实践中遭到很大程度的扭曲。其祭典的简朴化和神圣化而非"庸俗化"和"荒诞化"的企图,也不可能实现。以城隍神为例,它本来是对应各级行政官僚机构的神灵,是用来强化现实官僚体制的东西,即使如此,也不允许它成为"渎礼不经"的偶像,因此必须抛弃塑像,换以木主,祭祀是按严格的礼仪程序由官员进行。但因这与民众信仰神灵的心态和需求极不相同,所以必然遭到失败。如《凤书》卷四"中都城隍像"条记:"……惜乎有司多不达此,往往望(妄)为衣冠之像,甚者又误为夫人以配之。习俗之难变,愚夫之难晓,遂使皇明祖训托之空言。"②叶盛在《水东日记》卷二七中记载,广州城隍庙在明初也是木主,但到景泰年间为两广总督王翱换成塑像③。除此之外,官方规定的从上到下一年三次祭厉,变成热闹非凡的"三巡会",祭祀城隍的活动被演化成各地最大规模的民间娱乐活动之一。

---

① 民国《盐乘》,丁世良、赵放主编:《中国地方志民俗资料汇编》(华东卷),北京:书目文献出版社,1995年,第1116页。
② 天启《凤书》卷四《宗祀篇》,《中国方志丛书·华中地方》第696号影印日本国会图书馆藏明天启元年刻本,台北:成文出版社有限公司,1985年,第490页。
③ (明)叶盛撰,魏中平校点:《水东日记》卷二七,"宣府儒学圣像"条,北京:中华书局,1980年,第270页。

由此可见，明初统治者在重新整顿礼法之治的过程中，对民间信仰和民间宗教采取了限制，甚至是严禁的政策。在文化氛围比较保守的明初，这些政策取得了一定的实效。但是，由于明初统治者本身就曾积极致力于造神，为下级官员效尤提供了可乘之机；此外，除了严禁民间宗教的有组织的活动之外，对一般的民间信仰活动虽不支持，但也没有坚决予以取缔，使其具备了在民间繁荣发展的潜力。特别是明中叶以后，统治者对社会的政治控制相对松懈，社会文化风气发生剧变，民间宗教和民间信仰活动便空前繁荣发展起来。

其次，看看明中叶以后民间宗教与民间信仰活动的繁荣发展。

明朝初年，承元末农民起义的余绪，弥勒教、白莲教的活动十分活跃，多次掀起反抗明朝的斗争。在统治者的镇压下，公开的大规模的起义暂时归于沉寂，但新的教派组织和活动也在孕育之中。成化年间，一个山东莱州籍的戍军罗梦鸿（或作罗孟洪、罗清等）在北直隶的密云卫悟道，创立了无为教，后亦称罗教、罗祖教。他在传教过程中可能得到了一些有势力的宦官和贵戚的暗中支持，在正德年间出版了所谓"五部六册"教义宝卷，宣扬儒、释、道三教合流，以佛教的禅宗观念为主，强调"灵山就在汝心头"，又批判佛教的违反人道，创造"真空家乡""无生老母"的概念，允许信徒娶妻生子，与俗人相同，满足了一般人的心理和物质欲求。又由于罗教的组织系统和传承关系比较灵活，使其得到广泛的信仰，在全国各地迅速传播开来。

罗教或者罗祖教的创立，引起了明后期民间宗教发展的连锁反应。一方面，在清代以后发展繁荣的"青帮"，本身就是由罗教发展而来，它是由运河上的漕军及水手中的罗教徒在杭州建立的分支组织。同时，罗教自嘉靖中传入浙江处州一带，后称"斋教"，在江南地区的农民和小手工业者中间广为传播。其另一支大乘教则在江西、湖北、安徽等省流传。另一方面,明中叶以后在北直隶还创立了黄天教,在万历年间由北直隶广平府人飘高创立了弘阳教,同时万历年间顺天府蓟州人王森创立了闻香教,隆万之际在京畿出现了有许多贵戚加入的西大乘教,同时还有河北藁城教主为女性的龙天教。此外,像圆顿教等,都是产生于北方的民间宗教组织,然后影响到全国范围。绝大多数还延续到清朝,有一些甚至进入民国和现代社会,所以明朝民间宗教的发展,实在具有极强的生命力①。

  明中叶以来的民间宗教大多是由北方向南方扩展,逐渐演变成南方本地的民间教派,但也有福建林兆恩创立的三一教是发起于南方,逐渐向全国传播,甚至传向东南亚和世界其他有华人聚居的地方。三一教最初是一个力图糅合儒、释、道思想为一体的知识分子学术团体,但另一方面,林兆恩为了巩固这个团体,建立了三教堂,其中又分为天、地、人三会,已经类似于宗教组织结构。同时他用所谓"艮背法"为人治病,为瘟疫后死去的百姓收尸礼葬,花钱奖励士兵抗击倭寇等等,使他声名大振,在动荡不安的晚明基层社会,很容易被视为传奇式的人物,因此在他去世前后,三一教开始向民间宗教转化。林兆恩被其传人加以神化,奉为偶像,强化了佛教因果轮回的思想和道教符咒法术,甚至吸收了一些白莲教的教义②。因此,谢肇淛说:"今天下有一种吃素事魔及白莲教等人,皆五斗米贼之遗法也,处处有之,惑众不已,遂成祸乱。……而吾闽中又有三教之术,盖起于莆中林兆恩者,以艮背之法,教人疗病,因稍有验,其徒从者云集,转相传授,而吾郡人信之者甚众。兆恩死后,所在设讲堂香火,朔望聚会,其后又加以符箓醮章,祛邪捉鬼,

---

① 参见马西沙、韩秉方:《中国民间宗教史》,上海:上海人民出版社,1992年。
② 见马西沙、韩秉方:《中国民间宗教史》第13章;陈支平主编:《福建宗教史》第1编,福州:福建教育出版社,1996年。

盖亦黄巾、白莲之属矣。"①

明中叶以来民间宗教的发展,引起了统治者和其他人的注意。万历十五年正月庚子,因为在午门之外抓住两个身穿"诡服"的人,神宗下令对各地"有学左道煽惑人心"者严加察访和治罪。左都御史辛自修报告说:"白莲教、无为教、罗教蔓引株连,流传愈广,踪迹诡秘,北直隶、山东、河南颇众,值此凶年,实为隐忧。"②近30年后,礼部又上疏说:"近日妖僧流道聚众谈经,醵钱轮会。一名涅槃教,一名红封教,一名老子教,又有罗祖教、南无教、净空教、悟明教、大成无为教,皆讳白莲之名,实演白莲之教。……此在天下处处盛行,而畿辅为甚。不及今严为禁止,恐日新月盛,实烦有徒,张角、韩山童等之祸将在今日。"③清初思想家颜元也曾回顾说:"我直隶隆庆、万历前,风俗醇美,信邪者少。自万历末年添出个皇天道,如今大行,京师府县,以至穷乡山僻都有。"④因此一方面它们遭到了统治者的严禁和镇压,另一方面也的确组织了造反起义,像天启时的徐鸿儒起义,龙门教《家谱宝卷》中号召"杀不平之人"、跟随李自成推翻明王朝,闻香教在清顺治初大规模卷入抗清斗争,等等,都表明了民间宗教势力的不断壮大。

明政府对有组织的、具有号召力和凝聚力的民间宗教采取了防范和镇压的态度,但对在日常生活中无处不在的民间信仰活动却无法禁止。特别是明中叶以来政府对民间社会的政治控制远比明初松懈,朱元璋时期定下的戒律规章往往成为一纸空文;商业化倾向导致了社会风俗的巨大变化,在当时的各种文献中,几乎是一

---

① (明)谢肇淛:《五杂俎》卷八,北京:中华书局,1959年,第35页。
② 《明神宗实录》卷一八二,万历十五年正月庚子条,台北:历史语言研究所校印,第3392—3393页。
③ 《明神宗实录》卷五三三,万历四十三年六月庚子条,第10094页。
④ (清)颜元:《存人编》卷二,《畿辅丛书》本,叶14a。

致记载正德、嘉靖以后社会发生剧变;而许多文人对民间文化的态度也有了很大转变,如袁宏道说"近来诗学大进,诗集大饶,诗肠大宽,诗眼大阔。世人以诗为诗,未免为诗苦;弟以'打枣竿''劈破玉'为诗,故足乐也"①,就是典型的例子;原来处于下层的社会集团地位有所上升,他们的所作所为对传统的等级秩序有了相当的突破;民间的文学艺术得到更大规模、更高程度的欣赏;而地方士绅努力强化其地方特征、加强区域认同的努力,也往往有意利用本地的民间文化材料,所有这些,都使具有商业贸易意义、文化娱乐意义、社区政治意义和信息传播意义的民间信仰活动,有了肥沃的繁殖土壤。

民间信仰活动是民间文化活动中的重要组成部分,而对神灵的民间信仰活动又是日常生活的一部分,比如"亲友有疾,共祷城隍祠,名'保状'"②,也有到观音庙、关帝庙、药王庙等等地方去乞求病人痊愈的。再比如,万历四十三年山西定襄大旱,知县步行到当地的龙母洞去祈雨,"是日果得大雨,三日方止,乃新祠于洞口"③。至于地方官员到任之初,要到城隍庙去拜谒、读书人为了顺利获取功名而祭祀文昌神、普通百姓因为某种缘故求神之后的演戏还愿等等,都是平时比较常见的事情。

但到明中叶以后,原有的活动变得更加日常化,仪式更为丰富多彩,同时,民众也不断创造出新的神灵偶像和新的民间信仰活动。入清后香火大盛的北京丫髻山碧霞元君庙就是"明嘉靖中有王姓老媪发愿修建"④;河北沧州有插花庙,祭祀名医刘守真,据说"遐迩有疾病及乏嗣者,祈祷辄应",也是在"成化十三年,民人刘士

---

① (明)袁宏道:《袁中郎全集》卷二二《尺牍·与伯修》,大业堂印本,叶 10b—11a。
② 嘉靖《昆山县志》卷一《风俗》,明嘉靖刻本,叶 6a。
③ 雍正《定襄县志》卷一《地理志·古迹》,清雍正五年增补康熙五十一年刻本,叶 18b。
④ 康熙《怀柔县新志》卷一《庙寺》,民国二十四年铅印本,叶 11b。

能地四亩,卖与尼僧圆静为业,先建庙后置地也"①;冀州有人批评"正、隆以下俗不古",其中现象之一就是所谓"淫祠设会,男女杂沓,进香听戏,夜以继日"②;浙江仁和在成化末年,开始由一个姓鲁的人"纠率一方富家子弟,各出己赀,妆饰各样抬阁及诸社伙,备极华丽,咸有典故,前此未闻……如此者二年,欣动他境子弟,转相效尤之"③;而在广平府,"庙之会,国初未有,自正德之初始有此俗"④。

除了日常生活中的民间信仰活动之外,特定的岁时年节则是民间信仰活动得到集中表现的时候,或者反过来说,特定的岁时年节多是由民间诸神的生日组成的,而与季节有关的岁时年节也往往被赋予民间信仰的内容,充满了仪式性的活动。比如江苏昆山,二月初八是祠山张大帝的生日,十二日则是花朝节;四月十五是山神会,"众遂舁神出游,为杂剧诸戏,观者如堵";七夕的时候妇女对月穿针,设瓜果乞巧;十五是盂兰盆节,"人各荐亡";八月的时候,"农家祭土谷神,名'青苗社'";十月初一则有"烧衣节","人无贫富,皆祭其先";腊月二十四日夜祭灶,"俗称送灶神升天,禀事于上帝";二十五日"爆竹驱疫祟"⑤。在常熟,不同的还有正月十八日李烈士诞日的社会、二月十九日"大士诞日"的社会;三月三日"真武诞日","进香骈集";三月二十八日"东岳天齐帝诞日,各庙神齐赴,恍似人间颂祝"⑥。在浙江宁波,"正月上旬之夜,女子邀天仙或厕姑问吉凶";元宵的时候,"各坊乡之民轮年为会首,集众祀里祠,设醮诵经,祈福境内,名'雨水会'";三伏的时候,"寺庙皆设醮,

---

① (明)刘焘:《重修插花庙记》,乾隆《沧州志》卷一五《艺文·记》,清乾隆八年刻本,叶 29b。
② 乾隆《冀州志》卷七《风物·风俗》引旧志,清乾隆十二年刻本,叶 4a。
③ 嘉靖《仁和县志》卷一三《纪事》,清光绪刻《武林掌故丛编》本,叶 37b—38a。
④ 嘉靖《广平府志》卷一六《风俗志》,明嘉靖刻本,叶 7b。
⑤ 万历《重修昆山县志》卷一《风俗》,明万历四年刻本,叶 4。
⑥ 崇祯《常熟县志》,《中国地方志民俗资料汇编》(华东卷),第 424 页。

妇女走礼神佛"①。武康县的春社在清明前数日举行,"各村率一二十人为一社会,屠牲酾酒,焚香张乐,以祀土谷之神。乃若装扮师巫台阁,击鼓鸣锣,插刀曳锁,叫嚣陿突,如颠如狂"②。

  在这些民间信仰活动中,有些是政府认可的,或者是从政府认可的祭祀活动发展演变而来的,有些则是纯粹的民间创造,也就是通常官方所谓的"淫祀"。比如城隍信仰活动除了城隍庙中日常的祭拜祷告行为之外,主要就是所谓的"三巡会"。"三巡会"指的是城隍一年中有三次出巡活动,分别在清明、七月半和十月初一,全国各地许多地方都有这项大规模的游神活动。虽然这是纯粹的民间活动,但官方却是始作俑者。因为洪武三年规定,在清明和十月初一祭厉,即祭祀那些孤魂野鬼,希望它们不要出来作祟。祭祀时要把城隍神位请出来,列于厉坛之上,为镇压之意。后来除京师是一年两祭之外,省以下都是一年三祭,增加了七月十五,即传统的中元鬼节,这似乎也是政府顺应了民间传统而做出的改变。长此下去,祭厉仪式就演化为大型的城隍庙会。当然城隍庙会并不局限于这三次出巡,许多地方还在城隍的生日举行活动,由于各地崇拜的城隍不同,所以生日也不同,使城隍信仰活动既体现出一定的普遍性,也体现出较大的多样性。除了城隍祭祀活动以外,像有关关羽、观音、龙王、药王的祭祀崇拜活动,与社祭有关的乡村祭祀活动等等,由于该神为政府肯定,加以封赐,所以尽管在民间实践中早已突破了官方规定的仪制,还是得到了官方的默许,甚至有可能出现官方的参与。

  与此有所不同的是被官方或士绅称为"淫祀"的民间信仰活动。《礼记·曲礼》把越份而祭称为淫祀,即不能超越自己身份地位去祭祀某一种神,并没有对神的本身做什么划分。但后世,至少

---

① 嘉靖《宁波府志》,《中国地方志民俗资料汇编》(华东卷),第 763 页。
② 嘉靖《武康县志》卷三《岁时俗尚》,明嘉靖刻本,叶 10b。

是从宋以后,"淫祀"还包括了对不在政府正式封赐范围内的鬼神的信仰活动,包括了对被民间"非法"给予了帝王圣贤名号的鬼神的信仰活动,以及充斥所谓荒诞不经和伤风败俗行为的任何信仰活动。比如清初汤斌所谓"苏松淫祠,有五通、五显、五方贤圣诸名号,皆荒诞不经。而民间家祀户祝,饮食必祭"①,这些宋元以来的鬼神信仰就都被视为淫祀。据科大卫(David Faure)对嘉靖年间广东提学魏校毁淫祠的研究,弘治二年顺德知县吴廷举的"禁淫祠条约"中谈到五显神庙,"塑立神像,戴冕凝旒,执圭称帝","每乡数庙,每庙五神,是庶人而僭诸侯之礼";另外"野鬼淫祠,克闾列巷,岁时祭赛,男女混淆,甚至强盗打劫,以资神以壮胆;刁徒兴讼,必许愿以见官",所以必须加以取缔②。同书"杂事编"还记载广州的东岳府君庙,"每出丧,葬殡者必往,然广为巫祝,与丧家男女混杂其间",因此被吴廷举所毁。广州有著名的金花祠,供金花夫人,传说妇女祈子十分灵验,又有少年女巫在那里"以身为媚","观者无不称艳"。但成化年间还没有被官方视为淫祀。到魏校时加以禁毁,但此后很快又恢复起来。对于魏校的行动,民间十分不满,后人传说他到处拆毁佛寺,导致他虽然家富,但仅有的一子夭折,最终无嗣③。

小岛毅的《正祠与淫祠——福建地方志中的记载与解释》一文认为④,以《仙游县志》为例,从嘉靖时期开始,地方志编者对淫祠

---

① (清)汤斌:《毁淫祠疏》,(清)贺长龄、魏源等编:《清经世文编》卷六八《礼政十五》,北京:中华书局,1992年,第1699页。

② 嘉靖《广东通志·吴廷举传》,转引自〔英〕科大卫:《明嘉靖初广东提学魏校毁"淫祠"之前因后果及其对珠江三洲的影响》,周天游主编:《地域社会与传统中国》,西安:西北大学出版社,1995年,第130页。

③ 道光《重修曹溪通志》引康熙旧志,转引自科大卫上文,《地域社会与传统中国》,第134页。

④ 《东洋文化研究所纪要》114册,见蒋竹山:《宋至清代的国家与祠神信仰研究的回顾与讨论》,《新史学》(台北)第8卷第2期,1997年,第209—212页。

的定义有了更明确的看法,把"正祠"放在"祀典志"中,而把"淫祠"置于"杂志"之中。就此,我们还可以找到其他类似的例子。譬如,嘉靖《惟扬志》把"正祀"放在"礼乐志"中,其中包括从盘古到伍子胥等帝王圣贤,而又在"杂志"中置真武、都天、东岳、晏公、五圣等庙。但是这种区分是到清代才普遍起来,比如乾隆《三河县志》把它们分别置于《建置志·坛庙》和《乡间志·寺观》中,乾隆《沧州志》则将其分置于"祠庙"和"寺观"中,以示区别。在明代的许多方志中,还都将其混列于"坛庙"或"祠庙"一类之中①。这说明在明代的大部分时间里,除了少数理学家和整顿风俗者之外,没有对正祀、淫祀做出十分严格的区分,而且如前述,即使是明初礼制含糊规定的所谓淫祀,也没有要求拆庙禁止。正是这些所谓淫祀,构成民间信仰活动的主体。

再次,看看民间宗教、民间信仰的地方性与正统化。

明代的民间宗教显然都是地方性的教派组织,没有形成全国性的组织统一和精神一致。从规模上来说,它们各自都还无法与元末摩尼教或白莲教相比,甚至也比不上清代的一些秘密组织如青帮、天地会、哥老会等,没有出现过像嘉庆初年川陕楚白莲教大起义那样规模的造反活动。其原因首先在于经过明初统治者的禁断,民间宗教势力一度转入地下的秘密状态,经过明代中叶的死灰复燃,一下子还不可能形成燎原之火。其次,明代民间宗教的宗旨和教义正处在糅合三教、重新制造吸引信众的思想武器的过程中,

---

① 在我查阅过的嘉靖《隆庆志》卷八、弘治《易州志》卷三、嘉靖《长垣县志》卷三、嘉靖《南宫县志》卷三、隆庆《赵州志》卷四、嘉靖《太原县志》卷二、万历《太原府志》卷一四、万历《定襄县志》卷四、万历《安丘县志》卷五、崇祯《历城县志》卷四、万历《汶上县志》卷二、嘉靖《昆山县志》卷二、万历《通州志》卷五、弘治《句容县志》卷五、嘉靖《江阴县志》、崇祯《山阴县志》卷二、万历《潞城县志》卷四、嘉靖《泰安志》卷五、嘉靖《耀州志》卷三、嘉靖《吴江县志》卷一二、万历《固原县志》卷上、万历《武定州志》卷二等中,情况都是如此。

还需要时间证明这种思想武器是有效的，然后次第向更大的空间范围传播。最后，明代民间宗教的再起炉灶，需要特定的环境，在全国范围内，不是任何地方都能孕育出一种比较成熟的教派组织，因此它们必然首先是局限在较小地域内的地方性组织。

罗教是明代产生的影响最大的民间教派，在明后期已传播到全国各地。但是在传播过程中，它又结合不同的环境特点，发生了新的变异，形成新的地方性教派组织。譬如青帮，本源于罗教，但到明末清初时慢慢在漕运水手中形成独特的体系，沿运河发展势力。由于水手的职业特点，使这个民间教派分支在入清之后逐渐发生变异，宗教性日益淡漠，成为类似黑社会的帮派组织。斋教本来也是罗教向江南传播的结果，但南传之后又与当地的民间信仰传统发生融合。明代南传罗教的中心之一本在浙江处州，而此地原是宋代摩尼教方腊起义的重镇，讲究"吃菜事魔"，同时白莲教也存在着潜移默化的影响，故而形成与罗教不同的"斋教"。其他民间宗教如黄天教主要活动于华北，弘阳教则以京畿为中心，三一教的福建色彩也很浓厚。尽管很多教派与某一民间宗教都有渊源关系，但一旦传到某地，在那里生下根来，就逐渐与后者脱离了组织联系，往往改称另外的名目，希望获得独立发展的机会，这也与教派首领的权力欲望有一定关系。

明代民间宗教的"正统性"主要体现在两个方面。首先是在思想的方面。如前述，明代民间宗教的教义体现了强烈的儒、释、道三教合一的特点，这与作为官方意识形态的宋明理学有异曲同工之妙。宋元以来的民间宗教或以佛教为本（如弥勒教、白莲教），或为外来宗教的变体（如摩尼教），它们各自对于现实和未来的看法、解决问题的手段，都不能完全满足下层民众的精神需要。从上层来看，王阳明的心学把三教合一的学术趋势又向前推进了一步，而其直接影响所及再使王艮、林兆恩等把此种思想推向民间。这样，我们看到罗教、黄天教、弘阳教等等宝卷、善书教义之中,包含着非常明显的三教合一内容,尽管强调的重点各有侧重,但总的来说都是以佛教的因果轮回之说为压力,以道家的修炼内丹、包括斋醮、符咒、卜卦、气功、疗病等巫术为吸引,以儒家的伦理道德为行为规范和处世原则。因此尽管教义传播的方式或手段非常通俗化,但反映的世界观与上层意识形态有颇多类似之处。

其次,这种"正统性"体现在许多民间教派与社会上层的密切关系上。无论是说这种关系反映了民间宗教观念向社会上层的渗透,还是说这些民间教派企图拉拢社会上层以便扩大影响,都反映二者之间的一种靠近。或者说,这在一定程度上反映了民间宗教将自身正统化的努力。在明代,精英思想的异端化和民间思想的正统化同时并存。比如罗教就曾在太监和一些官员的支持下,假皇帝的诏旨,印制精美的五部六册宝卷,向全国传播,在罗梦鸿死后,也有高官捐资修墓。弘阳教初创之时,得到王公贵戚和内廷太监的支持。闻香教首领王氏不仅从组织上将其改造为严格的等级体制,而且也有外戚和宦官作为后盾,再后来还曾经与清多尔衮、多铎联系,希望能与其里应外合,出卖锦州。其他如西大乘教的据点保明寺,甚至置身于皇太后的保护伞下,皇亲国戚、达官贵人来往频繁,其真正的信徒自然有恃无恐①。

就明代的民间信仰而言,也存在着地方性与正统化的特点。

明代的民间信仰有许多是由于最高统治者的提倡而具普遍性的。比如前述城隍信仰、南方的社神崇拜与北方的土地神信仰、东岳神信仰、关羽信仰、龙神信仰等等。有些是在北方或南方普遍存在的,以女神为例,碧霞元君信仰就主要存在于北方,而妈祖、陈十四信仰则主要存在于闽浙台等地;北方的药王庙多,而南方的瘟神

---

① 以上史实参见马西沙、韩秉方《中国民间宗教史》。

信仰较普遍。但是地方性的、个性化的民间信仰是占绝大多数的，甚至类似的信仰在不同地方会有不同的表现形式。顾炎武《天下郡国利病书》中记湖南"乡俗合二三十家共祀一大王神，其神或以其山，或以其陂泽，或以其地所产之物而得名，辄加以圣贤王公相之号"。宁波"八月，各乡皆以龙舟竞渡，报赛神庙，与各处端午竞渡不同"①；湖州七夕的时候，没有乞巧的习俗，但却以该日作为这里的"金元戚总管之神诞日"，"万历四十四年，忽倡大会，至满街用幔帐，戏伎杂陈，喧阗竟日"②；绍兴的三月五日是大禹的生日，这一天"禹庙游人最盛，无贫富贵贱，倾城俱出"③；像前述广州的金花夫人信仰，亦属此类，各地相同情况多不胜数。

　　民间信仰的地方性实际上是从古至今都存在的事实，其原因相当复杂。一方面，它是地理隔绝和文化封闭的产物，越是在官方意识形态难以传递得到的地方，它的存在就越持久，地方性色彩就越丰富，因此华北地区的民间信仰更具普遍性，而南方各地的地方神数量则大大多于前者，且各自不同。另一方面，它又是各地方强化其社区传统或地方文化传统的产物，一旦各种社会集团，无论是地缘集团（如乡社城镇）、血缘集团（如家族宗族），还是职业集团或性别集团需要强化各自的凝聚力，往往会在本地的民间信仰上下功夫。与此相关的是，在安土重迁的传统农业社会中，民众的乡土感情很重，本地的民间信仰往往成为维系乡土渊源的纽带，是抵御外部力量的象征，因此不会被轻易放弃，反而在特定的情况下会得到强化。明代中叶以后，区域经济的发展带动了特定区域整体力量的增长，也开启了扩大地区间差异的先河，在这种情况下，民间信仰的地方性或区域性特征尤为鲜明。

---

① 雍正《宁波府志》卷六《风俗》，清雍正十一年刻乾隆六年补刻本，叶 7b。
② 崇祯《乌程县志》卷四《时序》，明崇祯十年刻本，叶 28a。
③ 嘉泰《会稽志》卷一三《节序》，清嘉庆十三年刻本，叶 19b。

民间信仰的地方性特征与其正统化或"国家化"特征看似矛盾,实际上却是密切相连的。因为地方士绅努力希望把地方性信仰纳入国家承认的祀典,来扩大自己地方的影响力,而国家也因为地方势力的增长,包括信仰圈的扩大,不得不对其加以认可,希望把它们融入国家系统之中,为己所用,变意识形态的分离为一统。所以自宋代以来,民间信仰的正统化就是与其地方化同步的。瓦拉里·韩森(Valerie Hansen)在她的著作《变迁之神》(*Changing Gods in Medieval China*,1127-1276)中论证①,宋代民间祠庙的迅速发展引起了统治者的高度重视,地方士绅普遍要求政府给予本地祠庙、祠神以赐额、封号,民众也普遍认为官方的承认会影响神的威灵。因此,赐额和封号的问题已成为地方势力借着为地方神争取地位以扩大自己力量的手段,地方官为维持地方统治秩序,不得不依赖地方势力的支持,从而对地方神表示认同。

明代地方神的正统化或国家化的典型代表,就是洪武二年城隍神等民间诸神被有选择地纳入国家祀典,虽然在第二年对其加以"儒家化"的改造,但到明中叶又再度"民间化"或"世俗化":一方面,城隍神仍在官方祀典之中,是对应各级行政官员的冥界统治者;另一方面,它们被重新偶像化,被按照民众或地方精英的意志加以塑造和定义,特别是它的信仰仪式活动与其他所谓的"淫祀"没有什么区别。到明末,在江南的一些商品经济比较发达的地区,还出现了所谓镇城隍,甚至有乡城隍,这样的事实同样表现了双重的趋向:一是地方力量的增长通过造神积极地表现出来,有城隍的乡镇似乎要使人们知道它比没有城隍的乡镇实力强大;一是造城隍的选择说明地方基层社会仍然希望把自己列入官僚行政体系之中,从而得到官方的认可。

---

① 中译本为包伟民译,杭州:浙江人民出版社,1999年。

尽管明代统治者没有像宋代那样对民间祠庙大规模地赐额和封号，但诸多民间神已得到官方的公开承认或默许。河北任邱的五龙潭有龙母庙，"在元时颇著灵异。明成化中大旱，宪宗遣司礼太监梁芳持香币诣潭，祈之，三祷三应"①。山西晋祠本名女郎祠，属于民间祠庙，到宋代被赐号为昭济圣母庙，得到官方承认，而"洪武初遣使祷雨有应"，也就列入了官方祀典②。江苏南通的狼山有江海神祠，实际上供奉的是泗州大圣。大学士王鏊曾为其书写碑志："大圣之名莫知所始，闻之内典，则观音大士之化身也。屡显异迹，若降龟山之魔，却少林之兵，退宣和汴京之水，世多侈谈而儒者无传焉。今兹复拥护王师，保障东南福祉……揆之祀典，非所谓兴云雨、捍大灾、御大患者乎！"③力图根据其所化身的"正统性"及其神能将其归入正祀之列。但是似乎仍与体制有所不合，所以对外名之曰"江海神"，以符合洪武礼制的要求。

另一个例子则反映了民间信仰国家化和非国家化的反复冲突。嘉靖《昆山县志》卷二记载，马鞍山山神庙在"永乐中庙毁，宣德间县丞吴仲重建"，此庙建于唐中和二年，宋崇宁以后，"重封累锡，淫渎不经"（这种用语反映了地方志编纂者的态度）。"我国朝只称昆山之神，每岁四月十五日祀之，俗遂讹传此日为神生辰，遍集城隍诸神，奔走街巷为会，邑人如狂者三日。弘治中知县杨子器悉禁绝之，及其去任而复兴矣。旧志俱称惠应庙，今改称山神者，遵时制也。"④一种民间祠庙曾通过政府的封赐而国家化或正统化，但由于它的信仰仪式活动仍属民间性质，因此得不到儒家传统的认同。明朝遵洪武体制，将其局限在山川江河神的范围，相应地也

---

① 乾隆《任邱县志》卷一《地舆志·潭港》，清乾隆二十七年刻本，叶17b—18a。
② 嘉靖《太原县志》卷一《祠庙》，明嘉靖刻本，叶11a。
③ 万历《通州志》卷五《杂志·坛庙》，明万历刻本，叶3b。
④ 嘉靖《昆山县志》卷二《坛庙》，明嘉靖十七年刻本，叶10。

应该禁止偶像崇拜,庙的名称也改成正统化的"惠应",但始终无法改变它的民间信仰活动性质,禁而不止。因此在这样的冲突过程中,就逐渐形成了一种"双轨制",即一方面它仍在政府的祀典中存在,另一方面它的信仰活动则完全是民间化的,二者并行不悖。

民间宗教与民间信仰的地方化和正统化特点是有较大区别的。明代民间宗教的地方化特点主要是由于形势的限制,使它们只能在一些适合它们发展的地方存在,它们的总的发展趋势还是要区域化或全国化的,因此其地方化特点只是发展过程中的阶段性特点,是被迫的而非主动的。其正统化特点则是有限度的,这个限度就是国家对它们的容忍程度,或者说,无论是从政治上还是从思想上考虑,它们对国家安全造成的威胁程度。在大多数情况下,上层对它们的接纳是个别的、有条件的,而绝不是政府行为。而民间信仰则不同,它们的地方化往往是主动的,是强化凸显地方力量的表现,甚至可能表现了富庶地区对国家控制的一种含蓄的挑战或反抗。因此它们的国家化或正统化特征,一方面是地方力量的拉大旗作虎皮的表现,另一方面则是国家企图"招安"地方的努力尝试。在这个过程中,民众对于信仰的态度是实用的和与生活相关的,地方士绅凸显地方力量的目的则利用了民众的态度,并不在乎其荒诞不经,儒家学者或官僚从意识形态的角度对其激烈抗争,不仅在书面加以批判,而且在其权力所及的范围内力行严禁。而国家和地方政府(国家的派出机构)则在这二者之间摇摆。就明代而言,摇摆的结果就是对民间信仰的默许。因此,明代国家对民间宗教和民间信仰的不同态度,就是由于前者是有组织的、有思想体系的,因此可能是政治性的;后者则是散漫的、生活性的,所以前者危险性较大,后者危险性甚小,甚至可资利用。

最后看看明代民间宗教、民间信仰的功能表现。

已有学者指出:"中国民间宗教的社会功能基本上表现在两个

方面,即精神层次上的慰藉功能和行为层次上的实用功能。对执着于务实求存这一价值标准的乡里民众而言,他们固然希望从'诸神救劫'的说教中获得精神支撑,借以消解由于社会压力而引起的心灵焦灼,但他们更希望这种精神慰藉能够落实到社会行为领域,以解决人生的实际需要为归宿。"①明代中叶民间宗教的再兴,显然与这一时期社会危机加深、社会动荡加剧、社会变化显著的特点有关,因为后者对于广大民众造成了许多新问题,出现了许多不适应,形成了更大的精神压力。

创立罗教的罗梦鸿本身就是一个父母双亡的孤儿,后来又被征发到北部边塞(密云)作戍卒,受尽精神上和肉体上的痛苦和磨难,因此他把对父母的思念融入教义中关于灵魂和生死问题的思考,使抽象枯燥的宗教说教与普通民众十分注重的亲情联系起来。他的传人甚至把最高神定为具有女性形象的无生老母,使神灵信仰与民众对慈母的依恋结合起来,把对天堂("真空家乡")的憧憬与现实中的家乡的美好("在家千日好,出门一时难"就是人们对家的依赖的写照)结合起来。这绝不仅是为了便于信徒的理解,更重要的是为了把宗教从虚无缥缈向真实生活拉近。因此,民间宗教不仅为生活在苦难之中的百姓提供了精神寄托和对未来的希望,而且这种寄托和希望又与人们的现实感情联系在一起,容易为人接受和满足。

精神信仰的功能即使对于普通人来说也是十分必要的,但精神本身不能解决一切问题。由于民间宗教强调信徒的虔信,因此它就具备了其他组织所缺少的凝聚力;由于有了这样的凝聚力,它们往往形成比较严密的组织系统,如罗教在漕运水手中形成的庵堂组织,后来逐渐演化成行帮会社,形成严格的会规、仪式、信号、

---

① 程歗:《晚清乡土意识》,北京:中国人民大学出版社,1990年,第254页。

等级。明末闻香教在"省直府县,各设公所,使传头者守之,置竹签飞筹,印烙王三字号。凡有风信,顷刻可传千里"①。因此,民间宗教的组织功能是显而易见的。

民间宗教最重要的功能还在于它对人民实际生活的介入,也就是上面所说的行为层次上的实用功能。因此民间宗教对民众的吸引,在于它庞大的组织系统和基层势力为信徒提供了一种安全感,提供了坐功练气、炼丹"成仙"、治病疗疾、习武强身,甚至娱乐的机会。福建林兆恩及其三一教的普遍传播,也在于"艮背法"气功的治病作用,在于他抗倭保家以至敛尸避疫、赈济贫苦的义举。明末圆顿教的《龙华经》就是宣扬通过修炼内丹,使人恢复"天真之性",才能同赴龙华三会,并且提供了修炼内丹的十个步骤。这些具体的练气法门成了吸引信徒的重要因素。

比起前者来,由于民间信仰本身不存在教义、教门组织等,它们的功能表现就具有更明显的实用性。这种实用性又分别体现在平时的日常生活中和特定的时间场合。利玛窦在观察后得出这样的印象:"全中国各地偶像的数目赫然之多简直无法置信。……但是可以十分肯定,这个民族并没有多少人对偶像崇拜这种做作的、可恶的虚构有什么信仰。他们在上面之所以相信,惟一的根据便是他们外表上崇奉偶像即使无益,至少也不会有害。"②这种结论并不全错,因为的确许多中国人对民间信仰经常抱着"临时抱佛脚"的态度,有时有事才到庙中烧香磕头,并非怀有某种真诚的信仰;但是这也没有道出全部事实,因为只要在地方民众传统中神是"灵异的",人们对它的信仰就还是根深蒂固的。对某一个个人来说,

---

① 岳和声《餐微子集》卷四,转引自马西沙、韩秉方:《中国民间宗教史》,第561页。
② 〔意〕利玛窦、金尼阁:《利玛窦中国札记》,何高济、王遵仲、李申译,何兆武校,北京:中华书局,1983年,第113页。

它可能不是无处、无时不在的,但对于民众群体来说,它却是不可或缺的。

在日常生活中,对神的信仰集中在解救苦难的功能上。前面举的河北任邱龙母信仰的例子、山西太原圣母信仰的例子,都是因为它们在民众祈雨时十分灵验,嘉靖《隆庆志》记载了一首诗,其中说:"陇上青苗半欲黄,儿童空效舞商羊。香花取水龙王庙,箫鼓迎神土地堂。"①任邱的武庙香火很盛,据说是因为正德年间刘六、刘七起义,几乎攻下县城,"隐隐云气中,见帝跨马持刀,往来陣间,贼惊,解围去。土人感帝德,取其庙而恢之"②。而东明县的一则传说是,天启二年十月,徐鸿儒起义队伍逼近该地,"邑西红门村旧有关圣庙一所,里人焚香讨示避乱方向",后得到关帝"香火灵官"附体指引,得以解困③。山西定襄有圣母祠,据说供奉的是赵襄子姐,到这里祈子的人很多,所谓"士女车马络绎而来,拜祷七日"④。各地有许多药王庙、三皇庙、刘守真庙、保生大帝庙等等,则是民众希望解除病痛而求神的所在。江苏昆山有娄侯庙,有人以此为题作诗说:"娄氓尚淫祀,祠庙遍村墟。疾病罔医药,奔走信群巫。"⑤其他如虫王庙、八蜡庙、刘猛将军庙等,则是民众祈求避免蝗灾的结果。

特定的时间、场合主要与岁时年节、诸神生日有关。在这些特定的时间场合,民众的民间信仰体现得十分充分,但主要是通过庙会及其他祭神仪式活动,表现出商业贸易、休闲娱乐以及社区整合等实用功能。一年四季,各种传统节日(包括诸神生辰)不断,给民众提供了娱乐休闲的好机会。嘉靖《仁和县志》卷一三的一段记载颇能说明问题:

---

① 《祷雨示隆庆州官吏》,嘉靖《隆庆志》卷一〇《艺文》,明嘉靖刻本,叶46。
② 乾隆《任邱县志》卷二《建置·武庙》,清乾隆二十七年刻本,叶10a。
③ 乾隆《东明县志》卷七《杂志·逸事》,清乾隆二十一年刻本,叶22a。
④ 雍正《定襄县志》卷四《秩祀志》,叶4a。
⑤ (明)袁华:《娄侯庙》,嘉靖《昆山县志》卷一六《诗集》,叶21b。

成化末年,其里有鲁姓者,素信机巧,好为美观。时值承平,地方富庶,乃倡议曰:七月十三日乃是褚侯降生,理宜立会,以伸庆祝。乃纠率一方富家子弟,各出己赀,妆饰各样抬阁及诸社伙,备极华丽。咸有典故,前此未闻,次第排列,导以鼓乐,绕衢迎展。倾城内外,居民闻风往观。如此者二年,欣动他境子弟,转相效尤之。千胜庙神在众安桥东,九月十五日降生;次之以华光庙在江涨桥东,九月二十八日降生;又次之以晏公庙在夹城巷内,十月初三日降生。其四境居民,依其迎赛,愈出愈奇。

弘治七年九月二十六日,复举华光神会。自各邑社伙抬阁之外,仍唤睢阳戏儿升上危竿,百般舞跃,常置身空中,宛若翼生两腋,人已惊异。迎至钞关分司门首,适值吴主事瀛好事,欲观奇巧,乃出夫人、诸公子同看,许以重赏,使极技能。人以先知,各占北新桥上,庶便观见。岂料人众,桥不能容,蓦然挤脱桥栏。人遂惊曰:桥崩矣!闻者惊惶,东西奔走,奈何前后路塞,践踏死者三十余人,挤水者亦多。①

在各地,诸神诞日的庙会活动成为民众的盛大节日,信仰便成为民众休闲娱乐合理合法的借口。不仅民众渴望参与,就是上层人士也愿意在这种场合加入到民众的娱乐之中,这反过来又刺激民众把观看官绅家眷当作另一项吸引人的娱乐内容。明末小说《醒世姻缘传》描写道姑劝说妇女朝山进香时也明确说:"这烧香,一为积福,二为看景逍遥。"②

由于庙会期间看热闹、烧香许愿、参与游神的人很多,吸引了大量商人在这里摆摊设点,推销商品;另一方面,来参与活动的人

---

① 嘉靖《仁和县志》卷一三《纪事》,叶 37b—38b。
② (明)西周生:《醒世姻缘传》第六十八回《侯道婆伙倡邪教,狄监生自控妻驴》,上海:上海古籍出版社,1981 年,第 975 页。

本身就将其视为消闲的机会,因此也就必然希望在这里进行消费,无论因果如何,信仰活动又造就了商业贸易的功能。嘉靖《广平府志》记:"庙之会,国初未有,自正德之初始有此俗。先期货物果集,酒肆罗列,男女入庙烧香,以求福利。"①邵潜《州乘资》卷一记南通"万历四十四年城隍会,珍宝并陈,方物毕具,又装饰诸魑魅魍魉之状,游行衢市"。京师庙会众多,沈德符描述其中的城隍庙市说,"每月亦三日,陈设甚夥,人生日用所需,精粗毕备。羁旅之客,但持阿堵入市,顷刻富有完美"②。张岱记杭州西湖从花朝到端午的香市,在三天竺、岳王坟、湖心亭、陆宣公祠"无不市"。尤其是"昭庆寺两廊故无日不市者,三代八朝之骨董,蛮夷闽貊之珍异,皆集焉。至香市,则殿中甬道上下、池左右、山门内外,有屋则摊,无屋则厂,厂外又栅,栅外又摊,节节寸寸。凡胭脂簪珥、牙尺剪刀,以至经典木鱼、孩儿嬉具之类,无不集"③,主要是为进香的人服务的。大约大城市中庙会贩卖的货物以日常生活用品以及奢侈品为主,而小城镇及乡村庙会则交易生产工具等生产、生活必需品,起着集市的作用。

由于鬼神在人们心中的崇高地位,因此必然对人们的行为起到一种震慑作用,对不同的社会群体起到整合、凝聚的作用。明郑仲夔《耳新》卷三记载一则传说,说弋阳陈某的耕牛被人盗走,生计造成极大困难,只好哭诉于城隍神。"越三日,盗牛者忽狂语曰:城隍差人拘锁,可救我。其家多人护持之,都闻铁锁声。次日复然,

---

① 嘉靖《广平府志》卷一六《风俗志》,叶 7b。
② (明)沈德符:《万历野获编》卷二四,"庙市日期"条,北京:中华书局,1959 年,第 613 页。
③ (明)张岱著,朱剑芒考:《陶庵梦忆》卷六,"西湖香市"条,上海:上海书店,1982 年,第 56 页。

随责杖数十,其人叫痛不已,又咸闻杖声。"①康熙《杭州府志》卷二八记载,嘉靖时的县令马逢伯在任时,"郑六毛为盗,磔于路,逢伯恻然,文祷城隍,遂获真盗"②。由于传说中给各种神灵抹上神圣威严的光环,而许多地方神又与特定的地方历史或地方传统密切相关,在民众心中具有重要的地位,所以无论是地方官还是地方精英,都希望利用神的力量强化地方社会秩序。譬如广东东莞的石龙新庙,"在石龙镇,明末建。后座祀医灵大帝,中座祀华光大帝、康公元帅,因合称帝帅宫。初为阖镇三坊读法讲礼之所"③。即利用民众对神力的信仰,加强对民众的社区教化。

　　神灵信仰在社区整合与凝聚中的重要作用,可见之于罗一星对广东佛山祖庙的研究。佛山祖庙供奉北帝,即真武神。其庙始建于宋,元时称"龙䰲祠",俗称之为"祖堂",从元末明初以来就是当地最古老的九个乡社的祭祀中心。从明初开始,地方上层就不断制造神显灵的传说,以有效地进行社会控制。从正统年间地方官府开始介入对北帝的祭祀,特别是民间盛传北帝在抗击黄萧养起义中起了重要作用,因而在地方乡绅的请求下,对北帝的信仰得到了中央的正式承认和册封,北帝和祖庙就成为佛山的精神象征。在明末,当地名宦李氏家族对该庙进行了大规模的整修扩建,使宗族势力的扩张与祖庙的权威发生了直接的联系。除此之外,民间还通过北帝巡游的形式强化社区内部的关系和明确社区之间的等级关系。明初的北帝巡游一般局限在过去的九社范围内,后来九社演化为八图土著,这一活动就在八社中举行。从八图各大族首

---

①　(明)郑仲夔:《耳新》卷四,"弋阳城隍"条,《丛书集成初编》本,北京:中华书局,1985年,第21页。
②　康熙《杭州府志》卷二八《名宦下》,清康熙二十五年刻三十三年李铎增刻本,叶38b—39a。
③　民国《东莞县志》卷一八《建置略三·庙》,民国十年铅印本,叶9b。

领把北帝从祖庙中迎出开始,连续到八图八十甲的各个祠堂轮坐,每族均要迎来送往,最后共同送回祖庙,等于通过巡游的形式每年把八图土著各族的联系强调一次,不断使这些居民对本族、本八图的认同感情得到加深①。

上述数例主要是明代的,清代的情况沿此轨道继续发展,在后文中还多少会有所体现,这里不拟赘述。

四

本书是我近10年来关注民间文化与基层社会历史的初步结果。本来我希望对民间社会中的寺庙及其相关问题做一个总揽式的研究,但深入下去之后,发现自己过于贪心,因为这样的研究只可能停留在表面,讲一些似是而非的话,方法上是错误的。于是很快调整计划,集中注意明清以来的庙会问题。但随着研究的继续进行,发现即使是庙会这样的问题,也牵连着方方面面,它与基层社会组织,与经济发展、民间法、与官府的关系、乡土社会网络等等都有千丝万缕的联系,只好钩稽史料,一一做下去。所以,本书的内容远非系统的研究,大多是一些个案,当然都是围绕着庙会展开的;这项研究也还远未完成,它需要我投入更长的时间和更多的精力。

在此期间,自己的许多井蛙之见逐渐暴露出来。我发现自己陷入了一个历史学、文化人类学、民俗学、宗教学等多学科研究的大热门中,似乎与我同时,人人都对民间信仰甚至庙会游神情有独钟,而且如前所述,国外学者动手更早,譬如英国的王斯福,法国的施舟人、劳格文,美国的韩书瑞、万志英、韩森、康豹,日本的中村哲

---

① 参见罗一星:《明清佛山经济发展与社会变迁》,广州:广东人民出版社,1994年。

夫、滨岛敦俊、松本浩一、小岛毅等等。我国台湾学者在这方面出版了许多论文集,香港国际客家学会、海外华人研究社和法国远东学院合作,也在近年出版了系列的关于赣南闽西庙会的论文集。大陆的历史学家如王兴亚、陈春声、郑振满等,人类学家如王铭铭等,民俗学家如刘铁梁、高友鹏等都有相关论著,《民俗研究》杂志不断刊载有关调查报告和专题论文。在他们的成果中,有的长于区域研究,有的长于田野资料,虽然对我最初的研究提出了挑战,但更多的是给我新的启发,使我后来的研究比开始时的工作更深入,更具实证性。同时也让我逐步把观察的对象从全国缩小到华北,缩小到北京,特别注意这里的特殊性。也正是由于这种变化,在本书中,我对早期一些现在看来不成熟和不准确的看法和提法做了较大幅度的调整和修正,以后随着研究的深入全面,现在的一些看法、提法也许也需要修正和调整,我想这应是正常的和必需的。

本书的第一部分"概说之部"包含了五篇比较综合性的研究,头一篇《中国传统社会中的寺庙与民间文化》实际上提出我为什么研究这个题目的问题,讲到一些概念,《人民日报·海外版》当时还做了一个摘要。现在看起来有些概念还要重新考虑,在本书中我也进行了调整,有些想法不是当时的,但总是把历史学做这项研究的意义讲了。到现在差不多10年过去,我的想法可能还无法被国内历史学界的主流接受,但却日益和人类学、民俗学、社会学合拍。第二篇《民间社会中的寺庙:一种文化景观》是从一个地理学的主题切入的,当时曾写过一本文化地理的书,那时从这个学科到这个学科的概念在国内都还新鲜,到后来用得就多了,当然历史学研究中用得还不多。所以在一次国际会议上,老朋友滨岛敦俊教授批评中国学者不注意聚落(settlement)的研究,我内心不服气,因为我非常了解中国地理学家有一些研究,但又想到历史学家做的工作的确较少,应该接受他的批评。话说回来,从景观的角度研究寺庙,现在似乎也不多,我当时虽把问题提了出来,但后来基本上没有沿着这个思路做个案。第三篇《中国传统庙会中的狂欢精神》是本书的点题之作,这本来是针对对中国民族性的一些传统认识而做的,后来仔细想想,狂欢确实是庙会这种宗教节日的典型特征,台湾学者李丰楙讲的"常与非常"这双重性质①,都在庙会中体现出来了。第四篇《寺庙宫观与明清中西文化冲突》与前一篇有点共性,都是从我对庙会的研究出发,对一些传统的看法提出质疑或补充。从明清到鸦片战争之后,中西冲突虽确有殖民主义的大背景,但同时也确实有信仰即文化方面无法协调的因素。这是从明末到清末一以贯之的,如果切断鸦片战争前后的历史就不容易看清楚。第五篇《庙会与明清以来的城乡关系》是应科大卫博士之邀赴牛津大学参加学术会议时提交的论文,针对的是城乡之间究竟是对立的、服务与被服务的关系还是连续统一体的问题,也是从庙会切入的。后面三篇研究可以看出,从庙会这样一个大众文化题目出发,是可以对许多重大问题提供自己的答案,有助于问题的解决的。

本书的第二部分"地域研究之部"包含三篇重点研究华北的文章。从空间范围来看,这一组研究的着眼点已比前一组文章小多了,但还是很大。比如第一篇《明清时期的华北庙会》,写一本书都没有问题。这篇研究主要受功能论的影响,但也想检验一下克里斯塔勒"中心地理论"的有效性问题。这个理论除为施坚雅研究中国历史上的集镇时所利用外,主要被中国的地理学家使用过。第二篇《明清时期江南庙会与华北庙会之比较》主要是想通过比较庙会的特征,发现华北与江南地域社会发育的不同程度。第三篇《明清华北的社与社火》则是把华北的基层社会组织和仪式表演联系

---

① 李丰楙:《台湾庆成醮与民间庙会文化》,《寺庙与民间文化研讨会论文集》,台湾"行政院文化建设委员会",1994年,第41—64页。

起来考察,从中我们可以看到里甲行政组织之外的组织和行使收税、治安功能之外的功能。这里面有的例子是通过田野调查(说得确切些是"田野观察",因为真正的田野调查需要花更长的时间,做更细致的工作)所得,体现了我向民俗学、人类学等学科的学者学习的初步成果。

本书的第三部分即"个案研究之部",包括五篇研究。虽然它们都集中在明清时期,甚至大多聚焦于华北甚至北京,但显然更为具体。第一篇《明清以来妇女的宗教活动、闲暇生活与女性亚文化》与论"狂欢精神"的那一篇目的类似,反映了我对以往研究和认识中一些约定俗成之见的不同看法。而说到妇女如何突破"闺阁"的限制,还是通过庙会游神活动来讲的。第二篇《太阳生日:东南沿海地区对崇祯之死的历史记忆》和第三篇《黑山会的故事:明清宦官政治与民间社会》虽然谈的问题完全不同,一个有点类似事件史,一个有点类似制度史,但恰恰反映了我以社会史方法研究传统政治史的具体实践。前者是讲人们怎样通过把崇祯皇帝造成神,制造出庙会活动,从而把对故国的感情隐晦地留传给后代,使用了一些历史记忆研究的理论、方法;后者更是叙事的办法,考据的办法,也是要把历史当作神话来剥离,来解构,看看历史是怎么被制造、被建构起来的。本来没有的一个人为什么被宦官们塑造成一个真实的人物,甚至是宦官的祖师神?它背后的意义是什么?这篇研究还是讲庙的,但是从这里要讲更大的道理,就是看看历史都是怎么被不同的人制造出来并传播下去的。这类研究的最近的根子在顾颉刚,他的"疑古"的工作在更大的意义上还有许多事要做。第四篇《国家正祀与民间信仰的互动:以明清京师的"顶"与东岳庙为个案》和第五篇《鲁班会:清至民国初北京的祭祀组织与行业组织》都是我所做"东岳庙善会组织系列研究"的组成部分,后者当然是我关于华北庙会研究的组成部分。前者试图发现京师国家与民间社会关系的特殊性,后者则试图发现中国的行业组织与西方行会的区别。

在本书的最后,我附上了若干具有理论和方法论色彩的研究,表明学术研究中从问题到实证、再从微观研究上升到理论概括的基本过程,同时,它们也是对理论色彩较强的这篇叙说的回应。至于本书定名为《狂欢与日常》,是想揭示庙会这一类游神祭祀活动的基本特征,也就是说,它们不仅构成了民众日常生活的一部分,而且也集中体现了特定时节、特定场合的全民狂欢。这一静一动,一平常一非常,正是我们的生活节奏。

赵世瑜

草于 2000 年初冬雪霁之日

概说之部

中国传统社会中的寺庙与民间文化*
——以明清时代为例

一、中国传统民间文化与宗教的民间化

在中国,当然在世界其他地方也是如此,寺庙都是以神灵崇拜为中心营建起来的宗教场所,但它所牵扯的既有民众的宗教生活,也有他们的世俗生活。无论是在历史上还是在科学昌明的今天,宗教的世俗化是其保持生命力的重要因素,因此,寺庙在民间文化中扮演了重要的角色。

佛教自汉代传入中国之后,由于在许多重大哲学问题上提出了自己的看法,因此日益在士大夫中产生影响,影响到唐代以后儒学的走向。与此同时,佛教的世俗化工作做得也比较成功,不仅其因果报应之说在民间的影响根深蒂固,而且自唐代起就创造出变文、俗讲等文艺形式来吸引听众,使民众在休闲娱乐的同时潜移默化地接受了佛教的思想。于是"天下名山僧占多",虽经"三武之厄",还是到处有雄伟壮观的佛教寺观。尽管如此,真正的佛教徒

---

* 本文曾以《明清时期中国民间寺庙文化初识》为题,发表于《北京师范大学学报》1990年第4期,第45—52页,又曾在《人民日报·海外版》1990年9月20日被摘要介绍。由于对一些问题和概念的认识有所深化,此次结集从题目到内容都做了全面修改。

并没有很多,拜佛的民众并不是不拜其他的神灵,佛教寺院也大多分布在名山都市之中,在隋唐以后的乡村社会中占的比例略小,存在的那些也往往要与地方文化传统建立关联。比如观音虽是佛教神祇,但由于被赋予了送子和救苦救难的功能,便与民众的日常生活联系起来,存在于城镇乡村之中。这时观音已经从佛教神祇转化为一般的民间神,同时民众也在不断创造一些神祇,如济公、泗州大圣、华光菩萨等等,将其纳入佛教神系。

盂兰盆节主要是个佛教节日,但与道教的中元节混在一起,特别是与中国传统的祖先祭祀相联系,成为最晚自南北朝时期至相当晚近的全民性节庆活动。据回忆,浙江嵊县的盂兰盆会又称兰盆胜会,陆上的会又分"清兰盆""花兰盆"两种,一般搞三天,每天上午老妪念"好事佛",午后道士或和尚坐法台念经,最后是唱戏①,百姓一般也不去分辨这究竟是佛教还是道教的活动。在基层社会,并非供奉佛教神祇的寺庙才有僧人住持。如河北"肃宁城北二十里庙头村旧有二圣神庙,俗传唐臣敬德所建。……嘉靖间僧人佛义以神梦来至其地,思重修之……肖二郎、关公二神像于殿中。……辟地三十四亩,本僧承种以供香火之费"②。如果说二郎神、关帝多少与佛教还有些关系,三官(天官、地官、水官)则是地道的道教神祇,在同属河北的景州,"康熙五十年住持僧觉悟、觉忆重募建基地十六亩余"以修建三宫庙③。其实在许多乡村,佛教寺院很少,信佛者往往去其他寺庙中烧香,其他寺庙中有佛僧住持也自不为怪。

---

① 钱方来:《庙会与兰盆见闻》,《嵊县文史资料》第六辑《嵊县风物》,1989 年,第 186 页。
② (明)樊深:《重修二圣神庙碑记》,乾隆《肃宁县志》卷一○上《艺文》,清乾隆二十一年刻本,叶 52b—53b。
③ 乾隆《景州志》卷一《建置沿革・坛壝・寺观附》,清乾隆十年刻本,叶 7b。

河南浚县无生老母庙及老母像,此种庙宇在豫北地区并不少见

欧大年(Daniel Overmyer)曾经在他的早期著作中把明清时期那些尊奉无生老母的民间宗教称为"民间佛教",后来则在该书的中文本序言中做了改动,以"民间宗教教派"来称呼他们,因为"佛教对于这些团体的影响固然重要,但其他传统势力,尤其是道教的影响也并不逊色"①。这个改动极为重要。我们以前认为,这些民间宗教几乎没有自己专门的神祇,也很少有专门的神庙,但近年来我们逐渐发现,民间教门也有自己的神祇和神庙。比如河北沧州的无生庙,其中供奉的正是所谓无生老母,在这个无生老母的故事中,多少有点佛教的味道,其事迹与民间化的观音等治病救难的神也差不多。晚明缙绅戴明说在《新建无生母庙记》中说,"或曰无生母,不知何神,化现善女子身。著于明世庙,功在禁掖,苏疴却赉。……神宗时灵异尤甚。……吾郡昔总宪带川刘先生文孙福征公,偶病于己酉之冬,辗转床第三阅月,势渐笃。忽于除夕,室有异香,如人扶掖问答状,公二子问公故,公曰:无生母救我,盖欲收效一七,令我于沧浒敷祇园座耳。二子环拜,承其志如。不及病

---

① 〔美〕欧大年:《中国民间宗教教派研究》,刘心勇等译,"中文本序言",上海:上海古籍出版社,1993年,第3页。

痊,庙竣,与地藏、观音同龛,目之者异之"①。

  道教是中国的本土宗教,它的基本理论与方术与此前中国古代的神秘思想和巫术传统是一脉相承的,像东王公西王母信仰、泰山治鬼的信仰、社神信仰这些道教产生之前就存在的民间信仰,后来都被纳入道教。传统上根据自然节令形成的春秋二祭、夏至冬至、祭灶祭祖、利用符咒操纵鬼神之类,也被道教全盘继承。因此它与民间信仰始终存在一种共生关系。尽管由于佛教的挑战,道教也设法使自己不断精致化,因而出现了"制度化"道教(比如南方的天师道和北方的全真道),具有系统的教义经典和组织系统,与隋唐时期的佛教教派相似;但是由于民间信仰体系一开始就是道教的源泉,它们二者之间一直是相互开放的系统,所以道教系统中的绝大部分与民间信仰相互重叠——前者吸纳各种民间神祇进入自己的神统,后者采用道教仪式以完成信仰实践的过程。虽说佛教世俗化的趋势也使其尽量吸纳民间神祇如关帝,也使自己的神祇如观音民间化,但其程度毕竟十分有限,而道教却采取了更大的包容立场,把以前就存在的和还未产生出来的本土民间信仰全部容纳其中。

  道教几乎可以包容任何形式的宗教崇拜。比如古老的自然崇拜,山川、河流、天地、星辰、水火、风雨雷电等等,再如动物崇拜,牛、马、蚕、虫等等,又如与生活相关的方面,行业、医药、生育、房屋、厕所等等,及由人转神如药王、关帝、刘守真、刘猛将等等,都有道教神祇。许多名山大川都有佛教寺院,但佛教少有山神、河神,从五岳各神到山神土地全都属于道教,所以佛教神统还是具有相当的约束性的,不像道教那样全面介入生活。因此道教本身就具

---

① (明)戴明说:《新建无生老母庙记》,乾隆《沧州志》卷一五《艺文·记》,清乾隆八年刻本,叶54。前引欧大年书对这段材料的解释有误,即解释为"无生著于明世"(第161页),其实这里的"明世庙"指的明世宗嘉靖帝。

有极强的世俗性和民间性。

　　但这并不等于说中国的民间信仰就是道教,也不等于说从佛教或者道教中分离出制度化佛教、道教与民间佛教、民间道教之后,后者就相当于中国的民间信仰,而是说无论佛道,它们都从固有的中国民间信仰文化体系中吸取养料,只不过吸取的程度不同而已;无论它们在什么程度上渗入和运作这个体系,它们还不就是这个体系本身。有的地方志作者批判这种民间信仰时说:"自二氏说行,诸祀神祇尽失其意。如城隍,地祇也,而有诞辰;文昌,星象也,而有姓氏;玉皇即上帝,而上清可以人居;东岳为岱宗,而地府专司冥箓。诸如此类,未可殚举,而况山崖水陬、穷乡僻壤之间莫举其名之淫祀乎?"①使创造出来的神祇人格化,赋予其生辰、姓氏、居所、职能,既符合现实生活世界的特征,又是造神的需要。作者的本意是说佛道二教使得中国传统礼仪化的信仰对象变得人格化、偶像化,这固然不错,但其具体途径上的世俗化特点却并非佛道二教的功劳,而是源于民间信仰和民间生活知识。

　　我们判断围绕着某一所寺庙进行的信仰活动属于何种宗教,通常要看所供奉神祇所属神统,要看所举行的是哪个宗教的仪式,要看信众和神职人员的身份。但是我们知道,民间信众中多数并不固定于佛教寺观或道教庙观烧香祈祷,而具有较大的灵活性;即使是那些固定于本村本社的神庙中参与仪式活动的人,也并不在意它属于哪个宗教,只在意它与地方文化传统的关系。我们前面也曾指出,在道教庙观中也会有佛教僧侣住持。至于庙中神祇,越是大寺庙,制度越严格,譬如五台山的佛教寺庙中,不可能有道教神祇;武当山的道教寺观中,也难有佛教神祇。但越在基层乡村,越芜杂混乱,人们也不以为怪。如三官庙供天官、地官、水官三官

---

① 乾隆《任邱县志》卷二《建置志·坛壝》,清乾隆二十七年刻本,叶 16a。

大帝,为道教神祇。"道经有天官赐福,地官赦罪,水官解厄之语,其宝诰中又各以大帝称之,而并载其所掌,又皆与人造福之事。"①清代直隶宁河有三官庙,该庙"乾隆三十八年有以黄幡娘娘之龛列于正案东侧者,案头与正案相抵。忽于四十年十二月二十三日夜龛像俱火化。僧视之,仅余烬一堆,而相抵之正案漆色如常。惟东壁赤紫火炎,错综而上,岿然一浮屠形也,迄今宛如画图。乃信邪正之不容并域而居,而神威之不可测也如是夫"②。这个故事虽然是佛教徒编造出来打击民间信仰的,但还是透露出民间杂神跻身于道教庙宇、佛道并存于同一空间的现象。

其实更大量的是一些很难归入佛教或道教的信仰。譬如清代直隶井陉贾庄村北有麻郎神庙,"麻郎神者,拳师奉以为祖,归其教而谒拜之,辄号麻郎手。每年正月十六日起至二十日止,乡民各据高岗,以巨石击斗,曰打麻郎。虽戚属罔顾,残体破颅,以俟一人殒命,乃群曰:麻郎神见收矣,年岁必丰。群将死者火于神前,绕庙称贺"③。在这种类似河伯娶妇的陋俗中,"麻郎神"不可能属于道教神祇。这样的地方神在全国各地不胜枚举,从神灵本身的塑造来说,与佛教固无渊源,与道教也没有什么干系,只是由于和尚和道士参与经营这些寺庙的祭祀活动,举行特定的仪式,它们才与某种宗教联系了起来。由于南方道教势力很大,其仪式亦为广大民众所接受,因此许多民间信仰的神庙被道教势力笼罩,而国内外学者对于南中国特别是广东、福建、台湾的民间信仰关注较多,故而认为中国的民间信仰即为民间道教,实际上华北的许多民间神庙甚至道教庙宇经常是和尚在那里住持,但没有人因此而认为这些民

---

① (明)苏乾:《三官庙碑记》,嘉靖《隆庆志》卷一〇《艺文》,明嘉靖刻本,叶26b。
② 乾隆《宁河县志》卷一六《杂识志·纪闻》,清乾隆四十四年刻本,叶14a。
③ 雍正《井陉县志》卷一《地理志·风俗》,清雍正八年刻本,叶15b—16a;引文见(清)周文煊:《灾邑利弊》,卷八《艺文志》,叶22a—22b。

间信仰就是"民间佛教"。

为了争取信众,佛道二教都不断地世俗化、民间化,并且都取得了相当大的成功。在理念上,佛教因果轮回的思想还是深入人心的;但在祭祀仪式方面,道教则占有较大优势。在其世俗化、民间化的过程中,它们也充分利用了民间文化的资源,并对后者加以改造。因此,无论是佛寺、道观还是民间杂神庙宇,都在中国传统社会的民间文化中扮演重要角色,其中又尤以后两者为甚。实际上,在基层社会,在贴近民众日常生活的层面上说,人们所拥有和使用的是混杂了来源不同的象征和仪式的"大众宗教文化"(popular religious culture),这一点,我们将留待后论。

二、日常生活中的寺庙的若干分类

表现"大众宗教文化"的中心是庙宇,它可以充分地表现宗教象征、仪式和组织。从寺庙中我们不仅可以发现某种信仰的分布和沿革,了解关于神祇的故事,还可以透视信众的心态,更好地把握它们在聚落或者社区中的中心位置。

为了更好地理解寺庙的意义,我们不妨对它们做一下简单的分类。

首先是礼制意义上的分类。在前文中我们曾经提到,神灵祭祀在洪武礼制的确立过程中是不可缺少的内容,问题在于必须分清哪些是必须崇拜(正祀)、哪些是允许崇拜(杂祀)、哪些是不允许崇拜(淫祀)的;而哪些又是只许统治者崇拜,而不许普通人崇拜的。比如社稷的祭祀,是从京城到乡里都存在的,日月、先农、先蚕、高禖等只存在于京城;在各级统治中心城市里,城隍、旗纛、马神、关帝、东岳等等,都属于正祀系统。但是这对于朱元璋来说显然还远远不够。"洪武元年命中书省下郡县,访求应祀神祇。名山大川、圣帝明王、忠臣烈士,凡有功于国家及惠爱在民者,著于祀典,命有司岁时致祭",这样在实际上就大大增加了应列入"正祀"的神灵。但由于划定了范围,大量民间神祇还是不能得到官方的承认。然而第二年"又诏天下神祇,常有功德于民,事迹昭著者,虽不致祭,禁人毁撤祠宇",这就大大扩大了民间神灵信仰存在的空间,因为任何神鬼都可以假托灵验,被传说为"有功德于民",虽不被官方致祭,却可以保留民间的香火。洪武三年再下令说,"天下神祠不应祀典者,即淫祠也,有司毋得致祭"①。即使是"淫祠",也只是禁止官方的礼仪行为,而没有采取禁毁的行动。这无疑表明属于"淫祀"的民间信仰十分普遍,甚至地方官员也往往入乡随俗,对其采取了礼仪性的做法。

按照《礼记·曲礼》被官方或士绅称为"淫祀"的民间信仰活动即指越份而祭,超越自己身份地位去祭祀某一种神,并不是对神的本身做什么划分。但后世,至少是从宋以后,"淫祀"还包括了对不在政府正式封赐范围内的鬼神的信仰活动,包括了对被民间"非法"给予帝王圣贤名号的鬼神的信仰活动与充斥所谓荒诞不经和伤风败俗行为的任何信仰活动。而日本学者小岛毅的文章认为②,以《仙游县志》为例,从嘉靖时期开始,地方志编者对淫祠的定义有了更明确的看法,把"正祠"放在"祀典志"中,而把"淫祠"置于"杂志"之中。就此,我们还可以找到其他类似的例子。譬如,嘉靖《惟扬志》把"正祀"放在"礼乐志"中,其中包括从盘古到伍子胥等帝王圣贤,而又在"杂志"中置真武、都天、东岳、晏公、五圣等庙。但是这种区分是到清代才普遍起来,比如乾隆《三河县志》把它们分别置于《建置志·坛庙》和《乡间志·寺观》中,乾隆《沧州志》则将

---

① (清)张廷玉等:《明史》卷五〇《礼四》,北京:中华书局,1974年,第1306页。
② 载《东洋文化研究所纪要》第114册。见蒋竹山:《宋至清代的国家与祠神信仰研究的回顾与讨论》,《新史学》(台北)第8卷第2期(1997),第209—212页。

其分置于"祠庙"和"寺观"中,以示区别。在明代的许多方志中,还都将其混列于"坛庙"或"祠庙"一类之中①。这说明在明代的大部分时间里,除了少数理学家和整顿风俗者之外,没有对正祀、淫祀做出十分严格的区分,而且如前述,即使是明初礼制含糊规定的所谓淫祀,也没有要求拆庙禁止。

但正是这些所谓淫祀,构成民间信仰活动的主体。比如在清初江南被作为淫祀加以禁止的刘猛将信仰,在雍正年间被改造后列入正祀,作为灭蝗之神在全国推行。但作为后者香火极为不旺,而作为前者在江南民间依然盛行,一直流传到今天。

但是这种礼制上的分类也常常被有意加以混淆,东岳庙就是一个例子。在明清时期,东岳庙属于国家正祀②,但儒家的士大夫还是有所非议,如说"州县有岳庙,非礼也。且杂以轮回地狱荒怪不经之说,不可不辨其妄"③。但是实际上早在宋代,东岳庙就出现在各个地方层级。据韩森统计,浙江湖州及周边的乌程、德清、归安、安吉、武康、长兴等都有东岳庙,其中德清不仅在县城有,在新市镇也有;归安则在射村和琏市,显然并非只是官府所在城市有建东岳庙祭祀的权利。韩森也描述了德清新市镇的民众联合外地商人兴建这个超地区性祠祀的情形④。这样的情况一直延续到明清时期,所以常有文人描述各地民众朝东岳的情景,如浙江海宁硖石镇:"麦畦雉雏羽斑斓,蚕月乡村断往还。豫约邻姑联袂去,朝朝东岳暮西山。"⑤再如浙江新登:"三春正是出游时,大妇前行小妇随。

---

① 存在这种情况的地方志见于叙说部分的注释,这里不再重复引证。
② 参见本书中《国家正祀与民间信仰的互动》一文。
③ 乾隆《任邱县志》卷二《建置志·坛壝》,叶 13b。
④ 〔美〕韩森:《变迁之神——南宋时期的民间信仰》,包伟民译,杭州:浙江人民出版社,1999 年,第 112—113、173—183 页。
⑤ 嘉庆《硖川续志》卷七《诗·硖川竹枝词》,清嘉庆十七年刻本,叶 19b。

先谒城隍后东岳,年来又上药王祠。"①

在湖州双林镇的东石漾,顺治时为乡约所,康熙中改为东岳庙,不久被火烧毁。乾隆时当地人陈鲁重修。道光年间进一步扩建,每到三月二十八日东岳大帝生辰,"吹台演唱,百戏杂陈",但咸丰年间又毁于太平天国起义。同治二年,当地人、宁波人和轿会联合重修。在太平天国起义之前,东岳会庆祝活动有八仙会、三星会、花神会等组成,每会多不过十余人,到起义平息后规模扩大,"连贯数十人或至百为一会"。会期十天,"间皆迎神前导,夜各离散,别为诸淫亵戏状,纵横于市街,所谓闹灯棚也。妇女之儇者,列坐于市肆,诸无赖谨哗潮涌,灯棚下习为常,或至斗殴大哄"。所有这些参与的会共分72社,以抬神像的轿会最为古老,其会首姓周,颇有本事,"凡举会皆听周指挥"。

光绪庚子,又要大搞夜会,由于时值北方闹义和团,湖州也不安定,知县萧治辉致函双林镇乡绅蔡亦庄,询问是否可以禁止,蔡说由官府出面禁止,应无问题,并希望萧治辉能亲到此处,对会首严谕,使其有所畏惧。但知县以忙为借口,不来,让道光年间的致仕官员郑梦白成立的崇善堂代为传达,会首周某并无异议,但在实际上夜会仍照常举行。当第四天夜会到蔡氏家门时,蔡家子弟拦其灯,还毁去一灯,引起会众火烧蔡家。周某还下令禁止船只出入,次日数十无赖还禁止各店铺开门营业。第六日萧知县来现场勘察,"诸无赖则掷其仪仗、街牌于河,且拥入庙,碎其袍褂,萧不敢声"。直至数日之后,几经周折,这番风波才告结束②。在这个例子中,东岳庙显然不是国家祀典中的那样一种神圣场所,而极其类似

---

① 民国《新登县志》卷二〇《拾遗·艺文·新城杂咏》,民国十一年铅印本,叶63a。

② 民国《双林镇志》卷三二《纪略·杂记·东岳会始末记》,上海:商务印书馆1917年铅印本,叶16b—18b;《崇善堂记》,叶5b—6a;卷九《庙寺》,叶1。

于民间寺庙祭祀活动即"淫祀"之地。

像这样的情况还有城隍庙,本来应该设于城市的正祀,在明清时期却见于市镇乡村,这个例子在后文中还会提及①。

其次是地域意义上的分类。在全国的范围内普遍分布的大多是那些属于国家正祀的寺庙,比如城隍庙、土地庙、关帝庙、真武庙、文昌庙、龙王庙、观音庙等等。其中一些庙宇虽属同一性质,但具体的神并不同,如城隍庙,多与地方历史传统相关,有学者根据其来历将其分为地方官城隍、功臣城隍、正直者城隍、行善者城隍、神能者城隍、善鬼城隍等类型②,他们也许是张三,也许是李四。也有一些庙宇供奉的神祇虽相同,但庙的名称却各异。如关帝庙在不同的地方也称关工庙、关圣帝君庙、汉寿亭侯庙、武安王庙等,再如娘娘庙或称碧霞元君祠、泰山圣母庙、泰山娘娘庙、九天玄女庙等,文昌庙或称祠、阁,或全称文昌帝君庙、梓潼帝君庙等。另外龙王庙的名目应该是最多的,无论江、海、河、湖、溪、泉、井,只要是有水的地方,多有龙王庙存在。泛而论之,有所谓龙神祠、龙母庙、五龙庙、九龙神王庙、昭泽龙王庙、白龙王庙等,不胜枚举;比较知名的如金龙四大王庙,祭祀的是专门保佑运河畅通的龙神。由于农业在传统中国的社会中扮演着举足轻重的角色,无论旱涝,农业都会受到极大影响,北方往往干旱少雨,南方经常发生洪涝,因此信仰龙神以禳灾祈年,便成为全国的普遍现象。

除此之外,有一些庙宇明显主要分布于北方,这些庙宇往往也带有国家正祀的特点,比如三官庙、八蜡庙、药王庙、三义庙、马神庙、牛王庙、火神庙、三皇庙、刘河间庙(刘守真君祠)、崔府君庙、五道庙等。相对来说,北方,特别是华北地区,民间信仰受官方意识

---

① 参见本书中的《庙会与明清以来的城乡关系》一文。
② 参见郑土有、王贤淼:《中国城隍信仰》,上海:生活·读书·新知三联书店上海分店,1994年,第51—66页。

形态影响较大,地方文化传统的独立性没有那么强,因此表现出一种相对正统化和单一化的特点。杜赞奇提到过一些华北村落的例子,比如说山东历城县的冷水沟村有 4 座庙,分别是玉皇庙、关帝庙、观音堂和三圣堂;河北良乡的吴店是个小村,只有关帝庙和五道庙;河北昌黎的侯家营拥有财神庙和五道庙,而山东恩县的后夏寨则有泰山老母(即碧霞元君)庙、真武庙等①,都可以说明这一特点。也有一些属地方性神祇,比如刘河间、崔府君均为河北地方神祇,后传播于山东、山西等地,一些地方志作者便把它们视为荒诞不经的淫祠②。

根据韩森的研究,南方地区形形色色的地方神祇从宋代开始具有区域性特征。比如五显、梓潼、天妃、张王"在整个中国南方都有它们的行宫分庙"③。这四位神祇分别起源于安徽的徽州、四川、福建莆田和浙江的湖州,后来陆续在南方各地得到崇祀。其中除了后来与文昌信仰合流的梓潼神由于与科举制度关系密切而遍及全国外,天妃或妈祖信仰以闽、台为中心,流行于东南沿海,虽然在山东、河北、天津、辽宁的沿海地区也存在天后宫或妈祖庙,但毕竟比较稀少,而且与福建商人在当地的会馆有关系,可以说是南方沿海地区的大神。张王或祠山大帝张渤的庙宇主要是以江浙地区为中心的,五显(明清时更以五通神闻名)基本上也是如此。但是即以此四神为例,可以发现,除了五显之外,其他三神在明清时代都

---

① 参见〔美〕杜赞奇:《文化、权力与国家:1900—1942 年的华北农村》,王福明译,南京:江苏人民出版社,1994 年,第 117—119 页。
② 如顾炎武《天下郡国利病书》引山西《平定州志》:"如妒女祠、黑水祠、崔府君祠,妖妄不经,皆淫祠也。"上海涵芬楼影印昆山图书馆藏稿本,第十七册,《山西》,叶 48b。
③ 〔美〕韩森:《变迁之神——南宋时期的民间信仰》,第 131 页。

没有被列入淫祀,而后者之所以被清初汤斌加以打击①,主要是由于在有关该神的事迹神话中,没有比较符合正统意识形态的内容,关于它的来源,也很少有人能说清楚。相反,在传说中它却具有转移财富和淫人妻女的反伦理神格,故而选择它来加以清剿,有比较充分的理由。

然而包括五通或五显这样的区域性民间神祇具有顽强的生命力,说明它们尽管有着知识精英所痛恨的"淫邪"神格,却还是有相当的基层民众的土壤,因为庙宇香火是否旺盛,取决于神祇是否灵验,而人们对于地方性神祇的灵验程度总是看得很重的。因此奉贤"俗多淫祀,五通神、顾先锋之类,乡村争严事之,病不务医,专事祈禳。里巫视鬼矢口妄语,闻者惑溺,小户之家尤甚"②;湖州双林镇"有所谓六神者,曰和合,曰五圣,曰总管,曰太君,曰家堂,曰土地。……湖俗信鬼,祀五圣堂子最盛"③;青浦"邑中淫祀,其在所必斥者,如唐王、五圣、陈三姑之类。三姑在金泽妖焰特张"④。

对此,周庄和金泽的情况是很好的说明:

> 我吴自汤文正公毁除上方山五通神像,淫祀遂绝。乾嘉以来,此风渐炽,乡里奸巫往往托为妖言以惑众。有陈三姑娘者,镇南之乡人,因犯淫,其父怒而沉诸宗家荡。未期年,所狎十七人皆死,同为厉鬼。人病诣卜,辄云三姑为祟。三四十里间谨事之,且绘其像以鬻于市,金泽、张堰等处并有其庙。每岁三、四月,庙中香火如繁星,舣舟至不能容,人趾相错于途,

---

① 参见 Richard von Glahn, "The Enchantment of Wealth: The God Wutong in the Social History of Jiangnan", *Harvard Journal of Asiatic Studies*, 51: 2(1991), pp. 651-741;蒋竹山:《汤斌禁毁五通神——清初政治精英打击通俗文化的个案》,第67—110页。
② 光绪《重修奉贤县志》卷一九《风土志》,清光绪四年刻本,叶2a。
③ 民国《双林镇志》卷一五《风俗》,叶8a。
④ 光绪《青浦县志》卷三《建置·坛庙》,清光绪四年刻本,叶18a。

而平时以牲帛酬神者尤无算。

金泽三姑庙旁又有杨爷庙,与三姑相若,亦为世俗所崇奉。同治壬申夏五月,应方伯宝时命青浦令毁其像,封其庙,并及三姑。然居民逐什一者因庙祀以为利,故未几即复振。近一二十年间又有庄家圩神者,在镇西南三白荡滨之庄家圩村,濒水立庙奉像,其中神不知其为何姓名,而远近争传其异,谓夜尝有火光入庙,为庙祝者不敢寝于庙中,寝则比寤而身已在庙外,临卧水滨,一转侧将溺矣。因是求嗣者、求利者、求医药者,甚有士人而往求科名者,香火牲帛之盛,无日无之,得一效则酬神之家或迎神以归,侈陈鼓乐酒食而祀之,尽日乃毕以为敬。初仅一神,不足以给众人之迎,遂增塑其像,故迄今仿佛者有六七神焉,而庙中犹时有无神之日。庙祝皆村中人轮流为之,为其获厚利也。此皆淫祠之继五通滋萌者。①

无论是陈三姑娘还是杨爷和庄家圩神,它们都有一些共性,即往往来自于本地知识,神格并不符合正统,开始起于某村,然后逐渐扩大其传播半径,影响到数十里方圆的空间,如有机会,还会向更大的空间扩展。在这个意义上说,汤斌禁毁五通神最终是徒劳无功的,因为不仅五通神信仰死灰复燃,而类似五通神的民间信仰还在不断产生,这是因为其产生的土壤并没有被彻底铲除。

像这样的地方性和区域性神祇在南方是普遍存在的。如起源于福建古田的陈靖姑(陈十四)信仰,在福建、台湾、浙江等地传播,祭祀她的临水宫也往往有较大的规模。据调查,浙江永嘉至今还有供奉陈十四的庙宇太阴宫90余座②。另外福建的开漳圣王、广

---

① 光绪《周庄镇志》卷六《杂记》,清光绪八年刻本,叶14b—15b。
② 王仿、金崇柳:《永嘉龙灯与陈十四娘娘——陈靖姑民间信仰之一》,上海民间文艺家协会、上海民俗学会编:《中国民间文化》总第16集,上海:学林出版社,1994年,第140页。

东的三山国王等等,都是逐渐以某地为中心,发展为区域性神祇的。

从地域的意义上对寺庙进行分类,可以看出大众宗教文化在空间的多层次性:全国范围、北方与南方、跨州县的区域、跨自然村的区域、村内,等等。我们现在不能肯定,所有神祇都是从地方性神祇或村神逐渐发展成区域性神祇,然后再从区域性神祇发展为跨区域的或全国范围的神祇的,也许全国性神祇与地方性神祇一直是沿着两条轨道发展着的,但并不是说二者之间完全没有联系。在多数情况下,只有在法典中确定下来、通过政权力量推广的国家正祀,才能在全国范围内普遍建庙,比如东岳、城隍、关帝等;还有少数情况是与广泛传播的宗教有关,与全国普遍存在的问题背景有关,比如佛教传遍城市乡村,生育、人口等问题是普遍性问题,所以观音庙也很常见。它们几乎都不是从地方性神祇发展而来的。另一条轨道是地方性神祇的发展,无论如何它们与地方发展有密切联系,如果没有村这个聚落,就不会存在村庙;如果跨村落的联系没有建立起来,也就不会有跨村落的区域性信仰圈,也就是说,地方文化认同的范围越广,就越会出现更大的区域性神祇。在这个意义上,古人常说吴越或湘楚好巫鬼,其中实际上有一个地方文化认同程度的问题。如果我们看到,从吴越、湘楚到闽粤,正祀庙宇日益增加,形形色色、各不相同的地方性神祇逐渐减少,就表明了区域性认同程度的提高,表明了从"化外"向"化内"的发展。

当然,我们还可以从寺庙祭祀对象为神或鬼,是自然神、动物神或人神,是否行业神等等方面进行分类,也可以发现许多有意义的问题。

三、寺庙与民众生活

在中国传统社会中,寺庙与民众生活之间的密切关系往往是现在的人们所难以想象的。实际上,当我们审视地方志中的地图时,会发现除了衙署之外,标识最多、最醒目的就是本地的各个寺庙,这实际上表明了绘图者的某种认同,即对寺庙的重要性的判定。而对于广大的民众来说,寺庙构成了他们的日常生活的组成部分。

在传统中国,农业始终是经济的命脉,是国家和个人生存的基础,与农业相关的寺庙众多,便是其体现。自远古以来,春祈秋报,人们对社神礼敬有加,社庙以及相关的土地庙、土谷祠成为全国各地到处存在的景观。如河北蔚县,"当春秋祈报日,里社备牲醴祀神,召优人作乐娱之"①;山西沁水"乡野春则祈谷,数百人鼓乐、旗帜前导……秋则报赛张剧,盛列珍馔"②;湖北公安在二月社日时,"赛土神,燕以为乐,秋亦如之。乡村每数十家出资作一小庙,内奉翁媪二像,并金甲神像。翁,社神;媪,蚕神;金甲,谷神也"③;湖南永州在社日时,"四邻结彩会社,具牲酒于树下祭社神"④;广东西宁"春祈秋报,皆有祭赛,或优人演院本,或乐户办杂剧"⑤;四川万县二月社日,"祀社公、社母。春以二月二日,秋以八月望日,城乡报赛极盛"⑥;浙江海宁"民间于春分前后酿金具牲醴祀土谷神,祀毕即为社饮"⑦;等等。虽然人们并不会把丰收的希望全部放在神灵的庇护上,不会丝毫松懈自己的努力,但他们还是会把是否风调雨顺、是否丰收与神灵联系起来。

---

① 乾隆《蔚县志》卷二六《风俗》,清乾隆四年刻本,叶 4a。
② 康熙《沁水县志》卷三《风俗》,清康熙三十六年刻本,叶 3b。
③ 民国《公安县志》,丁世良、赵放主编:《中国地方志民俗资料汇编》(中南卷),北京:书目文献出版社,1991 年,第 405 页。
④ 康熙《永州府志》,丁世良、赵放主编:《中国地方志民俗资料汇编》(中南卷),第 557 页。
⑤ 康熙《西宁县志》卷三《风土志》,清康熙五十一年刻本,叶 33a。
⑥ 同治《增修万县志》卷一二《地理志·风俗》,叶 3b。
⑦ 乾隆《海宁州志》卷二《风俗》,清乾隆修道光重刊本,叶 52a。

前面所说的五通神信仰经清康熙初汤斌打击之后复炽,与它本身涉及江南地区的农桑生产有关。有诗说道:"吹出锡箫日未曛,吾乡游屐正纷纷。鱼花小户堪三倍,蚕卦初爻定十分。"作者的说明是,"清明,镇人皆祈蚕于丁山五显庙,是日游舫四集,歌管竞发,盖胜事也"。别的作者也认同这一看法:"莫笑桃花开满枝,千枝万树春风吹。超山泗水郎游遍,侬去祈蚕五显祠。"还有的诗作虽然批评此事,但也承认它与农事有关:"虽违圣人教,亦兆丰稔年。"①由此也可引证五通神的社神性质。

对于灾害的防范避免也是农业社会时刻关注的事,与定期的对神灵赐福的祈求和回报相比,还经常需要临时向神灵祈求,希望它们能帮助人们抵御自然灾害。由于水旱灾害最为频仍,龙王庙也就成为最常见的一种寺庙,如任邱五龙潭龙母庙,"相传唐时建。庙中有一大井,井中有铁牌一面,铸龙王名,旱则撤水取牌,曝于日而祷之辄雨"②。句容某年大旱,"民大饥而死亡。……越明年夏,久不雨,侯大惧,召耆老问所当祀,佥谓邑东有山曰虎耳山,有龙神祠,祷是其可。侯遂斋沐往谒祠下……翼日遂雨。越数日又往祷,复雨,如是者六,雨无不辄应,岁以无歉"③。

此外也有在农业减产歉收时举行的祭祀仪式,比如江浙一带的祀田蚕,虽然不是在寺庙中,而是在田中建立祭坛,但还是要请108位神祇的神马来参加,其中最受人们关注的是田公地母和蚕花菩萨④。还有些地方性很强的寺庙,比如浙江衢县某村有个牛王

---

① 《西安太守杨汝檝甘肃清明寄栖里故人》《王廷璋四首》《吕水山五显神赛会诗》,乾隆《唐栖志略稿》卷下《风俗》,清光绪十六年刻本,叶 17b、19b、19a。
② 乾隆《任邱县志》卷一《舆地・潭港》,叶 17b—18a。
③ (明)俞希鲁:《重修虎耳山龙神庙记》,弘治《句容县志》卷一〇《文章类・祠庙碑刻》,明弘治刻本,叶 10。
④ 参见张永尧、顾希佳:《"祀田蚕":一种古老的祭祀仪式》,《中国民间文化》总第 5 集(1992 年),第 22—39 页。

庙,"王家的牛走失,李家的牛生病,张家的母牛难产……只要牛的主人们虔诚地上牛王庙向牛大王祷告许愿,走失的牛准能找回,病牛亦能痊愈,难产的母牛也可化险为夷产下牛仔"。在庙会中人们还要牵着自己的牛参与,道士举行仪式时要抛撒五谷①,这都表示耕牛在江南稻作文化中的重要作用。

在明清时期,求雨行为还可以发生于龙神庙之外的多种庙宇。比如现太原晋祠原分别为多个祠庙,其中有女郎祠,宋代加封号为昭济圣母庙,"洪武初遣使祷雨有应"②。句容有达奚将军庙,据说该神"本蕃族,盖因达山奚水得姓,魏隋间著姓西北",不知为何为江南民众奉祀。元朝"至元庚辰夏五月亢旱,邑之长贰遍祷群祠以求,至庙,邑长丑间公祝曰:'神若有灵,能降雨泽民,当使庙宇一新。'是夜澍雨如注。迨秋复祷晴于神,又获其应,岁用以登"③。许多地方性的、区域性的或全国性的神祇都有抗灾的功能,比如关帝庙也是人们常去祈雨的地方。

除了水旱之灾外,蝗灾也是全国比较普遍、危害农业生产较严重的自然灾害,因此全国各地有八蜡庙、虫王庙、刘猛将军庙等,对此后文还将提及。

寺庙与生育问题的联系也引人注目。历史人口学者已确定明代的人口峰值达到1.5亿,乃至接近2亿,而清代的人口峰值达到4.3亿,为中国王朝史上的顶峰。尽管如此,学者们认为,这些时期的婴儿死亡率可能高达250‰,有些地方甚至可以达到500‰④。

---

① 孙水标:《衢县牛大王庙及庙会活动》,《中国民间文化》总第14集(1994年),第21—22页。
② 嘉靖《太原县志》卷一《祠庙》,明嘉靖刻本,叶11a。
③ (明)林仲节:《重建达奚将军庙记》,弘治《句容县志》卷一〇《文章类·祠庙碑刻》,叶8a—9a。
④ 葛剑雄:《中国人口发展史》,福州:福建人民出版社,1991年,第237—241、245—248、313页。

由于明清时期人口比前朝有较大增加,因此可以说,相对前此一般较低的出生率而言,这一时期的出生率有了较大提高。就总体来说出生率的提高和就局部而言的死亡率依然较高,这些现象都可以反映在众多与生育问题有关的寺庙中。

比如全国普遍存在的观音信仰,就是因为后者具有"送子"的功能。如苏州吴县二月十九日"观音诞,僧尼建佛会,妇女炷香膜拜者尤众"①;佛山六月十九日"妇女竞为观音会,或三五家,或十余家,结队醵金钱,以素馨花为灯,以露头花为献,芬芳浓郁,溢户匝涂"②;河北鸡泽的观音堂,又称送子娘娘庙,各村庄共有60多座③。在北方,碧霞元君受到普遍崇拜,也是因为她有保佑生育的功能,河北安肃就有碧霞宫18座④。永平府四月十八日祭祀天仙(即碧霞元君),称为"拜庙"。"盖妇人求嗣者……又童男女多病者,以小纸楷为枷锁,荷之诣庙祈祷。"⑤其他女神往往也被赋予这样的神格,比如河北完县有木兰祠,"木兰将军庙中配享有俗所谓子孙娘娘者,司人问小儿事,似与将军关涉,或曰住持人为香火供祭计,以诱愚夫愚妇耳"⑥。又如山西定襄有惠应圣母祠,祭代王夫人赵襄子姊,其祠"后有小石井……井中石子累累如卵。相传祈嗣者祷而摸索,得石乃应,否者爽。……七月七日圣母诞辰,从朔日始,四方士女车马络绎而来,拜祷七日"⑦。

---

① 民国《吴县志》卷五二上《舆地考·风俗》,民国二十二年铅印本,叶13b。
② 道光《佛山忠义乡志》卷五《乡俗·岁时》,清道光十一年刻本,叶16a。
③ 乾隆《鸡泽县志》卷六《坛祠》,清乾隆三十一年钞本,叶6b—7a。
④ 乾隆《安肃县志》卷二《建置志·坛庙》,清嘉庆十三年刻本,叶27a—28b。
⑤ 康熙《永平府志》卷五《风俗》,清康熙五十年刻本,叶24b。
⑥ 毕元勋:《木兰祠》,雍正《直隶完县志》卷一〇《艺文志》,清雍正九年钞本,叶10a。
⑦ 雍正《定襄县志》卷四《秩祀》,清雍正五年增补康熙五十年刻本,叶4a。

在南方,这种情况也同样普遍。比较典型的像广东地区普遍奉祀的龙母神、金花夫人,福建、浙江地区的陈靖姑,广西地区的花林圣母等,都具有保佑生育的功能。如广州的金花会,"惟妇人则崇信之,如亚妈庙各处,内列十二奶娘,妇人求子者入庙礼拜,择奶娘所抱子,以红绳系之,则托生为己子。求子多验"。佛山忠义乡有柳母庙,据说"求子亦有验"①。广西来宾县的花林圣母庙"香火最盛,其赛会游神,远乡毕至。其神三像并坐,中一像貌最老,左右者次之:在右者类中年妇,锦袍玉带,凤冠珠履,俨然妃嫔宫妆;旁座别有七子、九子两娘娘,韶秀如三十许人,华裾霞袂,群儿攀附胸腹肩膝,一七,一九,隐寓多男之意"②。

浙江遂昌、云和等地的类似女神信仰也很普遍。如遂昌五龙山下建有马夫人庙(明万历己酉建),"有祓麟桥,祈嗣者祷无虚日";在君子山麓有瑞莲堂,亦祀马夫人,"祈祷辄应",后又添造百子堂③。无独有偶,相邻的云和亦有明弘治间所建马天仙庙,或称感应夫人庙。后来又增祀陈氏(靖姑)、林氏(妈祖)二夫人,分别称为护国马夫人、顺懿陈夫人及管痘林夫人。此外三女神还有各自单独的庙宇,奉祀之期不同,但"皆有灯会"。甚至梨园中有演夫人戏的,民间有唱夫人词的,"叙述遗事,俚俗皆知"。有意思的是,马夫人的诞辰被定在七夕之日,与传统的"女节"合一;从"管痘"这个词则看出林夫人在此地的职司;而陈夫人在传说中死于难产,化神后更成为专门保佑生育的神祇④。

---

① 道光《佛山忠义乡志》卷一四《杂录志》,叶3a。
② 民国《来宾县志》上篇《县之人民三·风俗》,民国二十五年铅印本,第236页。
③ 光绪《遂昌县志》卷四《祠祀》,清光绪二十二年刻本,叶10b。
④ 同治《云和县志》卷七《祠祀》,清同治三年刻本,叶14a;卷一五《风俗》,叶9a—10a。

对于日常生活纠纷的民间解决途径,近年来也有一些学者关注①,在诸多被称为习惯法的制度中,神判依然起着作用,这样寺庙又同时成为一种司法权威和执行公正的空间。河北鸡泽"城西焦佐村有府君庙,门常扃。或夜过其地,见灯烛辉煌,并闻诘责及哀号声,乡人以为府君断狱"②。人们公认城隍是最能代表冥冥中的公正的,"邑居民疾病必祷,痛苦必呼,甚者抱冤抑不平之戚,则要质诅盟以自表雪"③。四川巴县"今俗有不得直于官府,焚冤状于城隍前,曰冥诉"④;类似的有四川合川,"有负屈莫白,或因银钱交涉者,均于城隍庙神像前盟誓,谓之赌咒。其甚者,执鸡狗于庙门,令屈者断其颈,谓之砍鸡狗。因小小事故,则只用鸡或鸡卵对神砍之,借此以明曲直,谓凭神。东里遵道观有梅山神,明东、明西各场及州城有不明等事,负屈者虔具香烛祷语,接梅山出驾,以四人抬去,锣鼓随行,或十日半月送驾回庙,抑或此处未回而彼处又来接矣"⑤。

这样的情形,依然表明神有惩恶扬善的能力,在明末清初非常流行的善书功过格中,充斥着大量例子,证明神对行善或为恶者有不同的报应⑥,因此对神的这种能力的信念,在民众生活中还十分普遍。民众特别是对神的报复能力具有深刻的印象,许多地方都流传着对神不恭敬而遭到惩罚的说法。如我在调查中了解到湖南

---

① 参见梁治平:《清代习惯法:社会与国家》,北京:中国政法大学出版社,1996年;〔美〕黄宗智:《民事审判与民间调解:清代的表达与实践》,北京:中国社会科学出版社,1998年;〔日〕滋贺秀三等:《明清时期的民事审判与民间契约》,王亚新等编译,北京:法律出版社,1998年。
② 乾隆《鸡泽县志》卷一九《杂事》,叶3。
③ 乾隆《东明县志》卷二下《建置志·坛壝》,清乾隆二十一年刻本,叶4b。
④ 民国《巴县志》卷五《礼俗·风俗》,民国二十八年刻本,叶55b。
⑤ 民国《合川县志》卷三五《风俗》,民国十年刻本,叶13b。
⑥ 参见〔美〕包筠雅:《功过格:明清社会的道德秩序》,杜正贞、张林译,赵世瑜校,杭州:浙江人民出版社,1999年。

绥宁县白玉乡塘玄湾村有傅玄庙,托为东汉功臣,实为本村傅姓家族之祖神,在"文革"时期庙被拆毁,神像被人搬去做了灶旁的坐具,但这家男主人不久后就吐血身亡,没有留下后代。该神像随后便被移入山洞,其他什物也无人再敢搬动,直至后来庙得到重修。同样的传说也存在于湖南溆浦县的大华乡,那里的红岩岭和车岩岭上建有红岩大王庙和车岩大王庙,据传"破四旧"时一乡干部下令拆除红岩大王庙,结果大病一场,全身浮肿。他赶快下令复修,病即痊愈。在相当长的时间内,由于法律的力量无法深入到基层、波及各领域,或者不能比较公正地协调各方面的关系,人们便需要一种虚拟的仲裁或神异性权威来弥补这一缺失,并通过各种神话传说来强化这一仲裁者或权威的效力。

基于寺庙的与民众生活关系最为密切的活动应该是庙会,因为它涉及民众的经济生活、休闲生活和各项公共生活,由于后文将对这些方面有更全面的阐述,这里不再赘言。

四、关于"大众宗教文化"

由于本文中探讨的中心是寺庙,我们便不可能回避民众的宗教信仰问题;但这里我们又几乎不涉及那些教派、教义和著名的宗教师,与传统的宗教学研究有所区别。我们在这里探讨的更多的是所谓"民间信仰"的问题,是这种信仰在民众生活中的地位问题,是民间文化的问题。

正如我们已经在前面论及和即将在后面讨论的内容所展现的那样,寺庙以及民间信仰背后的文化传统和社会群体是极其复杂多样的,在寺庙这个神圣的也是世俗的空间中,我们可以发现不同的社会—文化群体的身影,我们也可以发现知识精英对"淫祀"的深恶痛绝、势不两立的态度。的确存在"正祀"与"淫祀"的二元对立,因此我们不可避免地要卷入对概念的探讨中,而这种探讨的确需要深入进行。

美国民俗学家 Richard M. Dorson 曾经用一系列二元对立的概念来表达传统的或 19 世纪末以来的民俗概念:民众的对精英的、乡村的对城市的、农业的对工业的、农民对工厂工人、文盲对有知识的、手工对机器、口碑对大众传播、落后的对现代的、迷信的对理性的、巫术的对科学的、边缘的对中心的。按照传统的学术观念,民俗就是这些对子中的前者。他认为,这样的概念应该加以修正:"民众(folk)这个词不需要绝对地应用于乡村民众,但主要意指注重传统的无名大众。""如果我们用'口头文化'或'传统文化'或'非官方文化'来替代'民间古物',我们就离民俗学家真正关注的东西更接近了。……非官方文化可以与教会、国家、大学、职业、联合企业、美术、科学等高层的、可见的、体制性的文化相对照,这种非官方文化可以在民间宗教、民间医术、民间文学、民间艺术和大众哲学中找到自身的表达方式。"[①]

Dorson 的看法是针对民俗学早期把民俗事象视为原始遗留物的观念提出来的,强调的是传统也在不断变化和更新。在更新了的传统中,民俗就不仅是乡村的、农业的、口传的、落后迷信的同义词了,因此上面列举的那些二元对立就可能被打破了。但他仍使用一种新的二分法,那就是官方文化与非官方文化,后者是民俗而前者不是。显然,后者的涵盖面扩大了,因为城市文化、知识分子文化等等,都可能有很大部分是非官方文化。其次,当人们使用"文化"一词的时候,就与它的社会分层基础分离开来了,就有可能变成不同的社会群体所共享的了,并不是说"民间文化"就完全是由某一个相对单一的群体所承载着的。我们可以看出,人类学家

---

① Richard Dorson, "Folklore in the Modern World", *in Folklore in the Modern Worled*, ed. Richard Dorson, Mouton Publishers, 1978, pp. 12, 23.

Robert Redfield 的"小传统"和"大传统"概念与早期的民俗概念如出一辙①,只是由于人类学以前多只注意"简单社会",而民俗学与人类学的区别就在于它注意的是"复杂社会"或"文明社会",注意其中的下层民众,以至于人类学对这个问题的注意比民俗学晚了半个世纪。但问题并不在这里,而在于这样一种两分法是否为合理的解释工具?我们在寺庙里观察到的宗教行为与世俗行为是否可以完全归结为农民的行为或者"小传统"?

比较认真地讨论 Redfield 两分法的学者是王铭铭②。他批评了前者观念中的静态化缺点,但认为这个大、小传统的划分方法仍是有效的概念,同时"民间宗教"属于小传统,这是因为它是非官方文化,强调实践并通过口头传承,受到多数人——农民的支撑并与民间生活密不可分。他同时指出,民间宗教与大传统并非相互隔绝的,而且关系十分复杂,虽然他还不能肯定民间宗教或小传统是大传统之源头还是它的流变,但却肯定前者是在与后者的互动和交换中发展的。其实就总体来说,大传统肯定是晚生的,因为在无所谓大小传统也即史前文化时期,还没有明确的社会分层,那时的文化基本就是后来的"民间文化"或"小传统"。孔子讲"礼失求诸野",讲礼与俗的关系问题,在发生学的意义上,实际上就是讲"大传统"来自"小传统"。中国的"大传统",即礼乐制度、宗法制度,应该形成于周朝,说是周公制礼作乐,实际上是对当时生活实践的提炼、系统化和精致化。

在另一篇类似的文章中,王铭铭批评了从历史学和民俗学角度分析民间材料的学者,认为他们"受到理论与研究方法的囿限……有

---

① Robert Redfield, *Peasant Society and Culture*, Chicago University Press, 1956.
② 参见王铭铭:《社会人类学与中国研究》,北京:生活・读书・新知三联书店,1997 年,第 152—161 页。

概念不清、界说不明之缺陷"①,这个缺陷无疑存在。但"民间宗教"这个词是否可以如他所说,既对应 folk religion,又对应 popular religion,还是个值得讨论的问题。因为在较早期的研究中,比如以英国马克思主义史学家克里斯托弗·希尔(Christopher Hill)的学生基思·托马斯的著作《宗教及巫术的衰落》为代表②,欧洲社会被二分为官方精英(official elite)和民众即农民(das Volk, the peasantry),与此相适应,宗教信仰也被二分为巫术(magic)和宗教(religion),或民间宗教(folk religion)和官方宗教(official religion)。但是人们逐渐对这种二元对立的术语提出质疑,如杨庆堃毋宁把中国的宗教分为"扩散性的"(diffused)和"制度性的"(institutional)③,弗里德曼认为,杨的贡献在于他既摆脱了德·格茹特(De Groot)和葛兰言(Marcel Granet)关于谁是谁的源头的讨论,又摆脱了以某一社会分层为基础的二分法,而是认为存在一个共同的宗教观念系统,区别只是在于有不同的宗教实践方式,弗里德曼自己也认为精英文化与农民文化不过是同一事物的两个不同方面而已④。这时在西方学术界就出现了一个新的替代性的术语:大众宗教(popular religion)。

　　大声疾呼采用这个术语的是娜塔莉·戴维斯(Natalie Z. Davis),她不仅希望以此充分理解巫术、民间宗教等等,而且能揭示出传统内变迁的动力,因为这个词不仅可以代替"民间宗教"(folk religion),

---

　　① 王铭铭:《神灵、象征与仪式:民间宗教的文化理解》,王铭铭、潘忠党主编:《象征与社会:中国民间文化的探讨》,天津:天津人民出版社,1997年,第91页注释。
　　② [英]基思·托马斯:《巫术的兴衰》,芮传明译,上海:上海人民出版社,1992年。这个中文译名改动得并不合适,因为它恰恰忽略了作者把宗教与巫术对立起来的二分法意图。
　　③ C. K. Yang, *Religion in Chinese Society*, Berkeley: University of California Press, 1976.
　　④ Maurice Freedman, "On the Sociological Study of Chinese Religion", in *Religion and Ritual in Chinese Society*, ed. Arthur P. Wolf, Stanford University Press, 1974, pp. 19-41.

而且可以成为调和两极的第三层次,表明宗教具有这样的力量,它不仅能反映和增强社会的分化与认同,也能成为穿越社会分层界线的统一性的媒介。在这里,"大众宗教"是某种文化统一性的基础,作为根本性的价值观、传统实践与态度,它播散于一切阶级和宗教①。但是几年后戴维斯又发展了她的观点,她企图用"宗教文化"来取代"大众宗教"②,也就是说,她希望着眼点不要再拘泥于统一性与多样性的问题,而应放在产生统一性与多样性的文化氛围上,这就使这一术语转换的第三阶段浮出水面。

以已为国内学者所知的海外汉学著作为例,欧大年的著作可以被视为第二阶段的视角,在他所研究的民间宗教教派中,精英的思想和民间的实践和谐地共存着,甚至不存在二元对立的分野③。而论文集《中华帝国晚期的大众文化》则分别共享三个阶段不同概念的代表作④,因为该书既肯定了存在精英文化与非精英文化的区别,而且也认为大众文化并非仅指非精英文化,而是指一种为中国各社会群体共享的东西,是一个各种亚文化的集合体。此外,该书还强调了这个特定历史时期(明清)不断加强的社会内部互动,从而证明文化共享的机制。此外还有一些作品,比如韦勒(Weller)以及桑高仁(Sangren)的著作力图寻找一种共同的价值观或者一种共同的文化,它们是起整合作用的黏合剂。因此,人们现在应该做的不是继续拘泥于宗教或文化的二分法、三分法或强调整体性,而是去

---

① Natalie Z. Davis, "Some Tasks and Themes in the Study of Popular Religion", in *The Pursuit of Holiness in Late Medieval and Renaissance Religion*, ed. Charles Trinkaus and Heiko Oberman, Leiden: Brill, 1974, pp. 307-336.

② Natalie Z. Davis, "From 'Popular Religion' to Religious Cultures", in *Reformation Europe: A Guide to Research*, ed. Steven Ozment, St. Louis: Center for Reformation Research, 1982, pp. 321-343.

③ 〔美〕欧大年:《中国民间宗教教派研究》。

④ *Popular Culture in Late Imperial China*, ed. David Johnson, Andrew Nathan, and Evelyn Rowski, Berkeley and Los Angeles: University of California Press, 1985.

寻找导致分化和整合的原动力,并分析这种原动力的复杂性①。

通过回顾这段学术史,我们发现,西方学者已经较少使用 folk religion(民间宗教)这个与 elite religion 相对的概念,转而使用 popular religion(大众宗教,如果我们用中文的"民间宗教"来表达它也是可以的,但应注明它的对应西文),进而注意其背后的文化动力,这种术语的转换其实表现了一种研究重点的变化和认识的深化过程。中国的学术界也同样经历了前面的过程,在 20 世纪初梁启超的《新史学》和"到民间去"的民俗学运动中,表现出了对民众文化的重视,同时也表现出了对精英文化与民众文化二元对立的认识。这既是对传统学术的批判性反思的结果,也是国际学术界人文主义氛围的产物,但问题在于,到了今天,我们已不能仅停留在注意不同分层文化的分野和差异,而应进一步去探索这些分层文化(如果可能存在)之间的互动关系,寻找它们背后的文化一致性,具体解释这些差异与一致性的复杂成因,而这种追求,也会体现在所使用的术语之上。

正如王铭铭所说,"在传统中国,无论是政府、士大夫还是宗教实践者,都未曾采用过'民间宗教'这个名称来描述一般民众的信仰、仪式和象征体系"②,但是他们也没有采用过"精英宗教"这个词来形容佛教或者道教,这绝非仅仅因为他们对后者采取的是排斥的态度,而是因为他们根本就既不知道"宗教"这个词,也不知道"民间/精英"这个二分法(一旦他们知道了,他们就会尝试着用它。可参见众多民国时期编纂的地方志)。在他们那里(以宋以后的情

---

① 以上讨论参考了 Catherine Bell, "Religion and Chinese Culture: Toward an Assessment of 'Popular Religion'", in *History of Religions*, 1989, pp. 35-57。1992—1993 年我在美国明尼苏达大学历史系讲授博士生讨论班课程时,曾就此文章与博士生进行过较深入的讨论。

② 王铭铭:《社会人类学与中国研究》,第 153 页。

况而论),有两对相互联系的概念,一是礼与祀,统治精英们是把"祀"(用今天的话说就是宗教实践)包括在"礼"中的,不仅祭祖是礼,祭祀山川河海、城隍土地都是礼,从规定上来说,不允许塑造偶像,甚至不可以造庙,只允许建坛,用木主,因而对自然神和人格神表示尊崇,却不是偶像崇拜,不把神拟人化,也就是孔子的"敬鬼神而远之",因此作为宗教的祀的一部分被包含在礼之中了。二是正祀(包括杂祀)与"淫祀"。正祀就是"礼",而"淫祀"就不是礼了,所以作为宗教的另一部分祀又不包括在礼中。与礼相应的范畴是"法",二者都是约束性的规范;与礼相对的范畴是"俗",不包括在礼中的那部分"淫祀",或者"民间宗教"(或大众宗教文化)是属于"俗"的范畴的。

关于正祀和"淫祀",在前面和后文中都有述及,前者大致可以等同于"精英宗教",后者大致可以等同于"民间宗教",但是否"淫祀"绝不是以参加者的社会身份或者群体属性来判断的,而在于它们是否符合"礼"。城隍庙、东岳庙都是正祀,普通百姓也去崇拜,但官绅按照规定的仪式进行祭祀,就符合礼,百姓在这里搞的宗教实践活动(游神)逾礼越份,使它实际上成为"淫祀",但在制度上它还是正祀。有许多"淫祀"——实际上就是未被官方认可的地方信仰——也有官绅参加,逐渐也被官方承认了,比如妈祖、碧霞元君、某些地方的龙神,就变成了正祀或半正祀。宋代以来的总的趋势是,由于地方力量增强,"淫祀"不断被百姓创造出来,被朝廷"收编"为正祀者的数量也在不断增加(刘猛将和杨泗将军信仰是非常有意思的例子);正祀的偶像化和庙宇化也已无法遏止,并为朝廷所默许。夸张一点说,属于"大传统"的"精英宗教"——正祀,只在制度和理念上存在,在实践上则大多"淫祀"化或者"民间化"了。

因此,我愿意将这种由城乡、绅民共享的生活文化称为"大众宗教文化"①。

也许,从探讨信仰和仪式入手,比较容易陷入那种二元的思考模式;如果我们从寺庙——无论它是属于哪个宗教的——这个空间或者场所入手,观察在其中和周围发生的一切,是否可以把思考深入一步?

---

① 尽管如此,王铭铭给"民间宗教"归纳的特点还是基本恰当的,即第一,从意识形态上讲,它是非官方文化;第二,从文化形态上讲,它重实践,轻文本;第三,从社会力量上讲,它受社会多数(即农民)的支撑并与民间生活密不可分(《社会人类学与中国研究》,第158页)。但这里有两点需要修正,一是它重实践,同时也逐渐重文本,这可能是士大夫的影响,也可能是识字率上升的结果;二是它不仅受农民支撑,也受城市市民的支撑,如果我们研究几个城市迎神赛会的个案,就会发现其形式、内容、特征、类型等与乡村的仪式没有本质的区别。

民间社会中的寺庙：一种文化景观*

一、关于景观研究

以往的大多数文化景观研究主要集中于聚落的格局、土地划分格局和建筑这三方面。关于前者，现已有聚落地理学或者乡村地理学和城市地理学专门涉及，而中者则构成经济地理学或农业地理学的研究内容，只有建筑成为文化景观中最主要也最易见的部分。我们所研究的寺庙便是中国传统社会甚至现代社会中独具特色，但却十分常见的一种建筑。之所以选择这样一种宗教信仰建筑作为本文主题，是由于我们认为，该种建筑确是中国传统社会，特别是民间社会文化的集中体现。

现代地理学已经彻底抛弃了只注重空间，而把时间这一尺度留给历史学的片面做法；而历史学也不只是注重事物变化的时间线索，也非常重视其空间变化。而文化景观恰恰表现了时间留给空间的印痕。由于寺庙（如果把远古时代的祭坛包括在内）存在的时间几乎与宗教信仰一样长，所以尽管作为个体，它们在漫长的岁月中几经变化，但它们还是数千年文化传统的积淀，从中我们可以

---

* 本文曾发表于《江汉论坛》1990年第8期，此次做了较大修改，对发表时的一些不甚准确的提法做了调整。

窥见历史老人的影子。这个特点也许是符合现代地理学的前述观念的。也正因为这个特点,我们的研究必须依赖某些历史文献,而不能只观察目前尚存的该种景观。

中国传统社会中,在不同的历史时段,存在过多种宗教信仰。从早期的原始崇拜,到外来的佛教、基督教、祆教、摩尼教、伊斯兰教,再到本土宗教道教和形形色色的民间信仰,无论是已在历史的长河中湮灭的,还是具有广泛信众基础、一直存留至今的,大都留下了寺庙建筑。在中国的汉人社会中,有许多崇拜民间诸神的祠庙,其中有可以划归佛教的,更多是可以划归道教的,同时还有许多供奉地方性小神的庙宇。有些神灵信仰没有任何教义、规制,有些来龙去脉模糊不清,所拜诸神在各地独一无二,十分奇特;有些神灵虽被纳入道、佛神统,但起源于民间崇拜,被纳入后仍然在下层社会流行,"乡土气息"十分浓厚,诸如关帝、城隍、土地等。我们的探讨虽然包罗广泛,但更集中于那些在民间社会中香火极盛、在社区生活中起着突出作用的宗教景观。

关于景观,国内外学者已经做出了一些出色的研究,文化景观(cultural landscape)已是文化地理学的重要主题之一。"景观是文化的镜子,文化地理学家可以通过仔细观察景观更深入地了解一群人。的确,这种文化的可见记录是如此重要,以至于某些文化地理学家将景观视为地理学关注的核心,是地理学的中心兴趣所在。"[1]沿着这条思路,国外研究经德国、美国学者的推动而成蔚然大观,不胜枚举;而国内学者也按照具象景观和非具象景观的分类做了概述性的[2]或者区域性的研究[3]。在这些研究中,宗教

---

[1] T. G Jordan. M. Domosh, L. Rowntree, *The Human Mosaic*, *A Thematic Introduction to Cultural Geography*, Harper Collins College Publishers, 1994, p. 29.

[2] 吴必虎、刘筱娟:《中华文化通志·景观志》,上海:上海人民出版社,1998年。

[3] 赵荣、李同升:《陕西文化景观研究》,西安:西北大学出版社,1999年。

景观都作为重要的叙述内容,还有的把民间文化景观单列出来进行研究。

需要指出的是,以往的文化景观研究侧重于讨论文化景观的形态,按美国学者、文化景观研究的大力倡导者索尔的看法,文化景观是人们根据自己的文化对自然景观施加影响的结果,因此它也强调对文化景观产生、发展的自然环境因素的研究,以及探讨文化景观中反映出来的人地关系,本文显然也涉及这些内容。但最近的发展显然受到后现代主义思潮的影响,研究的重点发生转移,比如探讨景观被制造的方式和它们在社会中作用的方式,如建造形式(built form)和表现形式(representation);探讨我们在景观之中或者通过景观所理解的、获取意义的和最终利用的方式;探讨理解和从景观中获取意义为什么具有重要的社会意义。著名地理学家皮特(Richard Peet)曾说:"由于景观部分是自然的,它们的标记常常是长期延续的,又由于景观是男人女人们的家,它们就特别适合于建构社会想象的意识形态工作。通过再造景观,向景观中塞满带着意识形态信息的标记,想象由过去和未来的'现实'构成,意义的类型创造和改变了并因此控制了大众的日常生活,于是大众把这些制造出来的地方称为他们的自然的、历史的家园。这一点适用于各阶级的人。"对此,米切尔(Don Mitchell)解释道:"通过'建构社会想象'这个说法,皮特的意思是,通过意义在时间中的增生,景观被用来确定人们如何想象一个地方(以及在当地他们如何想象这个地方),他们在这个地方如何行为,期望他人如何作为。在这个意义上,景观是被它的栖息者和访问者'阅读'的,以便推知那些在景观标记上被编码了的信息。"[1]在这里,文化景观的研究从探讨它在文化与自然环境关系中的角色,变化为探讨景观对于人们

---

[1] Don Mitchell, *Cultural Geography*, *A Critical Introduction*, Blackwell Publishers Ltd., 2000, p. 120.

的意义;从研究作为客体的景观,变化为研究景观中的主体态度和情感。这些新的角度,也将在文中努力涉及。

二、寺庙的分布及其文化意义

如前述,我们的研究之所以不从该信仰直接入手,而从作为一种文化景观的寺庙入手,首先是因为我们主要关注的民间宗教信仰往往无教义、无严格的规制,民众的崇拜不固定、无系统,具有实用主义和功利主义的特征,甚至没有固定的崇拜者,所以从寺庙去发现该种信仰或崇拜的分布、沿革,从寺宇中的神祇去发现有关该神的一切故事,从建筑的格局上去感受民间的、民族的或地方的文化意义,可能是比较有效的办法。由于无论是寺庙还是民间信仰的空间分布在时间的长河中经历无数变化,所以本文同样更多地截取明清时期的情形来观察,一是因为这一时期有关的资料比以前丰富,更重要的是这一时期下接现代社会,今天的许多遗留大都来自彼时,新的创造也往往是在传统的基础上被赋予某种新的含义。

据粗略统计,南北各地分布最为普遍的寺庙有城隍庙、土地庙、关帝庙、龙王庙、东岳庙、真武庙、文昌庙等。它们的分布密度之大,使道教将上述各神一律纳入其神统,明清国家也把这些神灵中的相当部分纳入正祀的系统,这些反过来更增加了它们的分布密度。但这并未使其丧失民间性,也即它们在民间社会受到广泛关注。即以晚清时期顺天府属 24 州县为例,各类龙神庙共 25 座,各类关帝庙 34 座(另有武庙 4 座),东岳庙 25 座(另有西岳庙 1、南岳庙 2),城隍庙 22 座,土地庙 17 座,真武庙亦 17 座,文昌庙(含梓潼帝君庙)20 座等,这种根据地方志做出的统计,往往只包括城市内部或者较大规模的庙宇,对乡村小庙往往会缺载。实际上,在一州县之内,各类大小寺庙有数百所,也不是什么稀见之事,其中有相当的数量,是那些极具地方性的、此处有而他处无的小神小庙,后者对于解释特定地方文化意义尤有帮助。

在前述各庙中,城隍庙祭城隍,为县以上城镇所共有,明初以来即为统治者明文规定按时祭酒,成为具有地方性的"官方"正神。由于它是尘世上地方官的对应,关乎一地之治乱兴衰,故为官方百姓所重视。土地庙多在乡村(京师和有的大城市有所谓都土地),即为乡间里社头目的对应神,北方多称土地,而南方或曰社公或曰土地公,其崇拜可远溯至三代,对它们的崇祀盖出于农民对五谷丰登、保境安民的渴求,土地也负责接引死者。

关帝庙大约是自明以后才遍及全国的。《陔余丛考》云:"今且南极岭表,北极寒垣,凡儿童妇女,无有不震其(指关公——引者)威灵者。香火之盛,将与天地同不朽。"[1]究其原因,盖关公乃传统之忠义观念的化身,为统治者所需要,又符合民间崇尚义气的风尚,故除关王庙、关圣庙、关帝庙、汉寿亭侯庙等多种外,尚有三义庙(祀刘、关、张),即表彰忠义之意。此外,他作为武圣,又享祀于各武庙,在明清动乱之际,实为百姓驱除恐惧,联寨自保所需。以后,关帝无所不管、无所不佑,成为一职司广泛的人格神,为百姓普遍接受。有诗记北京前门关帝庙的求签盛况:"来往人皆动拜瞻,香逢朔望倍多添。京中几万关夫子,难道前门许问签?"[2]明清时期三国故事广为流传,人们为生动的人物塑造所感,亦有助于此类庙宇的大密度分布。

---

[1] (清)赵翼著,栾保群、吕宗力校点:《陔余丛考》卷三五,"关壮缪"条,石家庄:河北人民出版社,1990年,第623页。

[2] (清)杨静亭:《都门杂咏》,路工选编:《清代北京竹枝词》,北京:北京出版社,1962年,第71页。

山西解州关帝庙应该是全国最大的关帝庙,但庙中的碑刻和铭文也显示了区域历史

全国范围内分布较普遍的还有与生育有关的祠庙,比如娘娘庙、子孙娘娘庙、圣母庙等,名目繁多。北方多有碧霞元君庙,亦称泰山娘娘庙、送子娘娘庙,京师周围的"五顶"、妙峰山等地都以碧霞宫闻名,此神专管保佑生育之事。各地这类庙的名称亦多不同,如保定新城的虸蚄庙、山西定襄的惠应圣母祠,福建、浙江、台湾各地多有的临水宫或顺懿夫人庙(祀陈靖姑)、广西罗城的婆庙或婆王庙等。这类祠庙之分布密度大,初因各种社会原因(战争、灾荒、疾病和贫穷)导致中国较为普遍的高死亡率,并导致了同样普遍的对生育的重视及高生育率。至导致高死亡率的因素逐渐减少以后,"多子多福""不孝有三,无后为大"以及重男轻女等传统观念,造成了该种民间崇拜的继续存在,故上述祠庙的香火仍盛。如晚清时人口已至四亿以上,而这类庙中,"士女焚香膜拜,络绎不绝"①。与此类似的有观音信仰,自中国佛教观音女相之后,她就成为保佑妇女儿童的女神,因此除称观音庙者外,仅清代京师就有白衣庵、观音院、大悲坛、紫竹林等,"庙宇不下千百"②。此外龙王庙

---

① 道光《丽水县志》卷一三《风俗》,清道光二十六年刻本,叶12b。
② (清)潘荣陛:《帝京岁时纪胜》,"观音会"条,北京:北京出版社,1961年,第13页。

亦各地多见，崇祀原因较简单，暂不赘述。

还有许多寺庙在南北方各有较大密度的分布。北方各地分布较普遍者如：三官庙、八蜡庙、药王庙、马神庙、牛王庙、三皇庙、火神庙、刘河间庙（刘守真君祠）、崔府君庙等；南方各地较普遍者如五显庙、祠山庙、天妃宫及晏公庙等与水有关的庙。比如八蜡庙或虫王庙（亦包括刘猛将军庙），为百姓奉之以求绝蝗灾而建，北方蝗灾频发，故处处皆有。香港陈正祥教授曾据此绘出"蝗神庙之分布"图及"明代北方蝗灾之频率"图，并得出结论，"中华以南，蝗灾渐少，到了东南沿海，几乎完全没有。故福建、台湾、广东、广西四省，找不到一个八蜡庙或刘猛将军庙"[①]。这个结论大体无误，但似乎亦过于绝对。比如我知道广西罗城县之下里乡即有三皇庙，主神除盘古、伏羲、神农等外，亦有刘猛大将军，五月初五祭。又此乡谢村有梁祝庙，祀梁山伯与祝英台，当地百姓认为这二人为驱蝗保苗神，每年四月初八祀之，其他史料亦证蝗灾曾光顾广西[②]。沿海其他各省应亦在所难免。

马神庙或称马王庙、马明王庙等。因自明中期实行马政、政府补贴、民间养马，养马便成为人民日常生活中的重要事情，而且人民往往受马匹损失赔累之苦，故崇马神以保佑之。由于马政是国家行为，在当时马匹需要量较大的情况下，也成为考察地方官政绩的一个方面，故地方马神庙往往在政府衙门附近，为官方所祭祀。同时，马政又主要实行于北方。所以该庙在北方分布密度较大。如顺天府15座，永平府5座，保定府18座，河间府7座，真定府20余座，顺德府9座，广平府8座，大名府13座，宣化府1座，仅河北一地便有近百座马神庙见于记载！从中所见到的情况，与其说是

---

① 陈正祥：《中国文化地理》，北京：生活·读书·新知三联书店，1983年，第52页。
② 广西壮族自治区编辑组编：《广西仫佬族社会历史调查》，南宁：广西民族出版社，1985年，第182、261—262页。

就畜牧业而言北方与南方的差异,还不如说是国家某种政策对京畿及华北地区民众生活的挤压。

南方籍的民间神如五显神较为普遍,明清时混于五通神,亦称五圣。"苏松淫祠,有五通、五显、五方贤圣诸名号,皆荒诞不经。而民间家祀户祝,饮食必祭。妖巫邪觋,创作怪诞之说,愚夫愚妇,为其所惑,牢不可破。"①究其普见于江南的原因,或许是因为南方山川丘陵河湖之类颇多,地形复杂多样,且气候多潮湿,易生传染性疾病,人们自古即把瘟疫与厉鬼相连,故各地多祀,使鬼有所归。关于五通神,美国学者曾系统研究其神格的演变,其大众形象如何从淫鬼逐渐转化为财神,并如何反映了宋明以来江南地区商品货币经济的发展②。台湾学者则通过清初汤斌禁毁五通神庙及其信仰活动,考察了该时期国家正统意识形态与江南大众文化之间的激烈冲突③。

其他如祠山庙祀祠山大帝张渤多见于江浙,天妃宫或妈祖庙祀林氏女多见于沿海,不赘述。

必须指出,在南方分布密度较大的祠庙甚少,相反,各地独特的祠庙却多如牛毛。这与北方的情形恰成鲜明对比。即以句容为例,明代有大庙40余所,只城隍、土地、东岳、真武、龙王、祠山、马神、文昌、五显等10所为普见者,其余皆为当地所特有④。嘉靖《衡州府志》载"乡俗合二三十家共祀一大王神,其神或以其山,或以其

---

① (清)汤斌:《毁淫祠疏》,(清)贺长龄、魏源等编:《清经世文编》卷六八《礼政十五》,北京:中华书局,1992年,第1699页。

② Richard von Clahn, "The Enchantment of Wealth: The God Wutong in the Social History of Jiangnan", *Harvard JournaL of Asiatic Studies* 51: 2(1991), pp. 651-741.

③ 蒋竹山:《汤斌禁毁五通神——清初政治精英打击通俗文化的个案》,《新史学》(台北)第6卷第2期,1995年,第67—110页。

④ 弘治《句容县志》卷五《祠庙》,明弘治刻本,叶16a—31a。

陂泽,或以其地所产之物而得名,辄加以圣贤王公相之号"①。这与前述南方地形多样复杂、交通不便、文化交流易受阻有关,与较强化的宗族组织一致,体现了南方内部的区域个性。然而江南亦多有东岳庙或泰山行宫,这种对泰山神的普遍重视,首先多少表明了国家主流意识形态的推广;其次,由于东岳庙代表国家礼制,所以这或许表现了地方对国家权力资源的利用。

在此基础上,我们可以进一步研究该种信仰的区域性,诸如妈祖信仰圈、陈靖姑信仰圈、杨泗信仰圈等,研究该种信仰对该区域有何影响,致使该区域与他区域有何异同。但是,真正在民间社会中起重要作用的寺庙,往往是那些独一无二的寺庙,它们的数量也最大。比如南方各地名目各异的社神,往往具有综合性的职司,管灾害、疾病、前途、发财、生子等各种事,各神互不相干、互无统属,我们很难描绘它们的空间分布,或者说,它们的传播半径或"势力范围"极为有限。对它们的研究,只能在抽象出其文化意义之后,发现空间上与其相类者。我们的主要精力恐怕将要投放在这个地方。

三、八蜡庙及刘猛将军庙之例

人类对自然界及人世间种种现象的不理解,是造成宗教信仰或诸神崇拜的重要原因,这反映了特定时期的人们面对这些不可思议或无法解释,甚至无法抗拒的现象和力量时的软弱无力。在中国民间寺庙中,有许多是对自然神的崇拜,对这一类祠庙的分布的认识,有助于了解该分布区域内的人地关系,当然,对这些寺庙景观的解读,还可以了解文化传统的变异。

---

① 嘉靖《衡州府志》卷四《祠祀》,明嘉靖刻本,叶 22b。

陈正祥先生在其《中国文化地理》中,为说明地方志之地理学价值,曾举出"八蜡庙之例",已略见于前述。八蜡乃指八位虫神,各名先啬、司啬、百种、农、邮表畷、禽兽、坊、水庸。农民无法对付各种虫灾,只好向它们献祭,恳求它们不要来害稼,逐渐演化为对蝗虫神的一种崇拜,大约是因为诸虫灾中,以蝗灾最频最烈①。这类神庙中,较普遍的还有刘猛将军庙,是为驱蝗神。除此之外,各地尚有名目不同的驱蝗神庙,如前述广西罗城梁祝庙、江苏海州之蒲神庙等。值得注意的是,许多地方只把灭蝗之神刘猛将军配祀于八蜡庙内(如顺天之良乡、东安、三河等地),正神却是虫神,且不说把两个"敌人"放在一起如何矛盾,造成这种主次关系的原因是,八蜡神本来就在国家祀典之中,而刘猛将军却是后从民间杂神中"招安"过来的。

刘猛将军信仰在全国普遍存在,但应该是起源于江浙的民间,清中叶后才得到国家的认可,在北方也流行起来。目前关于刘猛将军传说的记载,基本不出清代文献,其中多说神为抗金名将刘锜,或说为其弟刘锐②,或说是南宋浙江的一个地方小官③,总之言之凿凿,说其封号自宋景定年间便有,还同时有庙。但据有关研究,在南宋时期的浙江,也就是清以后刘猛将军信仰活动最活跃的地区之一,却没有关于他的痕迹。当时地方请求封赐的与灭蝗有关的神,在江苏无锡是王三十三太保,在浙江湖州的安吉县是李靖,在德清是六朝人陆载,还有附近的新市本地神朱泗将军④。甚至在明代的江浙地方志中,也很难找到刘猛将军庙的记载。清康

---

① 在宋正海总主编《中国古代重大自然灾害和异常年表总集》(广州:广东教育出版社,1992年)的"动物象"中,"蝗"列为第一位,而且记载最多。
② 乾隆《苏州府志》卷二一《坛庙一》,清乾隆十三年刻本,叶4a。
③ 乾隆《昌邑县志》卷四《祀典》,清乾隆七年刻本,叶95a。
④ 见〔美〕韩森:《变迁之神——南宋时期的民间信仰》,包伟民译,杭州:浙江人民出版社,1999年,第97、114、118等页以及书后各附表。

熙年间汤斌整顿江南风俗,说"苏松祠有五通、五显及刘猛将、五方贤圣诸名号,皆荒诞不经",要求予以取缔①。五通、五显、五圣等都是同一类神的不同称呼,传说中以淫人女子著称,刘猛将军居然与之同列,似乎与其驱蝗神的身份不符。

学者搜集到的一则浙江嘉兴的民间传说很有象征意义:

很久以前,当地连泗荡有几个小孩抬刘王塑像玩耍,将塑像从五圣堂(距刘王庙西北 1.5 里)抬到大悲庵(遗址在今刘王庙西北约 50 米)旁边的空地上,因天色已晚,便各自回家。次日村人见少了塑像,就在小孩子们带领下找来,发现塑像已自己漂过小河,并在夜里托梦给村民,说那里的风水好,希望人们能在那里为其建庙,于是村民就在大悲庵旁建了新的刘王庙②。

这个故事说明刘猛将军的确曾与五圣有点关联,后来被改"邪"归"正"。有学者认为,康熙年间之所以在毁淫祠时连刘猛将军庙一并毁弃,原因是对刘锜抗金身份的避讳③。这种假说不无可能,因为在康熙二十三年成书、于成龙主撰的《江南通志》卷二三中,已明确记载猛将庙为祭祀刘铸或刘锐,而主张毁弃其庙的汤斌正是在这一年来苏州任江宁巡抚,没有不知道刘猛将是指谁的道理。无论如何,或许是因为刘猛将军灭蝗的神力极大,或许是因为某种怀柔的政策,康熙末年刘猛将军的生平被改造成为元末镇压红巾军有功的将领,得到雍正皇帝的肯定。于是各地纷纷建庙,实在无力或无心者便将其配祀在原有的八蜡庙中,或者把原来的什

---

① 《汤子遗书》卷一。此段文字在后来收入《清经世文编》的时候,被整理删改,原来文中的"刘猛将"被删掉了,因为它后来被政府所认可了。

② 王水:《从田神向水神转变的刘猛将——嘉兴连泗荡刘王庙会调查》,上海民间文艺家协会、上海民俗学会编:《中国民间文化》总第 10 集,北京:学林出版社,1993 年,第 115—116 页。

③ 车锡伦、周正良:《驱蝗神刘猛将的来历和流变》,《中国民间文化》总第 5 集,1992 年,第 5—6 页。

么庙改建成此庙①。

虽然由于身份的变化,刘猛将军得到国家的正式认可,北方各地也大量出现了他的庙宇,但显然没有像在江南那样受到民间的欢迎。民国时,河北三河县的一项调查恰恰向我们展示了这样的景观:

> 南关八蜡庙,即前明张相公庙也。……近查前殿所塑者关帝。中殿神像八座,中左身被树叶,手握嘉禾;中右华衮冕旒,俨如王者。虽不知孰为先啬、司啬,而持谷穗者定为神农,衮冕者定为后稷无疑也。但刘猛将军像遍寻杳然。岂昔未塑像、仅供本主欤?抑昔曾塑像、年久不存欤?进观后殿,神像有五,左鳌甲持剑似山神,右三眼四臂似马工,中坐文官二,不知为谁。其青面红须则似龙王,与八蜡之义若不相属。②

按照乾隆时期的记载,刘猛将军塑像当然是存在过的:"八蜡庙,旧在社稷坛,康熙五十三年……奉旨建于南店张相公庙内,前殿中供刘猛将军及八蜡神像。"③显然,尽管有统治者的提倡,但许多地方并不十分热衷,像上面这个例子,前殿的刘猛将军塑像很可能在后来被置换为关帝塑像,因为这里并不具备江南地区那样的民间信仰基础。

在江南则不同,清人顾震涛《吴门表隐》卷一说,当地人对刘猛将"士民尸祝,闾巷咸塑像祀之"④;记载吴县香山的《香山小志·杂

---

① 如有的刘猛将军庙,"昔为西佛庵"。见乾隆《宁河县志》卷三《坛庙》,清乾隆四十四年刻本,叶7b。
② 韩琛:《南关调查记》,民国《三河县新志》卷一二《文献志·艺文篇上》,民国二十四年铅印本,叶39b—40a。
③ 乾隆《三河县志》卷三《建置志·坛庙》,清乾隆二十五年刻本,叶16b。
④ (清)顾震涛撰,甘兰经等校点:《吴门表隐》卷一,南京:江苏古籍出版社,1999年,第5页。

记》中也说,"香山各村集均供奉刘猛将神像"①。据回忆,民国时期的苏州农村依然是这样,各条街巷都有仅一间矮小房屋的猛将堂,大的村镇有三间房的猛将堂②。顾禄《清嘉录》则记载苏州人祭祀刘猛将是在吉祥庵,浙江慈溪的庙附着在乌山庙的西殿③,从景观来看,绝不是把他当作国家倡导的正神看待的。又前引王水文说,吴江芦墟镇共有300多个自然村,每村都有一个刘王堂,每堂都有一个小孩般的刘猛塑像,而约百村又共有一个大庙,这约百村围绕大庙进行游神活动。从各种民俗调查资料来看,少有认为他是历史上的某个著名人物的,无论说他是宋朝将领还是元朝将领,都只是一个民间少年而已。看起来,该神更像江南地区的某个流行的社神,或者说更类似北方的土地。国家将该神纳入正统看来并没有改变他在江南民间的杂神性质。

无论如何,尽管人们在敬奉驱蝗神如刘猛将军上从不吝惜精力和财力,但他们也知道仅靠祭神是不能解决问题的。史载,明中叶怀柔遇蝗灾,"县南郑家庄、高家庄居民,鸣锣焚火,掘地当之,须臾蝗积如山。无分男女,尽出焚埋,两庄独不受害"④。又清道光间任县遇蝗,"知县陈步莱于六月初一日在新市设厂收买,奉文每斤十文;恐收之不尽,乃捐资倍价。二十余日,遗种剿绝,竟获有秋"⑤。可见通过充分发挥人的主观能动性,是可以解决很多问题的,也可能因此使人明白靠祭蝗不如靠自己。相反的情形可以从明末清初人顾文渊的《驱蝗词》看出:

---

① 民国《香山小志》,《中国地方志集成·乡镇志专辑》第7册,南京:江苏古籍出版社,1992年,第450页。
② 车锡伦、周正良:《驱蝗神刘猛将的来历和流变》,第9页。
③ 滕占能:《慈溪青苗会调查》,《中国民间文化》总第14集,1994年,第15页。
④ 康熙《怀柔县新志》卷二《灾祥》,民国二十四年铅印本,叶20b—21a。
⑤ 民国《任县志》卷七《纪事·灾祥》,民国四年铅印本,叶2b。

山田早稻优残暑,蝗飞阵阵来何许。

丛祠老巫欺里氓,伴以杯珓身佝偻。

曰此虫神能主奥,神弭灾,非轻侮。

东睦西垄请巡遍,急整旗幓添箫鼓。

神之灵,威且武;献纸钱,陈酒脯;老巫歌,小巫舞。

岂知赛罢神进祠,蔽天蝗又如风雨。

里氓望稻空顿足,烂醉老巫无一语。①

四、龙神庙及各类水神庙之例

各类龙神庙在全中国广泛分布,名目繁多,如龙王庙、都龙王庙、金龙四大王庙、金龙庙、五龙王庙、龙神祠、龙井庙等等,不胜枚举。虽说各类龙神有不同的故事来源,但在满足干旱地区民众祈雨和多雨多洪涝地区民众祈晴的需求上,则是大体相同的。与虫灾相比,水旱之灾更为频繁,而且也需要花大气力进行抵御,故百姓时时刻刻希望风调雨顺。这样,龙神庙就像城隍庙、土地庙一样,成为在民间社会中分布最广的寺庙。

下列记载在史籍上不绝于书。如康熙十六年河北满城县旱,其知县赴龙神庙求雨,"甘霖大沛";又如赵州有龙井庙,明代时就有诗说这里"□北朝神庙貌严,澄潭深处有龙潜。岁逢旱魃人祈祷,应响甘霖遍地沾"②。弘治《句容县志》有《重修虎耳山龙神庙记》,记某年久旱不雨,县令拜祭该龙神祠,"翼日遂雨。越数日又

---

① (清)顾文渊:《海粟集》卷一《驱蝗词》,转引自邓之诚:《清诗纪事初编》卷一,上海:上海古籍出版社,1965年,第81—82页。
② 隆庆《赵州志》卷四《祠祀》,明隆庆刻木,叶7a。

往祷,复雨。如是者六,雨无不辄应,岁以无歉"①。这类记载,虽似无稽,但恐怕正是因为某种巧合(祈祷与降雨),才使人们愈信其灵验,而庙益遍建于各地。我们认为,正是这种功利性的龙神信仰,强化了中国人的崇龙意识,在下层民众中,龙神作为一种符号,体现的与其说是权威或帝王意识,不如说是对生存和生命的渴求。

尽管全国普遍建有龙王庙,但具体到各地,数量却多寡不一,这使我们得以判断各地不同的旱涝情况。据地方志的记载统计,顺天府属 24 州县,共有龙王庙 25 座,其中通州便有 8 座;另外房山、文安各有 3 座。保定府属 19 州县,共有龙王庙 22 座,其中新安有 3 座。河间府属 15 州县及天津卫,共有龙王庙 11 座,其中静海、肃宁各 3 座,献县 2 座。江宁府属 6 州县,共龙王庙 8 座,而仅六合一地便有 4 座。以上统计,显然并不确实,真正存在的龙神庙一定多于记载上的数字,但这种分布不均的情况,当与各地不同的自然条件造成对该庙的不同需求有关系。如武清县之龙神庙,"在河西务,地为漕渠咽喉,春、夏之交病涸,夏、秋之间病溢,居民滨河建祠,以时祭祷"。而涿州境内有拒马河等数河流过,又近海,所以不仅有佑济龙神祠、海龙神祠,还有平浪王庙、张相公庙等水神庙②。

说到水神庙,则各地江河湖海俱各有神,与龙神庙亦有交叉。比如金龙四大王庙,所祀为运河神,"南起江淮,北到直隶通县,都在他的势力范围之内,南北二千余里,而岸上多为他建设庙宇,按时祭祀"③。其他较多见之水神庙还有前述平浪王庙,祀水府侯萧公和平浪侯晏公;冀州亦有萧晏二公庙,江南也分别祝之,如溧水、

---

① (明)俞希鲁:《重修虎耳山龙神庙记》,弘治《句容县志》卷一〇《文章类·祠庙碑刻》,叶 10b。
② (清)周家楣、缪荃孙编纂:《光绪顺天府志》卷二三、二四《祠祀》上、下,北京:北京古籍出版社,1987 年,第 738、770—771 页。
③ 《破除迷信全书》卷一〇,转引自宗力、刘群编:《中国民间诸神》,石家庄:河北人民出版社,1986 年,第 371 页。

高淳俱各有晏公庙,南通一地竟有晏公庙10座,且都是永乐间建。盖因元末朱元璋以少胜多,大败陈友谅于鄱阳湖,事后称是当地水神晏公等保佑,由此天下传名。其他如水平王庙祀太湖水神、水仙庙祀柳毅等,不胜枚举。

较多见者还有天妃宫,或称天后祠、妈祖庙等,其神为湄洲屿林氏女,为海神,在今闽台一带仍很盛行。但自元明以降,北方沿海如宝坻、山海关、任邱、天津等地亦有之,江浙一带多有之。这与元代运河失修、南粮北调凭借海运有关,也与明郑和下西洋时甚崇之有关。除天妃宫或妈祖庙外,如山海关另有海神庙、南通有江海神祠,而昆山之总管堂为金姓神,为元代"阴翊海运"者,种种名目,亦不胜数。

对包括龙王在内的水神的信仰,一方面是因为对水灾的恐惧,另一方面是出于对航行中不测因素的恐惧。如史载明成化六年大水冲冀州城,知府向萧、晏二公求祷,结果水退,第二年便为该神建庙;成化十八年滹沱河溢,知府祷之,则有麦秸将决口塞好①。再如明清时期漕运乃是京师的命脉,若黄河水倒灌入运,则运粮船十分危险,故行船者多寄希望于金龙四大王。昔日南京有大王会,专祀金龙四大王,"此会主事,为水西门及旱西门外船户为多。每年九月间,例出巡一次"②。

对妈祖的崇拜最能说明

河北定县的金龙四大王庙,
应与运河有关

---

① (清)陈梦雷等编:《古今图书集成・方舆汇编・职方典》卷一〇三《真定府祠庙考》,上海:中华书局,1934年影印本,第32—34页。
② 胡朴安:《中华全国风俗志》下编,石家庄:河北人民出版社,1988年,第141页。

这一点。人类对海洋的驾驭能力一直到相当晚近仍很低下,元代及明初走海路运粮常要蒙受很大损失,那些以海为生的人则更是吉凶难测,故而人们崇敬该神,作为心理寄托,即所谓"倘遇风浪危急,呼妈祖,则神披发而来,其效立应。若呼天妃,则神必冠帔而至,恐稽时刻"①。这也无非是起一种稳定情绪、减少恐惧的作用。由于内陆河运的相对安全,有关祠庙及信仰便日消而难再现,而海洋对人的威胁(包括台风)等等犹存,所以海峡两岸的人,特别是渔民仍崇拜如前。

还有一些神具有综合性的功能,他们对龙神或水神管理的"部门"有时也会"插手"。如明代江苏句容县有达奚将军庙,其神来历不清,到元代"至元庚辰夏五月亢旱,邑之长贰遍祷群祠以求。至庙,邑长丑闻公祝曰:神若有灵,能降雨泽民,当使庙宇一新。是夜澍雨如注。迨秋,复祷晴于神,又获其应,岁用以登"②。而在河北的涿州,有类似的神称清河将军,或说是唐朝人,或说是东汉人,元朝时因灵验而赐封号,"历今数百年,涿之人水旱疾苦必祷焉"③。在河北武清县,明代河西务有关帝庙,明末"淫霖为虐,堤溃,侯之庙正当其冲,楼庑虽坏,殿宇屹立如故,殿右居民赖以存"④。南皮县的城隍也曾起到同样的作用:"正统四年春夏之交,邑境旱甚,君率其民诣庙祷之,雨即应,且沾足,岁以大稔。"⑤这些寺庙的不断重修,就在这些"灵验"不断出现的借口基础上进行。当然,这些灵验

---

① (清)赵翼著,栾保群、吕宗力校点:《陔余丛考》卷三五,"天妃"条,第626页。
② (明)林仲节:《重建达奚将军庙记》,弘治《句容县志》卷一〇《文章类·祠庙碑刻》,叶8。
③ (清)吴山凤:《清河将军庙祈雨记》,乾隆《涿州志》卷二〇《艺文三·记》,清乾隆三十年刻本,叶20a。
④ (明)米万钟:《河西务汉前将军关壮缪侯庙记略》,乾隆《武清县志》卷一一《碑记》,清乾隆七年刻本,叶1。
⑤ 光绪《南皮县志》卷二《坛庙》,清光绪十四年刻本,叶3。

也是被制造出来的,它们的被制造和被不断复制只不过是为了确立某种合法性和权威性。

在传统的农业中国,水旱问题的重要性和普遍性使得具有这样职能的神祇非常容易传播。韩森前引书发现,宋代的区域性神祇张王祠庙,在南方为数最多,超过五通、梓潼和天妃。张王起源于湖州,降雨是他主要的职责,由于商人的传播,他的存在以杭州为中心,北至镇江,南到福建①。除了商人以外,官员往往也在这方面起重要的作用,因为他们有权力,庙宇往往可以在他们手中建造起来。如萧山籍的张朝琮曾任蓟州知州,他说:"渔阳向无张神祠,有之自余作牧始也。神讳夏,东浙人,世居萧山,宋景祐中为工部郎中,受命护堤,两浙赖以安……运粮艘由津门直达蓟郡,余私祝神力以保护之,自是循海由河,风恬浪息,不使有倾覆沉溺之患。……且蓟南地处洼下,时逢夏秋淫雨,河流泛滥,堤岸无虞,非夫神之力不至于此。"②虽然这里描述的张大明王与前述起源于湖州广德军的祠山神张渤不完全相同,但显然具有类似的事迹、发生时代及地点,可能是同来源的不同版本。无论如何,由于这里并不缺乏龙王庙,所以江南地区的地方神进入北方,是南方人势力扩及北方带来的不同的区域文化。

当然,尽管龙神庙、水神庙一类的存在起初与灾害等自然因素有密切关系,但它们存在下去的理由却并不单纯,会有多方面的功能。譬如神道设教,统治者也希望通过某种意识形态,达到稳定统治的目的,或者在宣扬灵异基础上对庙宇进行重修;另一方面,民众则通过仪式、组织、传说等等展示地方文化或民间文化传统,这样一种景观可能成为相互争夺的政治文化资源。邯郸圣井岗的故

---

① 〔美〕韩森:《变迁之神——南宋时期的民间信仰》,第147—159页。
② (清)张朝琮:《创建张大明王庙记》,康熙《蓟州志》卷八《碑记》,清康熙四十三年刻本,叶51b—52a。

事是一个很典型的例子①,圣井岗距县城大约20里,在元代这里就有了龙王庙,由当地的社长发起修建,在明代又多次重修。据说在天旱的时候,人们到城隍庙去烧香,次日抬城隍像赴圣井岗,那里有7个寡妇用簸箕汲取井水洗涤神像,然后再用簸箕扬井水,嘴中呼喊:"东海老龙王生七女,刷了簸箕即下雨!"这一过程反复数日,直到井中泉水涌出,灌在瓶内,朝夕供奉,等到下雨后再把水送还井内。对这一民间仪式,明万历县志未做评论,但清乾隆时的方志却给予严厉批评,特别是对女性参与其中表示了不满,显然反映了明末与盛清时期意识形态氛围的差异。但无论如何,这里的灵验甚至传到宫廷之中,所以在清同治六年华北大旱时,礼部尚书万青黎被派到这里,祭祀之后,从井底取回一块铁牌,供奉到紫禁城中。三天后果然下了雨,于是铁牌被送回,同时送回的还有一块御赐金牌。此后,每当官员们在其他场合祈雨失败后,总是到这里取牌,下雨之后将原牌和一块新牌送来,于是到20世纪20年代,井里的牌数以百计。从此,这里便存在两种类型的仪式,象征物分别是水和铁牌②,逐渐地,民间传统被国家力量所改造。在民国时期的《邯郸县志》中,过去的民间仪式被当作轶事来回忆,"寡妇"也不提了,变成了"择女子端丽者七人"③。从景观的意义上说,一个地方的景观被改造成了一个具有国家象征意义的景观,它已经不仅是邯郸本地的了。

---

① 关于这个问题的系统研究,见 Kenneth Pomeranze,"Water to Iron, Widows to War-lords: The Handan Rain Shrine in Modern Chinese History", in *Late Imperial China*, Vol. 12, No. 1(June 1991), pp. 62-69。

② 类似的情况还有河北的任邱,那里的五龙潭上有座龙母庙,相传为唐时建,庙中有井,井中有铁牌一面,上铸龙王之名,"旱则撤水取牌,曝于口而祷之辄雨。在元时颇著灵异。明成化中大旱,宪宗遣司礼太监梁芳持香币诣潭祈之,三祷三应"。见乾隆《任邱县志》卷一《地舆志·潭港》,清乾隆二十七年刻本,叶17b—18a。

③ 民国《邯郸县志》卷一七《故事志·轶闻》,民国二十八年刻本,叶12a。

另一个例子是山西洪洞县境霍山西南麓下霍泉源头的水神庙,名为明应王庙。由于霍泉的灌溉之利,这附近居民对水神不敢怠慢。明应王庙不知何时修建,但至少在金泰和年间就重修过,后来历次重修,现存建筑为元代规模,至清雍正时还是前后三进。其正殿明应王殿最引人注目的是壁画。其西壁绘有《祈雨图》,表现凡人向上面的明应王祈祷的情景;其东壁绘有《行雨图》,表现明应王令风雨雷电诸神行雨的场面;南壁殿门上方为二龙相斗。在南壁东次间还有著名的《大行散乐忠都秀在此做场》图,表现的是唱戏酬神。据元延祐重修碑记记载,霍泉分出南霍渠和北霍渠,各有其用水村庄,在用水、管水方面多年频起纠纷,后经官府裁定,在设施方面的陡门、夹口、堤堰,在组织方面的渠长、沟头、水巡,以及如何用水,如何修缮,都有协调规定。即殿中壁画,东半部为北霍渠用水村庄出钱请人绘制,西半部则为南霍渠用水村庄出钱请人绘制,界线分明。由此景观可见,虽然已有官府认定的条规勒石于县衙,但这座神庙仍是民间规则具有象征性的最高监督者。

五、土地庙之例

土地来自上古的社神,对它的崇拜可溯至三代,意在乞求大地保佑收成。最早大约是找一棵较大的树,或树丛,称之为社树或社丛。后来祭社之地逐渐发展为"方坛,无屋,有墙门而已"①,到周朝则于坛上有屋。也就是说,从那时起至少对于天子或诸侯来说就有了社庙。为了求其保佑春耕秋收,自彼时起便有了春社和秋社两个集中的纪念日,《诗经·小雅·甫田》唱道:"以我齐明,与我牺羊。以社以方,我田既臧。农夫之庆,琴瑟击鼓。以御田祖,以

---

① (南朝)范晔:《后汉书》志第九《祭祀志》,北京:中华书局,1965年,第3200页。

祈甘雨。以介我稷黍,以谷我士女。"①描述了周人祭祀社神田祖,祈求风调雨顺、五谷丰登的情景。此后的几千年中,社神崇拜一直延续着,而且由于它是一地里社之神,因此更具地方性。后来,社神的情形日益复杂化,一种仍为各基层里社之神,可能有各种名目。韩森称其为"一般性神祇","地方民众有时称之为土地神,有时则以名相称。由于称呼很灵活,任何一个地方神祇都有可能被称为土地神"②,这种情况在南方更为普遍,即《集说诠真》记土地庙中"塑像或如鹤发鸡皮之老叟,或如苍髯赤面之武夫。问其所塑为谁,有答以不知为何许人者,有答以已故之正人某者,姓张姓李,或老或壮"。另一种是列入国家祀典的土地神,即《清嘉录》所谓"大小官廨皆有其祠"的那种,在京师还有所谓都土地,未必有特定的姓名。在北方,往往"村村皆有……土地即里社之正神"③。在杜赞奇的研究中,材料也说明北方的土地神只负责一村,而且名称就是"土地爷"④。

在广东珠海的淇澳岛,社坛大体上还保持着明代社的面貌

---

① (南宋)朱熹注:《诗经》,上海:上海古籍出版社,1987年,第106页。
② 〔美〕韩森:《变迁之神——南宋时期的民间信仰》,第184页。
③ 乾隆《安肃县志》卷二《建置志·坛庙》,清嘉庆十三年刻本,叶24b。
④ 〔美〕杜赞奇:《文化、权力与国家——1900—1942年的华北农村》,王福明译,南京:江苏人民出版社,1994年,第127—128页。

明初规定,每里立社,按照礼制,社原只应设坛,但后来逐渐出现社庙,民间春祈秋报,就是在这里举行,由一社(即一里或一图)所辖之各村共同操作。但后来里甲制度逐渐瓦解,这套礼仪制度也混乱起来,各村皆有土地,但显然不是当初的社神。所以前引"村村皆有,土地即里社之正神"一句,前后是矛盾的。据常熟碑刻博物馆藏年代不详之《芙蓉庄土地祠饭僧田记》,"茹江西北有庄曰芙蓉……庄前有溪曰补溪。……溪之上有庙,以祀吴王夫差,乡人奉为社神焉。水旱疾疫,祷祈辄灵应,一方赖以保障"①,证明各地原型不同的社神是可以被等同于土地神的,但这个社神或土地应该是从最初的里社之神析分衍生出来的。又浙江象山"三月二十八日为春社,此就在城之社言。查三乡里社迎神,四时皆有:三月二十三日白石,六月初六日石浦,又方前六月十四,梅溪十五日,下沙二十日,墙头七月十五日,爵溪八月十四日,马岙、东乡九月十五日,钱仓十月初一日,昌国卫,共十一所。史志:明制:立社以祀土谷神,邑共三十一所,今殆以数社合为一社也"②,各社祭祀社神的时间不同,系不同村落协调相互间关系的反映。

明初国家规定的里社之神最初并无庙宇和神像,只是坛上设神主,祭祀日期也是固定的,所以许多地方到相当晚近的时期还以农历二月初二为土地神诞,《清嘉录》也如此说。清代山西许多地方文献记载这种情况,如孝义二月初二"祀土地神"③;潞安二月"社日,多造社酒、社糕,城中士女亦以此日走社"④;黎城二月"社日,以春分前后戊日为社,多造社酒、社糕,以祀社公、社母"⑤。但

---

① 王国平、唐力行编:《明清以来苏州社会史碑刻集》,苏州:苏州大学出版社,1998年,第475页。
② (清)倪勖辑:《象邑夏王庙志》卷下《铁事·夏王庙春社》,清道光刻本,叶29a。
③ 乾隆《孝义县志》卷一《民俗》,清乾隆三十五年刻本,叶8a。
④ 乾隆《潞安府志》卷八《风俗》附岁时,清乾隆三十五年刻本,叶11b。
⑤ 康熙《黎城县志》卷二《风俗》,清康熙二十一年刻本,叶3。

在北方的不同地区,里社存留的情况多有差异,如河北地方文献几乎很少见到这样的记载。这与地方社会结构、文化传统,以及基层管理、赋役派纳等多种因素有关,需要具体分析。

相形之下,南方社神或土地神的崇拜,虽然与北方许多地方起源相同,但采取了不断民间化和地方化的手段,以至其延续的时间更久。如江苏六合晚清时的文献还记载二月的社日"自城市以及乡村,各醵金具酒醴、鸡豚以祀土神。祀毕,群享祭余,乡邻欢聚,名为社会"①;如皋的春社则"城市不甚矜尚,村人咸赛土神,以祈年谷,或云社酒治聋"②。但我们从景观中却可以看到这种社神或土地神信仰民间化、地方化的过程。福建兴化莆田县万历十六年的《孝义里社重建记》记,该社初建于明初,徙建于正德,"社位癸向东,中堂祀土谷、圣王诸神,东偏一室为仙姑坛"。显然,这个"土谷"之神原是社庙的正神,后来加上了某某圣王、仙姑这样的地方神,并逐渐有喧宾夺主之势。所以碑文中说,"是秋九月,有邻儿游社中,见圣王像恍然悚而立者三,告之人,弗之信。翼日巳候,怪风一阵声隆隆,而像辄倾出龛外,几卧地"③。强调的神已是圣王。在徽州呈西程氏家藏之社祭文簿中,社屋诸神的排列顺序是汪公大帝、汪九相公、关圣帝君、赵大元帅、呈西各姓大社的社稷明公、本姓章易大社社稷明公、本境土地福德正神等等。由此我们也可以看到,社屋的"本主"土地——江南亦称福德正神,也同样被挤到后面,排在前面的也是地方神。论者解释说,此后,"社公就成了一具亡灵,从此不再出屋,故每逢赛会,都是坛上人格神被迎来送往,而

---

① 光绪《六合县志·附录·礼俗》,清光绪十年刻本,叶 2a。
② 嘉庆《如皋县志》卷一〇《典礼·岁时》,清嘉庆十三年刻本,叶 17。
③ 郑振满、丁荷生编:《福建宗教碑铭汇编》(兴化府分册),福州:福建人民出版社,1995 年,第 182 页。

成为事实上的社神"①。

由此我们看到两种情况:一种是苏州吴县的相城,那里的二月二日为土地神诞,"相城各村奉其本处土地出游,名草头会"②,所奉之土地神为何?"过社,有火神、猛将、观音、三官、贤圣等名称,是亦乡人饮酒之意。"③所以像刘猛将、五通这样的地方神,已经成为江南地区社日赛社的主角,顶替了抽象化和制度化、正统化的土地神,与地方文化传统和地方生活融为一体,成为它们一直存留到现代的基础。比如江苏阜宁于阴历二月有三大风俗,其一便是敬土地,"祈伊暗中默佑,免受风雹螟蝗之灾"④;仪征亦同以二月初二为土地神之诞,"大街小巷,供当方土地",还搭草台演土地戏⑤;安徽贵池称社神为礻令,在秋社日时做社令会,"均携香烛,捧米粑,在社令位前行礼敬神"⑥。广西亦有社日杀猪,祭社王后将肉分于各户以包粽粑、糍粑之俗。而社王被求来保佑禾苗丰收,并在秋社之日加以报答,即所谓"春祈秋报"之意⑦。

这种情况的结果可能是鹊占鸠巢,导致正祀与淫祠的混乱。清人曾以为江南地区有各种各样名目的杂神,"名字不传,建置无考",但也有人认为应考其源流,才可以导之以正:"尝见吴江庵村有残碑二,一为宋明道二年《重修四道明王庙记》,一为绍熙中《东岳行宫碑记》,其碑阴有明王土地夫人之云然。则旧所列诸明王、诸王侯、诸将军等庙,多自宋以来各村土地之神,即古里社遗意,但

---

① 郑力民:《徽州社屋的诸侧面——以歙南孝女会田野个案为例》,《江淮论坛》1995年第4期。
② 民国《吴县志》卷五二上《风俗一》,叶13a。
③ 民国《相城小志》卷三《风俗》,民国十九年木活字本,叶17a。
④ 胡朴安:《中华全国风俗志》下编,第188页。
⑤ 同上书,第193页。
⑥ 同上书,第281页。
⑦ 《广西仫佬族社会历史调查》,"祭社王",第182页。

称为侯王将军,且各指其人以实之,则虽正祀而亦为淫祠矣。"①此说分析得完全正确,其实至少自宋以来社神在民间均有所特指,只是到明初规定了社坛制度,并且以此为正统,把原来杂乱的社神崇拜改造为一体化的礼仪制度,沿袭原来地方传统的反倒成为淫祀。

另一种就是依然抽象化和制度化、正统化的土地神,在国家礼制的框架下,没有与地方或宗族文化传统相结合,于是基本上形同虚设。河北阳原的土地庙"各村皆有,惟不若五道之多,且多附于大庙。民间有兴土木者,工毕必延僧唪经,暂设神位于庭堂,名曰谢土。以外无特别祀典焉"②。此外,北方许多地方人死之后,家庭成员要到土地庙去哭告,称为"报庙",还要到这里烧纸,称"押纸",成为丧礼中的一个环节。除了县城内属于官方祭祀的土地祠庙外,一般在各村庄的土地庙都比较狭小低矮。当然在北方也不是完全没有例外,如河北雄县"店子村西有都土地庙,村民多崇信,俗传其神为韩昌黎云"③,这也是把土地神具体化和地方化了。由于韩愈是历史上的名人,所以在一个村子里也可以有都土地。也许从土地庙或社庙这种景观中,最容易透视地方文化传统。因为在国家的安排中,它本来更多地带有田土、社稷的意义,但是在地方,特别是南方地区的地方设计中,它被赋予了更多的地域、方位的意义,从一个土地神被改造成为"社区"神,是地方民众"自己"的神。因此无论地方的基层区划如何变化,代表自己的"地方性"的社神都可以被塑造出来。相反,只与抽象的、泛泛的土地相联系的土地神,由于在民众的生活中不具有实际的功能,因此只有不断萧条下去。繁荣的、香火盛的大庙与衰落的、无人理睬的小庙之间的鲜明对比,就是民众选择的结果。

---

① 乾隆《震泽县志》卷六《坛庙祠》,清光绪重刻本,叶19。
② 民国《阳原县志》卷一〇《礼俗·祀神》,民国二十四年铅印本,叶4b。
③ 光绪《雄县乡土志》地理第十,清光绪三十一年铅印本,叶8b。

作为一种文化景观,中国民间社会中的寺庙还有许多问题值得研究和重视。比如各种民间寺庙的位置(location)与崇拜虔诚度的关系问题,建筑格局、规模、色彩与地方文化的关系问题,偶像的形象、衣着、表情等等的深层意义问题,不同神祇的信仰圈问题,寺庙戏台与酬神的社会空间,等等,都需要我们去花大气力,特别是需要进行大量田野考察,而且需要结合多种学科的知识。这样一种研究多少可以填补中国人文地理学、历史学和文化人类学中的空白。这里所论只是粗浅的泛论,或者只是提出了问题,其解决还有赖于更多有志者的共同努力。

中国传统庙会中的狂欢精神

一、引 论

所谓狂欢精神,是指群众性文化活动中表现出的突破一般社会规范的非理性精神①,它一般体现在传统的节日或其他庆典活动中,常常表现为纵欲的、粗放的、显示人的自然本性的行为方式。这种精神往往在世界许多地区传统的狂欢节中得到充分的表现,故称之为狂欢精神。

每当人们对世界上,特别是西方的狂欢节进行探索时,总会想到古希腊时代那行为放纵、情绪癫狂的酒神节,也很容易想到尼采关于酒神精神的阐释。显然,与文明社会中日常的生活规范相比,

---

① 本文所谓"理性"和"非理性",并不是在启蒙时期理性主义和更晚近的非理性主义的意义上说的。这里的"理性"行为指的是经过深思熟虑之后的有目的的行为,这种行为多采用冷静、平和、精确的方式;而"非理性"的行为则是指纯粹由感情支配的、不考虑方式和目的的随心所欲的行为。从另外的角度说,理性的行为一般来说符合社会规范,而非理性的行为则正相反。因此本文中也经常出现"规范/非规范"或"常规/反常规"这样的术语。对此,台湾学者李丰楙称之为"常与非常"(《由常入非常:中国节日庆典中的狂文化》,《中外文学》1993 年 8 月;《台湾庆成醮与民间庙会文化:一个非常观狂文化的休闲论》,《寺庙与民间文化研讨会论文集》1995 年 3 月)。另一位台湾学者康豹(Paul R. Kate)认为,这对术语的英文翻译应是 ordinary 和 extraordinary(Plague God Cults in Late Imperial Zhekiang,《中华帝国晚期浙江的瘟神崇拜》,见上书),而我毋宁采用 normal 和 abnormal。

狂欢节中行为和情绪的反规范性在很大程度上反映了理性与非理性的对立，进而言之，也反映了人类学家所说的文化和自然的对立。就是说，"人类既是动物，因而为自然的一部分，同时又是文化的创造者"①。但文化是"人猿相揖别"的标志，它从产生伊始就具有与人的自然性相互对立的一面。或者说，为了规范人的自然本能，文化不可避免地要在某种程度上压抑这种本能，以控制后者可能造成的破坏，否则人类社会就无法存续。正因为如此，这种压抑恰恰是进步的前提②。但问题在于：人的自然本能是否会被彻底压抑以至无影无踪？在社会秩序正常的情况下，人类的行为有无可能采取非理性的形式，对理性的堤防形成冲击？显然，贯穿文明史的酒神精神和狂欢节的存在，对前一个问题给予了否定，而对后一个问题提供了肯定的答案。

人们认为，由狄奥尼索斯崇拜而来的酒神精神，是对文化进化中道德、法律、习惯等等规范束缚的一种本能的反动。最初支配人们行为的本能的驱动力受到了压抑，但这种驱动力又不能彻底消失，它总在寻找机会释放，在某种情况下，它就可能以非理性的形式迸发出来。世界许多地区，特别是西方经久不衰的狂欢活动就说明了这一点。我们所说的狂欢精神实际上就是酒神精神的一种体现。

致力于东西方文化比较的研究者往往认为，在西方，理性与非理性的互动长期延续，使得西方人一方面崇尚理性，因而科学比较发达；另一方面，非理性的情感因素又导致他们具有强烈的冒险精神以及体育的发达。与西方的理性体现为工具理性或科学理性不

---

① 〔美〕罗伯特·F.墨菲：《文化与社会人类学引论》，王卓君、吕迺基译，北京：商务印书馆，1991年，第40页。
② 〔美〕赫伯特·马尔库塞：《爱欲与文明》，赵林译，张志扬审校，上海：上海译文出版社，1987年，第3、8页。

同,中国人的理性往往体现为道德理性,而且把非理性的情感因素压缩到最低限度。但是中国传统社会中的庙会和各种形式的娱神活动①,特别是其中体现出来的那种狂欢精神,却向这种认识提出了质疑。本文将通过传统庙会活动的原始性、全民性、反规范性等特征,对中国传统庙会中的狂欢精神进行透视。

二、庙会狂欢的原始性

中国传统的、功能比较齐全的庙会,就目前的资料来看,大致起于隋唐时期。就其最初的功能而言,主要是用于娱神,然后逐渐增加了娱人的和经济的功能。但民众的娱神活动却起源很早,一直可以追溯到原始社会。后世庙会活动中体现出的狂欢精神,首先是原始宗教精神的遗存,因而具有原始性。这里所说的原始性,主要是指庙会狂欢中带有的原始宗教的特征。与文明社会中的人为宗教相比,原始宗教的理性色彩十分淡薄,带有更多的巫术特征,由于系统教义和唯一至上神的缺乏,其信众宗教体验的神圣感和敬畏感远不及前者细密彻底;在仪式中更多采用模拟、巫术控制、狂舞欢歌、禁忌、牺牲、宴饮等形式,较少祈祷、布道,更无念诵经文之类。因此其表现更为外在,更具情绪色彩;前者则相对内在,更具理性特征。所以原始宗教的祭典极富狂欢精神,而文明社会庙会活动中的群体狂欢,乃是这种原始狂欢精神某种程度的延伸。

从关于民众参加庙会娱神活动的许多文献记载中,我们可以清楚地看到人们情绪的狂放。春秋时子贡参加了酬谢农神的蜡

---

① 并不是所有的娱神活动都被包括在庙会活动之中,而且明清以后,北方和南方庙会活动的内容也不尽相同,但为了简明和方便起见,我们这里用"庙会"来涵盖各种庙会和娱神活动(参见本书中的《明清时期江南庙会与华北庙会之比较》)。

祭之后,发表观感说:"一国之人皆若狂。"①中国人最重春祈秋报,所谓"民间春秋祀田祖五谷之神,作乐宴会,盖祈谷报赛之遗礼也"②。这种庆典在南北朝时期的南郡、襄阳"二郡又有牵钩之戏……钩初发动,皆有鼓节,群噪歌谣,振惊远近"③,所以《荆楚岁时记》在"立春"条下记:"绵亘数里,鸣鼓牵之。"④在稍晚近的其他祭神庆典,如苏州东岳神会中,"在娄门外者,龙墩各村人赛会于庙,张灯演剧,百戏竞陈,游观若狂"⑤。在河北怀来的泰山庙会中,"男女纷纷随之,盈街溢巷,万头攒动,真盛观哉"⑥。尽管随着时间的推移,狂欢中的宗教因素日益减弱,但狂欢的氛围却未尝稍减。

中国原始性的宗教活动,除了表现对神灵感恩戴德的敬畏内容外,还有表现为傩祭的驱鬼逐邪内容。前者表达了原始人将福祉归功于神灵的认识,后者则体现了他们将灾难归罪于邪鬼的观念。以傩祭形式驱逐邪鬼的方法,就是装扮成更加威猛的鬼怪形象,以"模拟巫术"的形式,将邪鬼从人们身边驱逐开去。驱傩活动起源很早,商周以降,傩祭曾被纳入国家典礼;民间的傩祭也长期保存下来,并且成为后来庙会活动中的一项内容。南北朝时期宗懔的《荆楚岁时记》记当时南方在十二月初八日"村民并击细腰鼓、戴胡公头及作金刚力士以逐除"⑦;《东京梦华录》和《梦粱录》也记

---

① 《礼记正义》卷四三《杂记下》,(清)阮元校刻:《十三经注疏》,北京:中华书局,1980年,第1567页。
② 乾隆《安肃县志》卷一《风俗》,清嘉庆十三年刻本,叶41b。
③ (唐)魏徵等:《隋书》卷三一《地理下》,北京:中华书局,1973年,第897页。
④ (梁)宗懔著,姜彦稚辑校:《荆楚岁时记》,长沙:岳麓书社,1986年,第13页。
⑤ (清)顾禄撰,来新夏点校:《清嘉录》卷三,"东岳生日"条,上海:上海古籍出版社,1986年,第65页。
⑥ 光绪《怀来县志》卷四《风俗志·岁时纪略》,清光绪八年刻本,叶10a。
⑦ (梁)宗懔著,姜彦稚辑校:《荆楚岁时记》,第53页。

载两宋时期在十二月有人妆成神鬼、判官之类，走街串巷，称为"打夜胡"①；文天祥《上元张灯记》中说湖南衡州在正月十五期间"州民为百戏之舞……舞者如傩之奔狂之呼"②。这种情况到了清代还有遗存。山西寿阳的正月十六"撞钲击鼓，挨户作驱逐状，略如古人之傩，谓之'逐虚耗'，亦曰'逐瘟'"③。河北滦县的乡村庙会"多在四五月间"，其间"各村又饰儿童为百戏，执戈扬盾，如傩状。……后拥大纛，尾以金鼓钹铙，擂吹聒耳，挨村迁绕，跳舞讴歌。……观者蜂拥蚁簇，妇女登巢以望，举国若狂"④。在比较普遍的城市庙会——城隍庙会中，城隍出巡是一项重要的活动，由于该神的特定文化含义，所以驱傩的色彩也很浓。远古傩事活动之所以进入庙会，显然与其逐鬼禳灾的功能和举国同欢的热烈场面同庙会的内容和精神内涵相合有关。

此外，庙会狂欢活动的原始性还表现在歌舞戏剧的普遍存在。已有论者指出，从原始社会至历史时代的早期，鼓乐歌舞一直是沟通人神两界的重要手段⑤，因此，它们乃至晚出的戏剧成为后来庙会及娱神活动中的组成部分就不难理解了。戏剧歌舞的功能既有原始娱神的遗存，又有后增的娱人的成分。在这种带有双重功能的歌舞戏曲中，也许具有典型意义的是目连戏。目连戏是一种"鬼戏"，与傩事活动有一定联系，它源自唐宋，到明代时便形成一二百出的连本剧，连演几天几夜，特别成为江南庙会或社火中的保留节目（记载可见张岱《陶庵梦忆》、沈德符《万历野获编》、祁彪佳《远

---

① （宋）孟士元撰，邓之诚注：《东京梦华录注》卷一〇，"十二月"条，北京：中华书局，1982年，第249页。
② （宋）文天祥：《上元张灯记》，嘉靖《湖广图经志书》卷一二《衡州·文》，明嘉靖元年刻本，叶9a。
③ 光绪《寿阳县志》卷一〇《风土志·岁时第一》，清光绪八年刻本，叶1b。
④ 光绪《滦州志》卷八《封域中·风俗》，清光绪二十四年刻本，叶24。
⑤ 参见童恩正：《中国古代的巫》，《中国社会科学》1995年第5期。

山堂曲品》、李斗《扬州画舫录》等多书)。近世如鲁迅所说绍兴社戏中的"女吊"、上虞地区的鬼舞"哑目连"、余姚的"跳无常"等都是其表现。

歌舞从娱神到娱人转化的另一个例子,是上古的桑林乐舞。上古的桑林,本是统治者祈雨之地,具有宗教的意义,但人们采用交感巫术的形式,允许男女在桑林自由交媾野合,以影响上天布云施雨并致孕育果实。《周礼·地官·媒氏》说:"中春之月,令会男女,于是时也,奔者不禁。"①于是在春天出现了集祈雨和男女自由交合于一体的桑林之会,这在四川等地出土的画像石和青铜器上有明显的体现。而伴随着男女之间的欢娱,不可避免地出现载歌载舞的场面。这些歌舞与其说体现的是宗教意味的内容,不如说更多地抒发着人的情感。所以《史记·乐书》说"桑间濮上之音,亡国之音也"②,是看到了用于祭祀的十分恐怖的宫廷《桑林》乐,在民间演变成表达情爱的"靡靡之音"。有学者说,近世金华东阳的庙会活动中,有一种"莲花头"舞,与原始的桑林之舞有渊源关系③。由此,我们还可以发现庙会及娱神活动中两性交往相对自由的上古源头。

当然,最深刻地反映这类活动原始性的,是这类活动中体现出的世界感受,用巴赫金的话说,就是一种"交替与变更的精神、死亡与新生的精神。狂欢节是破坏一切和更新一切的时代才有的节日"④。在传统中国,庙会和娱神活动有大量现象表现了集体意识

---

① (清)孙诒让撰,王文锦、陈玉霞点校:《周礼正义》卷二六《地官·媒氏》,北京:中华书局,1987年,第1040—1044页。
② (西汉)司马迁:《史记》卷二四《乐书》,北京:中华书局,1959年,第1182页。
③ 见潘庭干:《金华民间舞蹈中的巫风遗存》,上海民间文艺家协会、上海民俗学会编:《中国民间文化》总第13辑,上海:学林出版社,1994年。
④ 〔苏联〕巴赫金:《陀思妥耶夫斯基诗学问题》,白春仁、顾亚铃译,北京:生活·读书·新知三联书店,1988年,第178页。

中对新旧更替的重视。由于篇幅所限,这里不能展开,我将另文论述。

如果以上所说是传统庙会及娱神活动中狂欢精神的文化源头,那么它在表现上则是其全民性和反规范性,当然狂欢精神的这两种主要特征又是与其原始性分不开的。这里需要指出的是,虽说庙会活动中的狂欢精神是原始文化精神的遗存,但这种古老的形式又被赋予了新的内容和意义,被利用来冲击文明社会强加给人们的礼教桎梏。

三、庙会狂欢的全民性

庙会及娱神活动是中国传统社会中少有的全民性活动之一,也就是说,不同阶级、阶层和等级的人,不同职业、性别、民族、地域的人,都可以不受限制地参加这类活动,尽管他们参加的程度、范围、态度等不完全相同。中国传统社会是一个等级规范很严格的社会,至少在礼制规定上是如此。庙会及娱神活动的全民性,实际上是对这种等级规范的反动。这显然带有原始的万民狂欢的基因,但更重要的是对现实中等级划分和隔离的一种反弹和对彼此文化的新鲜感。从更广泛的集体心理来说,人们都愿意制造一种规模盛大的、自己也参与其中的群众性氛围,使自己亢奋起来,一反平日那种循规蹈矩、按部就班的生活节奏,而同时又不被人们认为是出格离谱。

《左传》庄公二十三年记载国君到齐国去"观社"①,《论语·乡党》也说孔子曾经穿着朝服观看"乡人傩"②,后世帝王将此类举措

---

① 《春秋左传集解》第三,庄公二十三年,上海:上海人民出版社,1977年,第186页。
② (宋)朱熹:《四书章句集注·论语集注》卷五《乡党第十》,北京:中华书局,1983年,第120页。

称为"与民同乐";《史记·殷本纪》说商纣王命乐师作"北里之舞,靡靡之乐"(即上文所说"桑林之乐"),"大聚乐戏于沙丘,以酒为池,悬肉为林,使男女倮相逐其间,为长夜之饮",这些被后世说成是殷纣荒淫,实际上表明了社会上层与百姓共同参加娱神活动的上古遗风①。《墨子·明鬼》说,"燕之有祖,当齐之社稷,宋之有桑林,楚之有云梦也,此男女之所属而观也"②。宋之桑林即商代桑林之会的所在,武王灭商后"立成汤之后于宋以奉桑林"③,它们都是各国祭神的地方,"属而观"就是聚在一起观看女巫模拟性行为的表演,然后各自分散野合。可见上层也参与到这种极富性色彩的狂欢活动中。值得注意的是,虽然这种活动为习俗所允许,但讲"礼"的孔子后来还是表示对这种"灌"(性行为)的祭祀活动"不欲观之矣"④。

后世官民之间的界限日益严格,统治者参与民间娱乐的机会减少。但在一些为官方允许的"正祀"活动中,仍有官方出面。比如明清时期在立春之时,地方"文武官于县堂打春、领春、宴报春者,又以小土牛、芒神置纸楼内,鼓乐分送诸乡达,谓之'送春'"⑤。在这种活动中,让属贱民的乐户妆成春官、春吏,衣冠带,到各高门大户家中去报春;还让妓女在官署中演戏,称为"毛女"。据说清雍正时除贱为良,扮演春官、春吏和毛女的人就少见了⑥。在城隍庙

---

① (西汉)司马迁:《史记》卷三《殷本纪》,北京:中华书局,1959年,第105页;参见孙其刚:《嫘祖养蚕和桑蚕的宗教意义》,《中国历史博物馆馆刊》1994年第2期,第34—35页。
② 吴毓江撰,孙启治点校:《墨子校注》卷八《明鬼下》,北京:中华书局,1993年,第338页。
③ (汉)高诱注:《吕氏春秋》卷一五《慎大》,上海:上海书店,影印世界书局《诸子集成》本,1986年,第160页。
④ (宋)朱熹撰:《四书章句集注·论语集注》卷二《八佾第三》,第64页。
⑤ 光绪《怀来县志》卷四《风俗志·岁时纪略》,叶9a。
⑥ 光绪《翼城县志》卷二 《风俗》,清光绪七年刻本,叶4a。

会及其迎神活动中,第一道程序往往就是县官给城隍发去行文,有的地方还派书吏去奉抬仪仗,迎神归来后他们还需在一旁伺候升堂,这是因为统治者把城隍视为自己在阴间的对应物。河北完县尧城村二月十五有尧帝庙会,"旧日知县亲往致祭"①。南方的庙会和娱神活动更为频繁和热闹,它们甚至构成了当地生活的重要内容,连官署也无法脱"俗"。广东海阳正月青龙庙"安济王会","届时奉所塑神像出游,箫鼓喧阗,仪卫烜赫,大小衙门及街巷各召梨园奏乐迎神,其花灯则各烧烛随神驭夜游,灿若繁星。凡三夜,四远云集,糜费以千万计"②。

虽然后来官方出面与民同乐的情景日益不多见,但官员常常以私人的身份与家人一起参与其中。而这在传统的官本位社会中又反过来引起群众的更大兴趣。浙江仁和在明朝"弘治七年九月二十六日,复举华光神会,自各邑社伙抬阁之外,仍唤睢阳戏儿升上危杆,百般舞跃,常掷身空中,宛若翼生两腋,人已惊异。迎至钞关分司门首,适值吴主事瀛好事,欲观奇巧,乃出夫人、诸公子同看,许以重赏,使极技能。人以先知,各占北新桥上,庶便观见。岂料人众,桥不能容,蓦然挤脱桥栏。人遂惊曰:桥崩矣!闻者惊惶,东西奔走,奈何前后路塞,践踏死者三十余人,挤水者亦多",酿成一场悲剧③。

当然,参加庙会娱神活动的主体仍然是平民百姓,包括社会底层的各业人员。有诗描写山西临县的妇女,"赛会山城四月天,女鬟无数女墙边。花钿购得争新样,消受侬家卖笠钱"④。这是农家妇女参加的例子。贫困的乡民也是庙会活动的参与者,有的贫民

---

① 民国《完县新志》卷八《风土第六·礼俗》,民国二十三年铅印本,叶 4a。
② 光绪《海阳县志》卷七《舆地略六·风俗》,清光绪二十六年刻本,叶 8a。
③ 嘉靖《仁和县志》卷一三《纪遗·记事》,清光绪刻《武林掌故丛编》本,叶 38。
④ 民国《临县志》卷一三《风土略第六》,民国六年铅印本,叶 6b。

为了交纳摊派的份子钱,不惜借贷或典卖家产。由于有各种身份的参加者,所以明清时期的文献中常有这样的记载:江苏昆山"初三日,无论贵贱俱赴城隍祠,名谒庙"①;光绪《顺天府志》引《北京岁华记》说:"二月,都人进香涿州碧霞元君庙,不论贵贱男女,额贴金字,结亭如屋"②;山东济南府属地方有三月三的玉皇庙会,"真是人山人海,拥挤不透的时节,可也是男女混杂,不分良贱的所在"③。这种活动的不分贵贱,特别体现在许多"贱民"也能够参与其中。前曾提及让妓女在迎春活动中扮演特定角色,像山西崞县(今崞阳镇)七月初五祭崞山大王,"请神享赛",在活动中,"娼妓数十对,驼马阗路,旗帜鲜明"④。此类例子不胜枚举。可以肯定的是,平时素为传统上层社会所轻贱的商人、农民、妇女,特别是戏子、杂耍艺人、妓女乃至贱民,都是庙会活动的主要参加者,甚至是演出的主角。

从上面的记述中可以看出,庙会及娱神活动的全民性不仅体现为参加者"不分贵贱",而且体现为"男女混杂"。鉴于中国传统文化对妇女参加公众活动的诸多限制,这一点就更有意义。在北京,"十月城隍又出巡,旌旗蔽日少风尘。可怜多少如花女,爱作披枷带锁人"⑤;在河南新乡三月十八日的城隍庙会时,"城乡妇女烧香者众"⑥;河南祥符三月二十八日为岳帝诞辰,"乡媪村姑,尘面蓬首,妖童冶女,艳服靓妆,结队而来"⑦;苏州吴县七月晦日地藏王

---

① 嘉靖《昆山县志》卷一《风俗》,明嘉靖十七年刻本,叶 5b。
② 光绪《顺天府志》卷一八《风俗》,清光绪十五年重印本,叶 10a。
③ (明)西周生:《醒世姻缘传》第七三回《众妇女合群上庙,诸恶少结党拦轿》,上海:上海古籍出版社,1981 年,第 1040 页。
④ 乾隆《崞县志》卷四《风俗》,清乾隆二十二年刻本,叶 2a。
⑤ (清)得硕亭:《草珠一串·游览》,路工选编:《清代北京竹枝词》(十三种),北京:北京出版社,1962 年,第 53 页。
⑥ 民国《新乡县续志》卷二《风俗志》,民国十二年刻本,30a。
⑦ 乾隆《祥符县志》卷二《地理志·风俗》,清乾隆四年刻本,叶 26a。

诞"妇女烧香于开元寺,脱红裙以忏产,点肉食灯以报母恩"①;浙江长兴三月二十八日东岳神诞时,"妇女先晚入庙烧香,夜即于庙内外席地而坐,守至天明,不令瞌睡,次早方散,名曰宿山……男女杂沓,不下万余人"②。类似这种妇女参加庙会的记载简直不胜枚举。明末清初人酌元亭主人在他编的小说《照世杯》中对这种男女混杂参加庙会活动等现象曾有一段有趣的议论:

> 我们中国妇人,洗一个浴,将房门关得密不通风,还要差丫头,立在窗子外,唯恐有人窥看。我道妇人这些假惺惺的规模,只叫做装幌子。就如我们吴越的妇女,终日游山玩水,入寺拜僧,倚门立户,看戏赴社,把一个花容粉面,任你千人看,万人瞧。他还要批评男人的长短,谈笑过路的美丑,再不晓得爱惜自家头脸。③

这里,他以批评的口吻道出了本文开始提及的理性与非理性、常规与反常规的对立。

巴赫金说,欧洲狂欢节的中心场地是广场,并说"广场是全民性的象征"④。中国传统社会的城市和乡村中,并不具备面积较大的中心广场,其庙会及娱神活动的集聚中心,就是各地的寺庙所在。为了便于举行庙会活动,在中国传统的寺庙之前,往往有较大的空场,而在庙门或正殿对面,又往往建有戏台。宋钱易《南部新书》卷五追记唐代"长安戏场,多集于慈恩。小者在青龙,其次荐福、永寿",都是在寺院⑤;《东京梦华录》记载大相国寺的庙会状况

---

① 民国《吴县志》卷五二上《舆地考·风俗一》,民国二十二年铅印本,叶 16b。
② 嘉庆《长兴县志》卷一四《风俗》引旧谭志,清嘉庆十年刻本,叶 10b。
③ (清)酌元亭主人:《照世杯·走安南玉马换猩绒》,上海:古典文学出版社,1956年,第 61 页。
④ 巴赫金:《陀思妥耶夫斯基诗学问题》。
⑤ (宋)钱易:《南部新书》,上海:中华书局上海编辑所,1958 年,第 50 页。

更能说明问题。元代山西洪洞明应王庙会时,"远而城镇,近而村落,贵者以轮蹄,下者以杖屦,挈妻子,舆老羸而至者,可胜既哉!……相与娱乐数日,极其厌饫,而后顾瞻恋恋犹忘归也"①。由于寺庙构成了庙会活动的要件,以至有的地方为了进行这样的活动,专门择地建起寺庙来②。

虽然寺庙是庙会活动的中心,但这类活动又决不局限于寺庙当地,它在空间上具有开放性。在城市,活动从寺庙一直延伸到附近的主要街道;在乡村,活动则举行于道路,甚而串至其他村落,或沿门挨户,或进至城中,这也许比欧洲的狂欢活动更能体现出它的全民性和空间开放性。河北怀来四月十八日泰山庙会时,要预先做好富丽壮观的"娘娘驾",此物"长丈余,宽六七尺,十二人舁之游街。……其间男女纷纷随之,盈街溢巷,万头攒动",这是在城市中,而且从寺庙扩展到城市中的大街小巷。"至十八日,各堡村娘娘驾又来进香,从者数十百人,其喧阗与前埒,与本城会相合",这是说乡村的同类活动又进入城中,不仅增加了热闹的程度,而且体现了以此泰山娘娘庙为中心的社区之间乃至城乡之间的联系③。滦县乡村以社为单位,"社必有寺,凡在社内大小村庄,共奉一寺之香火",这样的游神活动,就必然是"挨村迂绕,跳舞讴歌"④。山西崞县四月初八"各村多迎神作戏……东南乡多办社伙,合数十村,各妆演故事"⑤。这种以社为单位、各自然村既有区分又有联合的活动,在南方也很多见,比如福建同安吕厝村的王爷信仰活动中的

---

① 元延祐六年《重修明应王殿之碑》,转引自廖奔:《宋元戏曲文物与民俗》,北京:文化艺术出版社,1989年,第19页。
② 《重修麻林山庙碑记》,民国《三河县新志》卷一二《文献志·艺文篇上》,民国二十四年铅印本,叶24b—25b。
③ 光绪《怀来县志》卷四《风俗志》,叶10。
④ 光绪《滦州志》卷八《封域中·风俗》,叶24b。
⑤ 乾隆《崞县志》卷四《风俗》,叶1b—2a。

迎香活动,由各村组成的游艺队伍在某地集合后,分两天巡游十几个村子,还有请新王爷坐镇各村的活动①。在福建莆田,也有一村下含数社的情况,如孝义村下有7社,每年正月十五前数日,各社奉自己的社神(角落神)绕境巡游;其后才是这个村的主神之神诞庆典,即"总出游"②。但在晋南的浮山,还有社与社之间产生交流的庙会活动,所谓"各有多社,轮流迎神,至前后社交接,招待备尽其礼。……以天圣宫二十八社为最焉"③。这似乎表明,存在着多社供奉一个主神的情况。无论形式如何,这些活动以寺庙为中心,以不同的社区范围为单位,形成了一个个同心圆;生活在这些同心圆中的人们,几乎都被卷入到活动中去,从而突破了单一的寺庙前、自然村、社、城镇等空间,体现出极强的全民参与性质。

四、庙会狂欢的反规范性

如果说"原始性"是就庙会狂欢的发生学意义来看,"全民性"是就庙会狂欢的参与主体而言的话,本节所要探讨的反规范性则涉及庙会狂欢活动的文化特征,三者角度不同而彼此有内在的联系。例如,无论是狂欢活动的原始性,还是这类活动的全民性,表现出来的都是对现实规范的某种程度的挑战。

我们知道,等级制度是维护传统社会秩序的重要工具,但在庙会及娱神活动中,它却被极大地冲淡了。宋徽宗在节庆时与百姓共观散乐百戏演出,称作"宣和与民同乐"。清代新乡正月二十八、二十九日,"城内火神庙,城外大王庙皆扮演抬阁……所过官署及

---

① 见石奕龙:《同安昌厝村的王爷信仰》,庄英章、潘英海编:《台湾与福建社会文化研究文集》,台北:民族学研究所,1994年。
② 见郑振满:《神庙祭典与社区发展模式——莆田江口平原的例证》,《史林》1995年第1期。
③ 民国《浮山县志》卷三二《风俗》,民国二十四年刻本,叶6a。

富绅巨商之门,皆赏以粿食,人海人山,极为热闹"①。封丘的赛会中,"吏胥有萧曹会,士子有文昌会,商人有五圣会,工人有鲁班、灶君等会。举县若狂,糜费不赀"②,各种社会集团都纷纷组织和参与到这类活动中来,等级、职业、性别等界限被淡化了。官府的管理在这时也比较松懈,所谓"远近男妇游赏,金吾不禁"③。在活动中,人们的接触比较随便,居于等级制高层的人士,此时都摆出相对亲切平和的面孔。平时对乡下人比较轻蔑的城市居民,这时也以一种欣赏的目光观看农民的游神演出。实际上,这类活动的组织者往往是社会上层,在城市是士绅或商人,在乡村是大户、家族长或社区头目,主要的参加者和主角倒是下层人员,所谓"上巳家家赛五侯,乡姓齐上庙山头"④。天津城隍"三巡会"时,"乡人扮作鬼魅,持钢钗,走墟墓间逐鬼"⑤。游神队伍中的舞队、杂耍艺人,社戏舞台上的演员,乡间扮傩的孩童等等,都是当时社会的下层,而身份高的人倒是旁观者。

妇女无限制地或较少限制地参加庙会及娱神活动,是庙会狂欢反规范性的突出表现。这一点合乎逻辑地引起了不少士绅的抨击。关于这方面的情况,前文已述及,在后文中也有论述⑥,这里就不再赘言了。

庙会及娱神活动中使用的各种服装、道具等象征物品反映的对"官方符号系统"的嘲弄,是其反规范性的又一表现。隋朝时的京师和外州在正月十五之夜,"充街塞陌,聚戏朋游⋯⋯人戴兽面,

---

① 民国《新乡县续志》卷二《风俗志》,叶30。
② 民国《封丘县续志》卷二《地理志·风俗》,民国二十六年铅印本,叶22b。
③ 乾隆《辉县志》,引自丁世良、赵放主编:《中国地方志民俗资料汇编》(中南卷上),北京:书目文献出版社,1991年,第78页。
④ 《沈维二首》,乾隆《唐栖志略稿》卷下《风俗》,清光绪十六年刻本,叶19a。
⑤ 王守恂:《天津政俗沿革记》卷一一《礼俗·岁时》,民国二十七年刻本,叶10a。
⑥ 见本书中的《明清妇女的宗教活动、闲暇生活与女性亚文化》。

男为女服"①。宋代四川的迎神赛会中,"一坊巷至聚三二百人,作将军、曹吏、牙直之号,执枪刀旗幡队杖,及以女人为男子衣或男子衣妇人衣,导以音乐百戏,三四夜往来不绝"②。平民百姓扮成上层人士,穿着仪仗一律可以逾越平时的等级规定;甚至男穿女衣或女穿男衣,表明对传统性别角色及其规范的嘲弄。这种"狐假虎威",即借神灵之力以反传统的做法,在城隍庙会中体现得更为明显。在城隍出巡的队伍行列中,往往开始都是銮驾仪仗、三班六房的书吏衙役,然后才是各种杂耍舞队。前面有铜锣开道,扮演者高举"回避""肃静"大牌,还有旌旗伞盖,完全模仿现实中地方官员的排场。据胡朴安记载福建的神道出巡活动中,有时神与神相遇,仪式之问答由香头代表。如省城隍路遇瘟部尚书,城隍的神位要停在路边,尚书的神位则在路中央。代表城隍的香头要趋前三叩,表示接驾来迟,罪该万死,请求恕罪。代表尚书的香头则挺胸凸肚,抚慰告诫一番③。这种做法突破了传统的等级限制,人们扮演着现实生活中距离极为遥远,并且永远不可能接近的角色;另一方面又体现出他们不能超越或反抗这种官方符号系统,而只是在"应用",并不是在摧毁。正如克劳克所说,这些东西"有时允许被用来对文化的既定秩序进行挑战,但通常其结果则是维护这一既定秩序"④。

庙会及娱神活动中的反规范性还体现在其他许多方面。令卫道士们非常不满的是这类活动的大肆铺排,所谓"迎神赛会,搭台

---

① (唐)魏徵等:《隋书》卷六二《柳彧传》,第1483页。
② (宋)李焘撰,上海师范学院古籍整理研究室、上海师范法学古籍整理研究室点校:《续资治通鉴长编》卷一九二《仁宗嘉祐五年》,北京:中华书局,1985年,第4653页。
③ 胡朴安:《中华全国风俗志》下编《福建》,石家庄:河北人民出版社,1988年,第306页。
④ J. C. 克劳克:《庆典中的面具》,〔美〕维克多·特纳编:《庆典》,方永德等译,潘国庆校,上海:上海文艺出版社,1993年,第41页。

演剧一节,耗费尤甚,酿祸更深"①。许多材料都有这样的记载:"每会所费无算,而彼不惜也"②。从一城之赛会来说,广东海阳正月迎神"靡费以千万计"③;以个人而论,即在广西贫穷之地,看酬神戏的人"男以衣履相先,女以钗钏相耀,虽贫皆有六钏、三钗、金耳环之饰"④。挥霍金钱只是一方面,另一方面还造成"废时失业,田畴菜麦,蹂躏无遗"⑤,"原田废耕稼,阛阓荒贸迁"⑥。此外,狂吃暴饮的现象也极普遍,如"城中醵钱市酒肴祀神,乡落椎牛酾酒群饮"⑦,这又引起一连串的连锁反应,像明代正德时广平的庙会上,"先期货物果集,酒肆罗列……无赖之徒云集,乘机赌博,甚至斗杀淫盗,争讼由之起"⑧。但即使不是这些违法现象,那些连续举行数日数夜、规模巨大的演出活动因有诱发越轨行为的可能,也足以使统治者夜不安枕。广西的许多地方在赛会祭神之后要"聚饮",游神时还要"竞放爆竹",众人蜂抢爆花。前举河北怀来的泰山庙会连续进行4天,到最后"会完人散,人家檐瓦如齿割,则皆幡杆所毁也"。

这类活动中的反规范性同时也是一种颠覆性、破坏性,因此,从庙会活动开始兴盛的宋朝,就有人疾呼严禁。陈淳曾针对福建漳州的情况写了《上傅寺丞论淫戏》一文,提出这种活动的八种害处,认为"若漠然不之禁……岂不为仁人君子德政之累?"⑨开封府

---

① 民国《吴县志》卷五二下《风俗二》,叶 10a。
② 乾隆《辉县志》,引自《中国地方志民俗资料汇编》(中南卷上),第 78 页。
③ 光绪《海阳县志》卷七《舆地略六·风俗》,清光绪二十六年刻本,叶 8a。
④ 民国《武鸣县志》,引自《中国地方志民俗资料汇编》(中南卷下),第 890 页。
⑤ 民国《吴县志》卷五二下《风俗二》,叶 10b。
⑥ 乾隆《唐栖志略稿》卷下《风俗》,叶 18b。
⑦ 乾隆《归善县志》卷一五《风俗》,清乾隆四十八年刻本,叶 2b。
⑧ 嘉靖《广平府志》卷一六《风俗志》,明嘉靖刻本,叶 7b。
⑨ (宋)陈淳:《北溪大全集》卷四七《上傅寺丞论淫戏》,《景印文渊阁四库全书》第 1168 册,台北:台湾商务印书馆有限公司,1986 年,第 876 页上栏。

就曾一次拆毁神祠1038区①,金代山西潞州上党地方,有个富人"率数村之民几千人迎西斋王,以赛秋社。因仪卫颇僭制度而获罪"②。清代著名的封疆大吏田文镜把问题看得更为严重,他认为迎神赛会"引诱附近男女,招集远方匪类……经旬浃月,聚而不散,遂成党羽……此即邪教之所由起也"③。基于这种认识,许多地方官员在任所对庙会及娱神活动力行严禁措施,其中特别著名的是清康熙年间汤斌在江苏的毁淫祠举动。

汤斌在江苏巡抚任上接受了一个秀才的诉状,下令将苏州上方山的五圣庙封闭,把五通神像沉于太湖,并上疏皇帝,请毁淫祠,据说一时出现了"寺院无妇女之迹,河下无管弦之歌,迎神罢会,艳曲绝编"的现象④。这显然是一种恢复规范的努力。但这种努力很快就被证明是徒劳的。康熙二十五年三月同时发生了两件事情:一是地方盛传像毁庙拆的"上方山五圣,赶在嘉兴府南鳗鱼堰地方,在一石桥下埭。嘉兴、秀水两县,哄传五圣作祟,日日作戏宴待,酹献者每日数十家";二是汤斌忽然被召回京,升任礼部尚书兼东宫官⑤,这可能表明汤斌的做法遭到了地方传统的抵制。雍正皇帝也见到汤斌等几任巡抚的类似举动,"皆不能挽回而中止",甚至认为庙会活动养活了大批游手好闲的人,"倘若禁之骤急,恐不能

---

① (元)马端临:《文献通考》卷九〇《郊社考·杂祠淫祠》,杭州:浙江古籍出版社,1988年,第824页中栏。
② (金)赵秉文:《闲闲老人滏水文集》卷一二《碑文·史少中碑》,《四部丛刊》景明钞本,叶4a。
③ (清)田文镜:《抚豫宣化录告示》卷四《严禁迎神赛会以正风俗事》,转引自王利器:《元明清三代禁毁小说戏曲史料》,上海:上海古籍出版社,1981年,第103—104页。
④ (清)汤斌:《汤潜庵集》卷上《请毁淫祠疏》,《丛书集成初编》据《正谊堂全集》本排印,北京:中华书局,1985年,第4页。
⑤ (清)姚廷遴:《历年记》,《清代日记汇抄》,上海:上海人民出版社,1982年,第122页。

别寻生理……必反为非"①。有人还认为,由于这些活动为许多人提供了就业机会,若取缔它们,这批人有可能"流而入于匪类"②,反而成为社会上的不稳定因素。钱泳甚至说,"此原非犯法事,禁之何益于治?"③

有着强烈狂欢精神的庙会和娱神活动,具有一种潜在的颠覆性和破坏性,在社会状况相对稳定的时候,它们只不过是人们宣泄自己情感的方式,对传统规范的蔑视和嘲弄被限制在一个法律允许的范围内(在这一时期,法律规定相对放宽,即所谓"金吾不禁");在社会关系比较紧张的时候,它们就为公开的反叛行为提供了机会,晚清的一些教案发生在庙会期间,就是很好的说明。

五、庙会狂欢的良性功能

对于传统庙会及娱神活动的否定性评价,在于只看到了这类活动的破坏性和颠覆性,这当然是一种比较表面化的印象。从深层来看,这类活动在传统社会中起着调节器的作用。一方面,它是平日单调生活、辛苦劳作的调节器;另一方面,也是平日传统礼教束缚下人们被压抑心理的调节器(尽管人们自己往往也未曾觉察这种心理)。更进一步看,这样一种调节器又起到了社会控制中的安全阀的作用。对于庙会狂欢的这一文化整合功能,在历史上已有人有所认识。如说"乡人终岁勤动,不获休息,遇庙场为酒食,召

---

① 《宫中档雍正朝奏折》第二辑,雍正二年六月初八日鄂尔泰《奏谢天语褒嘉并缴朱谕折》,台北:"故宫博物院"编印,1977年,第736—737页。
② 民国《吴县志》卷五二上《风俗一》,叶3b。
③ (清)钱泳撰,张伟点校:《履园丛话》卷一《旧闻·安顿穷人》,北京:中华书局,1997年,第26页。

宾朋熙熙以来,攘攘以往,其犹是春秋两社之遗意也乎"①,"民俗终岁勤苦,间以庙会为乐,演戏召亲"②。

来自原始宗教的庙会及娱神活动中的狂欢精神在进入文明社会之后,经历了世俗化或曰从"娱神"到"娱人"的变化,在这一变化中,庙会狂欢的调节器作用十分明显:远古社会宰牲以谢神,变成庙会游神期间的大吃大喝,满足久违了的食欲需要;原始的歌舞仪式和群众狂欢,变成后代的各种集体娱乐形式,以满足压抑已久的声色本能;伦理道德对男女、服饰、举止、交往的诸多限制,也在宗教信仰的借口下被冲破……可以说,在文明社会的大背景之下,理性活动,特别是被扭曲了的理性活动,需要非理性的活动加以调节,非理性的形式中可以潜涵着一种理性的目的。如果辩证地看,中国传统社会中的"理性"约束其实在很大程度上倒是非理性的,甚至是非人性的;而表现形式上的非理性行为倒有很大的理性意义。

这种理性与非理性的二元对立之相互转化,还体现在这类活动的组织、凝聚功能方面,因为这类活动无疑会加强不同等级的社区内部、家族或宗族内部以及行业内部乃至性别群体内部的凝聚力。这里可以借用人类学关于"祭祀圈"的理论。所谓祭祀圈,是指崇拜或信仰某一神祇的空间范围,它的形成提供了地域联合体形成的新途径。这种地域联合体可以是与村落同一的,也可以是超村落的,但都是以神庙及其活动为中心而形成的。关于这一点,经过林美容对台湾的研究③、陈春声对广东潮州樟林社神崇拜的研

---

① 《重修麻林山庙碑记》,民国《三河县新志》卷一二《文献志·艺文篇上》,叶24b。
② 咸丰《深泽县志》卷四《风俗》,清同治元年刻本,叶25a。
③ 《"中央研究院"民族研究所集刊》1987年第62期,《中国海洋史发展论文集》1988年第3辑。

究、罗一星对佛山祖庙的研究①、郑振满对莆田江口平原神庙祭典的研究②等,使我们对华南地区的情况已有初步的了解。他们基本上都认为,有关的神庙祭祀活动"满足了土著居民的社区认同心理需要","社庙增强了社区群体的凝聚力",特定地域共同崇拜的寺庙成为该社区的"权力中心",等等。甚至特别指出,"游神不但……有助于增强乡人认同意识、表现乡绅社会控制作用,而且展示了……经济实力、内部凝聚力和政治影响力"。

从资料来看,这种情形似乎不只局限于华南地区。虽然有些地方的寺庙并未成为社区中心,但它们仍然起着增强社区凝聚力的作用却是毋庸置疑的。比如山西闻喜,"村各有所迎之神,大村独为一社,小村联合为社,又合五六社及十余社不等,分年轮接一神。……庙所在村及途经同社之村,必游行一周"③。河南封丘县的赛会中有"两三村庄结社定约,保护农业,轮流演剧,名曰'庄稼会'"④。这些地方都有围绕迎神形成的跨越自然村的社区组织。在江苏溧水的柘塘地区,有所谓48村社火会。"多数社火会以自然村为单位组成,也有几村联合组成的;……也有一村分成几个的",如地溪村以7大姓分为3个社火会联合行动。"各村社火去大山庙敬香活动,由48村社火总会商定日期、时刻,循次前往,不得提前推后,以防两村社火同时前往,引起争端,酿成打斗流血事件。"⑤在浙江象山,围绕祭祀大禹的夏王庙,组成许多祭祀组织,如从龙会、双庆集、西成集、平成乐、秉公会、万寿会、卫舆集、行香社、七贤集、乡云集、橇会、九鼎会、故事会、老龙会、小龙会、鱼灯会等

---

① 均见张炳武主编:《中国历史社会发展探奥》,沈阳:辽宁人民出版社,1994年。
② 郑振满:《神庙祭典与社区发展模式》,《史林》1995年第1期。
③ 民国《闻喜县志》卷九《礼俗》,民国八年石印本,叶4b。
④ 民国《封丘县续志》卷二《地理志·风俗》,叶22b。
⑤ 沈师保、陈兆生:《浅谈柘塘地区的"社火"》,《溧水古今》第7辑,溧水县政协文史资料委员会1987年7月印行,第180页。

多个，其下各有祀户，轮充首事①。可见围绕祭神活动，可以形成不同层级的社区组织，而这些活动就成为维系和凝聚这些组织的主要纽带。

山西柳林正月十五的社火，也叫红火、旺火；当地的盘子会和伞头秧歌是闹社火的重要内容

以寺庙活动为中心而整合的社会组织，除去社区或聚落组织，也可以是家族组织②。平时难得发生联系的妇女也可以在神前"结金兰"，"妇女竞为观音会"③。丽水因崇拜陈靖姑也多有成立定期聚会的夫人会或十姐妹会的④。而更多的也许是行业性的组织，如

---

① （清）倪劢辑：《象邑夏王庙志》卷下《祀户社产》，清道光刻本，叶15a—22b。
② 参见陈支平：《近500年来福建的家族社会与文化》，上海：生活·读书·新知三联书店上海分店，1991年，第227页。
③ 道光《佛山忠义乡志》卷五《乡俗志》，清道光十一年刻本，叶16a。
④ 见吴刚载：《丽水陈十四夫人崇拜风俗》，上海民间文艺家协会、上海民俗学会编：《中国民间文化》总第16辑，北京：学林出版社，1994年。

"吏胥有萧曹会,士子有文昌会,商人有五圣会,工人有鲁班、灶君等会"①;"在东岳出巡的这一天,各行各业,都有它们自己的会,名曰'群会'。……会的名称皆用一个'安'字作标记,另冠以一个与本行业有联系的字"。游神时各会队伍表演于前,伴着銮驾的本会在后②。

而在精神层面上,各群体祭祀活动中热烈的气氛、狂放的情绪造成集体情绪的高涨,十分有利于强化群体的凝聚和认同。正如前述罗一星的文章在描述了"佛山大爆"的仪式之后指出的:

> 烧大爆的仪式,集合了全镇居民,无论男女老幼,无论土著侨寓,无论富人穷人,都可以参与这一仪式……人们在参与中享受着社区一分子的权利,从而强化了社区的认同意识。……在激烈的争论中,在轰鸣的爆声中,在欢乐的喝彩声中,人们在一年之内可能形成的积怨消失殆尽,各种社区关系在此得到调和。

也许这里多少有些浪漫的想象成分,但那种高度狂欢中人们认同感的加强,却是显而易见的。

---

① 民国《封丘县续志》卷二《地理志·风俗》,叶 22b。
② 秦耀先:《东岳庙会》,《淮安文史资料》第 1 辑,政协淮安文史资料研究委员会 1984 年 9 月印行,第 73 页。

寺庙宫观与明清中西文化冲突

马可·波罗以后西方文化的大规模传入中国,是明后期基督教耶稣会士等来华传教所引发的,由此而在明清时期出现的中西文化冲突,以万历间沈㴶之南京教案、康熙初杨光先之"历案"、康雍乾等朝的"礼仪之争",乃至鸦片战争后的历次教案及义和团运动为表征,已为多书述及。这样一种长期的文化冲突虽经鸦片战争而性质有所改变,程度有所加深,但似乎都围绕着一条时隐时现的线索展开,这条线索就是围绕着寺庙与庙神展开的冲突。这种冲突从罗明坚、利玛窦登陆伊始即行发生,直到20世纪初叶犹余波未尽。之所以如此,正是因为它牵动了影响占中国人口90%以上的下层人民日常生活、已成为传统的观念体系和行为体系。民间寺庙与诸神在下层生活,乃至中国传统文化中的显赫地位,不仅他们,就是许多国人也未必了然。

一、西方传教士对中国鬼神信仰的态度

我在有关中国民间寺庙文化的其他研究①中曾指出,对于传统社会中中国东半部绝大多数的汉族人口来说,虽有大量民间信仰

---

① 参见本书的《中国传统社会中的寺庙与民间文化》及《民间社会中的寺庙:一种文化景观》。

以及佛教、道教势力存在,但并没有多少人是严格意义上的宗教徒,没有多少人参加什么宗教组织(秘密会社性质的宗教组织除外),没有多少人系统掌握有关宗教教义,这与中世纪的欧洲是判然有别的。传教士们于明末来到中国后,首先就有这种印象。利玛窦记载道:

> 全中国各地偶像的数目赫然之多简直无法置信。这种偶像不仅在庙里供奉,一座庙里可能就有几千尊偶像,而且几乎家家户户都有。……这种到处都有的可厌恶的形象是第一件引人瞩目的东西。但是可以十分肯定,这个民族并没有多少人对偶像崇拜这种做作的、可恶的虚构有什么信仰。他们在这上面之所以相信,惟一的根据便是他们外表上崇奉偶像即使无益,至少也不会有害。①

范礼安也有类似的看法,他认为只是"一些下级民众对它们略施表面的虚礼,并无人诚心挚意地敬事",老百姓敬畏官吏胜过偶像一百倍②。但不幸的是他们只看见中国民间信仰的表面现象或某一个侧面,因为林林总总的中国神祇与寺庙宫观在中国人的日常生活中占有极重要的位置:政治统治离不开它(很多案子是在城隍庙里解决的),宗法统治离不开它(家庙、祖庙可证),思想教化离不开它(有些地方利用寺庙作宣讲政府政策法令之地),经济生活、文化娱乐(参阅笔者关于庙会的研究③),甚至求学、生子、夫妻关系(有京戏《打神告庙》为证)等,都离不开它。它们已构成中国人的风俗

---

① 〔意〕利玛窦、金尼阁:《利玛窦中国札记》,何高济、王遵仲、李申译,何兆武校,北京:中华书局,1983年,第113页。以下凡引文未注出处者皆引自该书,不赘注。

② Monumenta Xaveriana(dans la collection monumenta Historica Socinttais Jesu),转引自裴化行(H. Bernard):《天主教十六世纪在华传教志》,萧濬华译,第四章"肇庆府传教士寓所兴筑时之情形",上海:商务印书馆,1936年,第251页。

③ 见本书《明清时期的华北庙会》。

习惯,融入其思维与行为方式,是传统文化的重要组成部分。对这些,初来乍到的耶稣会士们当然无法识透,所以认为中国老百姓可以"很容易地归化"。于是正像后来的外国学者所评价的,利玛窦们"小看将来所要胜远的困难……没有探测过沉溺中国下级民众的迷信的气层是怎样深厚……整部的神异的传述……流传广远,浸淫着民众的意识"①。

尽管耶稣会士们起初对中国诸神崇拜的重要地位未给予足够重视,但对这些琳琅满目的庙宇与偶像却感到十分刺眼。所以像利玛窦这样愿意"合儒""补儒"的温和派都说过如下气势汹汹的话:"做耶稣的勇兵,替他上阵作战,来征讨这崇拜偶像的中国的三头巨魔。"②这是因为他们属于另一种完全对立,却又同是宗教信仰方面的文化。

众所周知,16世纪后半叶基督教势力的东来,首先是新航路开辟的结果,因为后者不仅使环球航行成为可能,而且引起了欧洲人,甚至包括教会的浓厚兴趣。一方面,无论哪个基督教的教派都具有与其世俗对应者相同的强烈征服欲望,他们希望不断扩张自己的势力,尤其是希望通过自己的努力,使"上帝之光"照遍世界的那些"野蛮"角落。而且如果必要,甚至可发动像十字军东征那样的"圣战"。另一方面,以反封建神学为主要目标的文艺复兴运动开始进入高潮,不同地区、不同派别的宗教改革运动也开始兴起,这就使保守的天主教集团颇为惶恐,力图通过派人远赴海外去传播福音来改善自己在欧洲本土的形象,争取民心,这便是此次基督教或以其为代表的西方文化来华的背景。中世纪神学在此时本已

---

① 〔法〕裴化行:《天主教十六世纪在华传教志》,第253—254页。
② 〔法〕裴化行:《利玛窦司铎和当代中国社会》第一册,王昌时译,上海:上海徐家汇土山湾印书馆,1944年,第1页。其中提到的"三头巨魔"是指中国儒、释、道三教合流的现象。

成为落后的象征,而耶稣会士又更是其中最保守的一派,是反宗教改革的斗士,故对宗教异端最无可能宽容,所以他们对中国的寺庙或神像如入鲍鱼之肆般地深恶痛绝,便也可以理解了。

当时中国的士大夫阶层以儒学为宗,"敬鬼神而远之",亦有许多人对民间的众多"淫祠"颇不以为然。但长期以来那种兼容并蓄的文化传统使他们可以与之和平共处,而不致势不两立,剑拔弩张。所以利玛窦发现,"他们相信他们能同时尊奉所有三种教派,结果却发现自己根本没有任何一种,因为他们并不真心遵循其中的任何一种。他们大多数公开承认他们没有宗教信仰,因此在佯装相信宗教借以欺骗自己时,他们就大都陷入了整个无神论的深渊"。他不仅不满意中国人的多神崇拜,同时发现在这多神崇拜的背后,实际隐藏着根本不信神的观念系统,于是就更加不满。正如前引利玛窦的话所表明的那样,耶稣会士认定,他们的传教事业实际上就是天主与中国邪神之间的争斗。无论是最初他们低估了还是后来认识到了这些寺庙鬼神的重要性,他们都企图一鼓作气,将其举而歼之,于是这场贯穿整个明末及清时期、表现为神的争斗的文化冲突,就此拉开了帷幕。

二、西方传教士对中国鬼神信仰的进攻

因此,传教士们从澳门来到广州和肇庆后,立即向地方长官要求一块地皮来修建他们的居所和教堂,其目的是很明确的。但中国人却以一种比较宽容的,至少是不挑剔的态度,把他们当作异国宗教人士(西僧)来接待。利安当曾在信中描述道:"一个偶像崇拜者(指一佛僧)带着一份请帖忽然出现在我们面前,以极大的喜庆在他那摆着一些大祭坛的房子里欢迎我们。许多教父,或不如说正在诵经做道场的和尚,给我们以真挚的欢迎";"我们被僧众环绕

左右,他们以友好的方式对待我们";利玛窦在肇庆时也发现老百姓把他们当成另一类高僧了,"许多人也开始提供香料以充作祭香,也施舍食物给神父,提供油给他们设祭坛时点灯"①。甚至肇庆的地方长官一时不理解他们为何还要修教堂供神,便宽宏地允许他们把最喜爱的神放到当地新修的庙里去,就像供奉三教神祇于一堂的那些寺庙一样。而且,在传教士们从肇庆向韶州沿水路传教时,地方当局总是把他们安置在佛寺里面,因为前者把他们看作是与和尚一类的人。这在今天的人看来也没有什么不妥,但耶稣会士却躲得远远的,称和尚为"撒旦教士"。

由此可见,中国传统文化中的宽容特色并没有因中华帝国走向晚期而完全消失,它已经成为中国人待人接物的一般态度,正体现在中国官民对待蓝眼高鼻的外国教士的举止上。中国人可以把外来的佛教与本土的道教,甚至与非宗教的儒学糅合起来,可以对形形色色的民间神祇兼容并蓄,他们也绝不在乎远道而来的几个举止约略有些奇特的陌生人,对这样的虬髯客,他们的祖先自汉唐以来见得多了。这一点,稍晚来华的英国"俗人"斯当东(Sir George Staunton)很能理解,他知道,"中国人对于一切宗教抱着自由主义的思想","他们的信仰不是排他的";并且建议,"假如基督教能同其他的教条结合一下,他们也能大批相信基督教。准许他们一方面信教同时还能崇拜祖先的传教方法比不许祭祖效果好得多"②。可惜教会却不如是想。

而且不仅如此。他们一俟站稳脚跟,便开始主动向中国的这种传统发动进攻。在传教士进入中国后的第一部中文书、罗明坚

---

① 转引自〔法〕J.谢和耐:《中国文化与基督教的冲撞》,于硕、红涛、东方译,徐重光校,沈阳:辽宁人民出版社,1989年,第77—78页。
② 〔英〕斯当东:《英使谒见乾隆纪实》,叶笃义译,北京:商务印书馆,1963年,第418页。

的《天主圣教实录》中,便"驳斥了偶像崇拜各教派的一些谬误"。利玛窦等在旅行途中也宁可住在村庄里,拒不接受让他们住在一所大寺里的邀请。龙华民在韶州靖村的第一次弥撒之后,作了"有关天主教会和偶像寺庙之间差异的讲道"。阳玛诺则在其《天问略》里写道:

> 你们的土地神,你们称之为名人、圣人,认为拥有为真正上帝的天使和预言家才拥有的对未来之事的预知才能的人,你们的所有祖先,都不是,也不可能是上帝的朋友。然而你们用至上的祭祀仪式尊奉他们。你们拜倒在这些偶像脚下就像你们跪倒在真正的上帝面前一样……多大的错误!多深的迷误!多么迷信和不敬![①]

在他们的教诲下,"几个新信徒已脱离伪神的专制而走入基督的阵营";他们当中有的人偷偷到寺里去打烂佛像的手足,有的人把木头神像偷出来扔在教堂的火炉里,或是把神像埋到土里"给蛆虫去吃"。

至利玛窦死而与之持对立观点的龙华民继掌中国教务后,对中国根深蒂固的民间传统的侵犯就更变本加厉,黄贞、张广湉等力主禁教,就是因为他们看到"观音菩萨、关圣帝君及梓潼帝君、魁星君、吕祖帝君等像,皆令彼奉教之徒送至彼所。悉断其首,或置厕中,或投火内。语及此,令人毛发上指,心痛神伤"[②]。在"天下第一伤心人"所撰《辟邪实录》的"案证"中引述了明末的记载,说崇祯间甚至宫中铜佛像"尽行毁坏";或是把神佛像取来,在天主堂前把头与手足撞碎,掷于池中,最后"架炉举火,将诸佛像尽行熔

---

① 转引自〔法〕J. 谢和耐:《中国文化与基督教的冲撞》,第 219—220 页。
② (明)黄贞:《请颜壮其先生辟天主教书》,(明)徐昌治辑:《破邪集》卷三,日本安政二年刻本,叶 9b。

化"①。在此形势下出现"南京教案"和士民的不满,很难完全归之为沈㴶等人的"顽固""保守"。

入清后由于多明我会等派传教士认为耶稣会于消除中国异教等事甚为软弱,要罗马教廷予以裁决,从而挑起延续数朝的"礼仪之争"。其结果自然是教皇克莱门特十一世的指令导致康熙皇帝的不满,中国方面的禁断也主要是因为罗马教廷的僵化立场及其传教人员的主动寻衅,怨不得别人的。到了鸦片战争之后,西方人的在华势力今非昔比,教会力量得以凭借政治势力再度对这些寺庙和偶像开战。这实际上是亡其国必先亡其精神的具体表现,是大炮所替代不了的,所以斗争绝未因教会势力远超利玛窦时代而停止。一位叫艾约瑟的教士曾提及他 1851 年的一次旅行:"我带着一名传教士到龙华,正值一年一度的春节而有大群大群的人汇集在那里,我们尽可能明白地发表演说,劝人们不要搞偶像崇拜,这一席话使法师们非常愤怒。"②几年后美国传教士丁韪良对太平天国夺取南京感到"无限制的"兴奋,因为后者"不仅为帝国而斗争,更对他们国内偶像崇拜进行十字军式的斗争"③。

1862 年湖南出现了一份"逐异类公呈",里面提到衡州"教门男妇群聚于天主堂,日以千百计,大揭通衢,将以某日拆城隍庙,筑道友馆;以某日撤府县学圣位,奉十字架"④,结果引起一场教案。至 20 世纪初八国联军进京后情形则更加严重,河北雄县"南阳村有天仙宫,俗名大阁,共八十一间,为本境第一大工,庚子以后为教民所毁,村中教民之房屋及新安所修之天主堂,皆此宫材料。……

---

① 饶州天下第一伤心人:《辟邪实录》,清同治刻本,叶 9。
② 《传教士杂志和大事记》,转引自〔美〕费正清编:《剑桥中国晚清史》,中国社会科学院历史研究所编译室译,北京:中国社会科学出版社,1985 年,第 607 页。
③ 《花甲记忆》,转引自张力、刘鉴唐:《中国教案史》,成都:四川省社会科学院出版社,1987 年,第 301 页。
④ 饶州天下第一伤心人:《辟邪实录·附录湖南逐异类公呈》。

村南有关帝庙,村北有观音庙,皆为教民所毁"①。对这种日紧一日的攻击,中国百姓当然无法容忍。所以无论从曾德昭神父统计的明万历间"南京教案"前的54起教案来说,还是从以后的甚至近代的重大教案来看,其中有相当多都与此有关。

三、中国民间社会的强烈反弹

中国民众的反击也是从寺庙出发进行的,也许具有极鲜明的针对性。在韶州,一些"强盗"袭击了利玛窦的教堂,最后"他们一无所得地撤退到附近的寺庙里,他们很可能就是从那里来的";而且"他们在绝望中,为自己的事情在一座庙里向偶像献祭,然后他们共同发誓要把欧洲人驱逐出韶州"。后来韶州人对教徒"焚毁偶像,由此发出的气味飘进寺里"再也难以忍受,便通过正常渠道向政府递交诉状。这时正是强硬派代表龙华民在韶州传教时期,他在吸收教徒、废庙毁像方面进展很大,引起当地僧俗的强烈不满。正好韶州遭遇旱灾,人们向神祈雨不灵,便归咎于教徒之焚烧观音像,双方发生激烈争执,甚至有人密谋杀掉龙华民②。

在南昌,迫于传教士活动对中国文化传统的危害,"诸士人遂诉于官,谓欧罗巴人禁人敬奉祖先遗像,不留后嗣,使寺庙荒寂,城乡骚扰"③。很多老百姓还跑到教徒们的家里劝他们不要抛弃本国的神祇;结果有一位教徒家里着了火,四邻也不去救,理由就是他们抛弃了自己的神,所以应该让火去惩罚他们。据方豪的研究,由于罗马教皇1742年那一纸禁约,教徒遭到同族非教徒的排斥,由

---

① 光绪《雄县乡土志》地理志第十,清光绪三十一年铅印本,叶11a。
② 〔意〕利玛窦、金尼阁:《利玛窦中国札记》,第460—464页。
③ 〔法〕费赖之:《入华耶稣会士列传·李玛诺传》,冯承钧译,上海:商务印书馆,1938年,第92页。

于前者对迎神赛会不给予经济支持,所以宗谱、宗祠之中皆不容其存身,甚至遭到"割谱",即将该人该家之部分从谱中清除①。由此,杭州天主教堂在雍正时期被改为供奉妈祖的天后宫,上海天主堂改为关帝庙,等等,两种文化的冲突集中体现在了庙与神同上帝间的斗争上。

应该说,这种冲突在明末尚未表面化和激化,康熙皇帝后来总拿利玛窦来作传教士的楷模,说那时是"平安无事,未犯中国法度"②。就是较为突出的"南京教案"之后,事态也很快平息,从崇祯朝历经甲申之变,传教事业反倒进入了一个繁荣期。实际上天主教对中国民间寺庙与诸神宣战,实肇端于罗明坚、利玛窦时期;至龙华民负责教务、执行僵化政策而一变,于是酝酿出"南京教案";经历明末清初天主教势力的发展,本来民间的冲突就因此而愈演愈烈,而教皇的两道禁令与多罗特使的来华,使形势又一变,于是才有康熙的驱逐令。人们常以雍正时之禁教为一变化标志,而实际上在此之前已有前述日益发展的几个阶段。中国政府对天主教政策的益发严厉,完全是由于对方的步步进逼,似不可一概归之为清朝皇帝的"封闭"。

到鸦片战争以后,围绕着庙与神的冲突由于侵略、压迫与反侵略、反压迫的斗争而加剧;反过来说,以围绕庙与神冲突为表象的文化传统的斗争,成为近代中国下层百姓反对帝国主义侵略的一项重要内容。也许广大文化水平低下的百姓还不能自觉地意识到政治、经济等各方面任洋人宰割的威胁并为之反抗,但他们却完全不能容忍已沿袭了成百上千年的文化习俗或传统被强制性地改

---

① 方豪:《中国天主教史论丛》甲集,"家谱中之天主教史料",重庆:商务印书馆,1944年,第38页。
② 陈垣辑:《康熙与罗马教皇使节关系文书》(影印本),"谕西洋人",康熙五十九年十一月十八日,第11页。

变,而且可以为此不懈地奋争,就像 200 年前清兵入关时的反"薙发变衣冠"斗争一样。这也许有助于解释为什么许多次近代反帝斗争体现为"教案",为什么许多"教案"均因"还堂"而起,以及义和团运动中的许多"迷信"特征。

第一次鸦片战争后,外国传教士纷纷提出收回改建或没收了的原教堂,由此引起许多纠纷。如定海传教士方安之,历年来令教徒"屡将乡间各庄寺庙庵院献入教堂",至 1851 年百姓忍无可忍,聚集起来"收回被占寺院"①。近代史上著名的大足教案,就是发生在 1886 年当地龙水镇灵官会的会期之时,百姓在庙会期间本有上庙习俗,因围观新建天主堂而与守堂教民发生冲突,酿成首次教案;4 年后又因教士彭若瑟通令具官,让他禁止迎神赛会,导致第二次教案,最后引起著名的余栋臣起义。另一次影响深远的事件是冠县的梨园屯教案,该案也起因于拆庙建堂事件,并曾在传统的玉皇庙会时发生过冲突。在第一次教案过去十余年后,事情仍未了结,百姓不得已,酝酿"以武力护庙",从而引进直隶威县梅花拳,成为义和团的早期来源之一。"以武力护庙"实是中国传统习俗风尚绝不容强迫改易的典型表现,以致后来外国学者也承认,梨园屯教案乃是"修建教堂的计划侵犯了当地老百姓的宗教信仰,伤害了他们的感情所造成的"②。

这里应该顺带提及近代中国的两次影响巨大的群众运动:太平天国与义和团运动。太平天国运动有基督教作指导思想,洪秀全认为佛祖、观音、关帝、金花夫人、送生司马等神佛偶像都是妖,应该扫荡,于是大遂传教士们的心愿,因为那是他们想做而难以做

---

① 《浙江巡抚常大淳奏报法人庇护教士占踞寺院激成众怒业已撤去折》(咸丰二年三月初一日),吕坚主编:《清末教案》第一册,北京:中华书局,1996 年,第 136 页。以下凡述及教案事,均可参见《中国教案史》有关部分。
② 〔美〕包德威:《山东的基督教、白莲教与义和团三者关系的一个新解释》,齐鲁书社编辑部编:《义和团运动史讨论文集》,济南:齐鲁书社,1982 年,第 534 页。

到的。洪仁玕自香港赴南京的目的之一,便是"协助天王……使全国根绝偶像崇拜的习气"①。就此而言,太平军在获得人民支持方面,必定大打折扣;而其拜上帝教的"天父下凡""天兄传言"之类神秘举止,仍不脱中国传统迷信色彩。至于义和团运动,虽然像明清时期白莲教或其他民间宗教那样具有信仰芜杂的特点,如来佛、玉皇大帝、观音菩萨,甚至齐天大圣等均可作为他们的保护神,但此时却有特定的意义,即显然带有与传教士奉上帝反偶像针锋相对的特点。也就是说,他们身上浓重的迷信、愚昧色彩,此时表观着中国传统习俗的重要方面;那些芜杂的神佛(代表中国文化传统)正成为他们反抗天主(代表富有侵略性的西方文化)攻击的有力武器,故不可一概否定之。

明末及清前期天主教士凭借宗教的力量向中国传播以基督教文化为主的西方文化,显然未获得成功。这不仅由民众的强烈抵触心理得到证明,而且就是在其获得 20 万中国信徒的时候,实际上也无多少成就,这一点下面尚需提及。其之所以未获成功,在于它们面对着中国民间文化传统的强大力量,也在于基督教本身亦如雍正所指出的,"也有和中国各种教派一样的荒唐可笑之处"②,并不像当代有些学者所说是什么"高品位"或"高势能"文化;也不像另一些学者所见,这次拒斥西方文化的"成功",并非中国文化精神抗衡西方文化精神的结果,而是依靠政治力量来实现的③,而恰恰是中国传统文化抗拒的结果。相反,鸦片战争以后传教士势力

---

① 〔英〕杨格非:《中国五十年》,第 109—112 页,转引自《中国教案史》,第 305—306 页。

② "有关雍正与天主教的几封信",见杜文凯编:《清代西人见闻录》,北京:中国人民大学出版社,1985 年,第 145 页。

③ 蒋国保:《撞击·颉颃·拒斥——明末清初中西文化之争论纲》,《浙江学刊》1991 年第 5 期。并参见冯天瑜等:《中华文化史》下册,上海:上海人民出版社,1990 年,第 795 页。

再度强行侵入中国,倒是依靠政治力量才得以实现,这又从反面说明了中国民间传统力量的强大。

四、民间文化在中西文化冲突中的角色

明末清初传教士对于中国寺庙与鬼神的围剿必然归于失败的命运,即在他们所谓传教的成绩中也可以折射出来。因为尽管他们反对偶像崇拜,却不得不在扩大其影响的方式上,选择了很类似的办法。比如神父用圣母像取代"偶像"送给一位怀孕的妇女,结果后者顺利分娩,并且"值得夸耀地顺利地生了个儿子",这正如法国学者谢和耐所说的,"圣母相当顺利地承担了送子娘娘的角色"①。传教士也用洒圣水、划十字、念耶稣名字的办法来代替道士那一套驱鬼的办法,使一家发疯的人不治而愈,结果有 30 个人因此要求皈依基督教。李明在清初的记载中,也描述了方德望用圣水驱逐蝗虫的行动,最后因此在村里盖起了教堂。有趣而且具有讽刺意味的是,这位神父因此被百姓视为神灵,他的像被塑在了佛塔之上,且比比皆是;利玛窦似乎也被尊成钟表匠的行业神。这说明修士们不得不进行与自己信仰矛盾的行动,而且其结果也适得其反。传教士们也注意到,"即便当他们接受基督教信仰的真理和圣洁时,他们仍然要保留从祖先传下来的古老圣教的回忆";"有些人不忍看见偶像落到烟火里去,尤其是家里的炉火中去"②。

对于许多接受天主教的中国人来说,他们并不是真正有了什么信仰。中国第一个受洗礼的人是何等样人?其人乃是一位得了不治之症、被家人遗弃者。他为罗明坚所收治,所感动,故表示虽

---

① [法]J. 谢和耐:《中国文化与基督教的冲撞》,第 101 页。
② [意]利玛窦、金尼阁:《利玛窦中国札记》,第 453 页。

不了解基督教,却愿为其教徒①。有许多人都因"岁终贫困,思惟入天主教可救贫";还有人因"四十无后,有诱以从天主教可得子者"②。由此可见,中国人之入教具有明显的实用主义倾向,这与他们对待佛道及民间诸神的态度是完全一致的。甚而在一本清代的天主教文献中,竟记载有"弥撒巾是明亡之暗信""利玛窦进中国为明失天下之暗信"这样荒唐迷信的材料,文中完全是中国传统之术数语言,诸如"万历共四十七年,自利玛窦于万历二十八年入朝,至崇祯末年,亦四十七年"这类言语,十分可笑③。为了特定的目的,中国教徒在当时是会像利用其他信仰崇拜一样利用基督教的,那些"吃教""打官司教""娘子教"等称号,便是形象的证明。

于是,很多中国百姓便采取了折中的办法。据福建学者陈支平等人在福清、安溪、崇安等地的调查,许多教民并不认为中国的鬼神是没有的,只不过上帝是最大的神,信了他就不用信别的神了;或认为天主和菩萨都一样大慈大悲,惩恶扬善;或认为上帝可以满足他们的各种愿望。其信仰意识在今天犹如此,更不用说在明清时期了。在这种观念指导下,在有关妈祖的庙会活动中,教徒凡属渔民者均应参加出钱,分食份菜,但不参加烧香、跪拜仪式;有关清水祖师、辟支古佛的庙会时也大都如此做。在搞驱鬼驱邪等活动中,教徒大多采取回避的态度,但却欢迎到自家门口舞龙。在清代教规执行严格之时之地,教民也许不敢脚踩两只船,不过一旦情况允许,必然还是传统乡俗的力量大④。由此可见,终明清时期,从总体而言,基督教并没能真正深入人心。也就

---

① 〔法〕费赖之:《入华耶稣会士列传·罗明坚传》,第35页。
② 俱见《辟邪实录》中所引《海国图志》条,叶10a;《红豆斋杂记》,叶10a。
③ 方豪:《中国天主教史论丛》甲集,"《辨学》抄本记略",第50、53页。
④ 陈支平、李少明:《基督教与福建民间社会》,厦门:厦门大学出版社,1991年,第68、96—99页。

是何兆武先生所说的,"他们在归化中国人的精神方面并没有获得多少成就"①。

　　说到这里,实际上应该提到这样一个问题,就是耶稣会士以及后来其他派系的传教士所代表的神学文化与中国以寺庙鬼神为代表的泛神信仰能否和平共处的问题,也可以说是两种中世纪文化能否调和的问题(从主流来说近代以后传教士们的思想工具亦大体未脱中世纪神学的窠臼)。纯粹信奉儒学的知识分子似乎并不是太大的障碍。因为他们多少具有理性精神,对基督教的认识也比较冷静,事实上也正是他们在信仰基督教方面较下层民众动机更纯。而且从实践上基督教教义也较易调和儒家理念。但对付以多神信仰为表征的下层文化就要困难和复杂得多,因为它是非理性的,而基督教神学在中世纪也是非理性的;后者带有明显的文化专制主义色彩,要求一花独放和唯我独尊,前者虽说是兼容并蓄的,但也不能容忍对方动摇自己文化的根本。所以二者不大可能调和,只可能在相安无事的过程中,不是你化掉我,就是我化掉你,看谁的中世纪文化更高明。

　　但双方根本不可能在一起相安无事地并存。有学者认为佛教之所以没有受到多大阻力就为中国人接受,就是因为印度文化与中国文化同属一个文化圈;其实别的不说,至少双方都是多神崇拜,使其在中国的通俗化行来颇易②,所遭到的民间抵抗就要比基督教小得多。由此看来,下层文化在中国传统文化中的地位是绝不可小觑的。但基督教文化却完全不同,这种一丝不苟的一神信仰与前者势不两立,它要把已经化入下层民众日常生活的寺庙鬼神部分完全剥掉,谈何容易!

　　拙文的目的,一是希望引起专家学者对下层文化,乃至民间寺

---

① 《利玛窦中国札记》中译本序言,第23页。
② 参见拙文《也说佛教的中国化》,《光明日报》1990年12月19日。

庙文化在中国文化传统当中重要地位的重视，明末清初以来中西文化的冲突似更说明了这一点。二是意欲指出从晚明开始的中西文化冲突虽经鸦片战争及社会政治环境变化，却仍有一条相对一贯的线索，似乎表明鸦片战争前后中国的社会文化结构从整体上说变化不大。其说确乎谬乎，尚乞方家指正。

庙会与明清以来的城乡关系

近年来,国内外学者对明清时期(中华帝国晚期)的城市史和乡村史研究投入了极大的热情。在国内,对于这一时期北京等政治中心城市的历史进行的研究、对于江南地区工商业城市与市镇体系的研究,特别是对 1840 年以后沿海城市变化的研究,都成为热点。在国外,施坚雅(G. W. Skinner)关于城市与集镇体系与结构的研究是宏观研究的代表,而像罗威廉(William Rowe)关于汉口的研究可作为微观研究的代表。对于乡村的研究则不仅吸引了历史学家,而且也吸引了人类学家、民俗学家。在这方面,无论是中国学者还是外国学者,对江南地区、华北、广东、福建、台湾等地的乡村社会进行了较多探讨,出版了许多有价值的成果。

但对于这一时期的城乡关系或是城乡之间的差异和联系,我们不仅探索得不够,而且可能存在一些观念上的误解。一些国外学者认为,中国的城市或者乡村与西方的城市或者乡村存在不同,这无疑是事实;但尽管中国的城乡关系与西方的城乡关系存在区别,中国的城市与乡村之间还是有明显的差异。此外,除了讨论中国的城市或乡村中实际上发生了什么之外,还应探讨当时的中国人是如何看待城市或乡村的。这样,就把研究从客体转移到了主体上面。

在了解了国际史学界对中国城市及乡村历史研究之不同观念的基础上,我们可以从各自不同的角度介入到讨论当中。本文就试图从庙会这种既存在于城市又存在于乡村的活动入手,从侧面触及明清以来的城乡关系问题。

一、城隍与土地:从祭祀对象看城乡关系

在明清时期的各个城市和乡村中,存在大量不同名目的神、神庙以及庙会之类祭神活动。一般而论,人们对城乡之间祭祀的神与神庙并未做严格的区分。尽管明太祖对神庙控制得不很严格,但被列入正祀的神庙祭典基本上是在城市之中,而乡村中被视为正祀的可能只有社坛和厉坛。虽然自明中后期以来乡村里社组织的作用逐渐淡化,但祭社活动也还在许多地区延续着。同治《安吉县志》载:"各村坊皆有土地庙,春祈秋报,有合村共祭者,有各祭者。"民国《德清县新志》载:"元旦演剧,城乡通行。其剧场,在城必择戴庙,乡镇各就社庙为之。"(所谓"戴庙",即当地信奉的总管神戴侯)在许多地方,祭社与祭祀土地合而为一,明代浙江武康祭春社,"各村率一二十人为一社会,屠牲酾酒,焚香张乐,以祀土谷之神"①。所以尽管城市中也祭祀土地,但由于土地神与农事结合在一起,农村中又往往把它与祭社相连,所以成为乡村中的主要祭祀对象之一。

城隍庙会往往是各地城市中规模最大的庙会之一,由于礼制规定每年三次祭厉,所以许多地方的城隍庙会要举行三次,故称"三巡会"。这种活动之所以得到重视,原因不仅在于城隍祭祀被列入国家祀典,而且在于城隍神被与现实中的一级行政官员对应起来,并得到官方的认可。对现实中的行政官员与城隍神的对应

---

① 嘉靖《武康县志》卷三《风俗志·岁时俗尚》,《天一阁藏明代方志选刊》本,叶10b。前两处引文分别见同治《安吉县志》卷七《风俗·四礼俗尚》,清同治十三年刻本,叶7b;及民国《德清县新志》卷二《舆地志二·风俗》,民国二十年铅印本,叶11b。

关系,曾有这样的说明:"城隍为一州军民之保障,太守为一州之父母。其所司虽有阴阳表里之殊,其责任则无幽明彼此之异。是故城隍非聪明正直不足以感太守之兴修,太守非公廉正直不足以致城隍之感应。城隍之所为,太守不能违之;太守之所行,城隍不能悖之。"①二者不仅是对应的,而且还是互补的。于是在官民双方出于不同目的却有共同鼓励态度的前提下,对城隍的祭祀变成规模巨大的民间活动。

从城隍信仰的发展演变过程也可以发现中国城乡关系的一些线索。一般人认为,城隍神的前身是《礼记》天子八蜡中的水庸,而水庸本是农田中的沟渠。也就是说,水庸最早是农田神,或乡村神,并不是城市神。但农村的沟渠逐渐发展为乡村聚落的防护性设施,并在城市出现后变成城墙以及护城河,所以村落的保护神也就自然而然地演变为城市的保护神。从最早的关于城隍的记载中,我们也可以发现其功能首先在于护城保民。由于地方官的辖区不仅包括城市本身,也包括乡村,所以与地方官员相对应的城隍神也就变为一定行政区域的守护神,这一点已为滨岛敦俊所指出②。但正如地方官驻守在城市中一样,城隍庙及其庙会活动也一般见于城市,与城市本身的关系更为密切。

在河南封丘,清代城隍出巡时"由四街首事轮班料理……至晚……绅商提灯迎之入庙,杂剧导前,遍游各街"③。山东潍县城隍出巡时,"木工、铁工等行均各有旗帜鼓乐,游观者几于万人空巷……城厢著名街衢经行殆遍"④。江苏平望在上元节的时候,在昭灵侯庙即当地俗称的城隍庙中"悬灯演剧,平望二十四坊,每一

---

① 万历《郴州志》卷一二《秩祀志》,《天一阁藏明代方志选刊》本,叶3a。
② 〔日〕滨岛敦俊:《明清江南城隍考——商品经济的发达与农民信仰》,沈中琦译,《中国社会经济史研究》1991年第1期。
③ 民国《封丘县续志》卷二《地理志·风俗》,民国二十六年铅印本,叶23a。
④ 民国《潍县志稿》卷一四《民社志·风俗·节序》,民国三十年铅印本,叶3b。

坊掌庙中一年事,曰当坊"。四月八日城隍神诞和八月二日城隍夫人诞时,依然是以各坊为单位举行活动①。从上面的材料可以看出,城隍庙会的城市色彩比较浓重,因为坊、街之类区划是城市中特有的,与乡村中的里、社形成对比;而绅、商、木工、铁工等职业群体也是集中于城市中的。有的文献则明确记录:"迎都神者曰都神会,俗曰'二月半',岁岁行之……此惟城区赛之。迎城隍神者曰'城隍会',惟城中赛之,岁凡三次。"②

滨岛敦俊氏前引文指出,江南地区的市镇出现城隍祭祀是17世纪后半叶的新变化。他认为,这一方面反映出本地区工商业市镇的发展,另一方面表明市镇希望把自己置于各级行政中心城市序列的下层之企图。总之"说明这些镇城隍,并不是象征着这些市镇要求成为与州县平等的'都市',而是垂直的行政支配(最上层是皇帝)内部的自我表现"。对这种意见,我是同意的。但需要补充的是,这些地区的市镇基本上脱胎于周围的乡村,在经济上与乡村有密切的联系,所以镇城隍与代表乡村的土地神也有密切的关系。如常州江阴的杨舍城隍庙据说"旧系配社坛,明季里人公建"③;江苏元和的周庄镇三月的"祭坛会","奉城隍、土地诣乡厉坛致祭"④,上述黎里的城隍也与土地等一起巡游乡村,甚至有的乡也有了城隍⑤。这虽然表明民间对"官本位"的追求,但对城隍神来说多少是一种贬低,应该说还是反映了传统城乡等级关系

---

① 道光《平望志》卷一二《节序》,清光绪十三年刻本,叶 9b—10。
② 民国《定海县志》册五《方俗志·风俗》,民国十三年铅印本,叶 41a。
③ 光绪《杨舍堡城志稿》卷一三,转引自〔日〕滨岛敦俊:《明清江南城隍考》,第 44 页。
④ 光绪《周庄镇志》卷四《风俗》,清光绪八年刻本,叶 10a。
⑤ 民国《相城小志》卷三《风俗》记:七月二十日,"常熟辛安乡城隍来相城东岳庙解秋饷,仪从甚盛",民国十九年木活字本,叶 17b。民国《法华乡志》卷二《风俗·岁时》亦记:"今各乡图城隍逢节亦有祭坛会",民国十一年铅印本,叶 6b。

的某些变化。

　　虽然土地神祭祀在城市中也存在,但城市中的土地庙会并不多见。它的分布主要还是在乡村。在各个不同地区,有的土地神与社神或土谷之神合一,有的地方既有土地,也有众多社神。比如河北安肃,土地神"村村皆有……土地即里社之正神"①;二月初二一般为祭社之日,但许多地方即祭祀土地。比如江苏相城这一天为土地神诞,"各村奉其本处土地出游,名草头会"②;但在无锡一带土地和社神是分开的,当地八月初五是"大王神诞","每里皆有之,即里社也。其名号甚不可解。……痘神及土地神即附于庙侧"③。但一般来说,在清代北方的广大地区,社已基本消解,地方文献中关于社祭的记载明显少于南方,土地神虽到处可见,但与其说是传统的土谷之神,不如说像城市中的城隍,是负责乡村的阴间管理者,即在发丧时"备灯笼火炬,制引鬼牌,诣城隍庙,乡间诣土地庙,凡亲友男女俱随接引来家,哭拜不一"④,其有关农事的职能变成较单纯的保佑死者。有的地方说得更直接,"谓乃冥间之地保"⑤。

　　从这里我们也可以看出城隍与土地对应城市与乡村的上下等级关系。在江南地区的一些社神(土地)庙会活动中,出现了"解钱粮"的现象,如江苏昆山在"顺治年间,邑民创为阴司上纳钱粮之说,自夏徂秋,各异乡都土地神置会首家,号'征钱粮'。境内每户输阡张一束,佐以纸帛;既遍,异神像至城隍庙汇纳……名'解钱

---

① 乾隆《安肃县志》卷二《建置志·坛庙》,清嘉庆十三年刻本,叶24b。
② 民国《吴县志》卷五二上《风俗一》,民国二十二年铅印本,叶13a。
③ 乾隆《锡金识小录》卷一《备参上·补订节序》,清光绪二十二年活字本,叶26a。
④ 光绪《宁河县志》卷一五《风物·风俗》,清光绪六年刻本,叶4a。
⑤ 民国《义县志》中卷(九)《民事志·礼俗·祈祷积习》,民国十九年铅印本,叶44b。

粮会'"①。这样的例子还有很多,滨岛敦俊文中也列举较多,这里不再赘引。这里的"解钱粮"虽然是仿效乡村向位于城市的政府交纳赋税的过程,地方文人往往也将其视为一些人借机敛财的恶习,甚至给农民加重了经济负担,但在我看来,它与乡村的表演队伍进城参与城市庙会有类似的含义,即向城市显示乡村的力量,或可称之为一种善意的或温和的示威。实际上,当一个村落的游神队伍到另一个村落去表演的时候,或者是两村的游神队伍在途中相遇的时候,出现互相显示力量以至发生冲突的场面是常见的,只不过这里从平行的"对抗"变成自下而上的"炫耀",多少表现了卷入商品市场的江南农村对城市态度的变化,即不满足它们被排斥在城市生活之外的从属、服从的地位,表现了它们对城市生活的参与。

根据日本人所做《华北农村惯行调查》,当地农民将土地神视为只是本村的保护神,因为村村都有土地庙,土地与城隍是上下级的关系。正是由于土地已经成为乡村的区域行政神,而不再有以往社神保佑土谷的意义,所以华北农民认为土地神与种田没有关系,与此有关的是青苗神、虫王和马王,而后者是分别负责庄稼的生长、虫灾和牲畜的神②。这似乎是说,农民并不关心本村土地所有权的归属问题(这与天子祭祀太社或社稷不同,因为他是一国之主),而只关心与农业生产直接相关的问题。必须指出,尽管同样遭到削弱,但在华北地区的山西以及南方许多地区还保有社祭习惯,只是社神的土谷神意义逐渐为其社区神意义所取代③。

---

① 道光《昆新两县志》卷一《风俗占候》,清道光六年刻本,叶19b。
② 参见〔美〕杜赞奇(P. Duara):《文化、权力与国家:1900—1942年的华北农村》,王福明译,南京:江苏人民出版社,1994年,第127—128页;及〔日〕福井康顺等监修:《道教》(第二卷),朱越利、徐远和等译,耿欣校,上海:上海古籍出版社,1992年,第147—151页。
③ 参见本书中的《明清时期江南庙会与华北庙会之比较》;郑振满:《神庙祭典与社区发展模式——莆田江口平原的例证》,《史林》1995年第1期。

城隍和土地只是城市和乡村祭祀对象不同的典型,实际上还有其他神及庙会活动具有城乡的区别。除了城隍庙以外,大约只有东岳庙是经常建立在城市中,而在农村是很少见的。因为东岳大帝应该是阴间诸鬼神中的最高神,十殿阎王都是他的属下,城隍、土地自不必说。所以前面有城隍神向东岳庙"解钱粮"的记载,在江苏淮安的东岳庙会中,府、县城隍也都要随行出巡。在有的地方,东岳神似乎成为一地之最高神,如浙江象山"三月二十八日东岳诞辰,城中五境神俱于二十七日朝祝。五境神者,西境夏王庙、东境东亭庙、南境姜毛二神庙、北境昭应庙及东北境庄穆庙也",其中夏王竟是大禹①。此外,像文昌庙会和财神庙会也主要在城市中举行。如山西翼城七月的"财神大会","城关商家均于是日用色布搭神棚……沿街搭布台,唱皮人小戏"②;山西乡宁的文人有"斯文雅会","设东南西北四会,祀南山文昌魁星"③。这是由居住在城市的特定群体组成的,与乡村关系较少。其他庙与庙会则往往在城乡同时存在,如关帝庙、龙王庙、玉皇庙、八蜡庙、马神庙、药王庙、娘娘庙(或供碧霞元君,或供观音)等虽在城市(特别是北方的城市)中普遍存在,而且通常规模巨大,但在乡村中则数量更多。

乡村中的神庙祭祀多数是统治者认为的"淫祀",名目众多,无法一一列举。但总体来说有这样一些特点:首先,北方农村中的神庙比较统一,或者说各神庙的分布密度较大,不像南方那样冗杂混乱。除了上述名目之外,还有刘猛将军、三皇、三义、三官、刘守真、金龙四大王、二郎、小圣、五圣、七圣、崔府君等等,即使加上极具地方色彩的神庙,名称数量也有限。其中最具乡村色彩的是五道庙,

---

① (清)倪励辑:《象邑夏王庙志》卷下《轶事·夏王庙春社》,清道光刻本,叶28b—29a。
② 民国《翼城县志》卷一六《礼俗》,民国十八年铅印本,叶14a。
③ 乾隆《乡宁县志》卷一二《礼俗》,清乾隆四十九年刻本,叶6b。

所谓"乡村多有,即五路之正神。庙多在路门,取镇压一方之义,故称将军"①。这种驱鬼镇邪的庙神与江南农村极为普遍的五通—五显信仰形成鲜明对比。因为在江南农村,除了作为土谷神的社神以外,可能只有五通—五显神是最具普遍性的了,尽管经过康熙年间的禁毁,其信仰改头换面,仍然不绝如缕。有这样的竹枝词唱道:"上巳家家赛五侯,乡娃齐上庙山头。"另一首《吕水山五显神赛会诗》说道:"栖水一隅耳,有庙临河边。年年逢赛会,不惜挥金钱。沿塘舞鱼龙,并舫行秋千。百戏续续来,歌鼓声连延。"②但此神的原型却是邪鬼。这与北方城乡普遍供奉正神不同,显示出对官方意识形态的相对离心力。而北方城乡间神灵崇拜的相对一致,显示出通过城市体现出的官方统治在乡村得到贯彻的程度较高。

其次,在南方,官方意识形态的推行更多地体现在城市之中,这从城市中神庙祭典的类别折射了出来。但从同样的角度来看,农村就有更高的自主性或自立程度,因为众多的乡村神多为社神或即社区神,它们不像华北那样各村的守护神都可以叫土地,也没有分别彼此的不同名称,而是较严格地各自区分开来。顾炎武在《天下郡国利病书》中说湖南"乡俗合二三十家共祀一大王神,其神或以其山,或以其陂泽,或以其地所产之物而得名,辄加以圣贤王公之号",而在清代的江南也有"大王神诞","每里皆有之,即里社神也。其名号甚不可解。其有姓氏者,如忠安庙、南门外黄氏庙俱为春申君,间窑大王为吕蒙正,东亭则诸葛孔明,间江则伍子胥,管社则项羽,石塘山及胶山则徐偃王,荡口大王为隋炀帝,尤可怪。其无姓氏者,或称王,称司徒,称大夫,称郎君不一;有女大王或称姑,或称夫人。又有一庙而大王两姓者,如大墩为张徐王,斗山有

---

① 乾隆《安肃县志》卷二《建置志·坛庙》,清嘉庆十三年刻本,叶24b。
② 乾隆《唐栖志略稿》卷下《风俗》,清光绪十六年刻本,叶18b。

潘杨大王是也"①。这充分显示出南方乡村的独立个性——不仅是村落之间的独特个性,而且也有相对城市的独特个性。

二、庙会的商业功能与整合功能上的城乡异同

无论城乡,许多庙会都具有集市的或商业贸易的功能,这一点已为许多研究者所揭示。如果从地域来划分的话,北方具有商业功能的庙会数量要比南方多。实际上这也经过一次地位的转换,因为在宋代的记载中,南方庙会的商业贸易情况还是比较常见的,只是江南市镇网络逐渐完善,商品经济日益发达,庙会的商品集市功能逐渐淡化,被一般的商品集贸市场或店铺所取代,所以在明清时期,具有商品贸易功能的庙会就多见于北方各地了②。

但是,并不是说南方就不存在具有商业贸易性的庙会,比如上海附近的青浦三月金泽杨爷会,"愚民扮演,穷极诞慢,商贾利市什倍";而九月横云山登高时,又有"农人各携耕织之具交易成市"③。在前者来说,商业贸易并不一定是庙会本身的组成部分,而很可能是庙会在城镇中举行,原有的商业店铺因参加庙会的人多而生意兴隆,就后者来说,则可看出在远离城镇的乡村地区商业贸易可以构成庙会的重要部分。这样的例子还有不少,如江苏黎里八月十五之太平神会,"各处买卖营生者充塞街道,无所不有"④;瓜州三四月间的都天会时,"四乡及远方来观者甚众,商市小贩莫不市利

---

① 乾隆《锡金识小录》卷一《备参上·补订节序》,叶 26a。
② 参见本书中的《明清时期江南庙会与华北庙会之比较》、郑振满《神庙祭典与社区发展模式》。
③ 民国《青浦县续志》卷二《疆域下·风俗·岁时》,民国二十三年刻本,叶 26b—27a。
④ 嘉庆《黎里志》卷四《风俗》,清光绪二十五年据嘉庆十年刻本重印本,叶 6b。

三倍"①；而属于后一类的有浙江昌化七月的东平王诞日，"乡人俱设牲醴奠祭……远商百货俱赁厂地铺易，谓之赶会"②；安徽凤阳在七月地藏王会时，"城乡人士俱赴城东九华山焚香祷祝，并购农具"③。浙江天目山侧於潜的例子更为典型，这里"邑中少市镇，各乡铺户亦甚疏落，以水道不通，非百货聚集之所，民间通用不过衣食器用，家常所需，故懋迁有无，商贾无所居奇，乡人亦鲜有出外经营者"。因此在城隍庙会时，"各项货物咸至，沿街作市"④。由此可以看出，尽管南方贸易性的庙会不多见，但在商业网络不发达的农村或较偏僻的地区，还是由庙会兼起商品交流的作用。

  笔者在关于华北庙会的研究中已经指出⑤，在北方存在大量以商品贸易功能为主的庙会，其中城镇中庙会买卖的日用百货较多，杂以非耐用消费品和奢侈品；乡村庙会则多生产、生活必需品，实用性较强。在大城市的庙会中，除大量中、高档消费品外，还有许多精神产品和消闲用品。这种情况同样存在于南方城市的庙会中。如前引江苏黎里的东岳庙会中，"又有买卖茶饼果饵，装塑傀儡，走兽飞禽，钖笙鼖鼓，琐碎戏具，以诱悦童曹，顷刻成市"；《锡金识小录》记载的崇安寺庙会也是"所鬻皆傀儡戏具，熔锡为小杯盘、椅桌、小铤之属，削竹木为刀枪，糊纸为鬼脸……无他有用物也"。这种情况一直延续到现代社会，即在乡村或小城镇中，庙会发展为骡马大会或者物资交流大会，而大城市中的庙会已完全变为纯粹的游乐场所，因此后者服务的对象主要是游览者，这些人逛庙会的目的不是购买生产、生活用品，而只是为了消闲。在商品经济比较

---

① 民国《瓜洲续志》卷一二《风俗·报赛》，民国十六年铅印本，叶 10a。
② 康熙《昌化县志·风俗志·岁时》，钞本，叶 3a。
③ 民国《凤阳县志略》，民国二十五年铅印本，叶 21a。
④ 嘉庆《於潜县志》卷九《风俗》，清嘉庆十七年活字本，叶 3b、12a。
⑤ 见本书中的《明清时期的华北庙会》。

发达地区的乡村,尽管庙会的宗教色彩仍然较浓,但通过这种渠道来满足平时购买物品的需求,已基本退化,剩下的主要是娱神娱人的功能。我们在地方文献中可以看得很清楚,明清时期北方对于庙会在当地商业交流中重要作用的强调,在南方基本上找不到。甚至在民国成立后的华北也有了这样的说法:"各村庙宇多有年会。届期,商贩咸集,游人如织……庙会者,实农村一大交易场及娱乐场也。……近年以来,庙会远不如昔日之盛,盖民智日开,迷信日衰,且交通日便,都市勃兴,娱乐、交易多不专恃乎庙会也。"①

如果说农村人在商品交易性的庙会中的经济投入还是用于扩大再生产的话,那么用于休闲或娱神的消费则通常被视为无谓的浪费。汤斌认为地方风俗中"浮夸粉饰,动多无益之费"的典型,就是迎神赛会②。在传统观念中,城市中的奢靡之风固然不好,但农民终年辛苦,把可怜的剩余耗费在这里就更不应该。《锡金识小录》说当地三茅君诞时,"村妇终岁机杼,所积余钱零布,必罄用始为快"。但由于许多农民踊跃参加到城市的庙会中去,把自己的辛苦钱用于纯粹的消费,使城市商人大赚其钱,所以有人认为这种活动的结果就是穷了乡村、富了城市,如说嘉定十月城隍庙会时,"市侩敛钱演剧,乡民络绎进城",以至"市肆之贸易较盛,乡间之盖藏渐绌"③。这似乎是说,(城市中的)庙会活动虽对城市商业有利,但对乡村经济是一个破坏。

但在北方乡镇举行的商业性庙会中,城市显然起着向乡镇提供货源的作用。河北怀安城里的"皮袄会"结束后,"即移至柴沟堡,与城略同。凡会日,开场列货,士女如云"④。这是城里的庙会

---

① 民国《新河县志·风土考》篇四《社会现状》(四)《宗教及人民之信仰》,民国十八年铅印本,叶33b—34a。
② 《汤文正公抚吴告谕》,民国《吴县志》卷五二下《风俗二》,叶9b—10a。
③ 光绪《嘉定县志》卷八《风土志·岁时》,清光绪七年刻本,叶19a。
④ 光绪《怀安县志》卷二《食货志·风俗》,清光绪二年刻本,叶5a。

转到乡村再举行一次。在山西太谷,"村民于里庙祀神演剧,四乡商贾以百货至,交易杂沓。终日而罢者为小会,赁房列肆,裘绮珍玩,经旬匝月而市者为大会"①。这说明在庙会中聚集的货物从四方而来。汾阳从明末开始,就是"外贾内商,俱赴府城隍庙会市"②。河南鄢陵西关的农器会这样的专售农业工具的庙会,也吸引着农民涌向城市。到清末民初,由于交通的便利,一些大规模的庙会吸引了更大范围的商业往来。如山东临清"各会中以西南关之四月会为最大。邻封十数县于初十前后俱来赶趁,名曰进香火。全市商业、社会繁华,所关甚巨"③。在河北张北县,1926年以前庙会较发达,农牧民与商人"借此机会,买卖马,次则售卖农家收获器具……再次估衣、刀剪、杂货、布匹等物。天津、北平、张家口商人,来此售货者,亦不在少"。从农民进城来说,"在百里以内之乡村男女,乘车骑马,络绎于途,会场街市,万头攒动";就远方客商来说,"买牲畜者,远自上海、天津之客商"④。应该说,在明清时期北方乡镇的商业性庙会中,商品流动基本上是单向的,即从城市流向乡村,农村人进城在庙会中主要是购买物品,而在城市中摆摊设点,向城市居民提供农产品的并不常见,这种情况到民国以后才有所变化。但是由于清末民初北方集镇经历了一个繁荣发展期,庙会的商品集散功能又在很大程度上为前者所替代。

庙会对于社区或集团的整合功能也同样体现在城市和乡村之中。我们发现,庙会对于强化社区内部的凝聚所起的重要作用,更明显地体现在乡村之中。陈春声等对广东潮州的樟林社神崇拜的研究、郑振满对福建莆田江口平原神庙祭典的研究等,都较充分地

---

① 民国《太谷县志》卷四《礼俗·风俗》,民国二十年铅印本,叶6b。
② 顺治《汾阳县志》卷二《风俗·节令》,清顺治十四年刻本,叶8b。
③ 民国《临清志》第十一《礼俗志五·游艺》,民国二十三年铅印本,叶29b。
④ 民国《张北县志》卷五《礼俗志·习惯》,民国二十四年铅印本,叶115a。

说明了华南乡土社会的这一特点①。我也提到山西闻喜"村各有所迎之神,大村独为一社,小村联合为社,又合五六社及十余社不等,分年轮接一神。……庙所在村及途经同社之村,必游行一周"②,以及河南封丘、江苏溧水等地的情况③。

实际上按照明初关于祭社的规定,社祭本身就应在祭神的同时,发挥对本社内部的凝聚作用,不独乡村如此,就是城市也应这样。如在河北雄县,"社各有坛,春秋二仲月上戊日,各里人齐集本社,祭五土五谷之神,祭毕就行会饮,先令一人读抑强扶弱之誓,所以敬神明和乡里也"④。江西新昌也是如此,祭祀之后宣读誓词,其中有"如不从众,及犯奸盗诈伪一切为非之人,并不许入会"。据说在清初时"犹聚族祭社,今则无有知之者矣"⑤。而城市中祭社的遗迹,如浙江镇海上元时"城中社庙则摆于二十日以外,曰摆后灯头"⑥;再如兰溪"在城分十坊,又分上下市,各有社保。上市社保在东门外为忠佑庙供陈大司徒神像;……下市社保在北门外为仁惠庙供徐偃王神像"⑦。而广西来宾"县城之社,各因坊巷而分,凡为社,十有一,有称官社者,有称民社者"⑧。但里社组织逐渐瓦解,靠明确的集会和宣誓来凝聚社区已不可能,只可能通过组织本社区的庙会游神活动,通过在庙会中各司其责,通过社区成员在活动

---

① 参见陈春声、陈文惠:《社神崇拜与社区地域关系——樟林三山国王的研究》,见张炳武主编:《中国历史社会发展探奥》,沈阳:辽宁人民出版社,1994年,第204—215页。郑振满:《神庙祭典与社区发展模式——莆田江口平原的例证》,1995年。
② 民国《闻喜县志》卷九《礼俗》,民国八年石印本,叶4b。
③ 参见本书中的《中国传统庙会中的狂欢精神》。
④ 光绪《雄县乡土志》地理第十,清光绪三十一年铅印本,叶1a。
⑤ 民国《盐乘》,丁世良、赵放主编:《中国地方志民俗资料选编》(华东卷),北京:书目文献出版社,1995年,第1116页。
⑥ 民国《镇海县志》卷四一《风俗》,民国二十年铅印本,叶4b。
⑦ 光绪《兰溪县志》卷一《志疆域·风俗》,清光绪十四年刻本,叶6a。
⑧ 民国《来宾县志·县之人民二·风俗》,民国二十五年铅印本,页226。

中的频繁接触,通过群体活动营造的热烈氛围,来间接地起到这样的作用。

在城市内部,庙会的整合功能更多地体现在不同行业或社会集团之中,这充分体现出了城市庙会的特点。河南封丘农村的赛会有所谓坐棚会、庄稼会,但在城市"吏胥有萧曹会,士子有文昌会,商人有五圣会,工人有鲁班、灶君等会。举县若狂,糜费不赀"①。辽宁铁岭在四月十五日有所谓三皇会,是算命瞎子的聚会。"就群瞽中举一会长主持临时会,各出会费设酒席,聚会竟日,并规定算命章程,如有被外界侮辱者,全体抗御之。"②海城西关有药王庙,"药王为药行祖师,会务亦归药商经理,每年四月二十八日办会一次"③。义县六月有南关帝庙会,据说因关帝保佑将察哈尔王企图反叛的消息平安传递到京,致使阴谋失败,所以每年"八旗官兵等集资演剧五台(即五日),大开延宴,振刷精神,极一时冠裳之盛"④。

不同的行业群体单独组织自己的庙会,固然有助于提升群体内部的向心力,但他们在整个社区的大规模庙会活动中,以行业为单位参与进去,不仅是向外界显示自己的团结和实力,而且把自己与更大的社区范围相认同。如前引山东潍县在城隍出巡的行列中,"木工、铁工等行均各有旗帜鼓乐";浙江定海的东岳庙会也是"或以行业而分社"⑤;淮安东岳出巡时,"各行各业,都有它们自己的会,名曰'群会'。群会最盛时,多至三四十班。会的名称皆用一个'安'字作标记,另冠以一个与本行业有联系的字"。在行业群会

---

① 民国《封丘县续志》卷二《地理志·风俗》,叶 22b。
② 民国《铁岭县志》卷一二《礼俗》,民国二十年铅印本,叶 11。
③ 民国《海城县志》卷四《神道》,民国二十六年铅印本,页 43。
④ 民国《义县志》中卷(九)《民事志·礼俗·阴历旧俗》,叶 41a。
⑤ 民国《定海县志》册五《方俗志·风俗》,叶 40b。

之后就是本会,即化装成各庙衙役、胥吏的那些人组成的随驾人员①。

与乡村庙会相比较,城市各行业庙会活动之间似乎并没有体现出明显的竞争对抗性,而乡村则不同,它们通过庙会显示社区实力的意图更为明显。上海朱泾"上下塘赌赛神会",在祭厉的时候"赌出抬阁",各自准备时"其于未出前一日,虽至亲秘不与闻。……即三尺童子犹各分疆界,龂龂然争之不已"②。浙江德清的总管会,开始是各社同时举行,"辄多争斗入讼",后来不得已改为"各社分行之"③。溧水柘塘地区供奉祠山大帝的社火多以自然村组成,也有以几大姓为主联合组成的。为了避免两村社火同时前往,引起争端,酿成打斗流血事件,所以要由四十八村社火总会商定日期、时刻,循次前往,不得提前推后④。至于南方许多地区盛行的龙舟竞渡活动、两广地区烧爆时的争夺爆首,都是通过争斗的形式表现社区的强盛。

但是,由于城市和周围的乡村同属一个行政区划,所以在许多庙会中,城乡人民共同参与,形成更大范围的、超越城市和乡村自身界线的认同,这无疑反映了特定区域内城乡之间的某种社会文化联系。对这一点,我们将在下一节中涉及。

三、城乡庙会的交融互动及其反映的城乡社会文化联系

在本文第一节中曾经指出,尽管在明清时期城市中也存在土

---

① 参见秦耀先:《东岳庙会》,《淮安文史资料》第1辑,1984年9月,第72—81页。
② 嘉庆《朱泾志》卷一《疆域志·风俗》,民国五年铅印本,叶10b。
③ 民国《德清县新志》卷二《舆地志·风俗》,叶9b。
④ 参见沈师保、陈兆生:《浅谈柘塘地区的"社火"》,《溧水古今》第7辑,溧水县政协文史资料委员会1989年7月编印,第179—184页。

地神庙会或者社祭的遗迹,而城隍庙会也开始出现于乡镇之中,但就总体来说,城隍庙会还是"城市性"的活动,而祭祀土地或社祭则主要在乡村中进行。其他如东岳庙会等大规模游神活动主要是以城市为中心的,而各地各种社神崇拜活动则遍行于乡村。因此相对而言,城乡之间还是存在着不同的祭祀圈的。

但是即以城隍庙会为例,一方面,如果城隍神是对应于地方官员的话,它的势力范围就应该包括同属一个行政单位的农村;另一方面,城乡之间的经济交流和人员流动本身也是很频繁的,所以乡村中人参加城里的庙会活动也并非是不自然的。因此像城隍庙会这样的活动,往往也有乡村人参加。但这与城隍庙会的城市性质并不冲突,因为城隍庙会依然是城市人组织的,基本上是在城市内部进行的,乡村人只是作为外来的参加者,而不是活动的主体。山东朝城"城隍生日"时,"邑人设杂剧为醮事庆贺……四乡祝者男女拥杂"①,已可见乡村人参与的程度;浙江汤溪四月十六日城隍神诞时,"在城居民分班联会,轮年值事。……又盛陈仪卫,舁神像出游街坊",这都表明了活动的城市性质。同时,"城外农民插秧甫毕,争先入城游览"②,这时他们并非表演者和组织者,只是一般的参与者。在有些地方,农民也成为城市庙会表演队伍中的组成部分。如河南新乡正月"二十八九两日,城内火神庙、城外大王庙皆扮演抬阁,远近乡村响器会多装演故事,进城有背桩、高跷、旱船、竹马、秧歌、狮子、皇杠诸名色,并随抬阁游历城关"③。天津的迎神赛会"惟城中为最盛",其中祭祀天后的皇会就是因乾隆暂驻天津时"乡人演作戏剧,用备临览"而得名④。

---

① 康熙《朝城县志》卷六《风俗·节序》,民国九年刻本,叶5a。
② 民国《汤溪县志》卷三《民族·风俗》,民国二十年铅印本,叶53a。
③ 民国《新乡县续志》卷二《风俗志》,民国十二年刻本,叶29b—30a。
④ 王守恂:《天津政俗沿革记》卷一一《礼俗·岁时》,民国二十七年刻本,叶9b、10。

如果上述例子多少说明了庙会活动的城乡区分的话,下面的例子也许说明,在中国的传统社会,城乡之间的文化界限并不是绝对的。对不同的地区来说,有的地方城隍出巡只限于城内,有的则扩展到境内的乡村,比如浙江松阳二月时"迎城隍神、温太保神周巡城乡,所以逐疫"①。江苏黎里在中秋节时有"太平神会","先于十一日奉城隍及随粮王、土地、游巡诸神至村庙中,曰宿山",十六日"由市河归庙"②。在福建霞浦的上元前两日,"东社迎城隍神出巡四城,俗称迎龙袍。各社赠台阁故事并鬼脸八将七八队……沿途摇摆作势,山僻妇孺骤见之辄惊避"③。这种由城市及乡村的活动是与地方官员下乡巡视相对应的,因此是合理的,但在活动中是由乡民将神从城市中主动迎出,而且乡民又参与到游神表演者的队伍中,使活动参与者的身份发生了由被动到主动的变化,城隍庙会的城市性质也就在相当程度上遭到了改变。这种改变至少说明两个问题:一是从庙会的民间信仰和娱乐性质来看,城乡居民的文化兴趣是基本一致的,并不存在对立性的隔阂,或者说是一种文化上的"城乡连续性";二是从庙会反映出的狂欢性质来看,它经常被普通参与者利用来对抗或者嘲弄现存社会秩序④,城乡差别本质上是等级关系的表现,因此"城隍下乡"以及城市庙会的"乡村化"也许隐喻着乡村对城市统治关系的挑战。

关于城市人到乡村去参加庙会活动的记载是不多见的,但如上述例子所显示的,城市庙会下乡却不少见。值得注意的是,当城隍或东岳神出巡的时候,往往由乡村组织起来迎接,如浙江上虞"三月中,里人又聚各社,各旗迎东岳帝于城中及东西两乡,谓之花

---

① 乾隆《松阳县志》卷五《风俗志·岁时》,清乾隆三十四年刻本,叶 4a。
② 嘉庆《黎里志》卷四《风俗》,叶 6。
③ 民国《霞浦县志》卷二二《礼俗志·春令俗》,民国十八年铅印本,叶 6。
④ 参见本书中的《中国传统庙会中的狂欢精神》。

迎"①;而江西许真人庙会则有所谓"南朝"和"西抚",即沿不同路线出巡,也是由里社负责人迎接并随行②。罗一星对佛山祖庙和北帝巡游路线的研究表明,各铺各乡分别有祭祀不同神灵的庙宇,其中既有街庙,也有数街之公庙和一铺之中最重要的主庙,各自都有庙会或祭祀活动,但祭祀北帝的祖庙为整个佛山城乡综合社区的总庙,北帝的出巡就要遍巡境内城乡,由各图里甲的代表迎送随行,分别在各社区的主庙或宗祠暂驻,这就体现了城乡各地对北帝的认同,佛山城乡在此基础上得到进一步的文化整合③。在庙会下乡的过程中,乡村自始至终是比较主动的,这体现在神是由乡民迎出,最后又由他们送回,其巡游过程中的表演队伍也是由各乡社提供的(如浙江湖州双林镇三月的东岳庙会,"二十八日起,至四月初,约五六日,每日午后舁神像出巡四栅,曲折周到,各社地戏前后扈从"④)。这表面上似乎体现了城乡之间的明确界限,但实际上城乡界限在这里是被抹杀了,因为就像乡村中的巡游也都是各村社负责自己境内的迎送一样,城市各社区也只是负责自己的境内迎送,然后移交,城乡界限似乎被社区界限取代了。

与此相反,乡村人却大量参加城市中举行的庙会。其方式至少有两种:一是农村人以个人身份参加城市庙会,如山西翼城三月"城内后土圣母庙大会,四乡男女,多于是日进城谒庙"⑤;浙江於潜七月七日"各乡村妇女入城隍殿礼拜烧香,络绎如市",十月城隍

---

① 光绪《上虞县志》卷三八《风俗》,清光绪十七年刻本,叶 6a。
② 乾隆《逍遥山万寿宫志》卷一一《志》,清光绪四年江右铁柱宫刻本,叶 3a—9a。
③ 罗一星:《明清佛山经济发展与社会变迁》,广州:广东人民出版社,1994 年,第 424—487 页。
④ 民国《双林镇志》卷一五《风俗·岁时》,上海:商务印书馆民国六年铅印本,叶 12a。
⑤ 民国《翼城县志》卷六《礼俗》,叶 12a。

庙会时,"观灯之人,四乡咸集"①。例多不赘举。二是各乡村庙会游神队伍以城市为目的地,其中又有为城市庙会提供表演队伍的,以其为自己的分内义务,如上举翼城圣母庙会之例,"装演之高跷抬阁、鼓车以及竹马、旱船、花鼓等,均城关为之。惟抬神人等系四外乡下丁壮"。河北怀来的泰山庙会前三天是本城游神,其后"各堡村娘娘驾由来进香,从者数十百人……与本城会相合,如锦增花,火增焰"②。也有以城市为社区中心、以城市庙会为重点庙会的祭祀活动。如上举双林镇明万历以来的东林总管神诞,"乡民……舁神像巡行各村并至镇";浙江象山三月东岳庙会时,"五境赛社之神,皆舆集东岳宫,谓之东岳会,酌献礼毕,即各舆回本庙演戏安神"③。这反映了乡村是以城市为中心的,城市不仅是乡村人口和经济活动的流向地,也是文化的流向地。但这种流动基本上是单向的,反映了城市对乡村的关系除了自上而下的统治之外,人口、经济和文化上都存在一定程度的漠视和疏离。

我们还可以注意到,许多庙会的举行地既不在城市,也不在乡村(从严格意义说还是属于乡村地区,只不过不是在具体村落中的村庙或社庙),而是处在城乡之间的边缘地带,它们同时吸引了城市和乡村人的积极参与。像70多年前顾颉刚等人调查过的妙峰山香会,就是处在北京的近郊,清朝庙会期间参加者有数十万之多④。江苏昆山的马鞍山神诞时,"城乡舁神朝贺,谓之朝山王"⑤;无锡一带的军嶂山真武庙会、惠山等处的三茅君神诞、锡山下的东

---

① 嘉庆《於潜县志》卷九《风俗》,叶11a、12a。
② 光绪《怀来县志》卷四《风俗志·岁时纪略》,叶10。
③ (清)倪勋辑:《象邑夏王庙志》卷下《岁例》,叶9a。
④ (清)富察敦崇:《燕京岁时记》,"妙峰山"条,北京:北京出版社,1961年,第59—60页。
⑤ 道光《昆新两县志》卷一《风俗占候》,叶25a。

岳庙会都吸引了来自各地的敬神者①;扬州二、六、九月的"观音圣诞","结会上山,盛于四乡,城内坊铺街巷次之"②;另如前引安徽凤阳,"城乡人士咸赴城东九华山,焚香祷祝",都说明这种活动是城乡人民相互混杂的。对于城乡人民来说,除了宗教的意义外,都还有踏青、登高、远足和观光的意义,这是共同之处;此外,城市人来到城市以外的地点,在这里,他们很难保持独特的"城里人"身份,他们和乡村人都不是庙会的领袖;这些庙会是脱离各自生活的社区而举行的,因此这里也没有凝聚社区的意义。所以这里的气氛是热烈而平和的,人与人之间的关系是个别而且平等的,它无意识地营造了一种城乡人民进行社会和文化交流的机会。

如果仅从明清以来的庙会观察城乡关系,我们可以知道,明清时期的城市和乡村对各自的界线还是有所区分的,因为它们各自都拥有自己的崇祀对象,也通过各自的庙会整合和凝聚自己的社区,在发挥庙会的经济功能时,也都有各自的需要。但是,城市与乡村又绝不是截然对立的,这一方面是因为它们同属于一个行政区划,存在着行政上的支配与被支配关系,就像城隍与土地之间的关系;另一方面,城乡之间又存在着本质上一致的文化,敬神和庙会就是共同存在的现象。因此,我们以往注意到了城乡之间的政治、经济差别,但在文化上所存在的区别则更多地体现在社区界限的意义上。明中后期以来,传统的政治城市呈衰落的趋势,但一些经济发达地区的乡村则呈上升发展的趋势,其表现之一就是脱胎于乡村的市镇的勃兴,也许,乡村庙会向城市发展,以及乡村积极介入到城市庙会之中,反之,城市庙会下乡除依然体现一种社区的支配性质之外,没有更主动的参与和扩展,正是这种社会趋势的反映。

---

① 乾隆《锡金识小录》卷一《备参上·补订节序》,叶23a。
② (清)李斗撰,汪北平、涂雨公点校:《扬州画舫录》卷一六《蜀岗录》,北京:中华书局,1960年,第366页。

地域研究之部

明清时期的华北庙会

庙会是中国古代民间社会生活的一项重要内容,与传统社会中人民的经济文化活动密不可分,至今长盛不衰,但长期未得到广泛而深入的研究①。我在进行有关寺庙文化的研究时,发现庙会体现着许多寺庙所具有的经济和文化娱乐功能。目前我们还无法知道某一特定时期城乡寺庙以及庙会的确切数量,康熙六年时礼部据各省巡抚报告所做统计为佛寺道观近八万处②,实际数量当远不止此。如民国年间李景汉对河北定县的调查便揭示,其地共有各类寺庙七百多座。一地如此,其他可知。因此,尽管并非全部寺庙都有庙会举行,庙会仍有可能作为集镇或市镇的补充,构成基层社会中一个独特的经济文化网络。由于对它的研究是个较大的、涉及多学科的题目,材料又冗杂而分散,所以这里暂就明清时期华北地区(今京、津、冀、豫、晋等)庙会的情形做一初步考察。

一、概　说

庙会或称香会,或称庙市,或因特定的庙或特定的神而称某某会,如大王会、夫人会等,或因从事交易的内容而称之为骡马会、皮

---

① 这个主题的开山之作有全汉昇:《中国庙市之史的考察》,《食货》第 1 卷第 2 期,1934 年;丛冶湘:《北京汴京集市庙会概况》,《工商半月刊》1945 年第 2 期;斯波义信:《宋代江南的村市与庙市》,《东洋学报》1961 年 44 卷第 2 期;等等。

② 转引自罗香林:《碧霞元君》,《民俗》第 69、70 期合刊(1929 年 7 月 24 日)。

袄会、农器会等；或有特定的历史原因如天津之皇会等，也有个别地方呼为神集，与庙市一词意颇类似；还有的地方并无庙而也称庙会，如北京清季之厂甸和天桥。总之，一般统称为庙会。

　　庙会的出现必须具备两个条件：一是宗教繁荣，寺庙广建，而且宗教活动日益丰富多彩；二是商品货币经济的发展使商业活动增加，城镇墟集增加。实际上庙会之发展也有赖于这两个条件。大抵魏晋南北朝时期佛道二教开始兴盛，寺院建筑日益增多，由于信徒大量集聚于此，为各种文化娱乐活动和商品交换活动提供了客观条件。当时寺院经济比较发达，已有组织信众设斋会、建盂兰盆会之举，甚至有对抗民间春秋社祭的情形出现，相信庙会一类活动已开始萌芽。特别是唐代佛教大盛，为与道教争夺信众，使自己更加通俗化和民间化，创造出俗讲及变文等讲唱文艺形式招徕听众，使寺庙成为街巷艺人的舞台，杂耍乐舞等演出也逐渐汇入其中，观众自然趋之若鹜，多者成千上万。这无疑为商贾提供了绝好的发财机会，他们纷纷到这里摆摊设点，根据寺庙定期的宗教活动，特别是神诞节庆之日，逐渐形成定期的贸易集市。如楚州龙兴寺，"寺前素为郡之戏场，每日中，聚观之徒通计不下三万人。……寺前负贩、戏弄、观看人数万众"①，上元瓦官寺庙会亦由无遮斋会发展而来②，很多名刹在中元日之时定期举行。

　　宋代以后，特别是明清时期各地庙会进一步繁荣，首先是因为中国民间诸神系统在统治者的大力提倡下日益丰富和发展，导致民间寺庙大增。诸如城隍、土地之类虽早在三国时期便有，但名头并不响亮，势力也比不过佛寺道观，这以后却比比皆是，遍布城镇

---

　　①　（宋）李昉等编：《太平广记》卷三九四《徐智通》引《集异记》，北京：中华书局，1981年，第3148页。
　　②　（唐）段成式撰，方南生点校：《酉阳杂俎・前集》卷九《盗侠》，北京：中华书局，1981年，第87页；谢重光：《唐代的庙市》，《文史知识》1988年第4期。

乡村,佛道二教也只好将其纳入自己的神统。宋代以降,中国开始了一个下层文化和地方区域文化的大丰富和大发展时期,民歌民谣、民间戏曲、各种讲唱文艺、民风民俗、民间信仰及宗教,甚至秘密结社都大为增加,大规模的民间造神运动也是其中的组成部分,于是出现了数不清的不见经传、错综纷繁的地方性神祇,所谓"村各有庙,户各有神"①。再就是因为宋代以来商品货币经济空前发展,城镇化的趋势很明显,村镇墟集草市之类大大增加,具有贸易功能的庙会随之同步发展。其中最有名的是汴京的大相国寺,"中庭两庑可容万人,凡商旅交易,皆萃其中,四方趋京师以货物求售转售他物者,必由于此"②。但这时庙会已不仅限于都市名刹,所谓"自京畿以至江浙……今愚民媚于神者,每以社会为名,集无赖千百"③;且与墟市并盛,所谓"风烟何处喧墟市,箫鼓谁家赛水神","黄陵庙前湘竹春,鼓声坎坎迎送神。包茶裹盐作小市,鸡鸣犬吠东西邻"等④。由此可见,庙会也逐渐由城市而乡村,汇入到最基层的市集中去。由于庙会不单纯是一种商业活动场所,还是定期的宗教信仰活动和文化娱乐场所,所以它们又不断展示着新的民间文艺形式与内容,展示着下层民众的精神活动。

寺庙本是宗教信仰活动场所,所以庙会首先体现出浓厚的迷信崇拜色彩,来者首先是香客、祈祷者、信众,后来许多寺庙所具有的文化娱乐与商业功能也都是由此而来的。山东荣成县有成山

---

① 民国《翼城县志》卷一六《礼俗·祭礼》,民国十八年铅印本,叶7b。
② (宋)王栐:《燕翼诒谋录》卷二,"东京相国寺"条,(宋)左圭辑刊:《左氏百川学海》乙集,北京:中国书店影刻咸淳本,1989年,叶10a。
③ (清)徐松辑:《宋会要辑稿·刑法二·禁约》,嘉定七年九月二十六日条,北京:中华书局,1957年,第6565页上栏。
④ (宋)刘攽:《彭城集》卷一五《七言律诗·酬王定国五首》,清武英殿聚珍版丛书本,叶11a;(宋)周密:《草窗韵语》卷四《潇湘八景·山市晴岚》,《密韵楼影宋本》七种,叶1b。

庙,"年届阴历六月初五日,附近各村群趋赛会,名藤将军会。演戏五日,远近人士,咸来赶会。有拈香者,有售物者。愚夫愚妇,贩夫走卒,奔走喧扰,大有人山人海之观"。该县七月十五为中元节,有城隍出巡之事,"一般愚夫愚妇,入庙烧香,求祷福寿",而且观者"填街塞巷,肩摩踵接"①。其他如张北县的奶奶庙会,"各住户男女焚香送供,并送泥娃娃,亦有送钱币者,亦有送雄鸡者,亦有送吉羊者,亦有年满十二岁童子扫愿者,亦有因病还愿者,均系素日所许之口愿也"②,只提及其宗教内容,未提及娱乐及商业内容。而保安州"泰山庙神诞,城乡远近祈福、求嗣者,率具香纸以酬神,谓之还愿。四方商贾,云集辐辏焉"③,即由宗教活动渐而商业活动。

乡村的类似活动稍许有些不同,他们在特定时间唱戏酬神,所谓"民间春秋祀田祖五谷之神,作乐宴会,盖祈谷报赛之遗礼也"④。唱戏是酬神的手段,也是酬神的主要内容,这样,庙会的文化娱乐功能与其迷信崇拜活动同时而来。"若乡社赛神,春祈秋报,醵钱谷,县牲醴,张乐演剧于神庙。先一日曰煖神,本日曰正赛,祭毕馂余曰破盘。"⑤甚至有人修建或重修庙宇,都首先不是为了拜神。有一碑记云:"余先人非佞佛者也。曷为建此?从俗也,从众请也。乡人终岁勤劬,不获休息,遇庙场为酒食,召宾朋熙熙以来,攘攘以往,其犹是春秋两社之遗意也乎。……余乡附近无庙宇,乡人因以建庙请。"⑥就是借着寺庙这种特殊场所,进行休息、娱

---

① 胡朴安:《中华全国风俗志》下编,"山东",石家庄:河北人民出版社,1986年,第 110、111—112 页。
② 民国《张北县志》卷五《礼俗志·习惯》,民国二十四年铅印本,叶 110b—111a。
③ 道光《保安州志》卷六《礼仪上》,清道光十五年刻本,叶 32b。
④ 乾隆《安肃县志》卷一《风俗》,清嘉庆十三年刻本,叶 41b。
⑤ 乾隆《鸡泽县志》卷八《风俗》,清乾隆三十一年钞本,叶 3b。
⑥ 《重修麻林山庙碑记》,民国《三河县新志》卷一二《文献志·艺文篇上》,民国二十四年铅印本,叶 24b。

乐和聚会,进而进行交易。

在这种情况下,华北各地庙会最盛的地方首先是该庙之神最受崇拜、香火最盛的地方,比如城隍庙、土地庙、关帝庙、东岳泰山庙及相关的碧霞元君庙(娘娘庙)、药王庙等。天启《东安县志》卷五记当地药王庙"每年四月二十八日香火盛兴,大赛社鼓,为一邑胜观。本境以及邻县、京师进香男妇络绎不绝";同样可以求健康保平安的如任邱扁鹊祠,自明末以来也是"每岁四月庙会,诸货鳞集,祈福报赛者接踵摩肩"①。其他如四月十八日为"泰山庙神诞,城乡远近祈福、求嗣者,率具香纸以酬神,谓之还愿。四方商贾,云集辐辏焉"。同日又是泰山神女碧霞元君神诞,束鹿县庙会"香火甚盛,百货并陈,士女喧阗三日"②。其他地方之城隍出巡也是搞得热火朝天,一年之中不止数次。保佑生育及儿童健康成长的各类娘娘庙、奶奶庙、圣母庙等最受妇女青睐,仅通州一地,三月十七至十九,杨富店娘娘庙有庙场香会;四月初一至十五,宏仁桥娘娘庙庙场香会;十八日,草寺娘娘庙庙场香会;正月十五至三十及五月初一,里二泗娘娘庙庙场香会等③。以上情形,在华北各地极为普遍。

除了这些普遍崇奉的神庙有其庙会外,"又有各村所自主之庙神,各有诞期,多荒诞不经。其村或遇诞日演戏为会……强半富庶村庄乃尔,亦不必按年举行。间有因旱蝗、雨涝入庙祈祷,竟不至成灾者,亦演剧以赛,无定期"④。这样的庙会不胜枚举,亦难于统计。但无论如何,其庙会在该地之形成,首先是由崇神祈灵而来。

---

① 乾隆《任邱县志》卷二《建置·坛壝》,清乾隆二十七年刻本,叶14a。
② 康熙《束鹿县志》卷八《风俗·岁时》,民国重印《束鹿五志合刊》本,叶35b。
③ 光绪《通州志》卷九《风俗》,清光绪九年刻本,叶4a。
④ 光绪《滦州志》卷八《风俗》,清光绪二十四年刻本,叶24b—25a。

二、文化娱乐功能

在简述了庙会的一般情况以及华北庙会的信仰崇拜的基本功能之后,我们接着审视一下它的文化娱乐功能。演戏游神之类文化娱乐活动是庙会初始即有、属主动性的行为,最初是敬神的内容和手段,后来就演变为一般性的群众娱乐。而商业贸易活动则是后来增加、相对被动、逐渐后来居上的行为。

庙会当中的文化娱乐活动因时、因地、因神之不同而约略有异,但无论城乡,演戏是一个很普遍的节目。所以久而久之,城乡许多庙宇正殿的对面,往往修造一个亭阁式的戏台,这便从建筑景观上体现出庙会乃至寺庙本身所具有的文娱特征。如怀柔敕建祇园寺前,有"戏楼一座,每岁中元盂兰会,四方聚会,演戏三日"[①];三河县关帝庙后殿前亦有戏楼;蠡县灵山大悲阁"前建戏楼,楼南石坊巍然……每际重阳,商贾贸易辐辏云集"[②];完县药王庙则有"戏楼三间"[③]。至今山西仍保留下来元明时期的寺庙戏台数十处,如临汾之东岳庙戏台、牛王庙戏台、永济三郎庙戏台、翼城乔泽庙戏台等,都说明唱戏是庙会及其他与寺庙有关活动的重要内容。其所以如此,一是为了酬神祈灵,作为崇拜信仰的一部分;二是为了满足百姓放松身心、调剂生活的娱乐性要求。即所谓"民俗终岁勤苦,间以庙会为乐,演戏召亲"[④]。

各地庙会唱戏,大抵按照各种节日和各神的所谓"诞日"来举行,乡间还要加上春秋社戏的习俗。有人统计,民间诸神(主要神

---

① 康熙《怀柔县新志》卷二《庙寺》,民国二十四年铅印本,叶 8b—9a。
② 光绪《蠡县志》卷一〇《寺观志》,清光绪二年刻本,叶 16b。
③ 雍正《直隶完县志》卷二《祠庙》,清雍正九年钞本,叶 34b。
④ 康熙《保定府祁州深泽县志》卷四《风俗》,清康熙十四年增修刻本,叶 9b。

祇)一年内生死纪念日等有一百多个,其实远远不止,如四月泰山神及碧霞元君的生日便未统计在内,各式各样的子孙娘娘的生日也未在内①。这些纪念日若都有演戏之类娱乐活动,我们便应对传统社会中人们的闲暇生活(leisure life,闲暇生活研究已是欧美社会史研究中的重要内容),给予重新审视。

每次庙会演戏的时间有长有短,短的演一天,中等的三天、六天不一,长的可达九天至十余天。唱戏的内容丰富多样,如翼城之财神大会,"沿街搭布台,唱皮人小戏,而大戏亦有之,至少不下十余台"②;崞县乡村村民聚在一起,"妆演故事者,仿角抵戏云",即所谓农历四月之"社火"③。静海演戏之声调"曰高腔、曰昆腔、曰秦腔、曰二黄。风尚因时而异,然皆客音,非土音也"。"其中最令人注意者曰'十番',其组织皆城镇读书人为之,师师弟弟整整齐齐,一曲吹来,八音俱奏,一似苏浙之清吟小曲,悠扬顿挫,令人神怡"④,体现出清季戏曲艺术的新发展、新变化。而阳原县庙会演戏的情形亦有具体而生动的记录,特赘引如下:"所演之腔,乃山西北路梆子(有时亦演弦子腔,略近昆曲,但百不一次),与蒲陕调大同而小异。所演故事,概多忠臣孝子一类,庄严悲烈,适合吾县民性,故社会颇欢迎之,虽在农忙,台下亦无隙地。观剧时,男立于前,女坐于后,大家眷属则各坐于自备轿、车中,秩序井然。"⑤久而久之,酬神唱戏便成为百姓日常生活中不可或缺的内容,如洛阳"城内及附郭庙宇不下数十处,每处在春夏季时,各演戏三天",后来"虽庙屋塌,塑像已毁,而修理不难,戏必欲演也"⑥。

---

① 见金良年编:《民间诸神》,上海:生活·读书·新知三联书店上海分店,1991年。
② 民国《翼城县志》卷六《礼俗》,叶14a。
③ 乾隆《崞县志》卷四《风俗》,清乾隆二十二年刻本,叶2a。
④ 民国《静海县志》申集《人民部·娱乐》,民国二十三年铅印本,叶47。
⑤ 民国《阳原县志》卷一一《生活·娱乐》,民国二十四年铅印本,叶6b。
⑥ 胡朴安:《中华全国风俗志》下篇,"河南",第123页。

演戏而外,奉神像出巡是庙会另一项吸引人的娱乐活动。在天津,"清明日、中元日及四月初八日,奉城隍神于西郊,乡人扮作鬼魅,持钢钗,走墟墓间逐鬼,俗谓之赦孤"①;在北京,"十月城隍又出巡,旌旗蔽日少风尘。可怜多少如花女,爱作披枷带锁人"②;在涿州,"二月,都人进香涿州碧霞元君庙,不论贵贱,男女额贴金字,结亭如屋,坐神像其中,绣旗前导,从高梁桥归,有杂伎人腾空旋舞于桥岸,或两马相奔,人互易之,或两弹追击,并碎空中"③。而关于怀来四月十八日泰山庙会的记载更为精彩,转引如下:"自十五日起,预制娘娘驾,作楼台五六层。殿宇廊榭,钟阁碑楼,神鬼形象,靡不穷工极巧,金碧辉煌。长丈余,宽六七尺,十二人舁之游街。又担大幡杆数十,高十余尺,五彩纷纶,璎珞披拂,上绘各神像,仙容圣号,不一而足。其人皆有力如虎,矫捷飞腾,此擎彼舞,目不暇给。益以巨锣、大鼓数十具,铙钹铿锵,旌旗飞扬,僧道喧阗。其间男女纷纷随之,盈街溢巷,万头攒动,真盛观哉。至十八日,各堡村娘娘驾又来进香,从者数十百人,其喧阗与前埒。与本城会相合,如锦增花,火增焰,视前数日又倍蓰焉。至十九日会完人散,人家檐瓦如齿豁,则皆幡杆所毁也。"④这种生动热闹的空前盛况各地皆有,不胜其录。其形式除妆神扮鬼、杂技而外,还有高跷、旱船、花鼓等。有些地方还把小孩组织起来,装扮百戏"如傩状","挨村迁绕,跳舞讴歌",使"观者蜂拥蚁簇,妇女登巢车以望,举国若狂"⑤。

---

① 王守恂:《天津政俗沿革记》卷一一《礼俗·岁时》,民国二十七年刻本,叶9b—10a。
② (清)得硕亭:《草珠一串·游览》,路工选编:《清代北京竹枝词》(十三种),北京:北京出版社,1962年,第53页。
③ 光绪《涿州志》卷三《祠庙》,清光绪元年刻本,叶24a。
④ 光绪《怀来县志》卷四《风俗志·岁时纪略》,清光绪八年刻本,叶10。
⑤ 光绪《滦州志》卷八《风俗》,叶24b。

由以上这些叙述我们可以进一步探索一些问题。比如,由于传统社会中人们的闲暇时间比较单调乏味,各种庙会活动便给他们创造了集中放松、尽情欢娱的机会,即前引"民俗终岁勤苦,间以庙会为乐"。但是从记载上看,这类活动于一年中并非一两次,除了各种庙会活动外,还有春节、元宵、端午、中秋之类传统节日,一年中的娱乐活动相当频繁,之所以还能使百姓经常不断地全身心投入和纵情狂欢,就不完全是调剂生活的原因了。首先,这与大多数人平素生活较苦,终日为衣食奔波,从而希望发财致富,导致各种求财、求医、还愿、积德等行为有关,他们为此不惜"花钱免灾";其次,庙会乃是各类人等群集聚会之地,是一个信息交流的中心,人们纷纷前来,在市场、茶馆等地获得他们可能需要的信息;更重要的是,这种场合是打破平时的各种行为规范、随心所欲地抒发平日被压抑的感情之地,反映了人欲的本能,寻找一切"合理的"机会(如神诞日),肆意宣泄。至于如此频繁的活动的经费,大都来自城乡富户及百姓均摊或曰"解钱粮""解饷"等,不赘述。倒是此类消费在人们日常开支中占何等比重,值得进一步研究。因为江南一些地区为搞这类活动已造成"昨日取钱今取谷,春衣典却还卖犊""贫者或至失产"①的结果。

还有一个极重要的问题。一般说来,传统社会中的妇女平日有各种各样的行为规范限制她们的言行,无法轻易走出家门、大声言笑,长期处于某种程度的心理压抑之下。而庙会却给了她们一个合理合"法"的机会参加娱乐活动,所以她们对此很热衷积极。就像清代两首竹枝词说的那样:"都言戏子会当看,抬阁中幡也壮观。恶少花娘齐乱挤,不兴讼狱看来难。""西城五月城隍庙,滥溅

---

① (清)贝青乔:《催社粮词》,邓琳:道光《虞乡志略》卷八《风俗》,苏州古旧书店,1983年抄本,叶19a;道光《璜泾志稿》卷一《风俗志·流习》,民国二十九年铅印本,叶8a。

纱罗满地堆。乡里婆娘多中暑,为穿新买估衣回。"①这又总引起一些社会问题:"那三月三日玉皇庙会,真是人山人海,拥挤不透的时节,可也是男女混杂,不分良贱的所在。但俱是那些游手好闲的光棍,与那些无拘无束的婆娘,结队出没;……每年这会,男子人撩斗妇女,也有被妇女的男人采打吃亏了的,也有或是光棍势众,把妇人受了辱的,也尽多这'打了牙往自己肚里咽'的事。"②于是这种情形便被人视为"风俗之蠹":"民间祈报,演戏敬神,妇女聚观毫无顾忌。又凡有庙会,妇女入市向商贾买取货物,几同牙侩。此俗相沿日久,虽严行禁止,改于一时,恐或萌于异日。"③

把调戏妇女等社会坏风气归咎于妇女的抛头露面显然是不合适的,因为妇女即使大门不出、二门不迈,也还是会有男盗女娼的现象发生;而且男女交流见面的机会愈少,愈易造成某些男性的"聚观"以及其他变态心理、变态行为。因此,庙会作为传统社会中较少的几种男女混杂活动的公开场合之一,作为少数女性抛头露面,甚至笑语喧哗的场合之一,是保证心理健康和调节性别间感情的重要手段。试观滦县偏凉汀之小圣庙会,"妇女游观者俱以舟,非竞渡也,钗光衫影,混漾水中"④,是一幅多么美好温馨的图景!如果在一切消遣性场合中都是清一色的男性,那将是怎样一种气氛?故其社会学意义是不能低估的。

由于城乡各地对此类活动很热衷,所以各地庙会大都有组织者。如上述滦县各乡村庙会都有"董事人",称为"会首";山东荣成的"赴会者各出钱若干,名曰会印;每年轮推会首一人,主行会及宴

---

① (清)得硕亭:《草珠一串·游览》,第 52 页。
② (明)西周生:《醒世姻缘传》第七十三回《众妇女合群上庙,诸恶少结党拦轿》,上海:上海古籍出版社,1981 年,第 1040 页。
③ 乾隆《饶阳县志》卷上《风俗》,清乾隆十四年刻本,叶 89b—90a。
④ 光绪《滦州志》卷八《时序》,叶 33b。

客会客等事"①,山西闻喜"各村皆有神庙,置神头数人,轮充者多,间有举充者,司演戏、说书、祀神诸事"②。清安肃县令张钝还专门为此张贴告示,内称"借端演戏,男妇趋走如狂,原非淳俗,乃穷乡僻壤之民,资生不给,独喜看戏,好事者为首敛钱,从中射利,而穷民偏安心忍受,乐此不疲"③。人们宁可勒紧裤带也要花钱娱乐,可见精神需要是多么重要。

三、商业贸易功能

据地方志的粗略统计,各地举行庙会较多的有:武安县约102处,分散于各城乡;吴桥县每年约17次,历时总计130天;张北县有46个地点有庙会,集中在每年四至七月;通州计约20次,历时总计80天以上。华北地区庙会如此频繁,当与其商品贸易功能相关。甚至在社会发生变动、庙拆神倒之后,在原寺庙所在地仍保留着作为定期贸易集市的庙会。清人柴桑说,"交易于市者,南方谓之趁墟,北方谓之赶集,又谓之赶会,京师则谓之赶庙"④,把庙会完全等同于商业集市。庙会举行地点大都在居民区中心或附近,给百姓极大便利。在山西襄陵,"城关乡镇立香火会,招集商贾,贩鬻货物,人甚便之。逢会开庙,各有定期"⑤;另外一些地方如浮山"地处僻壤,商贾不通,购置货物甚艰"⑥,如文水"境内无多商贾,平居一箕帚之微无从购置",只是靠着一年几次庙会,招徕四处商人,买

---

① 胡朴安:《中华全国风俗志》下编,"山东",第110页。
② 民国《闻喜县志》卷九《礼俗》,民国八年石印本,叶4a。
③ (清)张纯:《告示》,乾隆《安肃县志》卷一六《杂志·告示》,叶74。
④ 《燕京杂记》,《小方壶斋舆地丛钞》第六帙,上海普易堂印本,叶10a。
⑤ 民国《襄陵县志》卷四《风俗》,民国十二年刻本,叶4a。
⑥ 乾隆《浮山县志》卷二七《风俗》,清乾隆十年刻本,叶6a。

卖生产及生活用品,"既便商亦便民"①,庙会成为当地唯一的商业渠道。

如果在城镇,往往有商业街存在,如雄县有瓦桥街,"长二里半,户口滋繁,市廛林立"②;介休张兰镇"盖藏者十之三,商贾复四方辐辏"③,居民对庙会的依赖会小些。乡村居民难得有机会进城,对附近庙会的依赖性就更大。如前述武安之 102 处庙会中,在城镇者共 38 处,不及总数的三分之一④;吴桥的 17 次庙会中,在城镇者有 4 次,仅占总数的四分之一⑤。所以说:"庙会者,实农村一大交易场及娱乐场也。"⑥

从庙会交易买卖的物品中也可看出城乡之别。城镇中庙会买卖的日用百货较多,杂以非耐用消费品和奢侈品;乡村庙会则多生产、生活必需品,实用性较强。如前引张北县之庙会,以"骡马会居多","次则售卖农家收获器具,会期后即可收秋;再次估衣、刀剪、杂货、布匹等"⑦;阳原县治附近的庙会,每年四月的以售百货为主,九月的则以售骡马为主⑧;唐县四月初六的"神集"中,"书籍、笔墨及农器尤多"⑨;太谷十月东寺会,"裘绮珍玩、新旧器用罗列会场"⑩;翼城城隍庙会时,"衙道街两旁摆卖草编扇帽、农器、竹帘

---

① 光绪《文水县志》卷三《庙会》,清光绪九年刻本,叶 12。
② 光绪《雄县乡土志》地理第十,清光绪三十一年铅印本,叶 2a。
③ (清)刘尔聪:《修张兰城记》,嘉庆《介休县志》卷一二《艺文志》,清嘉庆二十四年刻本,叶 43a。
④ 民国《武安县志》,丁世良、赵放主编:《中国地方志民俗资料汇编》(华北卷),北京:书目文献出版社,1989 年,第 465—467 页。
⑤ 光绪《吴桥县志》卷四《建置志下·庙会附》,清光绪元年刻本,叶 9b。
⑥ 民国《新河县志·风土考》篇四《社会现状》(四)《宗教及人民之信仰》,民国十八年铅印本,叶 33b。
⑦ 民国《张北县志》卷五《习惯》,叶 114b。
⑧ 民国《阳原县志》卷一一《生活·娱乐》,叶 6a。
⑨ 光绪《唐县志》卷二《舆地·岁时伏腊》,清光绪四年刻本,叶 55b。
⑩ 民国《太谷县志》卷四《礼俗略·风俗》,民国二十年铅印本,叶 8a。

等,颇形热闹"①。

甚至有专门性的庙会存在。如浮山各庙会中,有木瓜沟会"专售农用器具,亦有牲畜大集"②;河南鄢陵西关有"农器会"③;陵川崇安寺佛诞,"集场颇盛,多货皮张,然鲜贵重者"④。总的来说,各地方性庙会均以农具及日用物品为主,这显然是以农民为主要售货对象,出售物品比较单一和专门化。

大城市的庙会内容与地方庙会,特别是乡村庙会颇有不同,除大量中、高档消费品外,还有许多精神产品和消闲用品。以北京为例,护国寺与隆福寺俗称为西庙和东庙,"开庙之日,百货云集,凡珠玉、绫罗、衣服、饮食、古玩、字画、花鸟、虫鱼以及寻常日用之物,星卜、杂技之流,无所不有,乃都城内之一大市会也",所谓"东西两庙货真全,一日能消百万钱"⑤。每月逢三为土地庙会,"市无长物,惟花厂、鸽市差为可观"⑥;小药王庙及北药王庙每月初一、十五有庙市,"市皆妇女零用之物"⑦;五月的都城隍庙会在明代"陈设甚夥,人生日用所需,精粗毕备",但到晚清则"市皆儿童玩好,无甚珍奇,游者鲜矣"⑧。这些都体现出大都市的庙会风格。

按理说,大城市商业的发达,城市居民比乡村僻壤的百姓较少依赖庙会,这在很大程度上也确是事实;从北京来看,越晚近庙会越衰落,也可说明商业城市的发展与传统庙会的发展成反比的关系。但由于城市人口密度大,居民的生活水平与文化水平稍高,许

---

① 民国《翼城县志》卷六《礼俗》,叶 13a。
② 民国《浮山县志》卷三二《风俗》,民国二十四年刻本,叶 5b。
③ 道光《鄢陵县志》卷六《风俗》,清道光十二年刻本,叶 12b。
④ 乾隆《陵川县志》卷一五《风俗》,清乾隆四十四年刻本,叶 3b—4a。
⑤ (清)富察敦崇:《燕京岁时记》,"东西庙"条,北京:北京出版社,1961 年,第 51 页;(清)得硕亭:《草珠一串·商贾》,第 47 页。
⑥ (清)富察敦崇:《燕京岁时记》,"土地庙"条,第 52 页。
⑦ (清)富察敦崇:《燕京岁时记》,"小药王庙、北药王庙"条,第 53 页。
⑧ (清)富察敦崇:《燕京岁时记》,"都城隍庙"条,第 64 页。

多在农村不被视为日常生活必需品的东西也变得日用必需,特别是与文化娱乐相关的物品,很多便由庙会"特供",所以像北京的庙会也相当频繁。据《都门纪略》等书记载,每月逢三在土地庙(广宁门内),逢四在花市,逢七、八在护国寺,逢九、十在隆福寺(所谓"护国寺先隆福后,两边忙杀趁墟人");每月初一、二十五、二十六在东岳庙(齐化门外大街),每月初一、五在慈仁寺("慈仁每月初兼五,松下朱栏列百廛"),每月初一、十五在药王庙(南小市);每年正月初三至十五在火神庙、厂甸、曹老公观(西直门内,也有记自元旦至正月初十的),五月在都城隍庙(西单牌楼城隍庙街),三月初一至十五在蟠桃宫(东便门内),正月十八、十九日在白云观,四月初一在西鼎(蓝靛厂东,即广仁宫),五月初一在南鼎(永定门外),六月初一日在中鼎(南西门外草桥西南),春秋二季掩路会在忠佑寺(左安门外南马回甸),清明、七月半、十月初一在南城隍庙(南下洼),正月十五、二十三在黄寺、黑寺等,此外还有后被列为京师五大庙会之一的白塔寺庙会,会期不详。仅就以上而言,每月都有庙会的地点共7处,每月无庙会时间仅7天;将分散在全年中的庙会一弥补,可见北京几乎天天都有庙会举行。这显然是个惊人的数字。不过京师地大人多,每处庙会都有它特定区域的服务人口,对于某一地区的北京人来说,他们只去附近的庙会,庙会对他们来说便非每天均有了。

可以这样说,庙会在通都大邑带有更多的文化娱乐色彩,而在乡村小镇则商业贸易色彩更浓。无论如何,既然庙会已成为城乡人民日常生活中不可或缺的组成部分,成为固定的贸易集市,那就必定会出现某些管理组织和制度以维持庙会中的商业秩序。吴桥县城西关的白衣庙会自"正月杪起至三月十一日止,客商云集,百货俱备",历时长达一个半月,所以要"先发行交兑,后陈设市面,远近商民无不称便"。山西沁水"有些大庙会,如中村的七月十五,张马的二月十五,临近各县,甚至河南、陕西、山东等省商人也来经销商品,旧时村庄的社首主其事"①,但怎样管理却语焉不详。可以料想,越大规模的庙会越会建立细密的管理制度,越小越短期的庙会则越松散些,自发性强些。

我们前面已经提到有许多地方的"民间日用之需、耕获之具""全恃有庙会",特别是庙会的商业贸易功能在乡村小镇的作用,《张北县志》对本地农历六月庙会的总结,更清楚地道出了商业性庙市的重要意义:"此时将届秋令,收获禾稼一切农具购买困难,借此会期,内地商贩运来出售,远近农民均来争购。此便于农民者,一也。各乡农民该外、外该债务,结账还债,远隔一方,殊形不易,大多数规定会期彼此接头,清结一切,无异他处标期。此便于整理经济者,二也。农民嫁娶,对于首饰、衣服、妆奁等件,购买困难,借此会期,领女携男,亲自到会购买,自由挑拣,心满意足。此便于婚嫁事者,三也。母女、姊妹出嫁后,晤面谈心实属匪易,况系农家,终年劳碌,省亲看女,探亲访友,既无暇晷,亦无机会,借此会期,不约而同,均可会面,各叙衷曲。此便于会亲者,四也。至口内商贩,届时争先恐后,云集会场,买卖牲畜,而各乡农民所畜牛、马、猪、羊、鸡、蛋等项,均可出售。借此活动生活费者,五也。以上各种情形,足征此会于人民关系匪浅,未可淡然视之也。"

此五点基本概括了庙会在经济学及社会学上的意义。一年中按时举行的庙会已然变成定期集市的一部分。有些大庙会与集镇贸易融为一体,有些小庙会成为其补充和基础。正如吴桥以及许多地方那样,在很多地点既有普通定期集市,又有庙会举行,说明庙会有普通市集取代不了的独特功能,那就是娱神更娱人的文化

---

① 《沁水县志》第十九编《社会风俗志·乡俗民情·庙会》,太原:山西人民出版社,1987年。

功能和沟通人际关系的功能。这样,集商业与文娱业特征于一身的庙会,便相互结成了一个十分独特的网络。同时,一座座寺庙也因此成为一个个特定区域的"中心地"。

四、中心地角色

无论在城镇还是乡村,寺庙大多地处交通要道左近和人口稠密地区的中心(除了那些"藏诸名山"者外)。它们往往成为一个特定区域(如任何级别的社区)的政治、宗教中心和经济、文化中心——这些中心往往还不仅是地理意义上的中心,而且是人们心目中的"中心",即文化凝聚力之所在。也就是说,传统中国,特别是帝制晚期的乡土中国的某些经济文化生活侧面是以寺庙为重点而分布的,在那里形成了多种功能的综合。许多寺庙本身就建于人口众多、交通便利之地,因为信仰崇拜的缘故,进而由于商业、文化繁荣的缘故,有可能使原来并不发达的寺庙所在地人口增加、交通更为便利,成为城镇内部发展以及向外扩展(即城镇化)的因素。

中国传统社会的城镇发展基本上是循着一条自然的轨道进行的,它一方面基本符合城镇产生发展的一般规律,另一方面则带有自己文化的特点。那么,以庙会为中心点的这一经济文化网络,有没有可能既具有中国传统特色、又暗合城市发展一般规律?是否可以用某种理论模式加以概括呢?

德国地理学家克里斯塔勒(Walter Christaller)在20世纪30年代对德国南部城镇的调查中,发现了一个商业网点分布的空间规律,即不同类型与大小的商店的存在和分布与其服务范围的人口数及该人口的经济水平有关,而且大的商店集聚点往往可以找到小的商业网的商品。人们要买日常用的小商品和低档商品,在近处的小商店就可以买到,而要买高档的或非日常用的大商品,则要去远一点的大商店。这样货物品类较少的小店数目多而且分散,大商店东西多数目却较少;前者因为人去得频繁所以服务面小点也无妨,后者的服务面大,顾客总数多,所以每个个人不常去也没关系。基于此,克氏建立了他的中心地学说(Central Place Theory),认为对于居民最方便、最省时省力而对服务点来说可能获利最大、耗费最小的服务面呈正六边形,这样其周边最短而面积最大,同时区与区之间又无空当(否则空当地区的居民就得不到最佳服务)。六边形的中心即服务中心,以这样的两中心之间距离之一半为半径形成的这个六边形,便是最低一级的中心地。较高一级的中心地服务半径是下一级的两倍,前者的分布也是六边形。于是,每六个次一级的中心地围绕着一位于其中心的上一级中心地。这一理论在1960年代以后风行于欧美,并取得相当程度的成功①。

既然克里斯塔勒的这一学说来自实际生活并加以发展,那么它有无可能符合中国的情形呢? 美国历史学家施坚雅(G. W. Skinner)曾运用这一学说来研究中华帝国晚期城市史,这在他的论文《城市与地方体系的等级结构》中有集中体现②。学术界对他的研究成果众说纷纭,暂不赘述。而北京大学杨吾扬教授在他的著作中提及运用中心地理论研究河北胜芳镇集市、陕西咸阳秦都区集市,以及华北中心地结构的几个例子,特别引起我进一步探索的兴趣③。

本文涉及的庙会所在地,似乎正是这样的中心地,因寺庙往往就建在一村一镇或一城的中心位置,而且因为其宗教、文娱和商业

---

① 有关中心地学说可参见杨吾扬:《产业和城市区位导论》,开封:河南大学地理系1985年内部铅印本等书。
② 〔美〕施坚雅:《中国封建社会晚期城市研究——施坚雅模式》,王旭等译,长春:吉林教育出版社,1991年。
③ 河南大学地理系编印《产业和城市区位导论》第五部分。

特征成为众趋之地。那么它们的分布是否与克氏的中心地规律相符呢?我们挑选了几个不同的区域进行分析,发现结果不尽相同,由于无法完全采用图示的办法,只好通过文字来叙述。

正如杨吾扬教授指出北京主要商业中心呈正六边形分布一样,京师庙会分布也大体符合这一规律。以天安门为正中的一个中心地,这块地区及其北边的中心地因是禁苑而被占据(但如今亦成为文娱中心,作用几同庙会);南边中心地的中心是天桥,与南药王庙、菜市口在一条线上;与天桥中心地和天安门中心地左右毗邻的中心地中心分别是花市(灶君庙等)和厂甸,此一线上中有江南城隍庙,东有蟠桃宫,西有都土地庙、白云观;向北,在天安门中心地与景山中心地两侧的分别是隆福寺中心地和西四中心地;前者稍南有灯市,以弥补今东单地区无庙会的空缺,后者原无庙会,后来兴起了白塔寺庙会,自发地顺应了市场规律。景山中心地以北为北药王庙中心地,其西北为护国寺中心地,其东北空缺,故在左近有东皇城北集自发补足。另外,在护国寺西北为曹老公观中心地,东面对应的地方为小药王庙中心地,等等。其分列有序,服务半径大体相等。可以发现,旧日京师的庙会所在地,大都是今天北京的最大或次大商业文化中心区;换句话说,像天桥一线(广安门至广渠门)、前门一线(东便门至西便门)、东四—西四一线(朝阳门至阜成门)等,多少是因为庙会才使这些点的商业、文化业发达起来的。

必须指出,京师的寺庙并不是为适应商品经济和市场规律修建的,但是为了信仰崇拜和文化娱乐,其地点也必须有其服务半径,否则后来的西洋教堂也不会东、南、西、北各一座。庙会恰恰兼有这两个特点,需要合理分布。所以,中心地学说不仅对商业,而且对第三产业的其他部门都有一定的适应性。

还必须指出,这样的分布并非人为规划出来的,而是自发形成

明清时期的华北庙会　175

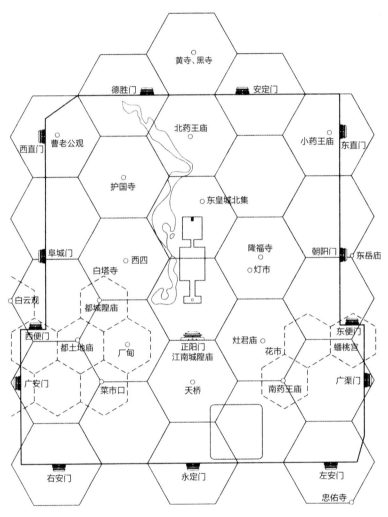

明清北京主要庙会分布

的,那么也就必然出现不尽合理的分布,如花市附近集聚着几个庙会。有些地方则是空缺,如永定门与左、右安门一线,也许是当时该地区人口稀少的缘故。

河北省吴桥县在明清时应是直隶河间府下的一个县。它地处运河线上，与山东德州、陵县、直隶宁津、东光、景州接壤，是个交通便利之处。它的特点是市集与庙会都很频繁，据我统计，吴桥有普通市集24处，总计150天，其中逢一、六集7处，逢二、七集3处，逢三、八集7处，逢四、九集2处，逢五、十集4处，逢二、四、七、九集1处；另有庙会17处，总计约在130天以上，主要集中在农历正月和三、四、五、九月；其中庙会与市集在同一地者有8处，县城附近1处，县南境及东南境5处，县北境2处。它们除分布在县城周围者外，均在河道与陆路的左近。如果把市集与庙会笼统起来看，总的空间分布比较均匀，各自有其服务面。如李方庄、赵寨、高家店、张敖庄、刘桐庄、楼字铺、沟店铺等，都处在理想的中心地位置。有个别的庙会地点如马家庵也处在中心地的位置上。但有些重要地点如避雪店、辛店、西堂、于家集、连镇等并未处在中心地位置上或处在下一级中心地的位置上，与假说不符；如北徐王庄、梁家塔、于家集、单家店各占位六边形的一个角（即下一级中心地）而无一在该六边形的中心位置。可见传统集市与庙会的举行地点有许多是约定俗成的，大体照顾到服务范围就可以了，不会像后人的理论模式那样准确。

由于吴桥的普通市集起着较大作用，庙会的商业功能便被削弱了，除了与市集在同一地者共同起着中心地的作用外，便在市集分布的较空疏处给市集以补充。无论如何，庙会在县城附近和县境以内，基本上构成两重分布圈，各点间相距不远，以保证文娱活动的服务面，但却不能像京师那样单独构成中心地格局。通州的情形与吴桥类似，是个水陆交通便利之处，又贴近京城，商业贸易比较繁荣。据记载，除州城内部有若干庙会外，以州城为中心，也能构成以庙会为连接点的两级网络（西门外—南关—东门外—杨富店—北关为一级，烟郊—里二寺—张湾—草寺—双埠头等为二级，北坝菩萨庙会与旧漷县药王庙会等在稍远的西南与南方），但

明清时期的华北庙会 177

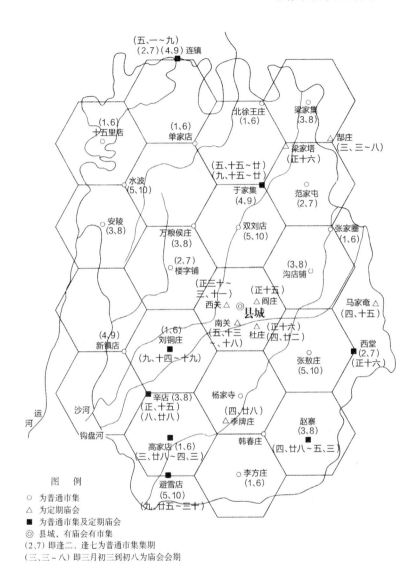

明清吴桥普通市集与庙会分布

无法构成中心地恪局。据此我们可以假设,在以农村为主的地区,由于对文娱等消闲活动的要求不如城市大,所以庙会可以有较大而疏的服务面,服务半径可以很不严格,因此导致庙会不能构成中心地系统的结果,这在无人为规划的传统社会尤其如此。当然,这样的结果也有可能是资料不全使然。

克里斯塔勒的中心地学说是建立在对地形、经济活动、人口分布等等的抽象要求上的,但这些因素在各地极不相同,所以后来出现了许多改进的模式。如施坚雅的修正认为,地形复杂、相对贫困闭塞、人口密度低,因而对市场依赖程度低的边缘地带,中心地间的距离较大,市场规模较小,特殊商品种类较少。实际上在这样的地区,其市场中心的分布可能不是均匀的,各中心地间的距离不仅较大,而且不会是等距的,这样就无法构成那种六边形网络,而是构成一种"随形"网络。这种网络上的点在特定环境下也具有其相对合理的服务面,正如我们在山西五台县的庙会分布中发现的,兹不赘述。

在庙会或类似的市集研究中试用中心地学说,起码有三方面的作用:第一,改变在处理此类问题时常用的描述性方法;第二,在实际研究中检验该学说的正误;第三,如果它在一定范围内确有应用价值,便可以对符合其原则的庙会或市集的服务人口(即该地居民)密度等多方面进行推测,还可以对不符合或局部不符合其原则的所在地进行原因的探究,研究当地人口如何获得服务、服务质量如何得到保证等等。我想,在对其他大区的庙会研究中还会引出许多相关的问题,而且多方面地进行比较将是以后研究之主要特点。最后还要指出,本文对克里斯塔勒中心地学说的介绍较为简单,运用它进行的分析也有这个缺点,故请有兴趣的读者进一步参阅有关著述。

最后需要指出的是,庙会活动在许多地区至今不衰。如以浙江永康为中心的胡公庙会,盛行于武义、东阳、磐安、义乌、金华、缙云、仙居、嵊县、衢县、龙游、天台等县,甚至方岩地区的经济收入也主要围绕该庙会而来。又如河南镇平县的瓦罐庙会,3天内竟有30多万人前来赶会①。这说明对庙会的研究具有极大的现实意义,它有助于理解中国传统文化在现实社会结构中的积淀,有助于理解它的顽强生命力。

---

① 参见胡国钧:《胡公大帝信仰与方岩庙会——浙江省永康县方岩胡公庙会调查》,上海民间文艺家协会编:《中国民间文化》第4集,上海:学林出版社,1991年;满光德:《庙会:值得重视的文化现象》,《文化艺术周报》(河南)1992年1月4日。

明清时期江南庙会与华北庙会之比较

本文是有关明清以来庙会及娱神活动的系列研究之一,也是《明清时期华北庙会研究》一文的续作,目的是以庙会这样一个宗教、经济、文化的综合性区域中心地为例,探索华北与江南历史文化现象的空间异同,特别是其中的地区性差异。本文涉及的华北地区,包括京、津、冀、豫、晋及山东的部分地区;而本文的"江南"所指,只是江浙地区及安徽、两湖的部分地区。

一、江南与华北庙会经济功能的地位转换

在我关于华北庙会的研究中已经指出,庙会或庙市的初创始于宗教的繁盛和普及,庙会的宗教功能作为其最初始、最基本的功能,在华北与江南并无差异。尽管在唐宋时期政治文化中心还主要是在北方,但由于唐代以后江南经济的繁荣,由于江南地区悠久的笃信巫鬼的历史传统,使江南地区都市庙会的规模和内容绝不比北方有丝毫逊色。如唐代江宁的瓦官寺庙市、淮南楚州的龙兴寺庙市、越州宝林寺庙市等均可证明。至宋元时期,庙会进一步繁荣,与城市商品经济的繁荣相一致的是,它除了宗教信仰、娱乐消闲的功能外,经济功能也日益增强。常被引述的《东京梦华录》关于大相国寺庙会的记载,表明它是当时最有代表性的庙会场合,因

为它"每月五次开放,万姓交易"的频率为其他有关记载所少见①,其规模巨大和买卖货物种类丰富,这自然是沾了它地处首都的光。当时开封的人口即达百万之众,本身就是别处无法比拟的消费市场,加上它是五方辐辏、众望所归的地方,一切不易找到的东西或可在那里觅得,所以也就不足为奇。

而在临安,二月初八到十三日有霍山真君诞日庙会,百戏杂陈,西湖竞舟;四月初六则有城隍诞集会;紧接着四月初八日的佛祖诞辰,各庙有浴佛会,西湖有放生会,六和塔有朝塔会,如此等等。江南的群众性宗教活动繁多,商品经济的活跃必然找到一个结合部,那就是南宋建康城里的建初寺前的"大市"、北湘宫寺前的草市、上元县汤山延祥院前的汤泉市、栖霞寺前的栖霞市等②。无论如何,江南地区庙会的经济功能在所见材料中体现得尤为明显。如嘉泰《会稽志》卷七记载绍兴开元寺正月灯市的情形:

> 旁十数郡及海外商估毕集。玉帛珠犀,名香珍药,组绣髹藤之器,山积云委,眩耀人目。③

又如淳祐《玉峰志》记载苏州昆山四月的山神诞:

> 它州负贩而来者,肩袂陆续。④

再如方回《饶州路治中汪公元圭墓志铭》,记载徽州婺源的五通神佛会:

---

① (宋)孟元老撰,邓之诚注:《东京梦华录注》卷三,"相国寺内万姓交易"条,北京:中华书局,1982年,第88页。
② 景定《建康志》卷一六《疆域志·镇市》,清嘉庆六年金陵孙忠愍祠刻本,叶2a、3a。
③ 嘉泰《会稽志》卷七《宫观寺院》,清嘉庆十三年刻本,叶9b。
④ 淳祐《玉峰志》卷上《风俗》,清宣统元年《汇刻太仓旧志五种》本,叶17b。

> 天下商贾辏集，自额办官课外，公丝发无取。①

这种情形除了发生在城市及附近地区之外，也已深入乡村。周密"潇湘八景"诗的一首说"黄陵庙前湘竹春，鼓声坎坎迎送神。包茶裹盐作小市，鸡鸣犬吠东西邻"②，或可证明。但这种情况在进入明清时期以后，有了一定的改变。

在明清时期的华北庙会中，经济功能是显而易见的。嘉靖《广平府志》记："庙之会，国初未有，自正德之初有此俗。先期货物果集，酒肆罗列，男女入庙烧香，以求福利。无赖之徒云集，乘机赌博，甚至斗杀淫盗，争讼由之起。"③无论城市乡村，庙会中除烧香祈告，游神赛会之外，几乎必定是商业贸易场所，构成定期集市的补充。比如前文曾提到的北京、河北的张北、吴桥、通州，以及山西、河南的许多地方，庙会之频繁、会期之长、规模之大，都是与其经济意义密切相关的。在一些穷乡僻壤，商品经济较不发达，百姓几乎全仗着一年中的几次庙会，获取日常所需。直到今天，华北地区的许多传统庙会演变为物资交流大会，或者带有很强烈的商品贸易色彩（比如河北安国药王庙会）。

在江南庙会中，这样的经济功能当然存在，如绍兴孝女庙会时，"在庙中堆积竹木器具，男女杂沓，作贸易所；工匠挥斤，农人纳稼"④。又如海宁二月初五潮神朱令公诞，"是日百货麇集"⑤；当地六月安国寺的观音会上，"商贾张肆列珍，谓之赶集"⑥。再如浙江

---

① （元）方回：《饶州路治中汪公元圭墓志铭》，（明）程敏政辑：《新安文献志》卷八五，《景印文渊阁四库全书》第1376册，台北：台湾商务印书馆，1986年，第396页下栏。
② （宋）周密：《草窗韵语》卷四《潇湘八景·山市晴岚》，《密韵楼影宋本》七种，叶1b。
③ 嘉靖《广平府志》卷一六《风俗志》，明嘉靖刻本，叶7b。
④ 光绪《曹江孝女庙志》卷三《坛宇》，清光绪八年刻本，叶12a。
⑤ 民国《海宁州志稿》卷四〇《风俗》，民国十一年排印本，叶6b。
⑥ 乾隆《海宁州志》卷二《风俗》，清道光二十八年刻本，叶53a。

昌化七月东平王诞日时,"远商百货俱赁凭厂地铺易,谓之赶会"①。此外如大家熟知的上海、松江的城隍庙会,也有很浓重的商业色彩。但从总的情况来看,史料中凡记载庙会活动时同时描绘其商贸情形如上者,在江南地区并不多见,即遗存至今的江南或华南庙会这方面的色彩也远不如游神活动,与华北地区形成鲜明对比。明末邵潜《州乘资》卷一记南通"每遇神诞,则有市滑起而敛人金钱,以迎神赛会,极其摩丽。如万历四十四年城隍会,珍宝并陈,方物毕具,又装饰诸魑魅魍魉之状,游行衢市",未记贸易方面的情况②;顾禄《清嘉录》卷三记苏州城隍庙会,也只是"击牲演剧,香火之盛,什伯于他神祠";同卷亦记东岳神会,"在娄门外者,龙墩各村人,赛会于庙,张灯演剧,百戏竞陈,游观若狂",也没有提到商业贸易的情况③。《吴县志》所载清康熙间汤斌及后来陈宏谋禁止迎神赛会、捣毁淫祠的文告中④,《天台治略》所载康熙间戴舒庵的类似禁令中⑤,也均未提及这方面的情况。

究其原因,主要是由于江南地区镇市网络比较发达,就总体而言商品经济比华北地区更为活跃。按施坚雅(G. W. Skinner)的说法,"长江中下游地区在南宋时期所达到的商业化水准,其他大部分中心地区只是到明清时期才达到。不但内地逐渐地落后于沿海地区,而且地区间的发展常常是不平衡的。例如:……在12世纪

---

① 乾隆《昌化县志》卷一《风俗》,清乾隆十三年刻本,叶18a。
② (明)邵潜:《州乘资》卷一《风俗》,扬州:江苏广陵古籍刻印社影印明弘光元年刻本,1986年,叶36b—37a。
③ (清)顾禄撰,来新夏点校:《清嘉录》卷三,"犯人香"条、"东岳生日"条,上海:上海古籍出版社,1986年,第54、65页。
④ 民国《吴县志》卷五二下《风俗二》,民国二十二年铅印本,叶9b—10a。
⑤ 康熙《天台治略》卷四《告示》,《中国地方志丛书·华中地方》第65号影印清康熙六十年刻本,台北:成文出版社有限公司,1970年,第471—477页。

长江下游地区经济繁荣,而同时华北却是经济衰退"①。在他所做的长江下游与华北地区城市化情况的比较中,可知前者各个级别的都市人口都多于后者,前者的高水平经济中心较多,而后者的行政中心较多②。同时江南各府所拥有的市镇数量、市镇间的距离,以及市镇涵盖的土地面积,相对而言,总体来说,都分别多、短和大于同时期的华北③。在这一地区,两宋时期便已形成各种墟市、草市、亥市,在明清时更是连网成片,甚至发展为规模不等的市镇,成为商品集散、商贾聚散或手工业生产之地。这方面情形,在樊树志《明清江南市镇探微》(上海:复旦大学出版社,1990年)、台湾刘石吉《明清时代江南市镇研究》(北京:中国社会科学出版社,1987年)、陈学文《中国封建晚期的商品经济》(长沙:湖南人民出版社,1993年)诸书中已有较多介绍,不赘述。

这样,江南地区的商品经济空间网络的密度就要比同时期的华北大,像河南浮山"地处僻壤,商贾不通,购置货物甚艰"④、山西文水"境内无多商贾,平居一箄帚之微无从购置"⑤的情况较为少见,对庙会的商品交换功能的依赖相对较小。另外两个例子也可以说明这一特点。一是靠近天目山的浙江於潜,在清时"邑中少市镇,各乡铺户亦甚疏落。以水道不通,非百货聚集之所,民间通用不过衣食器用,家常所需,故懋迁有无,商贾无所居奇,乡人亦鲜有出外经营者"。所以这里十月初二城隍庙会时,"各项货物咸置,沿

---

① 〔美〕施坚雅:《中国封建社会晚期城市研究——施坚雅模式》,王旭等译,长春:吉林教育出版社,1991年,第48页。

② 同上书,第87—92页。

③ 参见吴建华《明清太湖流域的市镇密度和城乡人口结构变动》,天津社会科学院历史研究所等编:《城市史研究》第11—12辑,1996年。

④ 乾隆《浮山县志》卷二七《风俗》,清乾隆十年刻本,叶6a。

⑤ 光绪《文水县志》卷三《民俗志·庙会》,清光绪九年刻本,叶12a。

街作市"①,说明庙会的经济功能与地方商品经济发展程度有关。二是江南许多庙会虽伴随有市,但多与宗教祭祀有关,即所谓"香市",买卖纸烛香火之类,如晚明张岱谈西湖香市、海宁硖石镇"春分才过进头香,香市排摊鹜集塘"②,浙江永康方岩的胡公庙会中的一切商业活动也基本上是围绕进香活动展开的,较少华北、西北,甚至西南地区那种商业贸易、物资交流大会的性质。

因此,由于江南的市镇发展程度较高,较大都市中的日常商品需求可以通过店铺买卖得到满足,又由于此地区小市镇的覆盖面积较大,集市贸易更为普遍,乡村人口的日常所需也较容易得到满足。这样,庙会的经济功能就被具有同样功能的商业贸易场合所取代,因而呈逐渐减弱的趋势。同时华北地区的商品经济发展水平决定了庙会还要发挥它的经济功能,作为市镇集场的必要补充。

二、江南与华北庙会歌舞娱乐水平的地位转换

明清时期江南庙会的经济功能比前代减弱,比同时期的华北亦不如,得到强化的则是其娱神娱人的大众消闲娱乐色彩。从时间来讲,往往是通宵达旦,如象山夏王庙会"金鼓灯火,周遍城中",从三月十一日起至三月二十八日止,连续十数天③;从内容上来说,极为丰富多彩,浙江吕水山五显神赛会,"沿塘舞鱼龙,并舫行秋千。百戏续续来,歌鼓声连延。珠帘半上钩,楼阁笼春烟。喧逐夜达旦,灯火巷陌联"④。海宁硖石镇"年年赛会竞新奇,百戏妆成尽

---

① 嘉庆《於潜县志》卷九《风俗》,清嘉庆十七年活字本,叶3b、12a。
② (清)徐昌:《硖川竹枝词》,嘉庆《硖川续志》卷一一七《诗》,清嘉庆十七年刻本,叶19b。
③ (清)倪勋辑:《象邑夏王庙志》卷下《岁例》,清道光刻本,叶8b。
④ 乾隆《唐栖志略稿》卷下《风俗》,清光绪十六年刻本,叶18b。

小儿。到晚兴阑无个事,相邀茶馆听弹词"①。延续至近世者如浙江遂昌城隍庙会、方岩胡公庙会、余姚泗门镇东岳庙会和刘将军会等,节目之多,令人眩目,此类记载不胜枚举。

这一方面是由于江南地区由古之信巫鬼的祭祀歌舞到两宋以后发展出南戏,为庙会的歌舞娱乐色彩奠定了深厚基础;另一方面则由庙会活动反过来促进了歌舞戏曲的发展。如前举余姚等地庙会中的"跳无常"、目连戏等,成为南方许多地方的大型演出。明人郑之珍的《目连救母劝善戏文》是能铺衍出一百出的连台大戏,其中有《跳和合》《跳钟馗》这样的民间歌舞,也有时剧《思凡》《下山》等,另外武打场面也很壮观。张岱《陶庵梦忆》载:

> 搬演《目莲》,凡三日三夜,四围女台百什座,戏子献技台上,如度索舞絙,翻桌翻梯,筋斗蜻蜓,蹬坛蹬臼,跳索跳圈,窜火窜剑之类。②

后构成京剧组成部分的花部"乱弹",本也是"行之祷祀,谓之台戏"③,为庙会服务的。这一特点江南庙会要比华北庙会强烈得多。甚至南方的戏曲歌舞亦影响到北方庙会,如清初戏曲家孔尚任的《平阳竹枝词》中说:"太行西北尽边声,亦有昆山乐部名。扮作吴儿歌水调,申衙白相不分明。"④而静海演戏中,"一曲吹来,八音俱奏,一似苏浙之清吟小曲,悠扬顿挫,令人神怡"⑤。

与此同时,华北庙会的戏曲歌舞水平相对降低,或说发展速度

---

① (清)徐昌:《硖川竹枝词》,嘉庆《硖川续志》卷一七《诗》,叶20a。
② (明)张岱著,朱剑芒考:《陶庵梦忆》卷六,"目连戏"条,上海:上海书店,1982年,第47页。
③ (清)李斗撰,汪北平、涂雨公点校:《扬州画舫录》卷五《新城北录下》,"郡城花部"条,北京:中华书局,1960年,第130页。
④ (清)孔尚任:《平阳竹枝词》,汪蔚林编:《孔尚任诗文集》卷四《诗·长留集·七绝》,北京:中华书局,1962年,第401页。
⑤ 民国《静海县志》申集《人民部·娱乐》,民国二十三年铅印本,叶47b。

低于江南。宋元时期统治中心主要在北方,经济重心虽已南移,但文化中心尚未北逊于南。《东京梦华录》记载神保观的演出"自早呈拽百戏,如上竿、趯弄、跳索、相扑、鼓板、小唱、斗鸡、说诨话、杂扮、商谜、合笙、乔筋骨、乔相扑、浪子杂剧、叫果子、学像生、倬刀装鬼、砑鼓、牌棒、道术之类,色色有之,至暮呈拽不尽"①。据廖奔《宋元戏曲文物与民俗》一书,宋元时期北方庙会、社会之繁盛,可证之于遗留至今的神庙戏台建筑,而发展于北方的民间说唱、大曲小唱、傀儡戏、社火舞队,甚至杂剧院本等形式均与此有关②。明万历二年抄定的《迎神赛社礼节传簿四十曲宫调》,保留了宋元时期庙会的歌舞规模,门类有大曲、队戏、院本、杂剧等多种。但明清时期在许多地方除了社火舞队(包括后世之杂耍、高跷、旱船、秧歌之类)外,少有南方目连戏那样的大规模多本剧目,表明北方在丧失经济重心地位及统治者集中高压下的文化的呆滞。

江南地方文化传统显然为中国的戏曲歌舞水平的提高提供了肥沃的土壤,而庙会又显然是这二者结合的一种中介形式。《武林旧事》卷三所记南宋二月初八霍山张王庙会中,已然是"百戏竞集,如绯绿社(杂剧)、齐云社(蹴球)、遏云社(唱赚)、同文社(耍词)、角抵社(相扑)、清音社(清乐)……"③也许还是目连戏的发展最能说明问题。目连戏的源头应是唐代的《目连变文》,为中元节即盂兰盆节的说唱节目,至北宋则发展为《目连救母》杂剧。《东京梦华录》卷八记:"勾肆乐人,自过七夕,便搬《目连救母》杂剧,直至十五日止,观者增倍。"④但从此以后直到明清时期,目连戏在南方的发

---

① (宋)孟元老撰,邓之诚注:《东京梦华录注》卷八,"六月六日崔府君生日,二十四日神保观生日"条,第 206 页。
② 参见廖奔:《宋元戏曲文物与民俗》,北京:文化艺术出版社,1989 年。
③ (宋)四水潜夫辑:《武林旧事》卷三,"社会"条,杭州:西湖书社,1981 年,第 40 页。
④ (宋)孟元老撰,邓之诚注:《东京梦华录注》卷八,"中元节"条,第 206 页。

展远超北方,特别是明万历时期新安人郑之珍在前人基础上改编成多本的《目连救母劝善戏文》之后,目连戏主要流行于浙江、江苏、湖南、四川等地的地方戏中。除前引《陶庵梦忆》外,明沈德符的《万历野获编》、祁彪佳的《远山堂曲品》,清李斗的《扬州画舫录》等,对此都有记载。由于该戏多为一二百出的连本剧,通常一演便是几天几夜,这样江南地区的庙会舞台就必然十分丰富多彩。

除了舞台戏曲之外,从游神队伍表演的节目中也可看出差异。比如清代北京城隍出巡,主要是全套执事,人扮判官鬼卒、马童罪犯,配合着秧歌、高跷、五虎棍等杂耍,按《北京走会图》所绘18幅图,也主要是杂技性的,没有什么带情节的故事演出①;而上海川沙的迎神赛会除了以上形式外,还有舞龙、舞狮、蚌精、摇荡会、打莲香、买盐婆、托花篮、托香炉、农家乐、渔家乐、西游记等多种②。此外还有上承古代社祭和傩祭的太湖流域赞神歌、上海郊区和浙北的太保书、南通地区僮子会等神歌表演③。如果我们超越江南地区的地理范围,观察一下福建、广东等地的情况,会发现同样色彩缤呈的庙会演出盛况。究其原因,除了历史上江南地区俗尚巫鬼,以歌舞为祭祀礼仪之一种的传统外,此时期江南经济的发展、经济文化重心南移也是这种情形的大背景。

之所以这样说,是因为我们看到许多大型的庙会或游神活动多是由当地的商人或商人组织所筹办的,起码也是富家大户,如仁和于明成化末年,"其里有鲁姓者,素信机巧,好为美观,时值承平,地方富庶……乃纠率一方富家子弟,各出己赀,妆饰各样抬阁,及诸社伙,备极华丽"④。由于各地商人往往信奉某一神灵,故其会馆

---

① 《北京走会图》,藏中国历史博物馆。
② 参见《中国民族民间舞蹈集成·上海卷》编辑部编:《上海民间舞蹈》,北京:中国城市经济社会出版社,1989年。
③ 参见顾希佳《江南地区民间信仰沿革考》,《宗教学研究》1994年第4期。
④ 嘉靖《仁和县志》卷一三《纪遗·记事》,清光绪刻《武林掌故丛编》本,叶37b。

往往就是该神的庙宇,演戏酬神的活动,当然由各地商人资助举行。这些商人富户又往往轮流充当活动的"值年首事"(如象山),除了由他们负责向参与者摊派所需费用外,自己还要贴钱进去,如象山的故事会"每赛社首事例贴钱八千文",老龙会"每逢赛社,首事贴钱二千文"①等。但无论城乡,举行这类活动主要还是要百姓交钱,江南某些地方称之为"解天饷"或"解钱粮",甚至成为一般百姓的负担。但尽管如汤斌所说,"搭台演剧一节,耗费尤甚"②,人们还是乐此不疲。没有一定的经济基础,是难以想象的。人们常常提及明代正、嘉以后和清代康熙以后社会上的奢靡之风,有其不正常的发展动因,但其确与社会经济形势较好、社会财富在总体来说有较大积累关系极大。有了这样的基础,才能频繁举行这类活动,也才能促进其中的戏剧歌舞水平的提高。

"东南财赋地,江浙人文薮。"到明清时期,得中进士的人中,江南地区的人已占首位,其中的三鼎甲也是江浙人最多,在这种文化氛围之下,江南也出现了许多戏剧家、小说家、画家,特别是关心和熟悉民间艺术或热衷于从民间艺术中汲取养料的人,如冯梦龙、梁辰鱼、徐渭、屠隆、沈璟、李玉、李渔、尤侗等。他们的创作必然促进当地的戏剧艺术的发展,同时也体现出当地民间戏剧歌舞比较繁荣的盛况。康熙二十三年南巡至苏州时,也要求"竟照你民间做就是了","随演'前访''后访''借茶'等二十出,已是半夜矣"。并"传苏州清客打十番,打完,上曰:'好,果然好。……'"③统治者的欣赏与提倡自然也有助于这方面的发展。

---

① (清)倪勋辑:《象邑夏王庙志》卷下《祀户社产》,叶 22a。
② 民国《吴县志》卷五二下《风俗二》,叶 9b—10a。
③ (清)姚廷遴:《历年记》,《清代日记汇抄》,上海:上海人民出版社,1982 年,第 119、120 页。

三、江南庙会的地域性与宗族性

南北庙会的另一个显著不同,是江南地区宗族、社区势力与庙会娱神活动有着密切关系。在历代的庙会活动中,地域神崇拜是非常重要的内容,也是维系本地域人口凝聚力的重要因素,这种地域神或为社神,或为祖神。自先秦以降,社神崇拜遍布全国,传说殷商时有"桑林之社"。《礼记》和《周礼》中也都有关于社祭的规定。天子的太社之外,最多的是民间的里社;早期无非是社坛、社树,而后则有社神、社庙,以供农民春秋进行祈报。王维诗中描写凉州一个三户小村,亦"婆娑依里社,箫鼓赛田神",赛神的内容则是"洒酒浇刍狗,焚香拜木人。女巫纷屡舞,罗袜自生尘"[1]。虽未构成大规模的庙会活动,但已具备了庙会的基本特征。到宋元时代,文人笔下对社祭的情况描写得更多,其活动规模也日益扩大,如金代山西"潞州上党一愚民,以财雄一方,率数村之民几千人迎西斋王,以赛秋社。因仪卫颇僭制度而获罪"[2]。宋时开封府曾一次拆毁神祠1038区,严禁军民擅立大小神祠[3]。

但到明清,北方的社神崇拜日益淡化,社神的地位似乎逐渐为土地神所取代,不过土地神显得并不那样重要。虽然它和城隍一样是一方的安民保境之神,但在农村,起类似作用的神还有许多,比如关帝、玉皇、娘娘(观音)等,都可成为某个村庄的保护神。在某村庄的神庙中,极可能是多神同祀,土地往往只是其中之一。在

---

[1] (唐)王维撰,(清)赵殿成笺注:《王右丞集笺注》卷八《近体诗·凉州郊外游望》,上海:上海古籍出版社,1998年,第151页。

[2] (金)赵秉文:《闲闲老人滏水文集》卷一二《碑文·史少中碑》,《四部丛刊》景明钞本,叶4a。

[3] (元)马端临:《文献通考》卷九〇《郊社考·杂祠淫祠》,杭州:浙江古籍出版社,1988年,第824页中栏。

日本人1940年代对华北农村所做调查中,发现在河北昌黎侯家营"关帝所起的作用,与古代社神的作用完全相同";而在山东历城冷水沟庄,"土地神显然不像过去的社神那样与收获有关"①。据我所查各地方志,明清时期各地的情况有所不同,京师及河北的多数地方对社祭没有什么记载,即使有也十分简略,如"三月,用牲醴祈年于社庙"②,二月二日"社日,祭乡社先农之神"③,同时其他神庙中却往往有大型的庙会娱神活动。河南的情况大体类同,偶见记载"社日,村社祀先农"④的,怀疑或是地方志编者沿袭以往成规而写,未必实有其事。倒是山西的一些偏僻地方还保留了曾经在此地十分流行的金元遗俗。如三月一日"起乡赛,祈谷实",十月一日"起乡赛,报神赐"⑤。寿阳、祁县、永宁、潞安、黎城、长子等地也都有此俗,甚至还有较大规模的活动。如"岁时社祭,冬夏两举,率多演剧为乐,随其村聚大小隆杀有差,盖尤报稸之遗云"⑥。沁水、曲沃等地的活动也同样色彩纷呈。但总的来说,社神崇拜确呈日衰的趋势,更为重要的是,华北地区残存的祭社遗俗侧重社神的田神、五谷神意义,而较少南方那种地域神、社区神的意义。

而南方的地域纽带因血缘纽带依然强大,宗家之族在其中起了很大作用,因此各种名目的社神(比如两湖的各种大王神,两广的社公、社婆)以及社神与祖神合一的社区神(如广东佛山的北帝)在南方各层级社区中普遍存在。前引日本学者金井德幸的著作中亦提及,"福德正神作为特定地区、村落守护神的称呼,在江南普遍

---

① 〔日〕金井德幸:《社神与道教》,〔日〕福井康顺等监修:《道教》第二卷,朱越利等译,上海:上海古籍出版社,1992年,第147—148页。
② 康熙《蓟州志》卷二《方舆志·风俗》,清康熙四十三年刻本,叶19a。
③ 乾隆《新安县志》卷一《舆地志·风俗》,清乾隆八年钞本,叶57a。
④ 顺治《汝阳县志》卷二《舆地志·风俗》,清顺治刻本,叶9a。
⑤ 光绪《孟县志》卷六《地舆考·风俗》,清光绪七年刻本,叶2。
⑥ 雍正《临汾县志》卷四《风俗》,清雍正八年刻本,叶51b—52a。

流行,而在华北却没有。……在这些地区,作为特定地区、村落范围内住民全部生活(农业生产也包括在内)守护神的神性比较强"①。这类社区神之所以有这样的神性或这种功能,体现了造神者借助神灵维系本社区存在的意图,而造神者及把持祭祀礼仪的人就往往是宗家之族的首领。在这里,庙会及相关的娱神活动正是后者实现各种社区神此类功能的一种形式。

日本学者田仲一成指出:"大家族的较多出现,从地域上看,是在几乎所有村落都由宗族构成的江苏、浙江、江西、广东等江南地区;从历史时期上看,是在大地主宗族对村落的支配被强化了的明中叶以后。……从中国戏剧发展史的总体上来看,宋、元以前,戏剧的主体是在市场地、村落等地缘集团中,进入明代以后,宗族对地缘集团祭祀戏剧起的作用增大……从宋元至明清,可以说就是从地缘性的市场——村落祭祀戏剧,向血缘性的宗族戏剧收缩的历史。"②这里的祭祀戏剧或宗族戏剧,无非是指庙会的一种表现形式。

关于明清时期宗家组织在南方的强化,国内外学者均已有各种论述。如厦门大学陈支平、郑振满等对该时期福建家族的研究,对其中原因做了解释,论述中也涉及家族在迎神赛会、祭祖演戏中的作用。田仲一成在他的著作中更列举了浙江萧山汪氏的大宗祠祭祀引入戏剧演出之例,说明族内对祀神活动的控制;亦列举奉化西坞镇邬氏宗族,联合其他单姓宗族,负责当地的圣姑庙会和上灯会的情形,作为以宗族势力控制族外(即市场)场所的庙会娱乐活动之例;同时提到鄞县茅山庙会是以各村落联合组成的祭祀组织进行的,在一自然村往往由一姓或几姓控制的情况下,这种联合村

---

① 〔日〕金井德幸:《社神与道教》,《道教》第二卷,第 152 页。
② 〔日〕田仲一成:《中国的宗族与戏剧》,钱杭、任余白译,上海:上海古籍出版社,1992 年,第 321—322 页。

落又同时是联合家族。尽管该书所及主要是广东地区的情形,但上述例子在江南地区颇不乏见。比如浙江富春孙氏,世居龙门镇,九月初一龙门庙会,唱戏酬神(土地),祭祖宴饮。各种祭会组织隶属本族,最大规模的演出又在孙氏宗祠里进行①。再如江西奉许旌阳神会,"同社首事者,惟金田泉珠十五姓轮行之"②。

陈春声在对广东樟林地区的三山国王信仰进行的系列研究中,已经论证了近年来中外学者有关南部中国乡村庙宇在社区地缘关系中起重要作用的观点,指出三山国王庙作为社庙,"在樟林履行着宗族社区祠堂履行的社会责任,包括社会控制,组织慈善事业,宣传和维持群众认同观念,推行乡绅的社会伦理等等";又指出"每年年初长达一个多月的游神活动,对樟林将近100姓杂居的社区来说,是绝对必要的。游神……有助于增强乡人认同意识,表现乡绅社会控制作用,展示了樟林的经济实力、内部凝聚力和政治影响力"③。同样,郑振满在对福建莆田江口平原的神庙研究中,也证实了神庙作为社区中心的地位。他认为从明至清,当地经历了一个由里社转变为村庙的过程,明初的社坛日益消解,形成大量以"社"为名的神庙,这些基本上以村为单位建立的神庙体现了"血缘关系向地缘关系演变的历史趋势"④。尽管如此,这种地缘关系的形成仍然是在相对狭小的空间范围内实现的(即"村"),而且与以往的里社多少有着重叠关系。更重要的是,他对这一演变过程的

---

① 孙希荣:《富春孙氏家族信仰》,姜彬主编、上海民间文艺家协会编:《中国民间文化》第4集,上海:学林出版社,1991年。
② 乾隆《逍遥山万寿宫志》卷一一《志·祀典》,清光绪四年江右铁柱宫刻本,叶6b。
③ 陈春声、陈文惠:《社神崇拜与社区地域关系——樟林三山国王的研究》,见张炳武主编:《中国历史社会发展探奥》,沈阳:辽宁人民出版社,1994年,第204—215页。
④ 郑振满:《神庙祭典与社区发展模式——莆田江口平原的例证》,《史林》1995年第1期。

论证,也是通过观察当地的村庙祀神活动,也即北方通常称为庙会的活动来完成的。尽管他们两人的研究限于华南地区,但就说明庙会较强的宗族、社区性特点而言,对了解明清的江南地区也有佐证意义。

那么,江南庙会的区域性或社区性极强的特点,除了与上面提及的宗族性有关以外,是否还有别的原因呢?我想还与江南地区内部相对封闭的小环境有关。举例来说,华北地区的庙会围绕着若干普遍信仰的神祇进行,比如关帝庙会、龙王庙会、娘娘庙会(包括观音娘娘庙会、泰山娘娘庙会等)、药王庙会、城隍庙会、玉皇庙会等少数几种,而江南则明显不同。田仲一成著作中列举了浙江鄞县庙会40例,名称没有重复者;嵊县于民国时尚存184座庙宇,其中20处常举办庙会,也没有崇祀同一神祇者;苏北淮城一镇,在清代便有各类寺庙120余所,只有观音、地藏、关帝、城隍等少量重复者。即使如城隍神,在各地所供奉的也不同,多与本地有渊源;又如各地土地神或社神,性质虽一,名称却完全不同,通常又是本社区的代表,即如郑振满前引文中列举出近40个村子,每村各有一位至五六位主神和多位角落神,其名称繁多,不胜枚举。

究其所由,大体因北方文化发展较早,血缘及地缘观念日渐淡化;北方的自然环境相对完整,不像江南地区为众多江河、丘陵、山脉分割得比较破碎,故有利于文化的传播和整合;从政治文化上说,北方距政治中心较近,具有对统治文化的较强亲和力,具有一个相对的文化主轴;而江南缺乏这种向心力,甚至具有一种距离感,故而在本区域内发展起相对独立的文化。总之中国南北文化的这样一个特点,在庙会问题上,在信仰圈的半径上,同样可以得到印证。另外,我们前面屡次提到的中国南方俗信巫鬼的传统,给予了宗族或社区的首领通过组织庙会活动来维系本宗族或本社区的可能性。利用某种不同其他的精神信仰加强某个群体的凝聚力和向心力,与民间宗教组织、秘密会社的特点是一致的,这也是南方庙会社区性较强的原因之一。

就一般而言,华北庙会与江南庙会存在着许多共性,上面所述,只是某一方面的特点更为突出和显著而已;也就是说,并非所有江南庙会都不存在经济功能,也不是所有华北庙会都没有较高水平的戏曲歌舞。但江南庙会与宗族的联系、它们较强的社区性、大规模娱神文艺形式等,显然是独具特色的。当然除了以上所举,还可能发现其他差异,比如两地区不同阶层、不同职业、不同性别的人对于组织和参与庙会活动的态度是否有所区别?参与的方式、程度等方面是否有所不同?整个祭神过程及具体的仪式是否有所差别?诸如此类的问题,都还可以进一步探讨。

明清华北的社与社火

——关于地缘组织、仪式表演以及二者的关系

社火,或称社会,是广义的庙会之一种。它虽是一种歌舞杂耍以娱神娱人的活动①,但之所以称为社火或社会,必与"社"及"火"有密切联系。所谓社,就是中国古代的一种基层聚落,也是上古以来的聚落或土地之神,以后又延伸发展成为乡村的基层社区组织,同时,又演化成为按职业、爱好、年龄、阶层、性别,以及特殊目的等等结成的群体;所谓火,通"伙",表示群体和众多之意,与"社会"的"会"同义②。以后渐失其本义,以"火"为红火、火爆、热闹之意,而社火也就成为一种在城乡各地年节演出的群众娱乐形式了③。实

---

① 如学者常引用的南宋范成大诗注:"民间鼓乐,谓之社火。不可悉记,大抵以滑稽取笑。"见其《石湖诗集》卷二三《上元纪吴中节物俳谐体三十二韵》,《四库全书》本。

② 还有一种更有意思的、关于社火本意的推测。甲骨文中的"燎"字(原字形中无火旁)下方为一封土堆,上方为一丛正在燃烧的木柴状,意即在社这个地方(古字土与社通)焚烧给神的祭品,所谓"燎于土(社)三小牢,卯二牛,沉十牛"(见《甲骨文合集》第780 片)。也就是说,社火的本意就是焚祭品于社,就是"燎",引申为祭社的仪式。备考。参见晁福林:《试论春秋时期的社神与社祭》,《齐鲁学刊》1995 年第 2 期。

③ 民国《万全县志》卷九《礼俗志·民俗·娱乐》是这样定义"社伙"的:"社伙与秧歌,皆年节后民间娱乐之组织也。社伙之异于秧歌者,秧歌登台演唱,社伙则平地游舞;秧歌根据剧本,社伙则毫无根据;秧歌角色,各有专人,社伙则随意扮充;秧歌有本有出,社伙则无之。全班百余人,化装古今男女老少,形形色色,无奇不有,始终如一,毫无变更。更其舞也,全班乱舞,杂以锣鼓之声;其唱也,皆系片段,并无标准,完全为取乐而设,数日即止。"(民国二十三年铅印本,叶 50b)显然,就与祭祀活动的联系而言,秧歌曾是舞台剧形式的酬神表演,而社伙则是游神队伍行进中的演出形式。

际上，无论是在历史上还是在今天，民间表演活动（有的与祭神仪式有关，有的则无关）都与一定的社群发生密切的联系，本文就是企图对明清时期华北地区的社与以社为活动单元的表演活动之间的联系，做一点初步的探讨。

关于社的研究，前辈学者多集中于先秦时期社的起源问题，比如傅斯年在其"新获卜辞写本后记跋"中、郭沫若在其"释祖妣"中，还有许多日本学者在其专论中所涉及，大多如此。关于秦以后的研究，如劳榦"汉代社祀之源流"。而晁福林、宁可、杨讷、郑振满等人开始涉及不同时期或不同地区（如福建）作为社会组织的社和祭祀仪式方面的问题。关于明清时期社的问题，国内学者研究不丰，而日本学者滨岛敦俊则对明清江南农村的社与土地庙有专文论述。至于作为仪式表演的社火问题，则是民俗学家和民间戏曲研究者更为关注的对象，在《中华戏曲》各辑、《中国民间文化》各辑，以及台湾《民俗曲艺》等杂志上，多有文章发表，不赘引。由于历史学家对于乡村基层社会组织的研究重视不够，较少的研究者又多从沿革和源流角度出发，忽视结构—功能分析，而民俗学家或民间戏曲研究者多注重表演本身的描述，忽视其制度的或组织的基础，因此对明清以来的社的研究都多少存在缺陷。本文试图勾连两个领域的研究，通过社火这种仪式表演更清楚地判断社存在的功能意义，从而准确把握社在明清基层社会中的重要位置。

一、说"社"

社最初是指社坛、社神这种自然崇拜的对象，还是指聚落性的地域组织呢①?从目前所见考古及文献材料来看,社首先是一种代表土地的、具有神性的祭祀物。由于我们的先民认识到土地的重要性,因此对土地之神感恩戴德。为了保证对土地之神的祭祀,就要把一定的人群组织起来祭社。但几乎从一开始,社就不仅具有一般的"田土"的意义,它还具有"疆土"的意义,所以祭祖表示血缘的联系,而祭社表示地缘的联系。最早大约是以族立社,后来则以国家立社,再以后则在不同层级上普遍立社。《礼记·祭法》说:"王为群姓立社,曰大社;诸侯为百姓立社,曰国社;诸侯自为立社,曰侯社;大夫以下成群立社,曰置社。"②这里的"成群"恐怕也不是杂乱无序的,而是按着地缘的相近组织的。《风俗通》卷八引《周礼》的记载说,二十五家置一社③(《左传》昭公二十五年亦如此记,但《周礼》又说二十五家的"闾无社",最少是"族有社,满百家也"),祭礼田祖。《礼记·郊特牲》说:"唯为社事,单出里;唯为社田,国人毕作。"④这样,每一部分民众都有一个地缘凝聚的中心,围绕着一定的社神或土神,就是一定的地缘组织或聚落,无论它是一个国家、一个州,还是一个里。祭祀同一个"社"的成员慢慢就成为同一个"社"的成员了,尽管前一个社指社神,后一个社指社区或者聚落。

  作为聚落或社区的社历经长时期的发展,虽经常被掩盖在政

---

  ① 蒙日本大阪大学滨岛敦俊教授推荐,我拜读了守屋美都雄教授所著《中国古代の家族と国家》一书的第八章"社の研究"(京都:京都大学东洋史研究会,1968年,第250—294页)。该章主要对上古社的起源问题进行了研究,在前辈诸家学者强调自然崇拜因素的基础上,指出了社作为原始聚落中心的意义。而随着阶级的分化,社也分解于社会的各个不同层面。虽然守屋美都雄教授主要研究的是社的初期形态,但基本观点是与本文一致的。在此特别感谢东京大学的岸本美绪教授,她在我无法在北京找到此文的情况下,专门从东京帮我复印了此文。
  ② 《礼记正义》卷四六《祭法》,(清)阮元校刻:《十三经注疏》,北京:中华书局,1980年,第1589页。
  ③ (汉)应劭撰,王利器校注:《风俗通义校注》卷八《祀典·社神》,北京:中华书局,1981年,第354页。
  ④ 《礼记正义》卷二五《郊特牲》,《十三经注疏》本,第1449页。

府规定的基层行政组织之下,但一直没有消亡。《汉书·陈平传》记载说,"里中社,平为之宰,分肉食甚均"①。这种里社从秦汉经魏晋南北朝,到隋唐五代时期,虽仍有基层政权的辅助性组织机能,但记载日益少见,取而代之的,是在地域的基础上出现的各种"私社",传统的社祭(春祈秋报)就由它们来操作进行②。自元以降,一直作为具有地缘性的祭祀组织的社,被升级为纯粹地缘性的基层行政组织。在元代,社与同样存在的坊里之制并行不悖。自至元七年始,元政府先后在北方的农村和城镇中推行社制,随后又向南方推广。按当时的规定,大约50家以上即为一社,如果一村不足50家,则与附近村庄并为一社,造成一社可能包含若干村的现象。在这种制度下,社成为村一级的基层行政组织,起着劝课农桑、社会教化等方面的作用③。当然,它与其他基层组织的作用还是有所区别的,所谓"今后凡催差办集,自有里正、主首,其社长使专劝课"④。

明代通行里甲制度,但社制依然存在。《明史》说:"太祖仍元里社制,河北诸州县土著者以社分里甲,迁民分屯之地以屯分里甲。社民先占亩广,屯民新占亩狭,故屯地谓之小亩,社地谓之广亩。"⑤地方史料也完全可以与《明史》相对应,比如河北雄县"明初分十二社、七屯……社为土人,屯为迁民。嘉靖四十年,知县鲁直另编十二社,而以七屯并入。……每社十甲,分统本社各村里"⑥。

---

① (汉)班固撰,(唐)颜师古注:《汉书》卷四〇《陈平传》,北京:中华书局,1962年,第2039页。
② 参见宁可:《述"社邑"》,《北京师院学报》(社会科学版)1985年第1期。
③ 参见杨讷:《元代农村社制研究》,《历史研究》1965年第4期。
④ 黄时鉴点校:《通制条格》卷一六《田令·理民》,杭州:浙江古籍出版社,1986年,第184页。
⑤ (清)张廷玉等:《明史》卷七七《食货一》,北京:中华书局,1974年,第1882页。
⑥ 光绪《雄县乡土志》地理第十,光绪三十一年铅印本,叶1a。

这就是说,到了明中叶,土著与移民已经混杂起来,因此屯的建制已无必要,一律归并于社。也有的地方改屯归社的时间稍晚,如清同治《迁安县志》记载:"屯社之名,昉自永乐。由山后迁入者合土著为社,召南方殷实户与土人错居,栖止荒地者为屯,社为主,屯为客;……自隆庆间社民告屯均草,而屯社之制变矣;自国初圈拨之后,改屯为社,而屯之制又变矣。"①当然也有很多地方的屯、社之名一直保存到后来。

另外,社在这里实际上就等于里甲之"里",行使"里"的基层组织职能,只是因其旧称,叫作"社"而已,如前引迁安就是"正德中并为十七里……为社十四,屯三",与许多地方的"图"是一样的。与此类似的是,顺天府宛平县永乐初编户75里,到万历二十年时仅存50里,其中有称某某乡多少图的,有称某某屯多少图的,也有叫某某社多少图的,比如王平口社一图、桑峪社三图、清水社一图等等。说明乡、屯、社、图都是里的别称②。在这种情况下,无论是官方称谓的里,还是因袭旧称的乡、图,或是因移民而称的屯,都可以同社一样,进行以传统的"社"为单位的活动。由此可见,明政府在实施其基层管理体制的时候,还是充分照顾到传统的。

由于各种原因造成的人口频繁流动,已使里甲制度在明中叶以后日益失去作用;清初统治者虽力图重建,并与负责治安的保甲制并行,但随着摊丁入地的推行、力役的取消,里甲制名存实亡,为保甲制所取代。但保甲的职能主要在于治安,还有其他因素关系到社区或聚落的维系和凝聚,一些地方还需要利用里社组织进行赋税的征收,因此传统的里社之制又被再次保存了下来,作为自然村之上的一级基层组织。我们可以看到,清代直隶各州县下的里社组织当中,以社称者很多。这个社依然还是明代"里"的继承,而

---

① 同治《迁安县志》卷七《舆地志二·里社》,清同治十二年刻本,叶1a。
② (明)沈榜:《宛署杂记》卷二,"分土"条,北京:北京出版社,1961年,第18页。

它们下面的自然村则是明代"甲"的发展,在有些地方还保持着明代一里十甲的痕迹①。当然,随着社会的变迁,乡村基层组织制度新旧混杂,后人甚至无法辨明最初的情况,像滦县,"屯社所辖庄村多寡,均无定数。有一社之村,相隔百里者,有二三里、数十里者。不知当日若何编制也"②。邯郸县则称:"旧志云,人从地,地从社,社从乡,方隅定而统属明,道里均而催科顺。……近乃有社名在东而地在西者,社名在北而地在南者,由是窜社跳甲,弊端以起。"③顺德府属9县,洪武时皆编户为社,但到清乾隆年间,各县的情况就很不一样了。如邢台县属32社、9寨、8集;沙河县原为20社,此时则为19镇、4寨、8集;南和县原为17社,此时则为3镇、60村、45庄、9屯、5寨、7集;等等④。无论如何,在历代政府实施的基层管理体制之中,尽管若隐若现,"社"是保持最久的单位,历经几千年的岁月,直到20世纪50年代初才彻底终结⑤。

还需要指出的是,上面所述的与"里"同义的社,即作为基层行

---

① 比如祁州的18社下有186村,鸡泽的10社4屯下有137村,定兴的22社下有237村,涞水的27社下有261村,等等。参见从翰香主编:《近代冀鲁豫乡村》,北京:中国社会科学出版社,1995年,第13—15页。又如邯郸"今凡三十社,每社各分十甲",见乾隆《邯郸县志》卷三《建置志·乡里》,清乾隆二十一年刻本,叶9a。滦县也是"每屯社分为十甲",见民国《滦县志》卷七《赋税·田赋》,民国二十六年铅印本,叶10a。

② 民国《滦县志》卷三《地理·乡村·户门》,叶60a。

③ 乾隆《邯郸县志》卷三《建置志·乡里》,叶10a。

④ 乾隆《顺德府志》卷四《赋役》,清乾隆十五年刻本,叶1b—2a;卷二《疆域》,叶1b—10a。

⑤ 应该说,从明到清,南方广大地域的基层乡村组织为都图之制或都保之制,负责赋役和治安等事,与上述华北许多地方的屯社之制相等。但南方同时也仍有里社,只是至少在入清以后已多不负担里甲赋役治安的职能,而成为某一传统聚落的文化凝聚中心,甚至干脆即指社庙或社坛。参见福建莆田的《(嘉靖)重修里社记》《(万历)孝义里社重建记》《(嘉庆)重建西漳濠埔社碑记》等等,收于郑振满、丁荷生编:《福建宗教碑铭汇编》(兴化府分册),福州:福建人民出版社,1995年。相反,在华北的许多地方,由于社继续承担着基层组织的职能,因此行政的社和文化(宗教的)社既可能是相互分离的,也可能是合二为一的。

政或税收组织的社,只是此时期社的两套系统之一,华北(也许其他地区也同样)的社还有另外一套系统,那就是从古代承继下来的,以祭祀为核心、兼及其他基层社会职能的社。我们所要论及的社火是与这个系统有密切关系的。

二、作为"民俗聚落"的社

社,代表着一种古老的社区文化传统,无论是否被某个朝代的统治者定为一级行政管理组织,它始终存在于乡土社会之中,成为一种"民俗社区"或"民俗聚落"。

基层的行政设置是政府进行有效社会控制的手段,因此它的着眼点主要在于征派赋役和治安,对于基层社群的凝聚基本上无暇顾及。因此,无论是靠地缘凝聚的自然村落,还是靠血缘凝聚的家族,被强制性地纳入到或乡或党或里甲或保甲之中,就必然产生文化上和心理上的隔阂。原因在于文化建设或文化传统的区划与政治、经济建设的区划时常是分离的。

上古村社的重要凝聚力量之一,就是社祭活动,其中尤以春社活动为甚。这里不仅有祭土祈年的活动、从天子到平民的耕藉仪式、祭祖的活动,更有男女热烈交往的自由狂欢,所谓"中春之月,令会男女。于是时也,奔者不禁"[①]。这里把对自然、亲情、娱乐和社群的凝聚结合在了一起,构成基层社会很重要的一项文化传统。由于社稷代表着"文化国家"(cultural state,与西方近代的"民族国家"即 nation state 相对),所以天子的社祭实际上就是一种"国庆",乡里之中的社祭则是"社庆"或"社区之庆"。所以有人说:"中国

[①] (清)孙诒让撰,王文锦、陈玉霞点校:《周礼正义》卷二六《地官·媒氏》,北京:中华书局,1987年,第1040—1044页。

之神,莫贵于社。"①

由于社祭活动的重要性,使得后世无论是否存在"社"这一级基层行政管理组织,始终不仅保留下社祭活动或其变形,而且把社也时隐时现地保留了下来。三国时人王修"母以社日亡。来岁邻里社,修感念母,哀甚。邻里闻之,为之罢社"②。这段文本意在说明王修的孝心感动了大家,以至重要的社日祭祀活动都停止了。隋唐实行乡里制度,但社日活动之丰富,也有从祭祀句龙到结宗等16项内容③。宋代基层社会实行乡保之制,但正如前引范成大诗中所云:"轻薄行歌过,颠狂社舞逞。"或如梅尧臣《春社》诗说的:"树下赛田鼓,坛边饲肉鸦。春醪酒共饮,野老暮相哗。"到了这个时候,"社火"不仅存在于乡村,而且也扩展到城市,只不过乡村的社火是社祭的活动,至少是与传统的地域性里社相关的;而城市中的社火是特定结社组织进行的表演活动,它们虽然也是祭祀表演,但并不一定与社祭相关。比如汴京六月六日崔府君生日时,"其社火呈于露台之上"④。南宋临安元宵社火时,"姑以舞队言之,如清音、遏云、掉刀鲍老……神鬼、十斋郎各社。不下数十"⑤。

明代的情况比较特殊,似乎统治者意识到,社区的行政或者经济控制必须与文化传统相联系才能更为有效,所以规定"里社,每里一百户立坛一所,祀五土五谷之神"⑥。《明会典》还进一步解释说,这是"专为祈祷雨旸时若,五谷丰登。每岁一户轮当会首……

---

① (梁)何佟之:《社稷位向议》,《全梁文》卷四九,(清)严可均校辑:《全上古三代秦汉三国六朝文》,北京:中华书局,1958年,第3231页。
② (晋)陈寿撰,陈乃乾校点:《三国志》卷一一《王修传》,北京:中华书局,1959年,第345页。
③ (唐)韩鄂:《岁华纪丽》卷一,明万历刻《秘册汇函》本,叶14a—15a。
④ (宋)孟元老撰,邓之诚注:《东京梦华录注》卷八,"六月六日崔府君生日二十四日神保观神牛日"条,北京:中华书局,1982年,第260页。
⑤ (宋)吴自牧:《梦粱录》卷一,"元宵"条,杭州:浙江人民出版社,1984年,第3页。
⑥ (清)张廷玉等:《明史》卷四九《礼二》,第1269页。

北宋绍圣五年太原晋祠金人铭文

遇春秋二社,预期率办祭物,至日约聚祭祀。……祭毕就行会饮,会中先令读抑强扶弱之誓"①。这样,就把传统的里社活动与新建之里甲制度结合了起来,把凝聚社区和社会教化的职能交付于与里的建制相合的社,社区中心就是这个社坛,以及祭无祀鬼神的乡厉坛。但是,在具体的实践中,百姓不可能像国家规定的那样进行非常严肃刻板的仪式,而是力图把政府颠倒了的东西再颠倒过来,原来的木主统统变成偶像,宣传说教重新变成娱乐表演。如明代浙江武康祭春社时,"各村率一二十人为一社会,屠牲酾酒,焚香张乐,以祀土谷之神"②。一直到清末民国初,还是"元旦演剧,城乡通行。其剧场,在城必择戴庙,乡镇各就社庙为之"③。

必须指出,许多以社为单位,或以社庙为地点、以社神为祭祀对象而进行的活动,有可能、却不见得一定是传统上"春祈秋报"的那个社祭,华北的情况与南方的情况有许多相同,也有许多不同。

---

① (明)申时行等重修:《明会典》卷九四《里社》,《万有文库》第 2 集第 19 册,上海:商务印书馆,1936 年,第 2140 页。

② 嘉靖《武康县志》卷三《风俗志·岁时俗尚》,《天一阁藏明代方志选刊》本,叶 10b。

③ 民国《德清县新志》卷二《舆地志二·风俗》,民国二十年铅印本,叶 11b。

比如清代江南的"大王神诞","每里皆有之,即里社神也。其名号甚不可解。其有姓氏者,如忠安庙、南门外黄氏庙俱为春申君,间窑大王为吕蒙正,东亭则诸葛孔明,闾江则伍子胥,管社则项羽,石塘山及胶山则徐偃王,荡口大王为隋炀帝,尤可怪"①。这种多名目的社神存在的情况在华北就不太多见。在徽州,明中叶以后的变化也体现在了社祭上。弘治《徽州府志·祀典》中就记载说:"府城内及歙各乡皆有社,春祈秋报,礼仪颇丰。但易坛以屋,而肖社公之像而祀之,不如式耳。"这里的社屋,实际上就是社庙,并与特定的宗族发生联系;而更大的寺庙则涵盖着若干相关的村族,在赛会的时候,都是各族姓请出各自的社神,再由后者群迎它们之上的某一庙神,形成"众社拱庙"的格局②。而在闽南莆田的江口平原上,情况则又有一些不同;除了明代初建的里社之庙(祖社或祖庙)以外,原来里社内部又发展起许多村落,不仅各有各的村庙,甚至有各姓的家庙,也称之为社。于是,一个村落可以就是一社,甚至两社,村庙即是社庙,与华北一社之下有许多村的情形正好相反③。

在华北,许多地方依然把春祈秋报当作岁时节庆活动中的两次,如蓟州三月"用牲醴祈年于社庙",九月则"秋成报社"④。蔚县"当春秋祈报日,里社率钱备牲醴祀神,召优人作乐娱之。随各邀亲朋来观,大小骈集。竣事,会中人依次叙坐享竣余,鼓笙吹阗,必醉饱乃止"⑤。顺德的"乡社赛神"被称为淫祀,举的例子就是"遇

---

① 乾隆《锡金识小录》卷一《备参上·补订节序》,清光绪二十二年刻本,叶26a。
② 参见郑力民:《徽州社屋的诸侧面——以歙南孝女会田野个案为例》,载汉学研究中心编:《寺庙与民间文化研讨会论文集》(下册),台湾"行政院文化建设委员会",1995年,第553—578页。
③ 参见郑振满:《莆田江口平原的神庙祭典与社区历史》,《寺庙与民间文化研讨会论文集》(下册),第579—598页。这后来新建的社或可称之为"村社""甲社",而与传统的或明代意义上的"里社"相区别。
④ 康熙《蓟州志》卷一《风俗》,清康熙四十三年刻本,叶19a、20a。
⑤ 乾隆《蔚县志》卷二六《风俗》,清乾隆四年刻本,叶4a。

春祈秋报时,乡人醵钱谷,具牲醴,盛张鼓乐,扮杂剧于神庙前"①。山西一些地方的社日祭祀活动,城里人也踊跃参加,称为"走社",黎城、屯留等地秋社时,"士女走社愈盛"②。长子社日士女出游称"走社",但这时"乡人张乐赛神,曰'结秀'"③,可能是"走社"有城里人到乡村去观社的意思。曲沃里社的春祈秋报甚至"多聚娼优,扮演杂剧,连日累夜,甚非美俗"④,完全不是统治者希望的那种教化活动了。

正如前述,以里社为单位分别组织或共同参与的神灵祭祀活动,并不仅限于春秋社日祭祀活动,祭祀的神灵并不见得是本社的社神。河北赞皇立春头一日,"知县具朝服,率僚属及七社里民,鼓乐结彩,迎春东郊"⑤;山西崞县在四月初八"各村多迎神作戏",其中"东南乡多办社伙,合数十村,各妆演故事,观者如堵"⑥;绛县二月二十五日在"坡下老君庙设香火会,装社伙,演杂剧,招集贩鬻,各色货物置买甚便。四社一十八村轮流办事,余庄不随"⑦;也有的地方在所有年节活动时都进行社祭,如山西沁源,祭礼"分公祭、自祭二项。公属于社,或属于族;社祭,系各村在神庙演戏时,或各节献羊时行之;族祭,系士民立有家祠者行之"⑧;在河北滦县,一年之间乡村中的各种庙会,均有里社参与,所谓"在城之会,城隍庙

---

① 乾隆《顺德府志》卷六《风俗》,清乾隆十五年刻本,叶12a。
② 康熙《黎城县志》、光绪《屯留县志》,见《中国地方志民俗资料汇编》(华北卷),北京:书目文献出版社,1989年,第615、639页。以下所引地方志资料凡未注明卷秩者,均出自此书,不详注。
③ 乾隆《长子县志》卷三《风俗》,清乾隆四十三年刻本,叶15a。
④ 万历《沃史》卷一三《风俗考》,《天津图书馆藏稀见地方志丛刊》本,天津:天津古籍出版社,1988年,叶4b。
⑤ 乾隆《赞皇县志》卷五《礼仪志·迎春》,清乾隆十六年刻本,叶13b。
⑥ 乾隆《崞县志》卷四《风俗》,清乾隆二十二年刻本,叶1b—2a。
⑦ 乾隆《绛县志》卷二《风俗》,清乾隆三十年刻本,叶11。
⑧ 民国《沁源县志》卷二《风土略·礼仪》,民国二十二年刻本,叶50b—51a。

为大……在乡之会,寺为大,社必有寺"。

我们仔细观察滦县神灵祭祀的等级结构,发现它似乎与前引徽州的情形有些类似。"凡在社内大小村庄,共奉一寺之香火,俗谓之'风光',董事人谓之'会首'。"虽不知这一社之寺是否系社坛转变而来的社庙,但它们却是一社之内各村的共同信仰中心。这里"一社之会,一日之间,如是者或十数起,糜费无算。此外,又有各村所自主之庙神,各有诞期,多荒谬不经",可见除前述社寺之外,社内各村还各有村庙,亦是"众庙拱寺"的格局,因此才有可能出现一社之内,在一天之中有十数起庙会的局面①。与此相似,又与前述南方的情况相似的,还有山西闻喜的情形:

> 村各有所迎之神,大村独为一社,小村联合为社,又合五六社及十余社不等,分年轮接一神。所接神有后稷,有成汤,有伯益,有泰山,有金龙四大王,又有五龙(澹台灭明)、五虎、石娘娘等神。……凡轮值之社,及沿定之期,锣鼓外必闹会……庙所在村及途经同社之村,必游行一周。庙中,则送神之社,预演戏;既至,锣鼓数通后,排其仪仗,异其行跷,返置社人公建之行宫,演戏三日以安神。平时日轮一户,祀两餐,早晚铺叠床寝如生人。每村至少有一月盘期,搭精巧之彩棚,陈水陆之供品,演戏三日。邻村及戚友皆捧酒肉浇神,必款以宴。次年送神,则仅有锣鼓而已。亦有闹送不闹接者。要之,不赛神之村,无几也。②

可见,这里也有各种名目的社神,这里的迎神活动也是村、社为两级,而社又是迎神、轮值的主要单位。但社并不是纯粹的实体,具体的操作者还是村,因为社庙也在某一村中,祀神者也是具体的村民,然而社、社神以及赛社活动,却不断维系着同属一社之各村之

---

① 光绪《滦州志》卷八《风俗》,清光绪二十四年刻本,叶24。
② 民国《闻喜县志》卷九《礼俗》,民国八年石印本,叶4b—5a。

间的联系。

有意思的是,上面提到的地方的基层行政组织是不同的,如滦县的确是分成65个屯社,其中称社的44个,每个屯或社下所辖之村最少是5个,多的达60个。绛县前面说4社18村如何如何,但其基层组织却是乡、里、村三级,地方文献中并没有提及社①。沁源同样提到社和社祭,但这里的基层组织自明初就是乡、都、里三级,崇祯八年归并为7个里,"清代因之"②。而闻喜自明初经崇祯、顺治、康熙等朝,到乾隆时是4坊29里,社也没有作为某一级行政组织的名称③。显然,在前面提到的这些地方,"社"如果不是祭祀演出团体,就是过去遗留下来的传统地缘组织,虽未如某些地方被列为基层乡里组织之一级,但也被民间默认而保留了下来。即使是因为特定的祭祀活动而建立起来的社,也由于它们包含了特定的地域范围,而成为具有地缘性质的祭祀组织。像我参观过的武安固义村(地方文献及仪式活动中皆作"顾义")大型社火表演中,世袭的组织者和表演者称"西大社",打出的旗号还有"中南境"等古称,而乾隆时期的县志却告诉我们这里的基层行政区划为4乡34里④。

晋东南阳城县北留镇下郭峪村的地方文献,给我们留下了关于这种社的基本职能的具体描述。根据新编《郭峪村志》的记载,"明清,里为基层行政单位。郭峪里下设十甲……与里同时存在的有里社,里社有社首,由推举产生。里社设在大庙,主管春秋祭祀、庙宇创建及维修、祈雨、庙会、看庄稼、巡更查夜等事项,具有很大权力"。同时,"清代,社首负责村民事调解"⑤。这样的描述得到

---

① 光绪《绛县志》卷三《城池·坊里附》,清光绪二十五年刻本,叶11。
② 民国《沁源县志》卷一《疆域略·里甲》,民国二十二年刊本,叶32b。
③ 乾隆《闻喜县志》卷二《城池》,清乾隆三十年刻本,叶10b—11a。
④ 乾隆《武安县志》卷三《疆域·里社》,清乾隆四年刻本,叶2a—11b。
⑤ 赵振华、赵铁纪主编:《郭峪村志》,"政治·村政""政治·民事",1995年,第43、46页。

了明清文献的证实:据同里乡绅陈昌言于顺治九年所撰《郭峪镇重修大庙记》,由社首王重新主持重修庙事,修缮用银1800两,"君独出七百两有奇,又辍其家务,昧爽而兴,从事于此,庙之成实君之力"。次年所立之《郭峪大庙墙碑记》,记张多学为社首,强调了社首对该庙的管理职司,以及各有关规定,如"违反条约,强梁不服者,阖社鸣鼓而攻,罚必加倍,祈神圣鉴察,降下灭门灾祸"①,说明了里社的力量。按此大庙为汤帝庙,以往此庙为村社活动场所,村内重大事情都在这里商定和办理,以至于民国时仍把村公所设于此庙。这证实了在中国传统社会中,社庙是社区的中心,就像宗祠是宗族的中心一样,同时也说明了社的祭祀组织系统在社区中的重大作用。

在这里,曾经担任社首的王重新(字焕宇)是个值得注意的人物。在"先有南卢北窦,后有张陈二府"的郭峪里,他并非显赫家族的代表②。他本以在外地经营铁器而致巨富,回乡后积极致力于乡里,各种公共工程无不捐巨资相助,俨然地方权威。其中为防御明末农民军而修筑的郭峪城和豫楼,至今犹在,极其壮伟,均为他所主持修筑。关于修此城留下的传说也颇说明问题:一是修城买砖时与窑主

山西阳城郭峪豫楼

---

① 此二碑记见《郭峪村志》,第202—205页。
② 本村张氏,一支有张好古、好爵兄弟分别在明正德甲戌、嘉靖癸未中进士,曾任户部郎中、刑部主事;另一支有张鹏云为万历丙辰进士,官至都察院右佥都御史,张尔素为清顺治丙戌进士,官至刑部左侍郎。陈氏则更显,祠堂门上的对联是"德积一门九进士,恩荣三世六翰林",其中陈廷敬在康熙朝历任四部尚书、左都御史、文渊阁大学士。

斗智，动员全村男女老少、大小车辆连夜运砖，甚至连几千只羊都动用上了，使窑主白送了这几百万块砖；二是修城时有村东西两个财主拒不捐银，结果社首与社众议定，修城时把这两家圈在城外，以至两家很快破败。又一则传说说，清兵前来镇压姜瓖余党时，波及本地，也是王重新去清营说明情况，保境一方①。这些传说至少说明民众的一种心态，即对社的多方面职能、对社首的权威是认可的。

崇祯十三年《焕宇王翁豫楼记》

以上所论，说明传统的社祭活动或者以社为基本单位进行的庙会活动，对乡村基层组织有莫大的干系。已经日渐消解的里社组织，由于这些活动而一直若隐若现地存在，并且发挥着"文化社区"或"民俗社区"的作用，在一定程度上弥补着、也可能在一定程度上对抗着国家设置的基层行政系统。

---

① 赵振华、赵铁纪主编：《郭峪村志》，"社会·民间传说""人物·人物传"，第128—130,133页。社首王重新在社会动荡形势下的作为和影响力，通过豫楼上的两块墙碑记《焕宇变中自记》和《焕宁重修豫楼记》充分显示出来。见同书"附录·文"，第195—202页。

三、社火、社祭与傩事

明清时期的所谓社火,正是来自于上述活动、服务于上述功能的一种民间表演形式。在明清的地方文献中,还依稀可以看到社与社火关系的影子,如山西临晋迎春活动中"县官勾集里甲社伙,杂以优人、小妓……"①,说明社火是由里甲提供的。但多数地方已把社火视为一般的表演形式,如河北赤城正月十五上元节的时候,"沿街设立松棚,杂缀诸灯,翠缕银葩,绚然溢目。又唱秧歌,谓之'社伙'"②。也有一些文献并不把社火理解为单一的表演形式,如临晋正月十五"人民嬉戏诸技艺,则有高抬、柳木棍,妆演戏目,游行街衢;夜又有龙灯、竹马、旱船、太平车等,金鼓喧阗,观者如堵,俗谓之'闹社户'(省垣谓之'闹旺火')。卜昼卜夜,歌谑欢呼,举国若狂,殆滥觞于大傩云"③,把社火视为一系列杂耍演艺活动的概称;河北迁安亦称,元宵节时"乡人多于是节办(应为'扮'。——引者)杂剧,如秧歌、旱船、狮子等,亦古之傩礼也"④。

值得注意的是,临晋把闹社火称为闹社户(闻喜也是这样称呼),似乎不仅是一种音讹,而似乎表示它原来就是把一社之内的家家户户都"闹"遍的一种活动、一种把社区内全体人员都调动起来、都牵连进去的活动。由于政治、经济地位的不同,这种活动不可能是政治、经济活动,而只可能是社区文化活动、民俗活动,这才应该是"社火"的本意。临县有竹枝词说:"秧歌队队演村农,花鼓

---

① 康熙《临晋县志》卷三《风俗》,清康熙二十五年刻本,叶 19b。
② 乾隆《赤城县志》卷一《风俗》,清乾隆十三年刻本,叶 23b。
③ 民国《临晋县志》卷四《风俗》,民国十二年铅印本,叶 15b。
④ 民国《迁安县志》卷一九《谣俗篇·礼俗》,民国二十年铅印本,叶 8b。

斑衣一路逢。东社穿来西社去,入门先唱喜重重。"①寿阳正月十六"撞钲击鼓,挨户作驱逐状,略如古人之傩,谓之'逐虚耗',亦曰'逐瘟'"②,这里的"入门先唱"和"挨户驱逐"正是"闹社户"的生动注脚。证之以今天田野调查所见,河北武安(旧属河南)固义的"捉黄鬼"活动在全村主要街巷绕行,邑城镇白府村的"拉死鬼"及其路神行列、井陉南王庄乡下属9个村子的"撵虚耗"等,都要经过家家户户门外的火堆。

上面的材料往往把社火与古代驱傩活动联系在一起,说明二者存在密切的关系③。从明清时期华北的地方文献来看,绝大部分社火是在春节到元宵节期间,特别是在元宵节时举行,如龙门正月十四到十六"随处演戏、办社火、唱秧歌及节节高等戏以为乐";张北这时"并有社火、高跷、唱各种秧歌小曲";保安州"街市张灯,狮火、社伙甚多,谓之'斗胜'";万全的社火"昼则游行各处,夜则登台演剧";定襄"街巷悬灯,扮社火,仿古逐疫之意,又有唱秧歌者";等等,不胜枚举④。考之古代傩事活动,一般都在腊月或岁末举行,至此后移了一二十天,但基本上还是在宽泛的大年期间,像正月十五之夜妇女的"走百病",也具有同样的"逐疫"的含义,而腊月驱傩活动的踪迹却难得在地方文献中见到。之所以有如此变化,一是因为上元张灯本自佛教以光明逐黑暗的象征,发展到民间"走百病"

---

① 刘如兰:《竹枝辞》,民国《临县志》卷一三《风土略·歌谣》,民国六年铅印本,叶6a。

② 光绪《寿阳县志》卷一〇《风土志·岁时第一》,清光绪八年刻本,叶1b。

③ 这种关系已为一些学者认识到,见李子和:《信仰·生命·艺术的交响——中国傩文化研究》,贵阳:贵州人民出版社,1991年,第157—158页;刘亚平编著:《忙年——春节民俗民艺》,北京:中国人民大学出版社,1991年,第123—124页。

④ 康熙《龙门县志》,见《中国地方志民俗资料汇编》(华北卷),第138页;民国《张北县志》卷五《礼俗志·习惯》,民国二十四年铅印本,叶110b;道光《保安州志》卷六《礼仪上》,清道光十五年刻本,叶32a;民国《万全县志》卷九《岁时》,38页下;光绪《定襄县补志》,《中国地方志民俗资料汇编》(华北卷),第561页。

"照田蚕""除虚耗"等祈福免灾的习俗,与驱傩逐疫的目的相通,故而可以合二为一;二是因为古代社祭传统中也有以巫术形式祈年免灾的活动,社祭的演出就逐渐发展为社火,与傩事活动也有类似之处,而上古社祭与傩仪的重要性也类似,因此,传统的岁末傩仪与二月初的社祭有可能逐渐向对方靠拢,最后选择了元宵这个居中的节日,集中进行源自于社祭,却又在华北汉族地区保持傩事活动痕迹的社火。

社火与傩事活动的另一个相通之处在于它的"扮"。傩事活动的重要特征之一就是它是一种模拟性表演,就是它的假面化装,而社火被地方文献与傩联系在一起,也是因为社火的表演者要进行化装。上述许多材料都提到了"扮社火"(有些误写为"办社火"),具体来说,如前引滦州,"各村又饰儿童为百戏,执戈扬盾如傩状。导以幡幢,肃以仪仗,钲鼓喧阗。衣冠者一人,背黄袱而垂其两端若逶,该神之画像,并进香者姓名榜文也。后拥大纛,尾以金鼓钹铙,擂吹聒耳,挨村迂绕,跳舞讴歌"。或又如前引闻喜,"乡村竞闹社户,所扮鲍老张翁、鱼龙柳翠诸戏外,花鼓、花船皆唱古调小曲,间涂面演拳棒武技。有所谓拐字灯者,择十龄内外幼童八人至十二人饰古女子,宫妆,各持丁字灯架一,两端悬小红灯二,盘旋交舞,排'天下太平'四字。每一字毕,班立两行,又起舞,乃唐宫旧戏也"。这里都谈到了"扮"。证之其他文献,"更有那小儿童戴鬼脸,跳一个《月明和尚度柳翠》,敲锣敲鼓闹元宵";或"跳鲍老,儿童戏也。……今俗传月明和尚驮柳翠,灯月之夜跳舞宣淫,大为不雅"[1];或"感竹马之趋迎回旋,应节按箸徐行,莫不扬光掠景,魄动

---

[1] 各见(明)金木散人编,李落、苗壮校点:《鼓掌绝尘》月集第三十三回,沈阳:春风文艺出版社,1986年,第363—364页;(清)陆次云:《湖壖杂记·月明庵柳翠墓》,《丛书集成初编》据《龙威秘书》本排印本,北京:中华书局,1985年,第28—29页。

神倾。又有郭郎鲍老,爨舞田歌,文身借面,跌宕婆娑"①。而这些也都是唐宋以来社火的重要内容。

如果我们把社火当作纯粹的文艺表演形式(比如民间小戏),那么通常就会得出结论说,随着时间的推移,在汉族文化水平较高的地区,傩事活动已逐渐脱离宗教性的傩仪,而向世俗性的文艺表演形式转化;但如果我们同时考虑到社火具有社祭的渊源,考虑到它既游离于岁末的傩事活动,又游离于二月初的社祭活动,在传统上"金吾不禁"的元宵狂欢之夜进行,就可以知道它并不仅是民众大会演中的一类节目,而仍具有一种"泛宗教化"的特质,也就可以理解在这些地方,为什么是由社火依稀承继了傩事活动的传统②。

同时,由于社火与社祭、与傩事有密切的联系,而社祭本是对本境地方神的祭礼活动,祈告本地五谷丰登,傩事也是为一境之平安而举行(至于其他地方是否有水旱之灾,或者是鬼魅疫疠是否被驱赶到其他地方,人们并不关心),因此它必有凝聚社区的意义。我们从社火的具体组织系统、组织过程,以及"闹社户",即把本社区的家家户户卷入其内的做法中,都可以清楚地看到这一点③。因

---

① (清)高葆:《灯市赋》,乾隆《长子县志》卷一八《艺文·赋》,清乾隆四十三年刻本,叶 14a。

② 实际上,在其他地方的民间社会,傩事活动已明确从岁末移到正月十五,比如江西乐安的流坑村"八房八傩班",即指家族的每个房支都有自己的傩班,有固定的"出傩"活动。按其《胤明公房谱》所记:"古者岁终而叶傩,吾乡之奉此神,亦犹行古之道也。"但实际进行的时间却是正月初二到元宵节期间,前引房谱记载民国五年"出傩"的仪式过程时说:"凡房下喜庆,俱得藉以致贺。元宵装扮神像,扫荡街巷。"见周銮书主编:《千古一村——流坑历史文化的考察》,南昌:江西人民出版社,1997年,第298—306页。

③ 关于这个问题,可参见本书中的《中国传统庙会中的狂欢精神》《庙会与明清以来的城乡关系》两文。另外,周銮书主编前引书中,亦有史料记载当地傩舞演练的由来:"所由来者,吾族地居谷口,实为闽广山寇经途。扰攘之时,屡遭其害。我先世尝修武备,借戏舞以为训练,内以靖其氛,亦外以御其侮也。然而事虽近戏而周礼不废,似以未敢厚非。……每年冬月,子弟操习拳棍团牌。新春月初,结台演戏,装扮古传,成部教演战阵兵法。"(第302—303页)这显然也是借傩事活动以凝聚社区家族的一种说法,同时又为举行这种可能被士大夫讥为淫祀的活动寻找了合理的借口。

此正如前述,社火按"社"这种传统的基层文化社区来组织,来进行,补足了政府设置的基层行政组织所缺乏的文化凝聚职能(其税收和治安职能往往是强制性的或控制性的),使"社"一直存在到20世纪中叶建立起新的多职能基层管理组织,其后社火这种带有泛宗教性的活动被大大弱化,"社"的存在也就成为一种多余了。

个案研究之部

明清以来妇女的宗教活动、闲暇生活与女性亚文化*

关于中国传统社会中妇女的闲暇娱乐生活,是一个饶有兴味并值得研究的问题。一般人都认为,在中国的传统社会中,妇女的劳动分工可以概括为"女主内"。所谓"主内",又可概括为"相夫教子"、主厨、女红等等家内劳动。"严闺阁"是家风端正的重要方面,女子"大门不出,二门不迈",乃是其品行的基本规范,这样似乎就谈不上户外的社会交往和公开的娱乐活动,其闲暇生活往往为家务琐事所占据,娱乐活动就只能限于家内。

但是根据本文的考察,这样一种传统的说法究竟在何种程度上成为事实,传统的伦理教条究竟在何种程度上得到遵守,付诸实践,还有很大的疑问。本文将要显示的是,在明清时期,妇女可以借口参加具有宗教色彩的种种活动,以满足她们出外参加娱乐性活动的愿望,这样,宗教活动与闲暇娱乐活动就发生了联系:一方面,妇女的闲暇娱乐活动往往都是一些宗教性的活动;另一方面,女性参加娱乐活动与投身宗教活动往往具有类似的动机和社会背景。

---

* 本文原发表于《原学》第 2 辑,北京:中国广播电视出版社,1995 年,第 234—258 页。后又提交给 1996 年 9 月在荷兰莱顿大学举行的"中国妇女研究的新方向(1000—1800)"国际会议,会上及会后得到了有关评论。特别是 Paola Paderni, Harriet Zurndorfer, Joanna Handlin Smith 提出了许多积极的建议和意见,为本文的修改所参考,在此特致谢忱。

一、从几则官府榜示谈起

清康熙中,汤斌任江苏巡抚。在任期间,他曾做下一件影响地方风俗的大事:他接受了一名周姓秀才的诉状,将苏州上方山五圣庙封闭,并上《奏毁淫祠疏》,得到皇帝批准,"严禁五圣庙,立毁其像,民间如有私藏容隐,则十家连坐;禁除太保,着令改业;巫祝、卜店不许判断,违者以逆旨论罪"。但就在同一月内(康熙二十五年三月),发生了两件事情:一是盛传像毁庙拆的"上方山五圣,赶在嘉兴府南鳗鱼堰地方,在一石桥下塽。嘉兴、秀水两县,疫症盛行,哄传五圣作祟,日日做戏宴待,酌献者每日数十家"。二是汤斌忽被钦召回京,升任礼部尚书并兼东宫官①。后者显然与其拆毁"淫祠",遭到地方非议有关系;同时说明以五圣为代表的诸神崇拜,在地方民众心态及日常行为中占有极重要的地位。

与此相关的是,汤斌在任期间,曾发布《抚吴告谕》一篇,其中有几段关乎本文主题,故节引如下:

> 又曰妇女职司中馈,幼女学习女红,皆宜静处闺帏,别嫌明微,即异性亲戚,不得相见。乃开元等寺,何物妖僧,创为报母之说,煽惑民间妇女,百十成群,裸体燃烛肩臂,谓之点肉身灯。夜以继日,男女混杂,伤风败俗,闻者掩目。而乃习久不察,视为故常,良可哀悯。即曰亲恩当报,生养死葬,自有定礼;违礼辱身,是谓不孝,何名报恩?合行出示严禁:嗣后不得仍蹈从前恶习,如有犯者,许地方附近居民禀官,严拿究处,女坐其父,妇坐其夫,僧道容隐,不行举发,解院重责,枷示不贷。

---

① (清)姚廷遴:《历年记》,《清代日记汇抄》,上海:上海人民出版社,1982年,第122页。

……

又曰吴下风俗,每事浮夸粉饰,动多无益之费。……如迎神赛会、搭台演剧一节,耗费尤甚,酿祸更深。此皆地方无赖棍徒,借祈年保赛为名,图饱贪腹,每至春时,出头敛财,排门科派。于田间空旷之地,高搭戏台,哄动远近,男女群聚往观,举国若狂,废时失业,田畴菜麦,蹂躏无遗。①

以后在此为官的陈宏谋也发布过《风俗条约》,其中有许多内容的精神与前者一致,比如其中说:

妇女礼处深闺,坐则垂帘,出必拥面,所以别嫌疑、杜窥伺也。何乃习于游荡,少妇艳妆,抛头露面,绝无顾忌。或兜轿游山,或镫夕走月,甚至寺庙游观,烧香做会,跪听讲经,僧房道院,谈笑自如。又其甚者,三月下旬,以宿神会为结缘;六月六日,以翻经十次可转男身;七月晦日,以点肉灯为求福。或宿山庙求子,或舍身于后殿寝宫,朔望供役。僧道款待,恶少围绕,本夫亲属,恬不为怪,深为风俗之玷。现在出示庵观,有听从少年妇女入寺庙者,地方官即将僧道枷示庙门,仍拘夫男惩处。

……

僧尼身入空门,原系六根清净,持素焚修。江南僧人,拥有厚资,公然饮酒食肉,赌博奸淫,盘剥占夺,设计骗人,藏匿妇女,无恶不作。……凡妇女烧香做会,听讲翻经,宿庙肉灯舍身,皆由僧道设此名色,或遍贴传单,或发帖邀请,煽诱骗财。并将佛经编为戏剧,丝竹弹唱,俨同优伶。嗣后责成僧道官稽查送究,徇隐连坐。女尼中有少妇幼女,带发修行,艳服

---

① (清)汤斌:《抚吴告谕》,民国《吴县志》卷五二下《风俗二》,民国二十二年铅印本,叶9b、10。

> 男装,勾引男妇,无异娼妓。又惯入富家,吹唱弹经,甚而群尼一路弹唱,赴庵烧香……遂有恶少结队跟随,途中拦截,逼令弹唱为乐。一切引诱淫荡之事,皆尼庵之所有。①

他们的后任对前任的批评深有同感,所以如裕谦有所谓《训俗条约》,丁日昌有"告谕",其中都强调了妇女的行为规范问题。在比他们(巡抚)低级别的官员中,也有许多类似的告诫。比如清初戴舒庵在浙江天台县任上,先后发布《严禁妇女入庙烧香以正人心以端风俗事》及《再行严禁妇女入庙烧香以养廉耻以挽颓风事》两文,均谈到妇女"红裙翠袖,屡来兰若招提,与剃发披缁频频相对","俏装倩服,挈梐提壶,玩水游山,朝神礼佛。嬉戏于慈云之地,杂沓于缘觉之场"等等现象,认为这些"真正可鄙,可贱,可悲,可痛!若不严加禁止,将来败俗安穷!"②

以上这些地方官的榜示至少说明了以下几个问题:一是此时期妇女仍有较多的户外活动机会,二是这些活动往往带有宗教的性质,三是这些活动与女性面临的社会压力和诸多社会限制有关,比如求子、转男身、娱乐和社会交往,四是这些活动与女性宗教师有密切关系,五是广大下层民众,包括参加这些活动的妇女之家属都对此加以容忍,但上层官绅却深恶痛绝。以上这些,都将在本文中得到不同程度的分析。

需要加以说明的是,在这里,地方官的矛头并不是指向宗教领域,这些问题并不是宗教问题,而完全是整顿风俗的问题。我们只要稍加注意,就会发现这些榜示都是"风俗条约""训俗条约",而汤斌又是以整顿风俗闻名天下的,据统计,《汤子遗书》中所收汤斌在

---

① (清)陈宏谋:《风俗条约》,民国《吴县志》卷五二下《风俗二》,叶 11b、12。
② 康熙《天台治略》卷四《告示》,《中国方志丛书·华中地方》第 65 号影印清康熙六十年刻本,台北:成文出版社有限公司,1970 年,第 471—473、475—477 页。

江宁巡抚任上的146件告谕中,约有45件与整顿社会风俗有关①。在汤斌赴任之前,曾蒙康熙皇帝的召见。后者嘱咐他:"居官以正风俗为先,江苏风俗奢侈浮华,尔当加意化导。"②妇女随便地抛头露面,与男子一起出入公共场合,特别是给那些不守清规的和尚尼姑以可乘之机,这正是风俗败坏的表现,需要加以彻底的清除。这些整顿倒并不见得是因这些行为会对基层政权组织立刻造成什么直接的威胁,也不见得是针对妇女这些非正统行为的宗教背景,而只是简单地针对妇女参加户外娱乐活动本身,实际上就是针对妇女的户外闲暇生活。至于和尚尼姑们,只有当他们的行为与应该严格限制的妇女抛头露面联系起来时,才有应该加以惩罚的罪过,否则一切正常。因此一般而言,以上引述的官府告谕只是揭示了一个事实、一种风气,而没有表现出对"正当"宗教行为的不宽容态度。

当然,由于本文的主题已经表明,妇女的闲暇娱乐生活与宗教性活动有关系,因此,除了把官府的不满局限在整顿风俗的范围内之外,也顺便谈谈与此相关的官府对宗教活动的态度。现在,许多西方历史学家都认为,明清时期政府对待各种不同的宗教行为都是比较宽容的,只要这些行为不威胁到行政的运作,这的确说明了一部分问题。因为统治者也要利用宗教神权来进行统治。明太祖就是一个典型,因为在他的鼓励之下,中国官方的神统得到极大的丰富,民间的杂神也得以保留。"洪武元年命中书省下郡县,访求应祀神祇。名山大川、圣帝明王、忠臣烈士,凡有功于国家及惠爱在民者,著于祀典,令有司岁时致祭。二年又诏天下神祇,常有功

---

① (清)汤斌:《汤子遗书》,(清)吴元炳辑:《三贤政书》,《中国史学丛书》续编影印清光绪五年刻本,台北:学生书局,1976年。
② 中国第一历史档案馆整理:《康熙起居注》第二册,康熙二十二年九月初七日条,北京:中华书局,1984年,第1224页。

德于民,事迹昭著者,虽不致祭,禁人毁撤祠宇。"①明武宗、明宪宗与藏传佛教有密切的联系,而明世宗则热衷于道教,这都对明代宗教势力的发展起了推波助澜的作用。

但是这里还存在一些问题:首先,明初是一个相对保守的时代,到明中期以后,由于政治的无序状态和区域经济的发展,出现了一种文化相对自由解放的氛围,到清初又重新经历了一个儒学正统秩序重建的过程,清初对民间宗教信仰的警惕,正是对明中期以来民间文化繁荣的一个反弹。因此政府官员反对举行迎神赛会的禁令到处可见。我们不能不注意到政府在不同阶段对民间宗教的不同态度和政策。其次,虽说只要民间宗教行为对政府不构成威胁,多数官绅对它们就会比较宽容,但在政府或某些统治者看来,这些行为不可能不对政府的社会控制毫无危险,这一点是地方官员都能认识到的。明清时期确实出现了不少组织反抗政府活动的民间宗教教派,并且遭到政府的防范和镇压②,甚至一般的、作为民众日常生活组成部分的迎神赛会都可能有这样的危险。雍正时的重臣田文镜曾发布"严禁迎神赛会以正风俗事",说"乡愚男妇聚处浑杂,不但败坏风俗,抑且阴作匪为。若不严加禁止,日久酿成祸患,诚非细故"。他说造成"邪教"的根源,"皆自迎神赛会而起"③。再次,政府对"正祀"和"淫祀"的严格区分从明到清一直都存在,属于国家祭典范围内的宗教行为是合法的,而属于"淫祀"的宗教行为就是非法的,至少是不道德的,因此必须取缔。基于此,我们不能笼统地认为明清时期政府的宗教政策是比较宽容的,尤其当这些宗教行为与风俗上的"不良"现象联系在一起的时候,比

---

① (清)张廷玉等:《明史》卷五〇《礼四》,北京:中华书局,1974年,第1306页。
② 参见马西沙、韩秉方:《中国民间宗教史》,上海:上海人民出版社,1992年。
③ (清)田文镜撰,张民服点校:《抚豫宣化录》,郑州:中州古籍出版社,1995年,第253—254页。

如妇女随便出入宗教场合,就更需要加以禁止。

附带要说的是,当我们探讨明清政府对宗教行为是否比较宽容的时候,必须要注意他们对宗教的态度与欧洲中世纪罗马教廷对宗教异端或世俗国王对基督教的态度有极大区别。也就是说,尽管可能完全是无意识的,西方学者要尽力避免用他们熟悉的欧洲宗教史知识来判断中国明清时期的情况。当明清的许多统治者表现出对各种宗教行为比较"宽容"的态度时,实际上这并不是一种"宗教的"宽容,因为他们自己通常并不是某种宗教的皈依者,并没有出于捍卫某种宗教而压制其他宗教的企图,而只是对各种意识形态或社会行为的自由开放无力控制或根本不想控制的表现之一。明清民间宗教信仰的繁荣发展与儒学异端的出现、民间文艺的繁荣、社会下层地位的上升、人口的自由流动等等现象,具有共同的发生基础。

作为一个地方行政官员,在理想状态下,他都具有双重的身份。一是作为国家统治秩序的维持者,他的主要职责在表面上是"保境安民",但实际上首先是要保证向国家按时如数地交纳赋税,其次是保证本地不要出现不稳定的因素;二是作为受儒家道德思想长期熏陶的士绅,他必须在自己恪守传统道德规范的基础上,与他人的一切有违这种规范的言行做斗争。因此,他既是国家利益的保障者,又是儒家伦理规范的卫道士。儒家知识分子的最高理想和追求,就是所谓"修身、齐家、治国、平天下",道德修养是一切的基础。因此在他身上,从总体上防备异端行为的行政职责,与捍卫儒家道德原则的道德责任是同时体现着的,这二者虽然有区别,但却不是对立的,而且还经常是高度统一的。

当民间的宗教信仰活动与儒家的行为规范协调一致的时候,当它们都具有意识形态的社会控制功能的时候,统治者就可以对其加以宽容;但当它们与儒家的行为规范严重不符的时候,甚至当它们成为一种造成社会失控的地方或民间意识形态的时候，统治者就要对其加以打击。而这种打击的程度如何或是否实施，取决于统治者对其造成的后果是如何认识的。就本文开始时提到的汤斌禁毁五通神一事而论，已有学者正确地指出，这反映了康熙皇帝把"道统"与"治统"相结合的企图，其相对有效则"反映了清初国家政权的壮大，而明代地方官毁五通神不成功，则是因为国家权力不够强的缘故"①。加上前引雍正时期田文镜对民间迎神赛会的态度，可以知道统治者是把整顿风俗的道德实践与保证地方社会政治秩序的稳定统一起来的。

但是，本节之所以引述这些官府榜示，一方面是为了表明地方官员对妇女借宗教活动而抛头露面的不满，另一方面则主要显示一种客观现实，就是明清时期妇女存在许多机会在户外进行闲暇活动。也就是说，如果不是社会上存在大量妇女参加宗教性活动的现象，如果不是这种现象被认为是与宋代以来的儒家道德规范严重不符，如果不是这种现象屡禁不止，不同时期的地方官员就不会这样重视此事，三番五次地发布禁令。本文由此而展开的，就是明清时期妇女如何利用参加宗教性的活动，尽量扩大自己自由活动空间的过程。

二、妇女的宗教活动与闲暇娱乐生活

我们必须认识到，传统的道德规范并不鼓励，甚至不赞成妇女参加宗教活动，但似乎又没有过多的借口来禁止。比如一些大户人家的妇女吃斋念佛，还常请尼姑来家里讲经说法，《金瓶梅》第三十九回、第五十一回等就描述了这方面的情节。浙江天台也是"访

---

① 蒋竹山:《汤斌禁毁五通神——清初政治精英打击通俗文化的个案》,《新史学》(台北)第6卷第2期,1995年,第67—110页。

有巨族名门中年嫠妇,请来衲子,邃屋高扃,朝夕与俱,名曰教经。经年累月,供奉在家"①。这是被地方官员当作陋俗恶习来看待的。他们的理由是,包括尼姑在内的"三姑六婆"往往起了败坏风俗和妇女名节的作用,而且更为重要的是"尼姑以轮回因果之说蛊惑妇女,日浸月渍,遂引诱出外,名为念佛,听经受戒,斋僧布施"②。所以人们认为,妇女在家念经并不可怕,可怕的是会被尼姑引诱出外,与和尚等男性混杂在一起,造成丑闻。

妇女在家持斋念佛在明清时期是比较常见的现象,其中包括上层社会的妇女,也包括城市和乡村中的普通女性。但多数是中老年的妇女和生活中遇到挫折的女性。《金瓶梅》中的吴月娘虽是西门庆的嫡妻,但婚姻生活并不美满,看着丈夫与其他妻妾来往,自己只好忍气吞声;前面所说天台县的"中年嫠妇"则是指为已故丈夫守节的寡妇,她们要长期独立支撑家庭,度过寂寞枯燥的时光;《醒世姻缘传》里的计氏因气愤丈夫宠爱新娶的小妾,"生了一段不贤良降老公的心性",所以频繁与两个尼姑来往,被那小妾珍哥看见大骂:"好乡宦人家!好清门静户!好有根基的小姐!大白日赤天晌午,肥头大耳朵的道士,白胖壮实的和尚,一个个从屋里出来!"③

因此,一方面,佛教论证现实世界的痛苦和来生的幸福,可以使妇女比较心甘情愿地忍受她们所经历的痛苦和挫折,另一方面可以调解她们平时生活中的单调和枯燥,使她们通过与尼姑等等的接触,了解外面那丰富多彩的世界④。《金瓶梅》里女眷们听说

---

① 康熙《天台治略》,《中国方志丛书·华中地方》第65号,第475—476页。
② 同治《湖州府志》卷二九《舆地略·风俗》,清同治十三年刻本,叶4a。
③ (明)西周生:《醒世姻缘传》第八回《长舌妾狐媚惑主,昏监生鹘突休妻》,上海:上海古籍出版社,1981年,第117—118页。
④ 参见郑永福:《佛教与近代中国女性》,李小江、朱虹、董秀玉主编:《性别与中国》,北京:生活·读书·新知三联书店,1994年,第213—229页。

因果,"直从张员外家豪大富说起,漫漫一程一节,直说到员外感悟佛法难闻,弃了家园富贵,竟到黄梅寺修行去",又讲佛祖如何出家的故事,使人有听书听曲的感觉。《醒世姻缘传》里的郭尼姑"到了人家,看得这位奶奶是个邪货,他便有许多巧妙领他走那邪路;若见得这家奶奶是个有正经的,他便至至诚诚,妆起河南程氏两夫子的嘴脸来,合你讲正心诚意,说王道迂阔的话,也会讲颜渊请目的那半章书;所以那邪皮的奶奶满口赞扬他,就是那有道理有正经的奶奶越发说他是个有道有行的真僧"。所以"任你甚么王妃、侍长、奶奶、姑娘、狠的、恶的、贤的、善的、妒忌的、吃醋的,见了那姑了,偏生那喜欢不知从那里生将出来,让吃茶,让吃饭,让上热炕坐的,让住二三日不放去的,临行送钱的,送银子的,做衣服的,做包巾的,做鞋袜的,舍幡幢的,舍桌围的,舍粮食的,舍酱醋的……还有奶奶们托着买'人事'、请'先生'的"①。上述引文虽然反映了知识精英对这种状况的不满,但也反映出民间妇女喜欢与尼姑交往的事实,反映出妇女除了通过听讲佛教教义获得精神上的平静以外,更多是为了缓解日常生活中的寂寞和苦闷,解决实际生活(包括性生活)中的需要。

妇女在家吃斋念佛、请尼姑讲经说法,更多地出现在上层社会礼法观念较强的家庭之中,对于活动自由度较大的普通妇女,则不限于此,她们更为频繁地参加户外的、与生活礼仪相关的宗教性活动以及具有宗教色彩的节庆日活动。时人已经注意到妇女在户外的宗教活动中成为积极的主角的特点,比如河南新乡三月十八日城隍庙会时,"城乡妇女烧香者众,有肩铁索者曰'代重'"②;湖北天门的朝山烧香活动"自元旦起,三月止。若老妪少妇,群聚匍匐

---

① (明)西周生:《醒世姻缘传》第八回,第117、115—116页。"人事""先生"均指男性生殖器的模拟物。
② 民国《新乡县续志》卷二《风俗志》,民国十二年刊本,叶30a。

境内寺观烧香,俱用僧道随审疏文"①;前引苏州吴县七月晦日为地藏王诞,"妇女烧香开元寺,脱红裙以忏产,点肉食灯以报母恩";浙江乌程"村庄流俗,以佛经插入劝世文俗语,什伍群集相倡,名曰宣卷,盖白莲之余习也。村妪更相为主"②。

从以上的记载可以看出,妇女出外参加宗教性的活动,实际上是家内讲经念佛活动的合理延伸。即使从对信仰的虔诚来说,她们认为到寺庙佛像前去祈祷还愿,比在家中更能收到效果,与神的联系更为直接。而由于传统赋予妇女"主内"的职责,使她们具有对家庭成员的平安幸福负责的意识。上述妇女的"代重"在各地的城隍庙会中普遍存在,就是通过披枷戴锁的形式,代替自己和自己的家人,特别是已故的家人偿减罪孽,是一种自我体罚以求得神灵宽恕的心理之表现。妇女认为自己有为有过失的丈夫、父兄或儿子偿还孽债的责任。而吴县妇女在寺庙中用蜡烛烧烫自己的肩部和背部,一方面也是同样心理的表现。她们认为母亲生育自己经历了极大的苦痛,自己必须经受同样的肉体磨难,才能报答母亲的恩情。而在寺庙佛像面前进行这样的活动,意味着以神作为自己真诚的见证。而在另一方面,她们自己也都经历过或即将经历生儿育女的痛苦过程,这似乎反映出她们以报母恩为借口,表达对自身命运的某种不满,即经历了生养子女的艰辛,却又得不到相应的回报。因此她们的"点肉身灯"可以被视为一种带有明显性别色彩的群体抗议的象征。

为家庭成员还愿是妇女出外进行宗教活动的一个主要目的,也是一个合理的借口。《金瓶梅》里记吴月娘"商议要往泰安州顶上与娘娘进香,西门庆病重之时许的愿心"。结果由其兄陪伴,二男仆跟随,到岱岳庙"正殿上进了香,瞻拜了圣像……然后两廊都

---

① 乾隆《天门县志》卷一《地理·风俗》,民国十一年石印本,叶39b。
② 同治《湖州府志》卷二九《舆地略·风俗》,叶5a。

烧化了钱纸,吃了些斋食"①。按一般的规矩,不说这样单身妇女出门需要男性陪伴,就是以妇女为主组织的进香活动,也要求男子随行。《醒世姻缘传》里的道婆组织妇女去泰山进香,虽说打着"增福赦罪"的旗号,但也明说是为了看景致。这种活动"有丈夫跟着的,有儿的,有女婿侄儿的,家人的,随人所便"②。淮阳地区的"斋公会","会员虽全为妇女(彼等年龄多在五十岁左右),而会首则系男子充任,盖助彼等管理会务,乃伴送至数里外之某庙烧香也"③。在这种宗教活动中,男子显然是处在附属的地位,只不过是为了保证妇女的安全,同时弥补妇女出门经验的不足。因此在这种宗教活动中,男性的跟随是被动的,起着管家或保镖的作用,男女的社会位置就发生了颠倒。

妇女参加宗教性的活动,无论是为了履行传统赋予自己的照管家庭的职能,还是为了解决与自己相关的精神的或生活的问题,都形成了女性独特的亚文化,而这种亚文化的形成又是女性所面临的独特问题或困境所导致的。获嘉"乡间善男信女……迨至中年以后,儿女成立,米盐琐计不甚关心,乃邀集伴侣,醵金结社,朝山烧香,以为娱乐"④。"这烧香,一为积福,一为看景逍遥",以宗教为借口达到调剂平时枯燥无味的生活之目的,满足自己对家外世界的好奇心,与男性平等地出入公开场合,这是我们在文献中经常可以见到的景象。比如河南祥符,三月二十八日为岳帝诞辰,

---

① (明)兰陵笑笑生著,戴鸿森校点:《金瓶梅词话》第八十四回《吴月娘大闹碧霞宫,宋公明义释清风寨》,北京:人民文学出版社,1985年,第1267、1268页。
② (明)西周生:《醒世姻缘传》第六十八回《侯道婆伙倡邪教,狄监生自控妻驴》,第975页。
③ 民国《淮阳乡村风土记》,丁世良、赵放主编:《中国地方志民俗资料汇编》(中南卷),北京:书目文献出版社,1991年,第172页。
④ 民国《获嘉县志》卷九《风俗·娱乐》,民国二十四年铅印本,叶20b。

"乡媪村姑,尘面蓬首,妖童冶女,艳服靓妆,结队而来"①;山东某地"三月三日玉皇庙会,真是人山人海,拥挤不透的时节,可也是男女混杂,不分良贱的所在"②;江苏南汇四月十二日"城隍白夫人诞,商贾云集。庙中演戏,小家妇女排坐东西楼观剧,浮浪子弟评头量足,腆不为怪"③。但是,这些出自人类基本欲求的行为是与男性基本相同的,只不过后者并不需要宗教信仰作为参加活动的借口而已。当我们特别注意宗教性的节庆活动中的女性活动时,女性的亚文化特征就更清楚地凸显了出来。

正月十五的观灯活动出自古代对东方太一神的祭祀,后又与佛教的燃灯习俗结合起来,成为延续至今的元宵节庆典。本来元宵节是个全民同乐的节日,《隋书·柳彧传》说全国各地在这个时候"充街塞陌,聚戏朋游",而且是"尽室并孥,无问贵贱,男女混杂,缁素不分"④。但是在其中又分化出女性独特的文化活动,主要体现为"走百病"和"迎紫姑"。妇女与月圆有密切的象征关系,因为月为太阴,与女性一致,而月的圆缺周期又与妇女特有的经期,甚至婚姻和生育有密切联系,因此古有"男不拜月,女不祭灶"之说。元宵节是一年中第一个月圆之日,所以自古就有妇女的积极参与。唐代元宵之夜,"妙简长安、万年少女妇千余人,衣服、花钗、媚子亦称是,于灯轮下踏歌三日夜,欢乐之极,未始有之"⑤。宋代晁冲之的《传言玉女》词说:"绣阁人人,乍嬉游,困又歇。笑匀妆面,把朱

---

① 乾隆《祥符县志》卷二《地理志·风俗》,清乾隆四年刻本,叶26a。
② (明)西周生:《醒世姻缘传》第七十三回《众妇女合群上庙,诸恶少结党拦轿》,第1040页。
③ 光绪《南汇县志》卷二〇《风俗志》,民国十六年重印本,叶2a。
④ (唐)魏徵等:《隋书》卷六二《柳彧传》,北京:中华书局,1973年,第1483—1484页。
⑤ (唐)张鷟:《朝野佥载》卷三,北京:中华书局,1979年,第69页。

帘半揭。娇波向人,手拈玉梅低说:相逢常是,上元时节。"①说明这一天是妇女出外活动游玩的时间,后来妇女出游被称为"走百病",指此时一走,可以一年不生病。这显然也是为妇女公开出游寻找的合理借口。宋代的一则轶闻颇能说明问题:"司马温公在洛阳闲居,时上元节,夫人欲出看灯,公曰:'家中点灯,何必出看?'夫人曰:'兼欲看游人。'公曰:'某是鬼耶?'"②

如河南汲县,"十六日,妇女结队出游,俗谓之走百病"③;湖北黄安"城乡妇女于十五日相率联游,谓之'荡元宵',亦谓之'走百病'"④;《金瓶梅》中记:"惠莲……出来跟着众人走百媚儿。月色之下,恍若仙娥,都是白绫袄儿,遍地金比甲。头上珠翠堆满,粉面珠唇","陈经济因走百病儿,与金莲等众妇人嘲戏了一路儿,又和来旺媳妇宋惠莲两个言来语去"⑤。作者把"走百病"改称为"走百媚儿",可知在人们的眼中,这是妇女在公开场合一展娇姿的好机会。

我们还可以在"走百病"的活动中发现与妇女生活息息相关的习俗。比如清代京师的妇女"竞往正阳门中洞摸门钉,讖宜男也"⑥。"正阳门中洞"这个位置与门钉的形象,无疑是男性生殖器的象征,妇女在月圆之夜,即阴气强盛之时触摸阳刚的象征,表示一种对男女结合生子的最恰当时机的选择。广东各地的方志往往

---

① (宋)晁冲之:《传言玉女》,唐圭璋编:《全宋词》第二册,北京:中华书局,1965年,第654页。
② (清)王初桐:《奁史》卷五八《事为门二·岁节》引《轩渠录》,清嘉庆古香堂刻本,叶1b。
③ 乾隆《汲县志》卷六《风土·岁时》,清乾隆二十年刻本,叶4b。
④ 道光《黄安县志》,《中国地方志民俗资料汇编》(中南卷),第355页。
⑤ (明)兰陵笑笑生:《金瓶梅词话》第二十四回《经济元夜戏娇姿,惠祥怒骂来旺妇》,第286、289页。
⑥ (清)潘荣陛:《帝京岁时纪胜》,"走桥摸钉"条,北京:北京出版社,1961年,第10页。

记载妇女在这天夜里到园中摘取生菜,"各家田园蔬菜任人夜撷不禁,谓之'偷青'"①,"或以求子"②。这也是以"生菜"的谐音表示"生崽"。与此相类似的是,后人回忆四川成都没有生育过的妇女到别人家里去偷一碗元宵(汤圆)来吃,也可以生儿③。类似的还有许多地方八月十五的"摸秋"习俗,即到别人园子里去偷瓜,同样表示可以生男。如湖北房县中秋节时"俗有摸秋之戏,入人家蔬圃摘瓜抱归,鼓乐送亲友家,或暗伏置帐幔中,以为宜男之兆"④。这种习俗的共同之处在于去别人那里"偷",这表示一种隐喻,即自己的丈夫遇到了生育功能上的麻烦,需要"借种子"。这可以与本文后面所举陕西"祈子会"的例子相比较。

"迎紫姑"也是上元前后妇女,特别是未嫁少女的活动。紫姑信仰起源也较早,她作为人妾遭正妻嫉妒,常被迫做污秽之事,所以在被折磨而死后,成为厕神,有占卜的功能,这样的信仰在南朝时就已流行。与此同时,她又与蚕桑之神合一。无论是为人妾的传说,还是预测蚕桑的神格,都与女性的生产和生活有关,因此成为上元节这一与阴性相关的节日中一项特殊的女性活动。妇女迎紫姑一般有两重意义:一是占卜一年的收成,如河南灵宝"十五日后,妇女插紫姑,以卜一岁之丰歉"⑤;二是妇女出于对紫姑的同情,而在神前表示不做妒妇,如广东东莞,"相传紫姑以是夜为大妇所逐死,故俗悯而祀之,亦相戒以不妒也"⑥。总之妇女迎紫姑神的习俗,与难于把握自己的命运有关。但与"走百病"相同的是,"迎紫

---

① 光绪《高明县志》卷二《地理·风俗》,清光绪二十年刻本,叶 23a。
② 光绪《茂名县志》卷一《舆地志·风俗》,清光绪十四年刊本,叶 66a。
③ 见李依怜:《成都旧历年节的风俗谈》,《民俗周刊》第 53、54、55 期合刊,1929 年 4 月 10 日。
④ 同治《房县志》卷一一《风俗》,清同治四年刻本,叶 6b。
⑤ 光绪《重修灵宝县志》卷三《风俗志·节序》,清光绪二年刊本,叶 1b。
⑥ 民国《东莞县志》卷九《舆地略八·风俗》,民国十年铅印本,叶 7b。

姑"也是妇女的,特别是乡村的一项游乐活动。唐朝诗人李商隐曾作《正月十五闻京师有灯恨不得观》诗,其中说"身闲不睹中兴盛,羞逐乡人赛紫姑",说明与城市的观灯相区别,赛紫姑神则是乡村在正月十五时的重大游乐活动,到清朝时湖北安陆还是"村中多请紫姑神以为乐"①。由于紫姑有占验的功能,所以妇女往往在一起测字占卜,实际上城市中人,比如《红楼梦》中描写的大家妇女猜灯谜,就源于民间的迎紫姑测字占卜活动,并且逐渐从一种宗教神谕现象变为一种娱乐性的智力游戏。这种与月圆有联系的宗教节日习俗,也被某些地方转借到八月中秋。比如湖南桂东地方,"女孩率姊妹设瓜饼、茶食,对月奠于净所,以米筛、竹筹为卜,谓之迎月姊"②。

与此相类似的还有妇女在"七夕"时"乞巧"的活动,这固然源于牛郎织女的故事,也与妇女和月亮的关系分不开。牛郎织女故事与七夕乞巧的习俗至少在汉代就已产生,在这个故事中,女性依然是主角,因为她以天孙的身份嫁给普通的牧人,而且是纺织之神,而男性则退居次要地位。因此它既与妇女的爱情婚姻生活有关,也反映了女子对心灵手巧、擅长女红的愿望,这则与社会对妻子或主妇才能的基本要求有关。同时唐代敦煌曲子词中的几首《拜新月》,反映了当时的妇女在七夕拜月,祈求与丈夫、情人团圆的习俗,并与月下穿针乞巧的风俗结合在一起③。

从宋元到明清,七夕的拜月乞巧习俗一直流传下来,成为女性的专门活动。荥阳地方"妇女乞巧,以盆贮水曝烈日中,顷之水膜凝面,举绣针浮之,谛视水底针影,有成云物花鸟之影者为上,有成

---

① 道光《安陆县志》卷八《风俗·节序》,清道光二十三年刻本,叶 5。
② 乾隆《桂东县志》卷二《风俗》,清乾隆二十四年刻本,叶 46b。
③ 见高国藩:《敦煌古俗与民俗流变——中国民俗探微》第 14 章,南京:河海大学出版社,1989 年,第 398—414 页。

剪刀牙尺之影者为次,谓乞得七巧,女伴相贺;其影粗如槌、细如丝为拙,则群相哄笑"①。"幼女尤忌,或至垂涕泣,其母每曲慰之。"②这是妇女以针线女红为本业,希望织女保佑,以后成婚才好为人夸奖。但也有的地方除穿七孔针"乞巧"外,还"翘首云汉,卜牛女会合"③。广东番禺七夕"为七娘会乞巧,沐浴天孙圣水。以素馨、茉莉结高尾艇,翠羽为蓬,游泛沉香之浦,以象星槎"。这则是因牛郎织女爱情悲剧导致的某种心理,即青年女子希望自己的婚姻能够美满幸福,甚至像通州、武清等地竟称该日为"女节",即妇女自己的节日。这当然反映了妇女对自身命运的焦虑和关切。在明清的一些知识妇女中,七夕是诗词作品的常见题材,在这些作品中,主要是"表达她们的苦恼、孤寂和欲望",但却集中体现她们对爱情和婚姻方面的不满足④。而在普通的农家妇女那里,对于女红技术的渴望则得到更多的强调,这形成了一种鲜明的对比,反映了她们面临的困境的同与不同。

在湖北房县,"七夕"时妇女还组成了"乞巧会",她们把豆子放进竹筒,培育出芽,再绑上草,做成织女的形象,"描画眉目,妆饰如生,祀以果瓜、香花,姊妹行严妆咒拜",用豆芽映在水盆里"乞巧"。但重要的是如果有"男子潜窥,则有怪风,为织女暴云"⑤。表示妇女的独特行为排除男子的参与,从而形成一种性别禁忌。对这种由特定的节日习俗构成的女性亚文化,从汉唐以来也为男性普遍认同,许多文人撰写了大量以"七夕"或"乞巧"为题材的诗词歌赋,体现的大都是对妇女生活及心理的关注。

---

① 乾隆《荥阳县志》,《中国地方志民俗资料汇编》(中南卷),第 10 页。
② 乾隆《新郑县志》卷二《风土志·风俗》,清乾隆四十一年刻本,叶 6a。
③ 乾隆《新乡县志》卷一八《风俗》,清乾隆十二年刻本,叶 17a。
④ 曼素恩(Susan Mann):《十八世纪的中国知识女性》,任晓晋译,李小江等主编:《性别与中国》,第 200—201 页。
⑤ 同治《房县志》卷一一《风俗》,叶 6b。

三、女性、女神与女宗教师

在上节中,我们提到妇女与男性共同参加宗教性的活动,并以此作为自己的闲暇娱乐,同时在这些男女共同参加的宗教性活动中,也存在以女性为主的活动群体,因为女性又有自己独特的世俗或宗教目的,从而在一定程度上形成了妇女的亚文化。在本节中,我们将把注意力集中在女神崇拜与女性宗教师的参与上,由于女神的崇拜者大多是妇女,而与女宗教师来往的也都是女性,探讨她们之间的联系也许可以更清楚地反映出宗教活动中的女性亚文化。

中国民间信仰中的女神数量是很多的,像上古神话中传下来的女娲、西王母,佛教中由男神转为女神的观音,风雨雷电四神中的电母,碧霞元君、天后、临水夫人、紫姑,八仙中的何仙姑、麻姑,城隍、土地神等男神的配偶,在全国各地都比较普遍,区域社会中各种名目的女神就更是数不胜数。之所以存在这样的状况,一是由于古代传留下来的女神崇拜传统,二是出于各宗教系统吸引女性信众的需要,三是妇女本身有与男子不同的精神需求,造成众多女神及其信仰的产生和延续。

女神以及女神信仰的存在,与妇女独特的生产和生活需求有关,这些女神也就被赋予了满足这些需求的功能。比如河北任邱有孝感圣姑庙,明崇祯四年建,据说是祭祀孝女郝氏。郝氏是秦朝时人,靠养蚕养活双亲,成人后不嫁,直至父母病死后,自己也哀恸而死,因此本地人立庙纪念,被汉光武帝(刘秀)封为孝感圣姑。"邑人以姑生前好饲蚕,尊姑,配享先蚕,号蚕姑庙。"[①]另如浙西的

---

① 乾隆《任邱县志》卷二《建置志·坛壝》,清乾隆二十七年刻本,叶 14b—15a。

蚕农也供奉马头娘或蚕花公主为蚕神①。广东佛山的禾谷夫人信仰,也见于广东其他地方,"禾谷夫人或云后稷之母姜嫄也,今乡之禾花庙或是欤"②。姜嫄在一些地方被赋予求子的功能,但在这里却因后稷的农神身份而被赋予农事功能。

与此相关的,是女性与水的关系。由于水与农桑关系密切,所以人们一直渴望风调雨顺,一些女神便被赋予了除旱的功能。比如河北任邱有五龙潭,潭上有龙母庙,相传建于唐代。明成化年间大旱,宪宗还派太监梁芳前来祈雨,"三祷三应"③。山西定襄有龙母洞,其中有龙母像。明万历间大旱,知县徒步来这里祈祷,"是日果得大雨,三日方止"④。山西太原晋祠中的圣母在传说中具有解旱和防涝的功能,塑像是她坐在瓮上,以防水奔流不止。时人认为,"有天地即有山水,水阴物,母阴神,居人因水立祠,始名女郎祠。后祷雨有应,渐加封号,庙制始大。坐瓮之说,盖出于田夫野老、妇人女子之口,非士君子达理者所宜道也"⑤,说明女性与水同属阴,故往往把降雨解旱的功能赋予女神。在实际生活中,一般家庭的汲水、农事中的抽水灌溉,也往往是由妇女来承担的。

与生产活动相比,女性与女神的关系更多地反映在有关生育、婚姻和抚养婴幼子女等生活问题上。大多数女神庙都具有保佑生育和儿童健康的功能,比如全国普遍存在的观音信仰,就是因为后者具有"送子"的功能。如苏州吴县二月十九日"观音诞,僧尼建佛

---

① 参见汪维玲:《杭嘉湖蚕民的蚕神信仰与养蚕禁忌》,上海民间文艺家协会、上海民俗学会编:《中国民间文化》总第16集,上海:学林出版社,1994年,第96—104页。
② 道光《佛山忠义乡志》卷一四《杂录志》,清道光十一年刻本,叶4。
③ 乾隆《任邱县志》卷一《舆地志·潭港》,叶17b—18a。
④ 雍正《定襄县志》卷一《地理志·古迹》,清雍正五年增补康熙五十一年刻本,叶18。
⑤ 嘉靖《太原县志》卷三《杂志》,明嘉靖刻本,叶4b—5a。

会,妇女炷香膜拜者尤众"①;佛山六月十九日"妇女竞为观音会,或三五家,或十余家,结队醵金钱,以素馨花为灯,以露头花为献,芬芳浓郁,溢户匝涂"②;河北鸡泽的观音堂,又称送子娘娘庙,各村庄共有60多座③。在北方,碧霞元君受到普遍崇拜,也是因为她有保佑生育的功能,河北安肃就有碧霞宫18座④。永平府四月十八日祭祀天仙(即碧霞元君),称为"拜庙"。"盖妇人求嗣者、又童男女多病者,以小纸秸为枷锁,荷之诣庙祈祷。"⑤其他女神往往也被赋予这样的神格,比如河北完县有木兰祠,"木兰将军庙中配享有俗所谓子孙娘娘者,司人闻小儿事,似与将军无涉,或曰住持人为香火供计,以诱愚夫愚妇耳"⑥。

  在南方,这种情况也同样普遍。比较典型的像广东地区普遍奉祀的龙母神、金花夫人,福建、浙江地区的陈靖姑,广西地区的花林圣母等,都具有保佑生育的功能。如广州的金花会,"惟妇人则崇信之,如亚妈庙各处,内列十二奶娘,妇人求子者入庙礼拜,择奶娘所抱子,以红绳系之,则托生为己子。求子多验"。佛山忠义乡有柳母庙,据说"求子亦有验"⑦。广西来宾县的花林圣母庙"香火最盛,其赛会游神,远乡毕至。其神三像并坐,中一像貌最老,左右者次之:在右者类中年妇,锦袍玉带,凤冠珠履,俨然妃嫔宫妆;旁座别有七子、九子两娘娘,韶秀如三十许人,华裾霞袂,群儿攀附胸腹肩膝,一七、一九,隐寓多男之意"⑧。

---

① 民国《吴县志》卷五二上《风俗一》,叶 13b。
② 道光《佛山忠义乡志》卷五《乡俗·岁时》,叶 16a。
③ 乾隆《鸡泽县志》卷六《坛祠》,清乾隆三十一年钞本,叶 6b—7a。
④ 乾隆《安肃县志》卷二《建置志·坛庙》,清嘉庆十三年刻本,叶 27a—28b。
⑤ 乾隆《永平府志》卷三《风俗·岁时》,清乾隆三十九年刻本,叶 24a。
⑥ 毕元勋:《木兰祠》,雍正《直隶完县志》卷一〇《艺文志》,清雍正九年钞本,叶 10a。
⑦ 道光《佛山忠义乡志》卷一四《杂录志》,叶 3a。
⑧ 民国《来宾县志》上篇《县之人民三·风俗》,民国二十五年铅印本,第 236 页。

浙江遂昌、云和等地的类似女神信仰也很普遍。如遂昌五龙山下建有马夫人庙(明万历己酉建),"有祓麟桥,祈嗣者祷无虚日";在君子山麓有瑞莲堂,亦祀马夫人,"祈祷辄应",后又添造百子堂①。无独有偶,相邻的云和亦有明弘治间所建马天仙庙,或称感应夫人庙。后来又增祀陈氏(靖姑)、林氏(妈祖)二夫人,分别称为护国马夫人、顺懿陈夫人及管痘林夫人。此外三女神还有各自单独的庙宇,奉祀之期不同,但"皆有灯会"。甚至梨园中有演夫人戏的,民间有唱夫人词的,"叙述遗事,俚俗皆知"。有意思的是,马夫人的诞辰被定在七夕之日,与传统的"女节"合一;从"管痘"这个词则看出林夫人在此地的职司;而陈夫人在传说中死于难产,化神后更成为保佑生育的专门神祇②。

由上例可知,女神往往具有强烈的特殊功能,对妇女具有特殊的意义,保佑生育是其中最重要的一项。在传统社会中,生育繁衍的功能被归诸女性,如果婚后长久无嗣,很少被认为是男性的责任,娶妾以延续香火就是这种观念的集中体现。《金瓶梅》中李瓶儿生子,地位陡然上升,深受西门庆的关心和宠爱,也引来无子的潘金莲的嫉妒。因此妇女在生育问题上遭受的精神压力异乎寻常地大,求神赐子的现象便出自这种心理需求。尽管亦有至男性神的庙中去求子的现象,但更多地是认为女神与生育有更直接的关系,把保佑生育的功能赋予女神。同时,女性与女神之间发生宗教联系,在信众的心理上比较容易接受,有自然之感,正好像传统社会中女儿的婚姻、性、生育等知识往往来自母亲、长嫂一样。

出自生子压力而赴女神庙祈嗣的一个较极端例子,见于刘宏

---

① 光绪《遂昌县志》卷四《祠祀》,清光绪二十二年刻本,叶 10b。
② 同治《云和县志》卷七《祠祀》,清同治三年刻本,叶 14a;卷一五《风俗》,叶 9b—10a。

岐、王满全撰文所述之姜嫄庙祈子会①。姜嫄庙在陕西岐山周公庙之处,姜嫄为周始祖弃之母,传说她踩了野外巨人的脚印,感应而孕,故成为神灵送子的典型,并由此担任了送子娘娘的角色。据云来此祈嗣者多为婚后数年不育或因其他原因无子女的已婚妇女。她们除焚香默祷、求童鞋、泥童子并吞服泥童子之生殖器等仪式外,通常还要找一男子同宿,双方不问姓名,天明分手。据说西观山祈子会、凤翔灵山祈子会、宝鸡钓鱼台庙会、临潼骊山娘娘庙会中,均有此"野合"习俗。这种较为极端的例子一方面可由姜嫄传说的神秘性和公认性赋予这种婚外性关系以合法性,另一方面可以成为对某种传统观念的反动,即当男子生育功能障碍而无法有嗣的情况下,在妇女绝无可能公开与丈夫之外的男性发生关系的情况下,成为解决该难题的可以接受的办法。总之,这种现象表明了无嗣者,特别是妇女面临的沉重社会压力,表明了宗教活动中的世俗目的。

妇女为生育而向女神祈求为男性所默许,因而比较公开化,但为自己的婚姻美满而祭神,则是秘密的,少见于地方文献,但绝非不存在的。广东东莞的一首竹枝词这样说:"女儿香选好头黄,结伴龙沙礼法王。莲座花开祈并蒂,兼祈莲子满莲房。"②这里首先祈求的是美满的婚姻,然后才是生子。这也反映了女子在婚姻方面所遭遇的压力,因为我们看到在附近的番禺,"国朝百年来,番禺一邑其所称贞女者,志不绝书。而其甚者相约不嫁,联袂而死"③。而在广州,"女子年及笄,多有犯绿郎以死者,以师巫茅山法治之,多

---

① 刘宏岐、王满全:《周公庙祈子会"野合"现象之透视》,高占祥主编:《论庙会文化》,北京:文化艺术出版社,1992年,第223—232页。
② (清)韩荣光:《龙溪竹枝词十首》,民国《东莞县志》卷九《风俗》,叶10b。
③ 乾隆《番禺县志》卷一七《风俗》,清乾隆三十九年刻本,叶3b。

不效。盖由嫁失其时,情欲所感,致为鬼神侵侮"①。这都体现出社会对女子婚姻造成了某种限制,甚至造成了女性集体的行为反弹。所以她们往往利用祭神的机会结成某种女性的团体,像前述佛山六月十九日"妇女竞为观音会";七夕的时候"闺中妇女以彩丝结同心缕,缕菱藕为花鸟形,佐以龙眼、青榄,互相馈遗,曰结缘,婢仆络绎于道"②。龙山乡三月十三日苏埠宋帝三娘神诞,"妇女之往祈祷者,华妆炫服,照耀波间。少者于此结金兰,老者亦于此相心抱"③。甚至广州河南有三娘庙,"妓女伤迟暮者,祈之辄应"④。

因此,正是由于妇女在传统社会中面临着比男子更重的压力,她们对宗教活动就更为积极。所谓"妇女多信鬼神,好算卦"⑤。同时,由于她们平时户外闲暇娱乐活动比男子少,只有在具有宗教色彩的行为掩饰之下才有可能参与此类活动,故对此种机会绝不放弃。在前面举的许多例子中,都可以发现妇女在参加此类活动时要穿戴打扮得十分漂亮,好像不是参加什么严肃的宗教活动,而是去约会或野游,就说明了这一点。在河南偃师,"近城妇女每于三伏之日集中于城隍庙中男女混杂,夜坐于地,背相对而假寐。其风流之妇彻夜念经,或作捕蛾、推车种种之丑戏。民国以来,屡禁不辍。所以民国十六年毁神像时惹出偌大风波,老婆成群将学生殴了一次,经县长弹压乃免"⑥。由现代社会力图取缔此类妇女活动时所遇到的巨大阻力,可以反观明清时期妇女这种传统活动的力量。

女神信仰在此类妇女活动中的重要性,主要是由于相同的性

---

① 同治《番禺县志》卷五四《杂记二》,清同治十年刊本,叶 9b。
② 道光《佛山忠义乡志》卷五《乡俗志》,叶 16b。
③ 民国《龙山乡志》,《中国地方志民俗资料汇编》(中南卷),第 802 页。
④ 同治《番禺县志》卷五四《杂记二》,叶 20a。
⑤ 民国《新乡县续志》卷二《风俗》,民国十二年刊本,叶 28a。
⑥ 民国《偃师县风土志略》第 5 编《礼俗·香会》,民国二十三年石印本,叶 54。

别,从而在功能上可以给女性信众提供特定的服务,在心理上则比较易于接近。某些神(如土地、社神、五圣等)的女性配偶之出现、观音由男神转变为女神,都表明了女性信众的这种需求。除此之外,作为神与人之间中介的女性宗教师的出现,也往往起到这种作用。前引《陈文恭公风俗条约》中提到,"女尼中有少妇幼女,带发修行……又惯入富家,吹唱弹经";江苏南通在明末时尼僧"出入闺壸,煽惑女流,尤有不可言者"①;又前引《湖州府志》也说妇女"艳妆入庙烧香",都是尼姑以因果之说引诱出来的。《金瓶梅》《醒世姻缘传》及其他明清小说也都大量描写了这样的情况,这都表明了女宗教师与妇女宗教活动及其闲暇生活的密切关系。值得注意的是,女性宗教师特别与上层大户妇女保持密切联系,就像前面所引《醒世姻缘传》中的郭姑子那样。这一方面是因为下层妇女参加户外的宗教活动相对自由一些,而上层妇女容易被限制在家中,只好请尼姑进门;另一方面则是因为尼姑等交结上层贵妇是有利可图的,至少会对她们的活动进行庇护和支持,如果看看皇姑寺的女性信众名单,就可发现里面有不少是高官的眷属。

上述妇女与女神信仰之间的关系,使我们能够更容易理解她们与女性宗教师之间的接触。后者易为前者所接受,当然也主要是由于相同的性别。如果与男性宗教师频繁接触,显然会为家庭与社会舆论所不容。但更重要的是女性宗教师从自身出发,更易于理解女性的心理及物质需求,所言所论,更易打动女性的心。《醒世姻缘传》中对此曾有很好的说明:

> 再说明水镇上那两个道婆老侯、老张,他的丈夫、儿子,没有别的一些营运,专靠定这两个老捱辣指了东庄建庙,西庄铸

---

① (明)邵潜:《州乘资》卷一《风俗》,扬州:江苏广陵古籍刻印社影印明弘光元年刻本,1986年,叶36b。

钟,那里铸甚么菩萨的金身,那里启甚么圣诞的大醮。肯布施的,积得今生见受荣华,来世还要无穷富贵;那样悭吝不肯布施的,不惟来世就不如人,今世且要转贵为贱,转富为贫。且是那怕老公的媳妇,受嫡妻气的小老婆,若肯随心大大的布施,能致得他丈夫回心向善,不惟不作践那媳妇,且更要惧内起来。那作妾的人肯布施,成了善果,致得那夫主见了就似见了西天活佛一般,偏他放个臭屁也香,那大老婆说的话也臭。任那小老婆放僻邪侈,无所不为,佛力护持着,赐了一根影身草,做夫主的一些也看不见:——大约都是此等言语,哄那些呆獃的老婆。哄得那些呆獃老婆如拨龟相似,跟了他团团的转。①

对于那些为人妻者,特别是那些为人妾者,内心最大的希望就是提高自己在家庭中的地位,免受丈夫或嫡妻正室的欺压,只有女性才能深切体会这种内心世界,这也正是女宗教师成功的奥秘。这里使用《金瓶梅》中提供的一些例子也许有简单化之嫌,却可说明不同性别的宗教师是怎样利用男女的不同心理,以达到他们的目的:西门庆将一胡僧请到家中,"问他求房术的药儿";而薛姑子则用可怀孕生子的符水药来吸引吴月娘,并从此打入西门庆家中②。

在明清时期的许多文献中,对这些女性宗教师的评价是很低的。如前引《陈文恭公风俗条约》中明确指出"一切引诱淫荡之事,皆尼庵之所有";浙江上虞"近又有尼削发披缁,专于富贵不闲礼义之家,假神佛因果,绐诱妇女,拜师持斋,赴会听讲传经,种种淫邪之说"③;戴舒庵在《天台治略》中,更是指斥"三姑六婆,乃诲淫之

---

① (明)西周生:《醒世姻缘传》第六十八回,第 969 页。
② (明)兰陵笑笑生:《金瓶梅词话》第四十九回《西门庆迎请宋巡按,永福寺饯行遇胡僧》,第 631—635 页;第五十回《抱孩童瓶儿希宠,妆丫鬟金莲市爱》,第 501、504 页。
③ 康熙《上虞县志》卷二《风俗》,清康熙十年刻本,叶 40b。

媒使,风月之牵头"。前引《醒世姻缘传》中把两个道婆描写成两个女骗子,称之为"盗婆",把"布施的银钱,攒着买地盖房子;布施的米粮麦豆,大布袋扛到家去……布施的衣裳,或改与丈夫儿子穿着,或披在自己身上"。而《金瓶梅》则是这样描写薛姑子的:

> 原来这薛姑子不是从幼出家的,少年间曾嫁丈夫,在广成寺前居住,卖蒸饼儿生理。不料生意浅薄……专一与那些寺里的和尚、行童调嘴弄舌,眉来眼去……早与那和尚刮上了四五六个,也常有那火烧、波波、馒头、栗子拿来进奉他。……以后丈夫得病死了,他因佛门情熟,这等就做了个姑子。专一在些士夫人家往来,包揽经忏;又有那些不长进要偷汉子的妇人,叫他牵引和尚进门,他就做个马八六儿,多得钱钞。闻的那西门庆家里豪富,见他侍妾多人,思想拐些用度,因此频频往来。那西门庆也不晓的,三姑六婆人家最忌出入。①

在明清文献和小说中,这样的描写十分多见,可见当时文人对女性宗教师的一般态度。

明清文人对女性宗教师行为之不耻,除了因为确实存在相当多以宣扬宗教为名来达到私人目的的情形外,也体现了他们对妇女以敬神为名,频繁参加公开的社交活动,从而大大突破了传统礼教束缚的忧虑,而女宗教师正是引导她们"突破"的重要媒介。对这一点,官绅士人们的判断倒没有错,然而他们并没有去进一步考虑为什么妇女愿意与这些女宗教师来往,她们参加宗教性活动的积极性为什么这样高,她们的深层动机究竟是什么。简言之,他们只从客观上寻找原因,而不考虑行为主体的主观动机,这就难免失之偏颇,以致仅通过法律手段严禁妇女入庙烧香、将违法僧尼枷示

---

① (明)兰陵笑笑生:《金瓶梅词话》第五十七回《道长老募修永福寺,薛姑子劝舍陀罗经》,第753—754页。

处罚等难以奏效。本文在下一节所要做的，正是对广大妇女的这种民间活动与官绅之反对态度及以其为代表的传统礼教规范之间的矛盾试做分析。

四、对两种截然不同态度的分析

由前论可知，对于明清时期妇女大量投身于各种形式之宗教性活动，存在两种截然不同的态度。广大妇女，特别是广大下层妇女，甚至包括相当数量的士绅家庭的妇女，以及她们的部分男性家属，对于这些活动都是积极参加的，但地方官、地方文献的编纂者和其他传统伦理规范的倡导者，却对此持激烈的抨击态度。这里面大体上又可分为两类，一是不但反对妇女参加这类活动，而且也不同意男子参加，自己当然更不会涉足；二是自己也可以谈佛论道，但是对妇女这样做就完全不赞成了。所以这里不仅反映出一种知识精英或社会上层与普通民众，特别是农民之间的态度差异，而且反映出男女两性之间的态度差异，因为他们面临的问题不尽相同，所以行为的反应也是有所差别的。我们不断从文献记载中发现他们的这种态度，但是这种反对似乎并没有起到多大作用，因为我们还是不断地发现他们对这种现象的记载。

若探究前面一种态度的动机，主要有两条。一是与妇女的社会地位、行为规范有关的。传统观念认为，"不孝有三，无后为大"，无子被列在"七出之条"内，对妇女的压力极大；男子可以三妻四妾，女子却需遵守严格的闺阁之训，没有与异性交往的自由，她们在家庭中的地位是极不稳定的、很脆弱的；"女子无才便是德"，她们基本上没有读书识字的机会，即使有也毫无用处，故精神上往往极度空虚，一般而言，她们与丈夫、父亲之间少有精神交流的机会。总之，她们比男性更需要某种精神寄托，希望冥冥之中会有超人的力量来帮助她们改变较低的地位。

二是与妇女的闲暇生活相关的。按传统道德观念,妇女不得随意离开自己的闺房,不允许有以娱乐为目的的外出社交活动,更不允许有与异性的任意交往,所谓"男女授受不亲,礼也"。根据这样一种态度,妇女的闲暇时间往往是十分枯燥单调的,长期处在一定程度的心理压抑之下,同时蕴藏着一种强烈的外出娱乐的渴望。而在明清时期,宣泄这种欲望的渠道之一,就是参加各种带有宗教色彩的活动,以娱神为借口,以娱人为目的。

这类活动的宗教色彩往往赋予女性参加者以正当的借口,使得男性家属难以拒绝。尽管中国大多数汉族人的宗教性并不强,但在表面上还是"敬鬼神"的,多数人,特别是下层民众也不愿落个"不敬鬼神"的骂名。比如《醒世姻缘传》中描写两个道婆来撺掇薛素姐朝山,后者的公公狄员外虽不是什么上层官宦,只是普通城市里的中等人家的家长,也是满心的不高兴,不让她们与儿媳见面,但表面上还是要客客气气。请看下面的对话:

　　狄员外问道:"二位又到寒家,一定又是那位菩萨圣诞了?"

　　两个道:"这四月十八日泰山奶奶的圣诞,没的就忘记了?"

　　狄员外道:"正是,你看我就忘了。"从袖中取出一块钱来,说:"这是五十文钱,拿出来待使还没使哩,且做了醮资罢。"

这才挡了她们的驾①。如果妇女提出去某庙上香祷祝,家人是不好太过阻拦的。更何况其祷神的目的是相当实用的,或为求子,或为家中老小平安,或为死者超生,或为病者痊愈,总之是为了家庭幸福,其男性家属不但不好拦阻,还会陪同前往。

---

① (明)西周生:《醒世姻缘传》第六十八回,第971页。

我们也可以从另一个角度证明这一点,那就是大部分地方文献都认为妇女比男子更热衷于宗教性的活动,即使是在今天,凡对中国地方民间宗教活动进行过田野调查的人,都还可以见到这样的情况,这当然是由于妇女的社会地位和所面临的社会压力与男子不同的缘故。青年或中年丧夫的寡妇可以被作为典型的例子,冯梦龙《情史类略》记载一被旌表的节妇临死时嘱咐儿媳,以后家里有年轻丧夫的,一定不要守节,并让儿媳看她左手的大疤,说是年轻时"中夜心动,以手拍案自忍,误触烛缸,贯其掌"[1];纪昀的《阅微草堂笔记》则记一节妇被赐建牌坊时,有姊妹问她这40多年中,"花朝月夕,曾一动心否乎?"节妇则说,"人非草木,岂得无情。但觉礼不可逾,义不可负,能自制不行耳"[2]。知识妇女或用儒家纲常约束,普通妇女则靠残毁自己的身体,更多的上层妇女就是通过信佛来保持心情平静。像宫廷中太后、太妃们居住的地方就建有许多佛堂、佛楼。曼素恩(Susan Mann)在前引文章中也指出了类似的情况,比如清代田雯的母亲张氏阅读《楞严经》,表示"老人自觉修斋好,不为儿曹讲佛经";另一个明代妇女则认为佛教的冥思默想能使她的头脑一直保持清醒[3]。根据王安(Ann Waltner)的研究,明代大学士王锡爵的女儿昙阳子最后出家,也与她对婚姻及守节的态度有关[4]。

与上层知识妇女相比,下层妇女参与宗教活动的动机有相同

---

[1] (明)冯梦龙《情史类略》卷一《情贞类·惠士玄妻》,长沙:岳麓书社,1984年,第12—13页。

[2] (清)纪昀:《阅微草堂笔记》卷一一《槐西杂志一》,天津:天津古籍出版社,1994年,第233页。

[3] 曼素恩(Susan Mann):《十八世纪的中国知识女性》,《性别与中国》,第204—206页。

[4] Ann Waltner:"Learning From a Woman: Ming Literati Reactions to Tanyangzi", *International Journal of Social Education*, spring, 1991.

的一面,但由于她们面临的社会压力不同,所以主要不是寻求精神上的慰藉,而是解决实际生活和家庭生活中遇到的困难。对于上层妇女来说,衣食住行和生老病死等问题不存在太大的困难,但下层妇女则时时面临这样的问题,她们求佛拜神就主要针对生子、祛病、免灾等等。所以当男性忙于实际的生产和养家活动的同时,女性则要为家庭的平安和顺利祈求神灵的保佑,除了家内和家外劳动的区别以外,这似乎成为男女两性的另一种家庭分工。因此除了男女共同参加的庙会游神活动以外,我们在日常的生活中很难发现专门由男性组织起来的进香或念佛的活动。

这里应该注意两点:一是在士大夫当中有与佛僧道士密切往来,并且结成佛社的人,他们往往是不满于社会现实,借此表现一种"出世"的态度,或者借此表现他们的不流于世俗和清高,即如明人张凤翼所说,"近来士夫谢病,多挈一僧出游,以表见其高。人见之,便谓是苏长公、佛印作用",体现的是一种狂放不羁的名士风度。但正统的儒者一般还是把儒、道视为异端的。明人叶权指出,"如今俗僧治家供设,酒色无赖,比常人尤甚,士大夫喜其应接殷勤,遂与相狎。且不论其深意莫测,但默睹其炎凉体态,桀骜形状,已极可厌矣。谚云:不交僧与道,便是好人家"①。明后期的李贽就是其中的一个比较极端的代表。这些现象一方面是特定历史时期比如晚明的产物,另一方面即使在这样的时期,在整个儒生队伍中也不占多数。即使是这样,这些与佛教关系密切的士人为了避免与主流社会发生冲突,还是尽量从哲学上将儒、释、道思想合一。

对于与僧人来往的士大夫来说,虽说有一部分人的确是对佛学感兴趣,但主要是探讨"性理""性命"之道,从哲学的角度探讨本体论和认识论问题,而不是对宗教的"虔诚"。他们把自己对佛学

---

① 见陈宝良《中国的社与会》,杭州:浙江人民出版社,1996年,第346—352页。

的兴趣与普通百姓的信神严格区别开来,认为后者属于愚昧的迷信。特别是对妇女与男子一起参加宗教活动,更加不能容忍。像江苏南汇"妇女茹素佞佛,原无大害,然近有所谓吃长素者,奉大被教主……最伤风化"①。至于汤斌这样的正统儒生,不仅自己的学术追求与佛学划清界限,而且也绝不可能公开同意自己的女性家属积极参加宗教活动。清初陈确在谈到他的朋友祝梦得壮年即死的原因时,认为这就是由于后者信奉佛教,组织金刚经会的缘故。因为儒者诵经念佛,"必老而垂死者也",而佛教让人"逃之空门,背天理,灭人伦","反经害道"②。他认为许多老年妇女"之好佛,非真好佛也,惑于浮屠家之言而姑听从之也云耳"③。所以他在《补新妇谱》中专门设有"绝尼姑"和"不看剧"两条④。

第二个值得注意的问题是,广大下层社会的男性投身于宗教活动,除了我们前面提到的参加娱乐活动的目的外,主要是加入民间宗教团体的活动,这在晚明和清代尤其明显。这特别反映在社会动荡的时期,人们具有"入教避劫"的需要,这是出于人们普遍缺乏生存安全感的心理,而某种形式的民间宗教组织对信徒具有庇护的作用。在这种组织中,每个个人都可以达到练功、治病、习武,甚至娱乐的目的⑤。这说明普通男性民众加入宗教活动,或者民间宗教团体的大量存在是特殊历史时期的产物,与平时妇女求神礼佛的情况有所区别,而这时男性信徒所达到的目的,又基本上是与平时妇女参加宗教活动的目的一致的;也就是说,在社会动荡不安

---

① 光绪《南汇县志》卷二〇《风俗志》,叶 6a。
② (清)陈确:《陈确集·文集》卷一五《答问·金刚会问》,北京:中华书局,1979年,第 371 页。
③ (清)陈确:《陈确集·文集》卷六《议一·黜佛事议》,第 180 页。
④ (清)陈确:《陈确集·别集》卷十《补新妇谱》,第 519 页。
⑤ 见程歗:《晚清乡土意识》第 5 章,北京:中国人民大学出版社,1990 年,第 213—269 页。

的时期,男子面临的社会压力加重了,于是造成与平时妇女面临社会压力时相同的行为反应。所以只有在这时,普通男性才与妇女一样感受到宗教活动的必要性,而平时则是对妇女的宗教行为不理解或不赞同的态度。

日本学者对于宝卷的分析也有助于我们对这个问题的理解。他们认为,"宝卷文学中的主人公多为女性。……因为前期宝卷的作者多为尼僧,宣讲宝卷的场所多为尼庵,故听众也以女性居多,甚至还有特别以娼妓为对象宣唱的宝卷"。"鱼篮观音故事……表面上完全否定爱欲。……然而,这个故事在社会上广为流传并受到欢迎,不正可认为是由于它虽然表面上不讲爱欲而在内心深处却暗暗肯定爱欲吗?这种爱欲毋宁理解为佛法所谓的淫欲之净化。……无论是讲故事的僧侣,还是听故事的俗众,都承认淫欲是解脱的机缘、美女是肉身的菩萨。""在全面的宿命思想、全面的厌世思想的背后,相反的思想就是这样悄悄地流行的。即使妓女听宝卷,也不仅仅是祈求后世的安乐。宝卷的思想不仅仅是宿命论的、否定现实的。我认为可以从中读到完全相反的具有反宿命论性质的女性想法。"①这正确地说明了女性参与宗教活动与男性的不同动机,她们与男性面临的不同社会困境。

与本文开始时提到的观念相一致,我们在这里要再次指出,统治者或知识精英对民众宗教活动的不满,除了担心这会造成社会动乱的隐患,甚至威胁现存统治秩序以外,尤其体现在对女性宗教行为的反对上,这主要不是出于宗教方面的理由,而更多的是表现了前者对传统伦理道德规范遭到破坏的担忧。对明清北京西郊的皇姑寺及其宗教活动,已有李世瑜、韩书瑞(Susan Naquin)、马西沙

---

① 〔日〕奥崎裕司:《民众道教》,〔日〕福井康顺等监修:《道教》第二卷,朱越利等译,上海:上海古籍出版社,1992年,第116—117页。

等人进行过深入的研究①。我们知道,这个寺庙供奉的吕菩萨是个女神,被附会为无生老母和观音的化身,对明英宗复辟有功,以此为基地发展起来的西大乘教的历代教主都是女性,寺中也全是尼姑,信众也以女性为主。后来更得到隆庆时李太后的扶植,成为太后的香火院,供后妃做佛事,也有皇亲贵族的内眷前去烧香。因此仅从寺庙来说,它是上层妇女的宗教活动场所,而从与其相关的教派来说,又有许多普通妇女信徒。这说明即使是贵族妇女,也有不同于男性的宗教需要。但在明世宗抑制佛教的行为中,礼部专门提出要毁掉全国尼庵,理由是"尼僧道姑有伤风化,欲将见在者发回改嫁……其庵寺拆毁变卖"②,矛头甚至指向有皇家背景的皇姑寺,所谓"今若皇姑寺仍留,是不去其根也"③。但是终因皇太后的保护而未能成功。这个拥有女神、女宗教师和女性信徒的寺庙和民间宗教,虽然由于强大的权力背景而一直存在,但仍反映出强烈的性别色彩。

如果探讨后一种态度的发生动机,我们可以知道,男性士绅对妇女的宗教行为表示不满,自然是出于他们对女性正当行为的传统观念。他们既忽视了女性所具有的人类共同之天性,更忽视了她们与男子所不同的特定心理,错误地认为男女之间的交往乃是偷情、调戏、私奔、奸淫等社会坏风气的恶源。他们不理解女性在面临各种社会压力的情况下对宗教的特殊需求,不太注意妇女的精神苦闷,因此只把妇女投身于宗教活动的行为简单归结为肉体

---

① 李世瑜、韩书瑞:"The Baoming Temple: Religion and Throne in Ming and Qing China", *Harvard Journal of Asiatic Studies*, 48.1 (1988): 131-188;马西沙、韩秉方:《中国民间宗教史》,第653—688页。

② 《明世宗实录》卷八三,嘉靖六年十二月壬子条,台北:历史语言研究所校印本,第1866页。

③ (明)沈德符:《万历野获编》卷二七,"毁皇姑寺"条,北京:中华书局,1959年,第685页。

的欲望,忽视了她们的精神渴望。前引《天台治略》中的批评就颇为典型:

> 妇女乐于冶游,俏装倩服……嬉戏于慈云之地,杂沓于缘觉之场。既露面而出头,复成行而遂队,忘其所以。对光头促膝而谈,乐此不疲;与赤脚同牢而食,逞己艳容,饱他饿眼。固不必花迷蝶恋,魂断芳丛;亦勿论色鬼淫魔,慑归欢洞。即行来一路,而道旁之指视,几多轻薄尖唇;归去多时,而座上之风流,犹费端详细论。①

实际上他们并不能理解爱美之心人皆有之,妇女自然希望能够得到更多人的赞美,所以她们外出时总是"艳装倩服",在异性的注目之下不仅不会有厌恶之心,反可能会有自得之感。另外与异性交往之心亦人皆有之,尽管在传统礼法束缚之下无法直接接触,但处在这种男女混杂的场合中,享受一种特别的气氛,必会造成愉悦、兴奋的感觉,妇女长期居守家中,这种要求就更为强烈。某些官绅不理解人们的这种心理及生理上的需求,只是一味简单禁止,当然只能是禁而不止。

---

① 康熙《天台治略》,《中国方志丛书·华中地方》第65号,第475页。

太阳生日：东南沿海地区对崇祯之死的历史记忆[*]

明崇祯十七年（1644，清顺治元年）三月十九日，李自成农民军攻克北京，明朝的末代君主朱由检走投无路，奔煤山自缢。自此，作为全国统一政权的明朝寿终正寝。对于明朝的灭亡和崇祯皇帝的死，从当时开始就多有人评论，后世的史学家也因为1644年的改朝换代是中国历史上的一个重要事件，而对此颇多论说。但是很少有人想到，不久之后，这样一个政治事件竟变成了一种特殊的"地方性话语"，化为一种特殊的民俗传统，具有了特殊的文化象征意义。

一、"太阳生日"的传说与习俗

1925年3月15日，鲁迅在给傅筑夫、梁绳祎（容若）的信中提及："中国人至今未脱原始思想，的确尚有新神话发生，譬如'日'之神话，《山海经》中有之，但吾乡（绍兴）皆谓太阳之生日为三月十九

---

* 本文原发表于《北京师范大学学报》1999年第6期，是与杜正贞合作撰写的。本文又提交给1999年6月在美国印第安纳大学召开的清代形成国际会议，得到司徒琳教授等学者的评论和建议，在此一并表示感谢。

日,此非小说,非童话,实亦神话,因众皆信之也。"①关于此是否"新神话",民间文学界专门进行过讨论,但无论如何,讨论者没有注意到这个故事的背后,隐藏着对明清交替的历史记忆②。

三月十九日太阳生日的习俗在东南沿海地区普遍存在,也引起了民俗学家的关注。有学者发现,"太阳的生日,南北并不一致,北方很多地方以二月初一为太阳生日,吴越地区则为三月十九(注:三月十九那天,日出正好在卯时正,故以是日为太阳生日)。这一天,家家户户在门口插上蜡烛,妇女三五成群,念佛宿山。此风以绍兴地区为盛"③。在湖州地区,人们"认定三月十九日是太阳菩萨的生日",并流传下来这样的《太阳经》:

> 太阳明明珠光佛,四大神州照乾坤。
> 太阳一出满天红,晓夜行来不住停。
> 行得快来催人老,行得迟来不留存。
> 家家门前都行过,碰着后生叫小名。
> 恼了二神归山去,饿死黎民苦众生。
> 天上吒我吒晓夜,地下非我没收成。
> 世间吒我来行动,昼夜不分苦万分。
> 太阳三月十九生,家家念佛点红灯。
> 位上神明有人敬,吒人敬我太阳星。
> 有人传我太阳经,合家老小免灾星。
> 吒人念我太阳经,眼前就是地狱门。

---

① 《鲁迅书信集》,北京:人民文学出版社,1976年,第67页。
② 见刘守华:《今人之"原始思想"不能产生新神话》,刘魁立、马昌仪、程蔷编:《神话新论》,上海:上海文艺出版社,1987年,第227页;亦见韩致中:《太阳崇拜和太阳神话》,上海民间文艺家协会、上海民俗学会编:《中国民间文化》总第20集,上海:学林出版社,1996年,第1页。
③ 姜彬主编:《稻作文化与江南民俗》,上海:上海文艺出版社,1996年,第508页。

> 太阳明明珠光佛,传与善男信女人。
> 每日清晨诵七遍,永世不走地狱门。
> 临终之时生净土,九泉七祖尽超生。
> 务望虔心行到老,后世福禄寿康宁。①

这种《太阳经》在各地流传,版本多有差异,如在宁波慈溪采集到的则是:

> 念念太阳经,太阳三月十九卯时生。
> 太阳出来照四方,普照大地万物生。
> 一照东方太阳升,二照南海观世音。
> 三照西方千重佛,四照北方地狱门。
> 东南西北都照到,风调雨顺国太平。
> 有人念我太阳经,合家老小无灾星。
> 世上太阳最公平,穷不欺来富不捧,
> 照在人间世上一样温。
> 世上若无太阳照,万物皆空化灰尘。
> 善男信女来修行,修行先念太阳经。②

从内容来看,这些文字都是一些善书宝卷,除了宣扬因果报应思想外,还含有平等平均的思想,因而带有浓厚的民间宗教色彩。但是除了提出太阳三月十九日生和"太阳明明珠光佛"这样含义隐晦的词句外,并没有发现与明朝灭亡事件的直接联系。即便如此,在其他地区流传的类似善书宝卷,甚至都没有提到"太阳三月十九日

---

① 黄景秋讲唱。见钟伟今:《湖州的日月崇拜》,浙江省民间文艺家协会选编:《浙江民俗大观》,北京:当代中国出版社,1998年,第447页。
② 姜彬主编:《稻作文化与江南民俗》,第507页注①。另外在《宝卷六种》之中,有民国时期顾大荣所抄《王大娘宝卷》,其中有"三月十九太阳生,善人念佛点天灯。眼前活佛须敬重,德道之人放光明"等语。

生"或"太阳明明珠光佛"这样的词句,可见这是一种颇具地方性的异文①。

但是也有一些民俗调查发现了太阳生日与明朝及崇祯皇帝的关系。比如在温州地方,"民间相传,三月十九为太阳生日。经考查,实则为明思宗殉国日,平阳一带妇女在这天拜经持斋"②。而绍兴东浦镇文化站的诸国良搜集的《太阳菩萨的故事》则是这样说的:

> 旧时,绍兴人每逢三月十九都要请太阳菩萨,说是这天是太阳菩萨的生日。
>
> 其实它的出处还是在明朝末年,那时崇祯皇帝在位,李自成造反,带兵逼近京城。崇祯皇帝逃上煤山,被迫上了吊。有个明朝的大将叫吴三桂的,引进了清兵入关,虽然打击了李自成,但北京城反被清兵占去了。明朝皇宫内的皇族全被杀害,只逃出了崇祯皇帝的第三个女儿。她隐蔽在一个尼姑庵里,落发修行。因为三月十九日是崇祯皇帝归天的日子,也算是明皇朝覆灭的日子。这位三公主哀悼父亲的死难和亡国之痛,亲自编了一卷《太阳经》,在民间传散。假说三月十九日是太阳神的生日,让百姓都来祭祀,巧妙地瞒过了清朝的皇帝。
>
> 所以绍兴人所说的太阳菩萨的生日,实际上是崇祯的忌

---

① 如湖北公安县的《敬太阳神》:"太阳神,太阳神,太阳冬月十九生,六月初一登殿门。"神农架发现的《太阳经》说:"太阳冬月十九生,家家念佛点红灯。"参见韩致中:《太阳崇拜和太阳神话》,第5页。又清乾隆间在湖北白阳教徒李元义家抄出的《太阳经》说:"太阳经,太阳经,太阳出现满天红,家家门首都走到,道你众生叫小名。"乾隆三十八年三月初五日《军机处录副奏折》,转引自马西沙、韩秉方:《中国民间宗教史》,上海:上海人民出版社,1992年,第100页。

② 浙江民俗学会编:《浙江风俗简志·温州篇》,杭州:浙江人民出版社,1986年,第214—215页。亦见叶大兵:《温州民俗大全》,乌鲁木齐:新疆人民出版社,1998年,第393页。

辰与明朝覆灭的日子。①

除此之外,在湖州地区过去还有朱天庙会,与我们所谈的问题有直接关系。朱天庙里供奉的是朱天大君,"相传即明崇祯皇帝。此庙建于清朝,不能直接表示思念故国故君,因此塑了一尊武士像,赤脚踩小山冈,一手举乾坤圈,一手持檀木棍。小山冈象征崇祯皇帝自缢的景山,乾坤圈是自缢的绳套,檀木棍是投缳于其上的槐树"②。到民国年间,乌青镇四月二十四日"俗传朱天君诞,近今香烟亦盛"③。

这个故事也得到了目睹者的佐证。周作人曾回忆说:"民国初年我在绍兴,看见大家拜朱天君,据说这所拜的就是崇祯皇帝。朱天君像红脸,被发赤足,手持一圈,云即象征缳索,此外是否尚有一手握蛇。此像虽曾见过,因为系三十年前事,也记不清楚了。"④又马叙伦记述说:"英玉欲赴梅白克路松柏里朱天庙进香,属余为导。及至其处,烛火香烟,目为之眩。……朱天大帝者,实即明崇祯皇帝也,故塑像右手持环,左手持棍。邵裴子说:棍以象树,环以象结绳,正拟思宗自缢也。惟此间庙像颈悬人头一串,杭州无之……杭俗祀朱天甚虔,持斋一个月。杏媞谓上海人持朱天斋,世世相传,不得废也,否则有灾。余谓此皆居丧不食酒肉及示子孙不忘之意耳。"⑤这些都说明,在上海、杭州、湖州、绍兴等地均有此习俗,江浙一带对明亡史实有特殊的感情。

让我们回到三月十九太阳生日的问题上来。除了鲁迅兄弟提

---

① 讲述人潘国桢,男,时年65岁,教师,绍兴县东浦薛家桥人。
② 浙江民俗学会编:《浙江风俗简志·湖州篇》,第399页。
③ 民国《乌青镇志》卷一九《风俗》,民国二十五年刊本,叶12b。
④ 周作人:《阳九述略》,载氏著《苦口甘口》,上海:太平书局,1944年,第150页。
⑤ 马叙伦:《朱天庙》,载氏著《石屋余沈》,上海:上海书店影印建文书店1948年版,1984年,第77页。

到的绍兴以外,是否还有其他地区存在这种民间信仰呢?我们不妨罗列一下所见材料。请看浙江鄞县:

> 三月十九日,鄞俗以为太阳生日,各寺庙设醮诵经。(新增。案《玉芝堂谈荟》十一月十九日日光天子生,《时宪书》亦同,独吾乡在三月十九日。)①

浙江定海厅:

> 三月十九日,各寺庙设醮诵经。相传为前明国难日,讳之曰太阳生日。(案《玉芝堂谈荟》:十一月十九日,日光天子生;《时宪书》亦同,俗易于三月十九日,为忠义之士所更,今沿其旧。)②

定海县:

> 三月十九日,各寺庙设醮诵经。相传为明朝国难日,讳之曰太阳生日。俗传《太阳经》:太阳明明朱光佛,三月十九午时生,家家户户点红灯等语。朱即明之国姓也。③

浙江乌青镇:

> 十九日相传太阳生日,家家拈香燃烛。明崇祯于是日殉国,或民间怆怀旧君,故名,俟考。④

浙江杭州:

> 十九日,太阳星君诞,比户燃香烛(道书)。⑤

---

① 光绪《鄞县志》卷二《风俗》,清光绪三年刻本,叶 11a。
② 光绪《定海厅志》卷一五《风俗志》,清光绪二十八年据光绪十一年补刻本,叶 6a。
③ 民国《定海县志》册五《方俗志·风俗·岁时》,民国十三年铅印本,叶 54a。
④ 民国《乌青镇志》卷一九《风俗》,叶 12a。
⑤ 民国《杭州府志》卷七六《风俗三》,清光绪二十四年修民国五年续修十一年铅印本,叶 17b。

浙江萧山：

> 三月十九日俗称太阳生日,有集会,设供于庭。妇女彻夜宣佛号者,谓之宿太阳山。按明思宗于三月十九日殉国,遗民痛之,故于是日设供,托言太阳生日以讳饰之,后世沿其事而昧其意。①

除了在浙江较多发现有关记载以外,在台湾地区也有较多类似记载,但基本上见于近年来新修的地方志中。比如在《台湾省通志稿》(1950 年至 1965 年铅印本)中记载说:"三月……十九日,传为'太阳诞辰'实则为明思宗殉国之日。以面制豚羊,豚九头,羊十六头,象征太牢之礼,望东祭之。家家点灯,欲其明也。盖遗民倦怀故国,借以寄思,历久遂成俗。"②《基隆县志》(1954 年至 1959 年铅印本)③、《云林县志稿》(1977 年至 1983 年铅印本)④、《台南市志》(1958 年至 1983 年铅印本)⑤、《高雄县志稿》(1958 年至 1968 年铅印本)的记载都基本类似⑥,而《台南县志》(1957 年至 1960 年铅印本)则在民间仪式方面记载得略详:"太阳公生(十九日),此日是'太阳神诞'。家家户户于早晨在庭前向东方设置香案,上置拜具一式,前列糕制小型猪九只、羊十六只为祭品,于是妇女们点烛焚香,望太阳礼祭。究其由来,据说在清统治下的明之遗民,假借太阳诞辰的美名之下遥祭大明崇祯皇帝于此日在煤山吊槐树殉难之遗俗,一直留传讫今,已有二百余年。"⑦

---

① 民国《萧山县志稿》卷一《疆域门·风俗》,民国二十四年铅印本,叶 27a。
② 丁世良、赵放主编:《中国地方志民俗资料汇编》(华东卷),北京:书目文献出版社,1995 年,第 1367 页。
③ 同上书,第 1588 页。
④ 同上书,第 1743 页。
⑤ 同上书,第 1801 页。
⑥ 同上书,第 1857 页。
⑦ 同上书,第 1827—1828 页。

我们知道,在明清代嬗之际,浙江或台湾都是南明抗清力量的重镇,浙江有鲁王政权,张名振、张煌言的抗清力量也主要活动在浙东沿海;台湾则是明郑政权的根据地,在这里演出了许多抵抗与镇压的悲剧。但是,在我们查阅到的浙江地方志中,只有很少的一些记载了太阳生日的习俗;在台湾的地方志中,只在现代修的新方志中有这方面的记述。在清初抗清活动同样激烈的江南其他地区,除了上面所说的朱天庙的信仰以外,也很难见到这类记载。是因为清朝统治时期的忌讳所致,还是它本身就是很晚近出现的习俗? 比如说,它是晚清时期国家控制力量衰弱的结果,或是革命党宣传反清的产物?

我们也知道,明末清初是被时人称为"天崩地解"的时代,在顺治二年清统治者再下剃发令之前,许多人对明朝的覆亡无动于衷。张履祥说,"崇祯甲申之变,仗义死节者一二十人而外,率皆污伪命者也。其弃职守逃窜者,犹为知廉耻事"①。太仓人陆世仪作诗说:"五月四日得先帝惨报确信,四海同仇,若丧考妣,诘朝乡绅有楼船广筵纵观竞渡者,愤而刺之。"②对此,昆山人归庄也作诗批评:"书生闻变涕沾裳,狂悖人心未可量。青绶铜章□比日,吴歌楚舞醉霞觞。"后面的注说:"四月晦日,粮储道署中演戏,五月朔至端午,嘉定知县日挟妖童娼妓观龙舟。"③许多人对气节问题另有看法,对腐朽的明王朝的灭亡和崇祯皇帝的死未必有很多人同情。那么,究竟应该怎样理解"太阳生日"的潜在含义呢?

---

① (清)陈敬璋辑:《乾初先生遗事·张杨园先生履祥言行见闻录》,(清)陈确:《陈确集》,北京:中华书局,1979年,第41页。
② (明)冯梦龙编著,吴伟斌、卞岐校点:《甲申纪事》卷一三,《冯梦龙全集》本,南京:江苏古籍出版社,1993年,第257页。
③ (明)归庄:《归庄集》卷一《诗词·辛巳稿·续闻》,上海:中华书局上海编辑所,1962年,第31页。

二、明清易代时期东南沿海地区的地方性话语

有些学者认为,太阳生日的习俗与台湾的特定历史有关,如"三月十九'太阳公祭'。据考这天为明末李自成攻入北京,明思宗(崇祯帝)自缢煤山(今景山公园)之日。明郑时代,定于此日面北遥祭崇祯亡灵。清统一台湾后,台民假托祭拜'太阳公'('太阳'暗喻'大明'),将此俗延续下来"①。这虽然明显忽略了大陆地区存在此种习俗的事实,但却指出这种习俗源自明郑时代。有的学者说得更明确,说三月十九固属太阳星君诞辰,但又是明思宗的忌日,"祭典由郑成功升始,入清之后,亡明(日月为明)的祭典,恐怕招致清朝官吏的降罪,所以就托称为'太阳星君'的诞辰了"②。

另外一位台湾学者翁同文发表《太阳诞辰节的起源与天地会》,这大概是目前仅见涉及太阳生日的研究,尽管该文主要是研究天地会问题的。该文据陈达《南洋华侨与闽粤社会》第272页所附《潮州某华侨社区的信仰》认为,闽南粤东人以阴历三月十五日(另说三月十九日)为太阳诞辰节,又据连横《台湾通史》卷二三《风俗志》,认为这是为了纪念明思宗殉国,而太阳诞辰节又起源于天地会。因为康熙十六年蔡寅假托朱三太子于三月十九日起兵;雍正四年、六年在台湾破获两起父母会结盟案件,其结盟日期都是三月十九日。因此以崇祯忌日转为太阳生日加以纪念,"应当始于天地会,后来才传播到闽南民间"。又因直到雍正六年民间尚无太

---

① 徐博东、张明华:《台湾传统文化探源》(增订版),北京:商务印书馆,1996年,第71页。
② 飞云居士:《细说台湾民间信仰》,台北:益群书店,1993年,第156—157页。书中也引用了《太阳星君真经》,即"太阳明明珠光佛"的一段,内容与前引第一段基本相同。现在还很难判断这是从大陆流传到台湾的,还是相反。

阳诞辰节,因此天地会的起源当在雍正初年①。该文虽以判断太阳生日来判断天地会起源问题,但同时却提出太阳生日习俗起源于雍正六年之后,并且是由天地会所创的重要观点。当然,虽然本文无意探讨天地会起源问题,但如果证明太阳生日习俗出现得更早,那么它与天地会起源的关系便值得怀疑了。此外,该文认为此节为"他省所无的节日",显然是错了,至于此俗在闽南、粤东一带的流传情形,目前尚未找到更多的证据。

嘉道年间鄞县人徐时栋(1814—1873)在他的《烟屿楼文集》和《烟屿楼笔记》中难得地为我们留下了关于太阳生日习俗的一种说法,这至少使我们排除了这种习俗与晚清革命党"排满"思想的联系。我们不妨赘引他的《太阳生日赋》如下:

> 维暮之春,旬有九日,董子觉轩自高唐之故里,来城西之草堂。徐子同叔止而觞之。已乃出门野眺,携手徜徉,入其闉闍,折而南行。至月湖之西曲,过日月之新宫在湖尾,俗谓之太阳殿。乾隆《鄞县志》未载,盖此时尚未建也。近日新志亦失之,见朱门之洞辟,众攘攘以憧憧,喧士女之杂沓,金膜拜乎其中。怪而诘之,则曰是日也,太阳之生日也。诵元文与梵典,肆伐鼓而考钟,祝天上之圣寿,将获福以无穷。二子笑而去之。
>
> 既而,董子问于徐子曰:礼若是,其野乎?徐子曰:夫朝日而夕月,乃天子之事守,彼僧道之敛钱,于典礼乎奚有?董子曰:是则然矣,顾尝见省中之颁时宪书也,举神术之诞生纷卷,终而并列,生太阳于仲冬,惟仲旬之九日,欲私议其无征,早见称于著述。《玉芝堂谈荟》第一卷云,十一月十九日日光天子生。予忖度其用心,盖阳生于子月,谓阳生即日生,斯犹有意

---

① 翁同文:《太阳诞辰节的起源与天地会》,《史学汇刊》(台湾)第 7 期,1976 年 5 月,第 190—196 页。

之可说也。而必以十九日为生朝，则真无理可诘也。且夫天无二日，书则同文，纵立说之荒谬，岂易地而异，云何居乎吾乡之故事，乃复以今日为降神，不改日而改月，而易子以为辰，斯岂有异闻乎，又何以说之纷纭也。

徐子于是愀然改容，正襟危坐而言曰：吁嗟乎噫嘻，此其事盖昉于我圣朝顺康之间，沿流以至乎今日，则既历二百有余年矣，父老之所不道，纪载之所未编，讳也而秘之，远也而失之，是以后世无传焉。然而吾知之，吾能言之。今夫三月十九日，非他故，明庄烈皇帝殉社稷之辰也。日维子卯，岁在甲申，虞渊坠北，陆昏鲁阳，挥而不返，夸父追而逡巡。是时忠义之士尤莫盛于吾鄞，世禄华胄，先朝遗绅，枌榆故老，薇蕨顽民，知景命之有属，众归往于圣人，而其黍离麦秀之触，处而哀感者，恒郁郁而莫伸。岁以是日吊其故君，被发野祭，恸哭海滨，速方袍而礼佛，集羽衣以朝真。然而黄疏告哀，青词荐福，始稽首以默祷，继露草而披读，而苟仍胜国之徽，称颂神号于太祝。纵熙之不讳，夫不亦惊耳而骇目乎！于是乃神其说而愚其人，易其名而隐其实，而诡而扬于众曰：是日也，太阳之生日也。夫太阳，日也，日者，君也。故君不可以灼言，故易人鬼为天神；天神不可以有忌，故易国恤为生辰。斯实惟吾乡先生不得已之苦心隐恨，其事可以感风雷，而其志可以泣鬼神。其时盖相视而共，喻其故则呜咽而难陈。年运而往，莫知其因，乃今而始得与吾子细论之也。夫耆旧之动止，桑梓之所则效也；荐绅之话言，缁黄之所奉教。信俗语为丹青，据吾言为典要，彼不识君子之所为，徒遗神而取貌，舍其旧而谋新，遂转圜以改调十一月十九日之说，盖出自《道书》。旧时吾乡未必不尔，诸先生欲愚僧道，想必有说以更正之，使舍汝而从我也。浸假而状其尊严，浸假而建之宫庙，由日及月，象形惟肖，惑众箕敛，奉事二曜故事，则会众而岁举，故国则无人而凭吊。后之君子,昧其本初,睹其末节,叹斯礼之犯分,笑其期之区别。一知夫愚僧诈道之矫举,而不知其为忠臣义士之碧血也。

董子闻之,爽然若失,瞿然而下拜曰:有是哉!我未之前觉也。此则吾乡先生之灵所默牖子以相告者也。夫论有古而非实,语有新而可凭。听子言之侃侃,动余心以怦怦,余既惊喜而诚服,夫何事曲引而旁征,抑二氏之荒唐,虽不辨而奚害,而吾子之论议,实先民所嘉赖,盍即以今兹之问答,屡敷陈乎楮墨,岂惟是留掌故于甬句,抑将使天下后世知吾鄞为忠义之乡而秉礼之国也。①

按他的说法,太阳生日的习俗起于顺治、康熙间,是明遗民的发明创造。但是,他说二百年来别人不清楚,唯他自己知道,这显然是不可能的。无论如何,如果此说得到证实,那么它就必然早于天地会的起源,或者至多成为以后天地会所利用的资源之一。

本文认为(后面还要再加讨论),太阳生日习俗的创造是有可能在康熙时期发生的。较早的文献一般对此失载,有可能是出于忌讳。当我们查考康熙年间修的《鄞县志》时,虽没有太阳生日的痕迹,但却发现这里碰巧有"日湖"和"月湖"这两个风景地,在产生太阳生日习俗的地方,这样两个地名却没有被人们所利用吗?据该方志载:"日湖在城内东南,一名细湖,又名竞渡湖。……月湖在城内西南,宋时称西湖,又称南湖。"②这两个地名显然是后来改的。而且按照徐时栋的上述描述,这里的太阳生日祭祀正是在月湖的"太阳殿"举行的,二者之间恐怕未必完全没有联系。后者不见于地方志的记载,也未必一定是晚建。

从一般记载来看,好像太阳生日的习俗遍布浙江、福建、台湾,

---

① 徐时栋:《烟屿楼文集》卷三八,《赋》。清光绪松竹居刻本,叶10a—12b。亦参见光绪《鄞县志》卷二《风俗》,叶11a—12a。

② 康熙《鄞县志》卷六《形胜考·湖》,清康熙二十五年刻本,叶8a、8b。

加上朱天君的信仰,则扩及江苏,但最集中涉及的似乎多在浙江的绍兴和鄞县一带,考虑到这里是南明鲁王政权的活动中心,清初战争与破坏给这里的人民带来切肤之痛,因此我们似乎应该将其视为一种"地方性话语"(local discourse)。

全祖望曾说:"世祖章皇帝之下江南也,浙东拒命,虽一岁遽定,而山海之间告警者尚累年。吾宁之首事者为钱、沈二公,其间相继殉节者四十余人,而最后死者为尚书张公。"①这一带对清兵的抵抗也比较激烈,"刘忠愍公祠,祀明安洋将军刘世勋。……国朝鄞全祖望碑记:大兵之下江南也,望风而靡,所向几不血刃。其最难下者,江西之赣州、江南阴泾县、吾乡之翁洲,即大兵亦以为出于意外"②。清兵破城之后许多人死节,给后人留下深刻印象。据《定海厅志》:"国朝荆溪陈璿《重修同归域记》:王师围城,及旬而下之。一时名公卿侨寓于此者,俱慷慨就义,而居人闻声,亦不谋而同。一饭之顷,横尸若山。郡幕僚乔君钵收而火之,悉瘗于城之北岗,题其域曰同归。此顺治八年辛卯九月初二日也。"③面对这座"同归大域",即使是当时人亦留下许多悼念性的诗句,如做过知县的鄞人万言有《癸酉吊同归域有感》一首,其中说道:"跨鳌楼堞高几丈,螺髻双尖屹相向。有客含凄吊北邙,苍凉满目难为状。……冠履几时聚一堂,每年寒食展秩祀。人生万古留忠义,阐幽扬芬匪异事。伤心不敢话前朝,忍使重泉没姓氏。我欲击碎竹如意,恨无西台洒涕泗。"④而当时的定海县令缪燧则在其《同归域放歌一首并序》中写道:"盖闻号鼎攀龙,莫改忠臣之节;盟津叩马,不加义士之

---

① (清)全祖望原著,黄云眉选注:《鲒埼亭文集选注》上编《明故权兵部尚书兼翰林院侍讲学士鄞张公(煌言)神道碑铭》,济南:齐鲁书社,1982年,第21页。
② 光绪《定海厅志》卷二七《祠庙志》,叶8b。
③ 光绪《定海厅志》卷二六《杂志·冢墓》,叶27a。
④ (清)万言:《癸酉吊同归域有感》,康熙《定海县志》卷八《艺文》,清康熙五十四年刻本,叶22。

诛。……名乃到今不死、同归域者,葬故明与难翁洲之诸缙绅先生也。……乃于暇日,偶作放歌,扬已逝之幽芳,阐不朽之奇节……呜呼君父人之大伦,安问兴亡何代,忠孝关乎,至性不分,群怨皆诗,下笔含悲,行歌当哭……"①在当时那个时代,竟能写出"伤心不敢话前朝"和"行歌当哭"这样的诗句,虽表现出诗人的勇气,却也说明人们对这里发生的惨痛事件的深切悲哀。

与此相同,在鄞县和定海等地,还修建了一些纪念明清之际死难烈士的祠庙,到乾隆公开表彰忠节、抨击贰臣之后,这种行为就更为普遍。在鄞县的"重恩祠……上祀宋邑宰王安石,下祀明邑令王章。章有惠政,后以御史殉甲申三月十九日之难,谥忠烈,邑人岁以是日祭焉"②。虽然王章并非鄞人,也不是死于这里的抗清斗争,但因做过这里的县令,便也得到人们的崇敬。还有"旌忠庙……嘉庆二十年邑人黄定文、罗文义等建。正室祀明东阁大学士兼礼部尚书钱肃乐、东阁大学士兼兵部尚书张煌言,左右侧……"③又有"惠民祠,县西二十里十字港,祀明冢宰闻渊。正德间,儒士杨钦奏湖田折银事,渊在朝,实与有力,乡人德而祠之(朱志)。每岁三月十九日讳日,湖民醵祭(闻志)"④。这段记载也很有意思,本来是建祠缅怀一位有功乡梓的明中叶大臣,但又语焉不详地说到三月十九日的讳日,湖民在这里举行祭祀仪式,是纪念这位闻渊呢,还是借此祭祀崇祯皇帝?在定海,则有"成仁祠,在北门外。康熙四十二年知县缪燧捐建,以祀明季殉节诸人。乾隆间知县庄纶渭分三龛,各列官爵姓名。设王妃陈氏以下十二位为一座,大学士张肯堂以下四十二人为一座,贡生黄希范以下十三人为一座。咸丰间

---

① (清)缪燧:《同归域放歌一首并序》,康熙《定海县志》卷八《艺文》,叶 28a。
② 康熙《鄞县志》卷九《庙祠》,叶 34b。
③ 光绪《鄞县志》卷一一《坛庙上》,叶 13b。
④ 光绪《鄞县志》卷一三《坛庙下》,叶 26b。

署厅事王承楷复分四龛……"①这种大张旗鼓地纪念清王朝敌人的做法,在其他地方并不多见。

在这些地区,我们还可以找到类似的地方传统。前面提到的鄞县重恩祠是纪念王安石的,因为后者在任鄞令时为当地做了好事。可是历代统治者都不喜欢王安石,清朝也不例外。徐时栋在《烟屿楼笔记》中记,"雍正间,李敏达公卫巡抚浙江,严檄鄞县撤毁王荆公祠,不知何以至今其庙无恙,且荆公祠在鄞者非一处,愚谓荆公在朝,误国罪不胜言,而令鄞时则惠政甚多,于吾乡水利尤极整顿,故他处庙可废,而鄞庙独不可毁,此亦改祀于乡之意也"②。对统治者的严令可以置若罔闻,目的只是为了维护地方性传统。

定海也颇有自己的个性。"上元夜,诸祠庙张设灯裴,群聚里人,妆先朝故事,连骑结队,鸣金击鼓。"③这个"先朝故事"无论是否指明朝故事,但至少应该是汉政权统治时期的故事,这是否有意向现存秩序挑战呢? 在各地,一般中秋节都在八月十五,但浙江东南的一些地方却在八月十六。据说舟山的这个习俗与明朝俞大猷抗倭有关④,而在定海,"八月十六日,士人家祀月于庭,为月饼……案中秋在十五日,惟宁俗易于十六日,相传昉自南宋宗藩所更,今沿其旧"⑤。"南宋宗藩"的故事显然又与元代南宋遗民的历史记忆密切联系。此外,"九月二日,阖城鸣钲鼓逐厉,延僧设焰口,施食。相传为前明城难之日,设野祭以祀游魂。康熙志案:顺治八年九月二日破定海,阖城被难,俗呼为难日。旧志所载之事,今多不举,惟被难诸家于是日设祭,谓之屠城羹饭"⑥。如果说前面的例子

---

① 光绪《定海厅志》卷二一《祀典志》,叶 8b。
② (清)徐时栋:《烟屿楼笔记》卷一,宁波钧和聚珍版印,叶 4b。
③ 康熙《定海县志》卷五《风俗·岁时》,叶 77a。
④ 浙江省民间文艺家协会选编:《浙江民俗大观》,第 59 页。
⑤ 光绪《定海厅志》卷一五《风俗志》,叶 7a。
⑥ 同上。

都是前朝之事,顶多有影射之嫌,后一例则是对本朝定鼎时清兵屠城死难民众的纪念,这种对政治忌讳的挑战同样被化为一个民俗节日,与中元节、祭厉等做普度时类似。这样的地方文化传统、这样的历史记忆传统与太阳生日的习俗完全是一致的,它们的内在逻辑完全有异曲同工之妙。

在同样存在太阳生日习俗的台湾,也有把对惨痛历史的记忆化入地方民俗传统的例证。《台湾省通志稿》认为,当地民间信仰中普遍存在的"王爷"有 130 多位,都是"明郑之忠贞之士,或有功于地方者,台人崇其德、怀其义而祀之"。在这些王爷中有各种姓氏,但"其中以朱、李、池为最多"①。郑成功被赐国姓,故朱姓成为一种象征,他们被混入王爷信仰,也可以在民众信仰中长期留存。前面所举台湾父母会图谋三月十九日起事之例,虽未必与太阳生日有关,但却反映了三月十九之事之所以成为动员民众的资源,是因为它深深植根于民众的历史记忆。

三、"太阳生日"凝聚的历史记忆

对于清初人来说,特别是对于那些明遗民来说,崇祯皇帝的自杀和明朝的灭亡最初并不是记忆中的历史,而是一种惨痛的现实经历。

崇祯皇帝自杀的消息大约在四月底、五月初传到江南,江南社会对此事的第一反应是普遍性的骚乱,这种动荡的局势直到五月十五日弘光帝即位才基本稳定下来②。第二年的清明时节,南京城内外遍贴传单:"端阳竞渡,吊屈原也;寒食禁烟,哀介子推也。三

---

① 丁世良、赵放主编:《中国地方志民俗资料汇编》(华东卷),第 1377 页。
② 参见〔日〕岸本美绪:《崇祯十七年的江南社会与关于北京的信息》,底艳译,赵世瑜审校,《清史研究》1999 年第 2 期。

月十九,为先帝后衔愤宾天之日,攀髯莫及,吾辈于郊外结社醉酒,以志哀恨。"太常少卿张元始也上疏说:"皇上允词臣张星疏,拟于太平门外,遥祭先帝,臣愚谓应另设一坛,并祭东宫、二王于侧,每年忌日,举以为常。且斯日何日也,三光蔽天,九庙堕地,诚与寻常忌辰不同。谓应敕天下,凡遇三月十九日,止音乐,禁屠宰,并停士民嫁娶、各衙门轻重刑罚,一以志故宫黍离之难,一以激中外同仇之愤,直待函逆闯首,告先帝灵,而此禁始弛可也。"①显然,朝廷民间对刚刚发生的这样一个重大事件都颇为重视,将其视为或"制造"为一个具有特殊意义的纪念日。究其原因,在民间或出于对君父的朴素感情,在官方或出于对确立正统的需要。同时,在这个时候,由于江南半壁还在明朝手中,人们还没有把这个日子与亡国之痛联系在一起。

但是到清兵南下、弘光政权灭亡以后,一个个南明政权在此兴彼衰之际,还互争正朔,使三月十九日与崇祯皇帝的命运在人们头脑中的印象逐渐消退;即使是心中不忘旧事之人,对此事此时的追思纪念也已有了新的意义。光绪《鄞县志》记:"董守谕,字次公。……丙戌三月十九日,思宗大祥,廷议寂然(墓志),守谕乃上疏曰:'臣闻忠孝节义由于朝廷之激厉,濡忍偷安由于志气之卑昏……臣痛忆先帝焦劳十七载,无一日不思治求贤,无一日不筹兵办寇,奈庸臣误国,顿遭千古未有之惨,凡有血性,忍忘先帝身殉社稷之烈乎?臣去年穷居,值此时日,北望一哭几绝,痛恨南都臣子若遗若忘,何怪忠孝节义扫地殆尽也。……宋高宗每正月朔日,率百官遥拜二帝,不受朝贺,今主上仁孝性成,百倍高宗,刻刻不忘报仇,则刻刻不忘先帝;刻刻不忘恢复,则刻刻不忘三月十九日。今年是日,即鲁监国元年,追思泣血之首一日也。臣请躬率臣民,遍谕各藩军

---

① (明)李清撰,何槐昌校点:《南渡录》卷五,杭州:浙江古籍出版社,1988年,第234页。

士,缟素哭祭,每岁定以为制,使人人切齿怒号,庶君父大伦,从此振起。然后昊穹悔祸,神人共助,报不共戴天之仇,而建中兴复古之烈也。'王着礼部传示,速为举行。"①在董某的记忆里,崇祯皇帝因农民起义而死的事实已经可以不必提起,它作为社稷覆亡的象征则需要强调,因此到这时,纪念崇祯死难、唤起人们对此事件的记忆以激励斗志,已经发生了目标的转换。但无论如何,崇祯死难事件以及三月十九这个日子,几乎从一开始就已经成为一种具有某种意义的象征性资源。

因此,值得我们注意的是:一方面,虽然崇祯皇帝的死及明朝的灭亡与李自成农民军有直接的联系,但在这里,它却被利用来对抗代之而立的清朝,农民起义的问题被从历史的记忆中剔除出去了,与此相对应的是对"靖康之耻"的记忆;另一方面,东南沿海地区的居民没有经历过农民起义的扫荡,没有对因此而覆灭的明王朝产生直接的感情震荡,对他们直接造成冲击的是清兵的南下,是反剃发斗争和南明政权的兴亡。因此,三月十九日被塑造成为一个象征,这个象征在表面上是对崇祯皇帝死难与明朝灭亡的追思,实际上则凝聚着对自己亲历的清兵南下所致一切伤害的记忆。

当然,三月十九日被塑造成为一个凝聚着历史记忆的象征需要一个过程,这与人们随着时间的推移对明朝与崇祯皇帝的评价有关系。对于亲历鼎革的明遗民来说,他们还沉浸在巨大的感情波澜之中,还不可能理性和客观地思考明朝灭亡的原因和教训。徐开任在顺治十年时还专门写下《癸巳三月十九日二首》《烈皇帝诔》等诗,"无一字不具故国之思"②。杨焮的《辛亥三月十九日》诗(康熙十年)中说:"身是崇祯士,生从万历年。衣冠叨圣代,毛发长

---

① 光绪《鄞县志》卷三八《人物传十三·董守瑜》,叶 36a—38a。
② (清)徐开任《愚谷诗稿》,邓之诚:《清诗纪事初编》卷一,上海:上海古籍出版社,1984 年,第 11—12 页。

尧天。"其《癸丑三月十九日》诗(康熙十二年)中则说:"龚开久化碧,皋羽尚吞声。岁岁宣陵泪,宁求孝子名。"①三月十九日总是可以引起遗民感伤的一个日子。鄞县人纪五伦是崇祯四年进士,其子纪历祚"明亡,弃诸生作道人装,每年三月十九日,以麦饭泣奠思宗。或问草莽臣而祭天子礼有之乎?答曰:此所谓野哭者也"②。后来三月十九日的"太阳生日"就是这种"野哭"的仪式化和象征化。

比起诗人来,史学家应该更充满理性,但清初谷应泰《明史纪事本末》在论及明亡时仍对崇祯皇帝充满同情,认为他是"涉乱世而多艰,生皇家而不幸",认为他在遗诏中"以诸臣误国,理或有然尔"③。张岱虽批评崇祯"焦于求治,刻于理财,渴于用人,骤于行法",但还是认为他绝非亡国之君:"凡我士民,思及甲申三月之事,未有不痛心呕血,思与我先帝同日死之为愈也。"连呼"呜呼痛哉"④。对君主专制持严厉批评态度的思想家唐甄,对崇祯皇帝的用人失当也毫不原谅,但还是认为他是"刚毅有为之君",认为他"忧勤十七年,无酒色之荒,晏游之乐,终于身死社稷,故老言之,至今流涕。是岂亡国之君哉!"⑤

因此,在这样一种切肤之痛的感受依然深切的时候,在江南地区的人们还在南明政权的旗帜下直接与清政权做斗争的时候,他们并不需要"太阳生日"这样一个意义隐晦的象征,可以明确地打出朱明的旗号,就像那些奉明朝宗室起事或朱三太子一类事件那

---

① (清)杨炤:《怀古堂诗选》,邓之诚:《清诗纪事初编》卷一,第76页。
② 光绪《鄞县志》卷三九《人物传十四·纪五伦》,叶9a。
③ (清)谷应泰:《明史纪事本末》卷七九《甲申之变》,北京:中华书局,1977年,第1385页。
④ (明)张岱:《石匮书后集》第一卷《烈皇帝本纪》,上海:中华书局上海编辑所,1959年,第40—42页。
⑤ (清)唐甄著,吴泽民编校:《潜书》下篇上《任相》,北京:中华书局,1963年,第122页。

样。只有当这一切的轰轰烈烈都归于沉寂的时候,在清朝官方意识形态支配下的史学家不那么怀念崇祯皇帝死难的壮烈、像《明史》那样批评崇祯皇帝"用匪其人,益以偾事。乃复信任宦官,布列要地,举措失当,制置乖方"的时候①,那些哀恸不已的失败者才会去创造一个象征,来寄托他们的历史记忆。

如果我们的推理合乎情理的话,那么太阳生日的故事应该是在顺治末年东南沿海的大规模抗清斗争归于失败后创造出来的,可能又在康熙二十二年清朝收复台湾后流传至台湾。但是这并不十分重要。重要的是一种活生生的现实终于开始转变为历史,转变成为一种可以被记忆、也可以被忘怀的东西。在这期间,当一种历史记忆在民间的延续可能对现存秩序构成威胁的时候,统治者就会努力使其成为忘却的历史,致使力图保持这种记忆的人们不得不创造一种象征、一种隐喻,能够使此历史记忆不绝如缕。前述绍兴民间的《太阳菩萨的故事》讲述崇祯皇帝的三公主落发为尼,编出《太阳经》和太阳生日的故事,寄托她的思念,固然荒诞,但其中所表示出的意义与徐时栋的说法并无二致:"国家定鼎之初,吾乡遗老最盛,感怀故国,每以庄烈帝死社稷之日,私设野祭,相聚拜献。而事关禁忌,不敢明言。于是姑妄言之曰:此太阳生日之日也。日以当君,托生日以代忌日。"②表明了明朝遗民,特别是江南士绅制造此故事及节俗的过程。

在这个故事或节俗被创造出来之初,其中包含的丰富的历史和现实内涵,对于它的创造者和作为普通百姓的实践者来说,可能都是心照不宣的。但是对于后者来说,在经历若干世代之后,是否还能体会到其中的曲折?徐时栋观察道:"至于遗老既尽,野祭无人,而僧道反援为故事,岁以为常。妇女无知,相沿成俗,此太阳生

---

① (清)张廷玉等:《明史》卷二三《庄烈帝一》,北京:中华书局,1974年,第335页。
② (清)徐时栋:《烟屿楼笔记》卷一,叶11a。

日所以不十一月十九日而独三月十九日之故也。以遗民黍离麦秀之悲,转为僧道惑众敛钱之助,末流可痛恨,而其初事甚可感念者矣。"①祭祀太阳生日的活动已经变成了一般意义上的祈福禳灾,后代的普通信众似乎淡忘了其中包含着的痛苦回忆。创造这一故事的先人们的苦心孤诣,终于难以抵抗时间的如水而逝。"记忆依赖于社会环境……正是在这个意义上,集体记忆和记忆的社会框架才是存在的;其依赖的程度就是,我们个人的思想将其自身置于这些框架之中,并参与到这种能够进行回忆的记忆中去。"②如果一种记忆失去了存在的社会氛围,就不可能是较大规模的集体记忆,它只能在一部分熟悉典故的士大夫中间薪火相传。

"当社会可能被打破成为一些起着不同作用的人们的群体时,我们也可以在其中发现一个较小的社会(narrower society),可以说,它的作用就是保护和维持传统的活力。无论这个社会是被引向过去还是引向现实中过去的延续,它在现实中的作用也只是达到这样的程度,即,使这些作用适应于传统,确保社会生活通过这些作用的变化而延续,这才是重要的。"③在某种意义上说,具有遗民传统或特定地方文化传统的士大夫就是这样一种"较小的社会",他们试图通过一种象征把前朝的历史高度浓缩地保留在人们的记忆中,这是他们的神圣义务。但是,他们不是当朝的史官,他们的义务恰恰不是延续统治集团所需要的历史传统,而是正相反。

---

① (清)徐时栋:《烟屿楼笔记》卷一,叶 11b。
② 哈尔布瓦赫:《记忆的社会框架》,5—6(《论集体记忆》,第 37—38 页)[Halbwachs, *Les cadres sociaux de la mémoire*, v-vi. 1925, Paris, 1952(*On Collective Memory*, pp. 37-38)]。转引自卡洛·金兹伯格:《共享的记忆,私人的回忆》(Carlo Ginzburg, Shared Memories, Private Recollections),载古利·阿拉德编:《转化为历史:记忆之外的纳粹和大屠杀》(Gulie Ne'eman Arad ed., *Passing into History: Nazism and Holocaust beyond Memory*), Indiana University Press, 1997, p. 359。
③ 亦见哈尔布瓦赫:《记忆的社会框架》,转引自金兹伯格同上文,载阿拉德《转化为历史:记忆之外的纳粹和大屠杀》,第 353—354 页。

在这个意义上,他们不是一般意义上的"较小的社会",而是"民间社会"(folk society)的代表,尽管在他们自己来说,他们是代表着并且试图延续着一种汉人的正统。

然而,在东南沿海地区,始终存在着延续这种记忆的土壤,了解太阳生日之真意的也不仅是少数士大夫。在清朝统治时期,这里对中央的对抗情绪总是要比北方强烈,这是因为清初抗清斗争主要发生在这里,南明政权在这里接替兴亡;在这里发生了"哭庙案""通海案""奏销案"等一系列冲突,有以"反清复明"为号召的天地会活动,以至乾隆年间这一地区的 种常见的剪发割衣的巫术,会被皇帝夸大为谋反行为,要求地方官府高度重视①。在绍兴、宁波、鄞县、定海这些地方,在清初曾经生灵涂炭,与南明政权又曾有过密切的关系,太阳生日的寓意一定会在民间社会、在一定的人群中传承,否则,也不会在同治、光绪时的地方志中得到记载。一直流传至今的有关太阳生日的民间故事与朱天庙的民间传说也绝不是民国以后的新创造。

关于明清代嬗和此过程中的一切人事,并不是没有历史的记忆流传下来,但载诸正史的只是这种记忆的一种版本,它经过官方的首肯和传播,成为流行的或为人熟知的版本。尽管到了乾隆年间,为了统治的需要而大力表彰明末清初死难的忠臣义士,贬低降清的"贰臣",但始终没有、也不可能给崇祯皇帝以及他所代表的朱明王朝以特殊的尊崇地位,因为若是如此,清朝就将失去统治的正统性。无论出现什么调整和变化,这都是明清之际历史撰写中的一个基本点。以太阳生日习俗为代表所凝聚的历史记忆,则是一种例外版本,它代表着对朱明王朝所象征的原初的或本土的历史传统的怀念,代表着与清朝的对立。因此在这一点上,它是与对明

---

① 参见〔美〕孔飞力:《叫魂——1768年中国妖术大恐慌》,陈兼、刘昶译,上海:上海三联书店,1999年。

清之际史事的官方版本具有根本差异的民间历史。

委曲求全地把特别的历史记忆寄寓在新制造出来的民间故事和习俗之中,虽然有导致失传的危险,但却可以通过这一似非而是的习俗逃过毁灭的命运。当历史的车轮将清帝国推向穷途末路的时候,这种特殊的、沉淀在士人心里、传诵在民间妇女口中的记忆又在新的形势下浮出水面。"壬寅(1902)三月初旬,太炎提议谓欲鼓吹种族革命,非先振起世人之历史观念不可。今距是年三月十九日明崇祯帝殉国忌日未远,应于是日举行大规模之纪念会,使留学界有所观感云云。"①民国元老于右任在辛亥革命前夜的三月十九日感叹道:"旧事重提,伤心何限。同胞同胞,尚忆此惨纪念之三月十九乎?今日者,祖国之风云更急矣,好男儿,其忍再睹神州之陆沉乎!"②三月十九日又重新成为一个象征,成为一个"国耻日",成为亡国灭种的标志;对它的历史记忆也被赋予了新的内容,至少,这一记忆的民间文本被赋予了合法性。

至此,太阳生日的使命应该说是完成了。

附 识

本文大约撰于1998年。根据当时所见之材料,将"太阳生日"这一习俗的出现与东南沿海人民对明亡的历史记忆相联系。10年后我去黄河边上的山西柳林考察,在锄沟镇的凤翅山弥陀庵(今称钟楼庵)中,见有一2002年所立《重建太阳殿碑记》。碑记中写道:"锄沟钟楼庵院三层而建也,上乃太阳殿,正位山岗,初创清乾隆三十年,时称日光阁。……窃查残碑、造像……尝于余村儒学生员庞

---

① 冯自由:《章太炎与支那亡国纪念会》,中国史学会主编:《中国近代史资料丛刊·辛亥革命》第1辑,上海:上海人民出版社,1957年,第497页。

② 于右任:《三月十九》(1911年4月17日),傅德华编:《于右任辛亥文集》,上海:复旦大学出版社,1986年,第156—157页。

琬议之,然难以定论。谓道教以太阳普照万物者,奉祀以神,造化人心耳。或曰君像也,且盲以帝之形貌塑之,唯望后世不盲也。既成,每岁三月十九,远近男女观会是殿,一时金碧辉煌,神威大振,沿袭百九十余年。"文中提到的乾隆残碑仍在庙中,已断,只存下半截,但今碑所引盲与不盲等文字还是可以清晰地识别。

庙中另有一咸丰二年的《重修凤翅山记》,据称该庙"创建年代邈无所稽,钟铸天顺五年"。碑文漫漶,依稀可见"太阳中□□观音下□□佛殿对□韦陀……国朝乾隆年间屡次修葺,碑迹显然,迄今凋敝"等字样,可以证实当时寺庙的布局。

上述材料虽不能证明这里的某些人群是否亦以此种方式保存对明亡的记忆,但却由此可知,在山陕交界的吕梁地区,在清乾隆时期,亦有在三月十九祭祀太阳的习俗,并非只有东南沿海有此现象。不过,碑文中解释为什么用皇帝的形象为太阳帝君塑像,说是"盲以帝之形貌塑之,唯望后世不盲也",颇令人觉得另有深意。遗憾的是,我一直没有对这一线索深入追究,不知道这只是在北方地区的偶然存在,还是在全国范围内颇为普遍,唯以此补正前文论点的不周。

2016 年 12 月 22 日识

黑山会的故事：明清宦官政治与民间社会[*]

明代的宦官干政之重，与清代宦官的束手，恰成鲜明对比。但无论明清，由于宦官的出身、来源和所处的社会地位，使他们具有比较独特的社会身份，既与宫廷显贵，又与民间社会有着密切联系；他们在组织形式、意识形态等方面也与民间社会有许多相似之处。本文试图摆脱以往对宦官所进行的政治史研究——即注重宦官干政及其对经济、军事等方面的干预，而以一个个案为引子，对明清宦官的问题从社会史角度做一点探索。同时，我们也可以透过民间祭祀组织形式与活动，发现宦官政治的一些新线索，达到"自下而上"反观历史的目的。

一、刚铁的故事

1949年年底，新中国政府在北京筹建烈士公墓，墓址确定在八宝山。那里原有一座褒忠护国寺，当时还住着许多宦官，所以当地人俗称其为"太监庙"。选址的干部曾向一个宦官询问此寺的来

---

[*] 本文只是关于明清京师的宦官与京师民间社会关系研究的一个引子，主要解析黑山会故事的意义。由此所引申出的京师宦官与地方祭祀组织"会"的关系，以及宦官与京师寺庙的关系，并透视这股宫廷力量在与京师民间社会打交道时的位置，则是今后要进行的工作。这项工作近年来已由我的学生齐畅渐次展开，已有专著出版，可以参阅。另，本文系我与张宏艳合作撰写，特此说明。

历,后者回答说,明永乐时因司礼太监刚铁之墓在此,故赐建祠庙。查北京图书馆藏中国历代石刻拓本中,正有跨度为明清延至民国的约23通碑刻资料提及这个明代宦官刚铁,以及与他有关的宦官组织黑山会,成为我们讲述这个故事的基本凭依。

据碑文所载,刚铁其人乃明朝开国元勋,初侍从太祖朱元璋征伐,继而随成祖朱棣靖难有功,死后官葬黑山会,岁时享祭,并建有祠庙——护国褒忠祠。自明至清,宦官对刚铁颂扬奉祀,对护国褒忠祠屡加修缮。在这里留有诸多我们熟知的宦官和朝臣的名字以及他们和民众的活动轨迹。然而恰如香港学者梁绍杰撰文指出的那样,在碑文中得到高度评价并得到明清两代宦官烟火不断崇祀的刚铁,在明代却不见经传,碑文中对他的描述或与史实不符,或根本无从查考。徐阶在碑文中怀疑是"谋夫勇将以及心膂之臣,往往有史氏所不及载"的缘故,而刘若愚则在《酌中志》中怀疑是大内误祭了辽代的"番将军"。以至梁绍杰假设刚铁有可能是一个虚构的人物,事迹则可能取自史传多见的永乐朝宦官狗儿王彦,纪念他的褒忠祠类似宦官的"祖庭"。而这个造史的过程,大约始于嘉靖,出自当朝宦官对嘉靖裁抑宦官的反弹①。

除了一些有关北京的地志的简略记载之外,上述23通碑记是讲述刚铁及黑山会故事的主要资料②。据明刻《刚铁墓碑》,上书

---

① 参见梁绍杰:《刚铁碑刻杂考——明代宦官史的一个谜》,载赵令扬审订,梁绍杰辑录:《明代宦官碑传录》,香港:香港大学中文系,1997年,第314页。同名论文曾载《大陆杂志》91卷5期(1995年11月),第9—25页。本书由香港中文大学历史系陈学霖教授寄赠,特致感谢。

② 据上书,梁绍杰只辑录了有关的16通碑刻,其未加辑录和利用的7通分别是:清同治九年《白衣庵碑》(白衣庵为黑山护国寺之下院,在今阜成门内白塔寺南能仁胡同)、同治十二年《重修黑山会护国寺碑记》(潘祖荫撰)、光绪七至十二年《护国寺题名碑》、光绪二十年《故宦官题名碑》、宣统元年《刚铁祠碑》、宣统三年《张兰福感德碑》和民国三十六年《信修明自述碑》。均见《北京图书馆藏中国历代石刻拓本汇编》(郑州:中州古籍出版社,1991年)第83册,第213页;第84册,第52页;第90册,第208页;第87册,第87页;第90册,第9、112页;第100册,第115页。

"洪武年开国元勋正承奉刚铁之墓",估计为较早的碑①,此碑并未明确将其与朱棣联系在一起。据刘若愚《酌中志》载:"京师黑山会地方,有赠司礼监太监刚公讳铁之墓焉。……按,刚太监坟,大冢一,其石碣差古,书'燕府承奉正刚公讳铁之墓';又一碑差大,稍新,则书'赠司礼太监某之墓',盖似后人所立者……"②此处所记则把刚铁与朱棣联系起来了。按洪武三年设王府承奉司,有承奉一人,承奉副二人;洪武四年申定王府官制,承奉正正六品,副正七品③。一般来说,墓碑上所书官职应为墓主最后和最高的官职,因此即使刚铁确有其人,他在生前也不会担任过司礼监太监④。

另外一件有意思的事是,洪武六年六月乙卯,朝廷任命内官金丽渊为秦王府的承奉,李清为承奉副,刘寿、吴祥、刘旺、潘亨为晋王、燕王、楚王和靖江王府的承奉副⑤。这应是首次任命王府内官,其中只有秦王府任命了正副承奉,其他四府仅有承奉副,而燕王府的承奉副为吴祥,刚铁之名未列其中。

有明确年代记载的第一块碑是明弘治八年的《重修黑山会坟茔碑》⑥,从碑额来看,只不过是个墓地的记事碑,与刚铁的关系还不大,但就是在这里,出现了"永乐年间开国元勋、司礼监太监刚公铁葬于是"的说法。直到嘉靖十年的《重修皇明故司礼监太监刚公墓记》中,刚铁的事迹才突然丰富起来,记述了他的交阯血统,洪武

---

① 《北京图书馆藏中国历代石刻拓本汇编》第53册,第41页。
② (明)刘若愚:《酌中志》卷二二《见闻琐事杂记》,北京:北京古籍出版社,1994年,第203—204页。
③ 《明太祖实录》卷六四,洪武四年四月己丑条;《明史》卷七四《职官志三》。
④ 对此,刘若愚已有质疑。他说:"近年修坟所勒碑文皆曰公有靖难犁庭等功,按碣称'承奉正',是成祖未正大位时公先卒矣。若果有靖难犁庭等功,则自有别衔,岂仍以'承奉正'勒碣乎?"见刘若愚:《酌中志》卷二二《见闻琐事杂记》,第204页。
⑤ (明)王世贞撰,魏连科点校:《弇山堂别集》卷九〇《中官考一》,北京:中华书局,1985年,第1722页。
⑥ 《北京图书馆藏中国历代石刻拓本汇编》第53册,第35页。

时"参侍帷幄",常从太祖征伐,后封为燕王府承奉,曾随朱棣起兵靖难、征漠北,被提升为司礼监太监等等故事①。太祖亲自参加战斗到吴元年(1367)后就基本上绝迹了,此前他身边是否已有交阯籍的宦官还是疑问。以后,万历元年杨博所撰《重修黑山会司礼监太监刚公护国寺碑记》中,又增加了他在靖难之役中"亲犯矢石,首擒平保"及随成祖"北征瓦剌,智夺阳和"的细节②。所谓"首擒平保",应是指靖难之役中夺取永平、保定的战役;而"北征瓦剌,智夺阳和",应指永乐十二年成祖亲征瓦剌,但阳和之役似未见于史载。有趣的是,此碑文中并未提及刚铁在太祖时的任何事迹。

  附带说,交阯籍的宦官一般是永乐以后征入宫内的。"范弘,交阯人,初名安。永乐中,英国公张辅以交童之美秀者还,选为奄,弘及王瑾、阮安、阮浪等与焉"③,这当然指的是永乐五年至十二年前后征交阯的事。如果刚铁与此有关,那么就与太祖朝事及靖难、北征等事没有干系了。

  除此两碑之外,其余各碑对刚铁其人其事只是蜻蜓点水,一带而过,谈的更多的是当时的宦官如何修复这个特殊的地点,实为醉翁之意不在酒。只有徐阶所撰《护国襃忠祠记》解释说,"而前碑不克详其事者,由史氏之遗之也"④,也暗含怀疑之意。我们遍检各碑,发现只有5通碑把刚铁与太祖朝联系起来:附弘治八年后《刚铁墓碑》,上刻"洪武年开国元勋正承奉刚铁之墓";嘉靖年间《刚铁墓碑》,上刻"洪武开国元勋司礼太监刚公讳铁之墓";嘉靖十年《重修皇明故司礼监刚公墓记》、嘉靖三十年《黑山会护国寺碑记》亦

---

① 《北京图书馆藏中国历代石刻拓本汇编》第54册,第191页。
② 《北京图书馆藏中国历代石刻拓本汇编》第57册,第3页。
③ (清)张廷玉等:《明史》卷三〇四《宦官一》,北京:中华书局,1974年,第7771页。关于著名的宦官兴安、陈谨、金英以及谢徕、梁端等人的籍贯,《明史》俱缺载。查他们的碑记,可知他们都是永乐五年前后来自交阯的。
④ 《北京图书馆藏中国历代石刻拓本汇编》第55册,第157页。

载,"皇明洪武开国元勋司礼监太监刚公祠墓";及万历二十年《黑山会重修护国寺刚公祠堂碑记》,其中王家屏撰文中有"时则有若刚公者,始从高皇帝廓清中原"之句。其余各碑都只提他与太宗朝的关系。可以说,碑记撰者对于刚铁的来历出身实在没有把握,大约谨慎一点的人认为将其与永乐朝联系起来更可靠些。

梁绍杰根据信修明回忆录提供的线索——刚公"小字狗儿",找到同样名为狗儿的明初宦官王彦。他将万历元年《黑山会司礼监太监刚公护国寺碑》所载刚铁事迹同王彦事迹进行类比,得出结论,刚铁事迹绝类王彦:"在目前我们所能考见的成祖内臣中,的确也只有狗儿的功绩,可以与各碑所述刚铁的勋劳匹配。"同时,"辑录者推测刚铁实无其人,至于他的传闻,是以狗儿的事迹作蓝本堆砌出来的,跟云奇一样,大概都是嘉靖年间的宦官刻意塑造出来的"①。他猜测"刚铁"只是个"托名",但究竟是托谁的名,就语焉不详了。

显然,刚铁绝不会是王彦本人的托名,因为王彦的葬地就在北京昌平的桃谷口,还在那里修建了规模很大的寺院,赐额广宁寺,并由"三杨"之一的杨荣撰写碑记②,完全没有必要借刚铁和黑山会来传名。综合来看,刚铁事迹与王彦相类的亦不过是笼统的"亲犯矢石""北征瓦剌""功高无匹"等,而具有如此勋劳的明初内官不仅王彦一人。如果与碑文中所记刚铁的功劳做简单地比附的话,在靖难之役及北征蒙古过程中战功卓著的宦官还有刘通、刘顺兄弟,王安、郑和、孟骥、李谦、云祥等多人。另有赵琮"早以俊秀,于洪武间选入内府,侍太祖高皇帝,小心慎密",在太宗时又"随驾

---

① 梁绍杰辑录:《明代宦官碑传录》,第302、68页。
② 《北京图书馆藏中国历代石刻拓本汇编》第51册,第100页。

征迤北,命公前锋"①,生平事迹都有详细记载。相反,凡记述刚铁的事迹皆似是而非。如"劝上恭默求贤",使成祖得姚广孝,于史无征;说他在靖难之役中"首擒平保",不知究竟何指;至于说他"北征瓦剌,智夺阳和",当时明军出万全向西北行,在今乌兰巴托以南(忽兰忽失温)与瓦剌交战,而阳和口在京师正西,大同以北的长城线上,明在此设阳和卫,是自己的地盘,不可能有"智夺"的说法。

另有一个故事也强化了刚铁在靖难之役及北征蒙古中的武功。崇祯时人刘侗、于奕正所著《帝京景物略》记载:"铁从长陵靖难,把百斤铁枪,好先登陷阵。枪今存寺中。"②到清康乾时励宗万《京城古迹考》中载,"惟有刚铁墓,则享堂画像戎装,旁植铁叉,长约一丈,重八十余斤……僧云:'铁叉久贮库,此照式铸立,以表厥勇者。'"③刘、于二人将黑山会的地点搞错,足证二人并未亲历其地,对此,梁绍杰已有考证。使百斤重的铁枪更是神话。况且此枪在清初已然不存,"至(康熙)二十年,所用器物一件皆无",康熙二十五年马腾蛟为会首,"独捐己资置办诸样器物",其中就有"弓箭一副架全,三股叉一柄架全"④。可见励宗万日后所见、和尚言之凿凿的东西乃是后人新造,枪也变成了叉。

所以,除了嘉靖十年《重修皇明故司礼监太监刚公墓记》之外,其余碑刻文字的名称都是祠记、寺碑记,而不像别的宦官留下的都是墓志铭或者墓志、墓表;所针对的对象主要是这个地点及建筑物,而非这个人。看起来,如果刚铁确有其人,那他要么是一个极

---

① 《明故神宫监太监赵公墓志铭》(刘宣撰),载梁绍杰辑录《明代宦官碑传录》,第 31 页。

② (明)刘侗、于奕正:《帝京景物略》卷三,"罕山"条,北京:北京古籍出版社,1980 年,第 279 页。

③ (清)励宗万:《京城古迹考》,"元灵福寺"条,北京:北京古籍出版社,1981 年,第 21 页。

④ 《北京图书馆藏中国历代石刻拓本汇编》第 65 册,第 182 页。

其神秘的人物,要么就是一个完全不见经传的小人物,或者干脆并无其人。假如是神秘人物的可能性不大,那么不见经传和无其人对我们的意义都是同样的。这样,附会在他身上的所有事迹便是从明初诸多宦官功臣那里综合而来的。后代宦官利用记载不详的刚铁,编造出利于自己的故事,逐渐形成了一个近乎完美的元勋神话。然而故事有不同的版本,各版本所宣扬的重点不尽相同,通过对故事的剥解,我们可以透视当时的社会背景和现实需求。

二、黑山会的故事

黑山会之所以知名,当然还在于刚铁故事的流传。清代志书关于它所在的地点记述之误,已见诸梁绍杰的考证,不赘述。但黑山会作为刚铁以及其他许多宦官的葬地,在记载中还是存在一些令人疑惑之处。

弘治八年《重修黑山会坟茔碑》中说:"处永乐年间,开国元勋、司礼监太监刚公铁葬于是,兹后内官内□葬此者不下百数冢。"《重修皇明故司礼监太监刚公墓记》则说:"因命择佳地赐葬,得都城西距十八里许黑山会之原。"到清乾隆五十三年赵秉冲所撰《重修褒忠祠碑记》中,则发展为"公之祠堂,建于明永乐初年"①。明万历年间沈榜的《宛署杂记》说的就更早:"灵福寺……洪武末,择为功臣刚铁太监葬所。"②众所周知,明初建都南京,至永乐十九年才正式迁都北京,三年后成祖即死于北征的归途。如果刚铁长期效力于太祖、太宗,并死于永乐年间,那他应长期居住在南京大内才对,为什么却在北京选择葬地?另一种可能是,刚铁确曾为燕王府内官,并死于洪武时燕王就藩北平期间,但这样他与靖难及北征的关

---

① 《北书图书馆藏中国历代石刻拓本汇编》第75册,第101页。
② (明)沈榜:《宛署杂记》卷一九《寺观》,北京:北京出版社,1961年,第197页。

系就纯属子虚乌有了。即使如后者，大批宦官死后葬在此地，应该是永乐末年迁都北京以后的事，尤应在仁、宣、英宗时期，因此黑山会这个地方，不可能在永乐时期就成为宦官的圣地。天顺元年，英宗复辟，为王振在智化寺立旌忠祠，据王世贞说，这是"内臣立祠之始"①。按王世贞为史学家，考据严谨，如其所说属实，综合其他迹象，那么刚铁的祠堂就不可能建于永乐中，至多如沈榜所说，只是利用以前某个寺院的遗址，作为他的墓地所在。

"黑山会"一词初为地名，屡见于有关碑文。弘治八年《重修黑山会坟茔碑》起首就说："距都城西十八里，有地名黑山会，峰峦抱环……"②但到万历壬辰大学士王家屏所撰写的《黑山会重修护国寺刚公祠堂碑记》中，对黑山会的解释就已经变为："若刚公者……葬黑山。黑山者，在燕万山中，庶几像祁连……于是诸贵人之从九原者会焉，故称会。"在这里，地名变成了"黑山"，而"黑山会"则成为宦官公墓的代称，比喻宦官死后都到这里来相会③。到万历三十五年冯有经所撰的《重修黑山会褒忠祠碑记》中，则说刚铁"卒葬黑山，因为之祠。祠曰褒忠，忠可知已。嗣后中贵人置会其间，岁时以上命致祀如礼，而建寺居僧以守之"④。似乎是说，自从建立了褒忠祠之后，宦官在这里建立了某种祭祀组织，黑山会则是指这一组织。

关于以上两种解释，明代碑文中也还都有一些证据。弘治八年《重修黑山会坟茔碑》中说司设监太监黄珠见墓地残破不堪，"复□□发己帑，鸠□同事诸人，各抽所施"；嘉靖十年《重修皇明故司礼监太监刚公墓记》中说："以故后先中贵，莫不以公为山斗准则，

---

① （明）王世贞：《弇山堂别集》卷九〇《中官考一》，第1731页。
② 《北京图书馆藏中国历代石刻拓本汇编》第53册，第35页。
③ "九原"本为山名，在今山西新绛县北，为春秋时代晋国贵族的墓地，后以此代指墓地。
④ 《北京图书馆藏中国历代石刻拓本汇编》第58册，第195页。

而仰之慕之;虽捐馆,咸依公墓侧,左环右□,前旋后□,无非仰公之为人,而乐从于地下也。"黄珠倡导修墓,则"一时中贵公咸笃高谊,莫不辐辏赞成之"。嘉靖三十年《护国寺记》说,司礼监掌印太监麦福、内官监掌印太监高忠见刚公祠墓"岁久倾圮",便"约会诸公,各捐己资"云云①。在嘉靖三十年《黑山会流芳碑记》碑阴的题名最末,还署有"义会张务本等"24人的名字。因此黑山会不仅是死人会聚的地方,而且的确有一部分宦官以此结成了某种特殊的联系②。

到清末民国,黑山会便逐渐从一个公墓发展成为宦官养老送终的行业慈善组织的所在地。根据护国寺最后一代住持信修明(此人任至1950年该地被辟为革命公墓时止)的回忆录:"太监养老义会,由来已久。明代至今,凡为太监者,均是贫苦人出身,所以设有养老义会……故旧都寺庙多与太监有关系。其纯粹养老者,有两座庙,一是在北平北长街,万寿兴隆寺;一是在平西宛平一区,黑山护国寺……凡入会者……三年后准进庙食宿,死亡有棺,为其做佛事,葬于公地,春秋祭扫,后死者送先死者。"③从光绪二十年《故宫官题名碑》中我们发现,清中叶以后,管理庙务总管谷丑、领善圆明园首领张成兴、杜庆,引善长春宫总管刘进喜,参与修葺的

---

① 《北京图书馆藏中国历代石刻拓本汇编》第55册,第155页。
② 出现这样的宦官祭祀组织还有旁证,如嘉靖二十九年《义会寿茔地产碑》记:"坐落大兴县北八里庄魏村社……卖与内府内官监西□厂太监高等会中□造盖义会寿地,会中坐委住持明灯在彼供祀香火,住坐永远管业……嘉靖十七年六月立。直隶顺天府大兴县魏村社八里庄东林庵。内官监太监会众高忠等于嘉靖二十年六月买到香火地四段,共计买地八十七亩五分,坐落庄地方,每年出纳粮草银共四两五钱。"碑阴题有内官监、御马监、尚膳监、司苑局、惜薪司等衙门宦官的名字。(《北京图书馆藏中国历代石刻拓本汇编》第55册,第145—146页。)
③ 信修明遗著,亚伦整理:《老太监的回忆》,"养老义会"条,北京:北京燕山出版社,1987年,第94页。

圆明园总管邵文英,乾清宫总管田廷魁等人均葬于此①。这显然是明代公墓功能的一种延伸。

但只要是有庙有神的地方,就必然会引起广大民众的注意,或者说,刚铁的神化和祠庙的修建本来就采取了民间文化的形式,特别是明清宦官与民间社会一直有着密切的联系,因此黑山会的祭祀组织也从宦官的内部组织向更大的空间扩展。黑山会明确有了祭祀组织,在清康熙年间称作"刚祖圣会",似乎并不自称为"黑山会"。据《刚祖圣会碑》载,康熙五年,即四大臣辅政、裁抑宦官势力之时,司礼监监丞裴某、惜薪司管理郭宪臣、江宁织造卢九德、御用监管理赵琏城、御河等处提督焦继祖、帘子库管理马腾蛟"公议诚心复起胜事,春秋祭祀"。这表明以前已存在的祭祀组织,中断一时后于此时恢复。康熙二十五年"马腾蛟接领胜事",成为会首,康熙四十年移交新的"接会之人"②。这时,明代的大部分碑刻都得到修补,并分别补题"康熙四十年岁次辛巳合会内外众等捐资前后修补建新"字样。所谓"会内外众等"应该是指宦官和非宦官的各种参与者。

在康熙四十年的另一块碑《重修褒忠护国寺刚祖祠堂记》碑阴题名中,还列有房山县正堂及黑山会各村众善人等地方官民的题名。可见尽管黑山会为宦官的祭祀组织,但该组织活动的参与者超出了宦官的范围,影响波及了整个黑山会地区的各个阶层。围绕着这里的祠庙建筑和刚铁神话,"四境士民,每年三月廿一日有黑山圣会,至今不衰。祠俗呼之曰刚祖庙"③。

以庙会概称之的游神赛会在传统社会生活中具有十分重要的政治、经济和文化职能。黑山会这一宦官祭祀组织最终与庙会组

---

① 《北京图书馆藏中国历代石刻拓本汇编》第 87 册,第 87 页。
② 《北京图书馆藏中国历代石刻拓本汇编》第 65 册,第 182 页。
③ 信修明:《老太监的回忆》,"刚公祠"条,第 92 页。

织合流,同专职的护国寺、褒忠祠演变为黑山神祠的综合体系一样,都表明了宦官群体与民间社会及其意识形态的密切联系。当我们突破传统的政治、经济原则的局限,转而从社会的角度来审视宦官群体时,展现在我们面前的将是另一番景象。

三、刚铁祠庙的故事

可以肯定,黑山会纪念刚铁的地方,本来是元代的灵福寺。相传此寺是元至元年(1264)间海云大师所建,"后经兵火,遗址尚存"①。据弘治八年《重修黑山会坟茔碑》记载,正统七年以前的刚铁墓"有堂……有祀,牌楼、石门之属,井井其备,历岁久,入于坏烂"。于是正统壬戌(正统七年)内官监太监李德对其加以修葺。但这里并没有明确记载这些毁坏的建筑究竟是刚铁的祠墓还是原来的灵福寺。又此碑文称为《重修黑山会坟茔碑》,并不称"重修刚铁祠"云云,可见这时未必有刚铁的祠庙。如果早有祠在此,按规定建祠时必然有祠碑,但这时也丝毫不见提及。如果是永乐间新修的祠堂,不至于到正统初仅20年的时间就已"坏烂";经李德修复后,又不至于经50年的时间,到弘治黄珠时已"见其颓垣断□,□□蓄牧□"。从此碑及嘉靖十年《重修皇明故司礼监太监刚公墓记》来看,正统时李德的修缮工作,也许只是对残破的旧寺略加修整,弘治三年(庚戌)黄珠对此再加修复,而后司礼监太监覃昌"请于孝庙,令有司致祭,岁以清明为期,著为令典",才使这里真正有了纪念刚铁的祠庙。因此弘治八年碑文还是《重修黑山会坟茔碑》,而嘉靖以后的碑额就全然不同了。

严格地说,认为永乐时就开始表彰刚铁,为他建祠立庙,并没

---

① (明)沈榜:《宛署杂记》卷一九《寺观》,第197页。

有过硬的证据,正统时李德、弘治初黄珠希望"借尸还魂",不过只是修寺;到覃昌以后才使刚铁"死而复生",真正地建祠。否则我们就不容易理解,为什么到嘉靖以后有关的碑文才突然多了起来。到此时,有关刚铁的神话通过祠祀制度的确立正式得到统治者的认可。

嘉靖六年(丁亥),有尚衣监太监李某、内官监左少监娄斌在刚铁墓的神道中建造了一座佛寺,碑文未记名称,但应该就是后来的护国寺。嘉靖九年(庚寅),司礼监太监张佐"见梵宇之当道,蔽然目前,甚非所以奠幽灵而慰忠魂,报功德而昭国典也。询之父老,□曰所无,遂决议迁之□地,以复旧制。"似乎张佐对佛寺或对建佛寺的太监颇为不满,因此这篇《重修皇明故司礼监太监刚公墓记》口气十分激愤,称"故我今日司礼□贤公有正大之□,□梵宇之非。不然,则刚公忠义之心无以慰□,先朝褒崇之典、悯□之意,□夫嗣续诸公景仰之诚举,无以昭□□后世矣"。对此,康熙四十年《刚祖祠记》称为,"司礼监张公佐以寺墓神道前,议□之东南数武,即今护国寺地也"①。而万历二十年《重修护国寺碑记》中则说:"……岁清明,以上命享,亦得称祠。而所称护国寺者,则由内官监太监李公德始也。嘉靖庚寅,大司礼张公佐撤寺,仍祠会之旧。"这说明建立在旧寺基础上的刚铁祠曾被改造为佛寺,后来这个佛寺又被恢复为刚铁祠。

直到嘉靖二十九年,即"庚戌之变"发生的当年,司礼监掌印太监麦福和内官监掌印太监高忠不仅重建了祠堂三间,又增两庑六间和石门一座,同时在其东南又购地再建了护国寺,从此开始了祠寺并存的体制。从表面看来,这种体制的目的是以寺养僧,再以僧守祠,所谓"公等念刚公有功于国,恐后为耕樵所废,延访行能之僧

---

① 《北京图书馆藏中国历代石刻拓本汇编》第65册,第173页。古以六尺为步,半步为武。

守之,相传崇奉香火,庶得经久"。这种情况,又不独此处,如有人"薄游京城之外,而环城之四野,往往有佛寺,宏阔壮丽,奇伟不可胜计。询之,皆阉人之葬地也。阉人既卜葬于此,乃更创立大寺于其旁,使浮屠者居之,以为其守冢之人"①。无论如何,从此,这组建筑就被合称为"刚公祠寺"。祠称"刚公祠堂",寺称护国寺。至于"褒忠"一词,嘉靖三十年(辛亥)徐阶所撰碑记称"护国褒忠祠",万历三十五年冯有经所撰碑记称"褒忠祠",至清乾隆、道光等碑均称"褒忠祠",只有康熙四十年碑记称"褒忠护国寺刚祖祠堂"。

以上过程或许反映了多种因素的矛盾冲突。首先,这里的祠寺变化可能牵扯到嘉靖皇帝对佛道二教的态度。西直门外有大慧寺,为明正德间司礼监太监张雄所建。嘉靖中,麦福提督东厂,在寺左增建佑圣观,寺后又有真武祠。"盖当是时,世宗方尚道术,阉人惧其寺之一旦毁为道院也,故立道家之神祠于佛寺之中,而借祠以存寺。"②将此与刚铁祠寺的情形相较,颇有类似之处。张佐来自世宗潜邸,可能对世宗的宗教态度比较了解,因此怒斥建佛寺之非,后来祠寺并存,亦不妨被视为类似大慧寺那样的崇佛与崇道之间妥协的结果。

其次,它反映了儒家士大夫与大众流行观念在礼制上的冲突。祠堂往往是纪念真实人物的,而寺庙是祭祀神灵的,而且可能发展为偶像崇拜。洪武初年礼制曾对后者严加防范,但日后民间日益冲破礼制的限制。所以张佐改寺为祠,徐阶做《护国褒忠祠记》,并以略带轻蔑的口吻说,"祠为堂若干间……又其旁有寺,屡圮而葺",都是表示对建寺以守的不同看法。万历十九年,司礼监掌印

---

① (清)周家楣、缪荃孙编纂:《光绪顺天府志》卷一七《京师志十七·寺观二》引龚景瀚《游大慧寺记》,北京:北京古籍出版社,1987年,第548页。
② 《光绪顺天府志》卷一七《京师志十七·寺观二》引龚景瀚《游大慧寺记》,第548—549页。

太监张诚"复寺,拓祠会之制",次年王家屏在所撰碑记中还专门做了解释:"佛寺之复,匪崇异教,惟是真武助顺,三犁奏功,信符感之不虚,明神人之一宗。爰作佛曲,大士罗汉,显现云表。此文皇神道之教,而刚公往所钦承者。先寺后寝,倘亦礼公严事圣祖之心如一日乎!不然,岂谓清梵贤于祠官之祝,而辄因公以彻冥福哉!"

最后,刚铁祠寺的发展也说明了大众流行信仰对儒家原则的胜利。寺虽然是后建,而且是为保护祠堂而修,但随着时间的推移,刚铁的祠堂反倒成为护国寺的一个组成部分。王家屏所撰碑题为《黑山会重修护国寺刚公祠堂碑记》,已经说明这种情况;到宣统三年的《重修黑山护国寺碑记》中,则是"凡彩画者则有灵福殿、三世佛殿、天王殿与褒忠祠"①。这种"喧宾夺主"的现象还说明,刚铁作为对明朝社稷有功的人的形象在日益褪色,而作为宦官群体,或甚至一般人的保护神的形象在逐渐凸显。这一方面体现了王朝更替的事过境迁,另一方面则亦符合民间造神过程的一般轨迹。

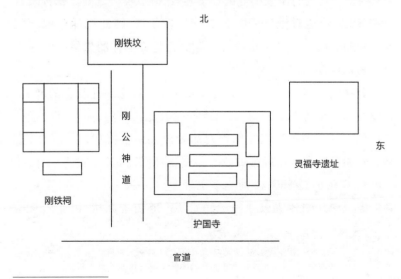

---

① 《北京图书馆藏中国历代石刻拓本汇编》第90册,第94页。

自麦福、高忠奠定了刚铁祠寺的基本规模,"殿宇房屋计五十五间座",以后又陆续有人在这里锦上添花。如万历元年司礼监掌印太监冯保除"重修鼎新"之外,"复置地二顷一十亩,园圃一区,以为崇奉香火之资";万历十九年司礼监掌印太监张诚除重修之外,"至营房山县,资修山厂一区,庑十余楹,又置依寺地六十亩,庐守祠者,以供佛及公";万历三十五年司礼监掌印太监陈矩、孙隆等人也"建舍置地"。由此入清,在康熙、乾隆、道光、同治、光绪、宣统时均有多次重修更新之举,其中同治十二年《重修黑山护国寺碑记》中记载,"灵福殿东西配殿六间,牌楼一座,则今之所增建也"①,是规模较大的一次扩建行动,而此殿大约就是在原灵福寺的遗址上修建的;宣统三年,长春宫总管张兰福(字祥斋)在此创建同仁院,因闲散太监生活无着,所以"募得共七万余金,筑院之余,存储生息,以为长年经费,俾闲散之贫老者居于斯,养于斯,终于斯,殡于斯"②。不过这一新建筑,已与刚铁祠寺的原有功能没有直接关系。

但有关刚铁祠庙的故事并没有就此完结。

道光十九年,国子监司业单懋谦撰写的《重修护国寺记》竟以《重修黑山神祠记》为题,起首就说:"黑山神祠,不知建于何时,或曰始于明。祠自武圣殿、山神殿外有所谓天王及佛、菩萨诸殿,其西又有褒忠祠,自明以来,屡有兴废。"③与明嘉靖二十九年麦福、高忠重修的结果相比较,当时新造的护国寺有山门、天王殿、钟、鼓楼、大雄宝殿、伽蓝堂、祖师堂等;而同治十二年《重修黑山会护国寺碑记》讲"黑山神祠,相传建自前明……爰谋于同志,醵金庀材,克相有神,厥功告成。其灵福殿、三世佛殿、山神殿、武圣殿、天王

---

① 《北京图书馆藏中国历代石刻拓本汇编》第84册,第52页。
② 宣统三年《张兰福感德碑》,《北京图书馆藏中国历代石刻拓本汇编》第90册,第112页。
③ 《北京图书馆藏中国历代石刻拓本汇编》第80册,第181页。

殿,皆即旧基而新之者也。"可见所谓黑山神祠,乃是原护国寺增添了武圣殿、山神殿和灵福殿,从一座佛寺变成了具有佛道二教杂糅特征的山神庙。

由于各碑文中未对明代护国寺各殿中供奉之神做详细交代,因此猜测原来的伽蓝殿中可能供奉有关羽,因为他曾被封为佛教的护法伽蓝,他的武将身份也可与刚铁的战功故事协调起来,入清后这里就逐渐变化为武圣殿。原来的祖师堂不知供奉何神,不知是否有可能是供奉刚铁?因为祭祀组织即称之为"刚祖";也有可能是供奉已故历任司礼监掌印太监等人的灵位,因为《帝京景物略》卷六《罕山》曾记载"铁后凡掌司礼者,祀寺左堂"。入清后,当年司礼监的赫赫声名已然灰飞烟灭,这里就被改造为山神殿。当然,这些推测还有待进一步的证明。

此外,据刘若愚记载:"京师黑山会地方,有赠司礼监太监刚公讳铁之墓焉,寺中藏有遗像三轴,皆曰靖难时有功之太监,至今宛平县有祭。凡掌司礼监印者,继续修葺。又曰三义庙,盖祠先主、关、张君臣也。其五虎将军像、庞士元先生像,皆先监掌印时,令经营内官率塑匠往钟鼓司仿汉时装束服饰以塑之,非出自古本流传也。"①另外,《日下旧闻考》卷一〇四亦载:"黑山会今并无灵福、延寿二寺名,惟三义庙亦称护国寺。"在明清各碑文中,这里并没有出现过三义庙的名称,但由于黑山神祠或护国寺的神谱在佛教诸神外,还有忠义之神武圣关羽,可能其伽蓝殿或后来的武圣殿中确塑有刘、关、张的塑像,而民间对关帝的热衷,远超神化了的宦官刚铁和释迦牟尼,因此以讹传讹,使其俗称"三义庙",从而出现了又一次"喧宾夺主",这也又一次说明大众流行信仰对官方意识形态的成功改造。

---

① (明)刘若愚:《酌中志》卷二二《见闻琐事杂记》,第203—204页。

刚铁祠庙的沿革变化说明了什么呢？在旧寺的废墟上，别有用心的宦官建起了刚铁祠，制造了有关刚铁的神话；其后，有宦官建寺以代祠，又有宦官移寺而复祠，最后是二者合一，祠、寺均为刚铁而建。明清之际，寺的部分被改造为黑山神祠，而在民间，寺内的关羽得到空前凸显。这样，刚铁祠庙日益民间化，即在褒忠祠的昭忠意义之外，又增加了信仰功能。实际上，正是这种信仰功能与忠君思想的汇合，维持了这座刚铁祠庙在明清两代的重要作用。

但是，在这里万变不离其宗的"宗"，就是宦官政治这条主线。虽然刚铁祠庙的民间化过程与宦官势力的衰落过程同步，刚铁祠庙的建设却始终是为宦官政治服务的。刚铁神话的创造、维护，甚至改造，都应该服务于宦官势力的某种特殊目的。这些，我们从上述沿革变化中也可以看得出来。

四、宦官的故事及其他

如前述，碑文曾记载刚铁为燕王府的承奉正，这是王府内官中品秩最高，权限最大的人物。在弘治八年以后各碑中，刚铁又被说成是明代权力最大、品秩最高的宦官——司礼监太监。就碑文所载，历代对刚铁祠加以修葺的内官也多为司礼监太监。这可以说是明中叶司礼监于宦官行政系统中脱颖而出，掌握最高权力，司礼监太监作为权宦出现的表征。而杨博、王家屏、徐阶、冯有经等高官甘愿为其撰文颂功，也说明了明中叶以后宦官社会地位的高扬。

但是，在所有碑文中，我们几乎找不到那些在明代历史中最臭名昭著的太监的名字。比如王振、曹吉祥、汪直、梁芳、李广、刘瑾、陈增、魏忠贤等人，似乎都对这个宦官的"祖庭"不感兴趣。相反，为刚铁祠庙尽了大力的，多是史传中较有好评的宦官。

关于正统时太监李德①、弘治时太监黄珠,史料中没有什么记载,但成化时司礼监掌印太监覃昌却深得宪宗信任,曾赐其象牙图书两枚,文字为"忠诚不怠"和"谦亨忠敬";又赐其金、石图书各一枚,文字为"才华明敏""补衮宣化"②。在他之前的司礼监太监怀恩是被《明史》本传称赞为"性忠鲠无所挠",使"正人汇进"的君子,当阁臣弹劾汪直时,宪宗使怀恩、覃昌、黄高去斥责阁臣,但后者却对阁臣表示同情,暗示他们"倘上召问,幸勿变前言",并回奏劝说宪宗罢西厂③。后来在碑文中留名的司礼监张佐、麦福、黄锦等人,在《明史》中的评价是:"世宗……即位后御近侍甚严……张佐、鲍忠、麦福、黄锦辈,虽由兴邸旧人入掌司礼监,督东厂,然皆谨饬不敢大肆。"④

万历年间对刚铁祠庙出力的司礼监太监是冯保、张诚和陈矩。冯保和张诚是两个褒贬不一的人物,前者与张居正相勾连,权势极大,《明史》本传说"即帝有所赏罚,非出保口,无敢行者";同时也说他"亦时引大体……又能约束其子弟,不敢肆恶,都人亦以是称之"。关于张诚,《明史》上只是说他在万历十二年代掌司礼监,十八年取代张鲸掌东厂。到二十四年时,"以诚联姻武清侯,擅作威福,降奉御,司香孝陵,籍其家,弟侄皆削职治罪"⑤,并没有说其他方面的问题。沈德符说,"张诚自张鲸失权,遂兼管厂印,凡八年。号称驯谨,政府与交欢无间。即科道诸臣,亦无以骄恣议之者"。

---

① (明)沈德符:《万历野获编》卷六《内监》"内臣李德"条记载,景泰初,镇守浙江太监李德上书,说王振的爪牙马顺、王贵等罪犯,应该由皇帝亲自处理,群臣在皇帝面前一起将其打死,是"变祖宗法度","悖礼犯分"。这种说法立刻引起于谦等众大臣的愤怒(北京:中华书局,1959年,第156页)。从理论上说,这个说法是不错的,但确有为王振党羽说情之嫌。但即使此李德即本文中之李德,也还不能判断此人的倾向。
② (明)王世贞:《弇山堂别集》卷九〇《中官考一》,第1728页。
③ (明)王世贞:《弇山堂别集》卷九二《中官考三》,第1761—1762页。
④ (清)张廷玉等:《明史》卷三〇四《宦官一》,第7795页。
⑤ (清)张廷玉等:《明史》卷三〇五《宦官二》,第7802、7804页。

所以后来因他弟弟与贵戚结亲被神宗贬斥,"穷困以死。然而士大夫或以为罪不蔽辜"。由于"上素憎臣下交结外戚",所以他弟弟张勋被杀,"识者冤之"①。陈矩则被《明史》本传称为"为人平恕识大体",在国本之争中保护沈鲤等人,对矿监税使的活动持不赞成的态度,为一些受冤屈的朝臣平反出力,可说基本上是正面人物②。

如果不是偶然性所致,那么是这一批宦官而非另一些宦官在这里留下姓名,就不是一件简单的事情。况且,这些宦官不仅基本上属司礼监的系统,而且某些人间还存在着较为密切的关系,如张诚为覃昌门下,陈矩为高忠门下,等等。所以,面对王振、汪直、刘瑾这样大权独揽的宦官,面对皇帝对他们的宠信以及朝臣和舆论对他们的反感,对什么是"忠"、什么是"护国",这些人可能有不同的认识。因此,他们借机塑造出一个"忠心护国"的形象,并围绕刚铁这个形象表达他们自己的理解,以示与那些宦官不同的行为态度。

如前述,当我们仔细阅读碑文,就会看出碑文歌颂的并不完全是刚铁,而是修建刚铁祠庙的这些宦官,是这些宦官借杯中之酒浇胸中块垒。

在经历了王振、曹吉祥、汪直干政之后,公众舆论已对宦官集团不利。因此最早的弘治八年碑立即表示,重修黑山会坟茔是为了"使民归厚而勉于忠",黄珠、覃昌等的用心,"其亦异于恒哉!"到出现刚铁故事雏形的嘉靖十年碑中,更表示张佐等人的做法是为了"妥幽灵而慰忠魂,报功德而昭国典","意忠义之在人心,古今同然也"。宦官们渴望通过对刚铁的颂扬来证明自己对皇帝和国家

---

① (明)沈德符:《万历野获编》卷六《内监》,"张诚之败"条,第171页。
② 跟随陈矩"捐俸助工"的还有司礼监秉笔随堂太监孙隆,此人曾负责苏杭税务,激起民变。但传他曾在杭州岳庙铸秦桧夫妇、万俟卨、张俊四人跪像(李乐:《见闻杂记》卷六),说明他还是辨忠奸、识大体的。

的确是忠诚和立有功勋的。

在所有与刚铁有关的碑碣中,嘉靖三十年一年之中竟留下了三通,应该说也是奇事。其中《流芳碑记》称颂麦福、高忠二人忠孝贤良、为国舍家、荐拔贤能、不骄谦下的品行。另一徐阶亲撰碑文则说:"仰惟皇上神功圣德,增光二祖,麦公、高公同出而受眷知,侍帷幄,勋劳行能,亦与刚公后先相望……刚公之功赖二公以益彰,二公之贤因刚公以不泯,皆可为后劝也。"之所以如此,在于嘉靖朝宦官势力遭到压抑,而嘉靖二十九年的庚戌之变中,高忠所统率的京营溃不成军,所以九月俺答兵退之后,就将高忠的京营提督罢免了,并将十二团营改为三大营①。京营的腐朽固然不能全由高忠负责,但此时也应正值他失意之时。十一月,高忠与麦福即来此修庙,当然有求神赐福保佑之意,但更重要的似乎是要通过此举来为自己正名。

把刚铁功劳提到"实无与匹"高度的,是万历元年的《黑山会司礼监太监刚公护国寺碑》,该碑之立乃是应司礼监太监冯保之请。文称:冯保"其好义之心,诚古今所罕及哉!且麦、高二公重修之义则同,而记载之未详,何以信今而传后也。惟双林冯公高明之见,特征文于予,宣昭刚公盛德大业,以显示天下后世",从中可以明显看出冯保造势之意。该碑载刚铁事迹最为详尽、丰富:"劝上恭默求贤,得姚少师而赞军政。且亲犯矢石,首擒平保;破竹之势,遂抵金陵;廓清宫禁,再造乾坤,而大勋集矣。暨北征瓦剌,智夺阳和,靖难肇基,万世永赖。"冯保早在嘉靖中叶便已是司礼监秉笔太监,隆庆元年还提督东厂,掌御马监。但因不得隆庆赏识,且因高拱的缘故,未能升掌印太监。隆庆病故,冯保借后妃之力,联合外朝的张居正,驱逐高拱一派势力。万历元年,这一权力的嬗替刚刚完

---

① (清)谷应泰:《明史纪事本末》卷五九《庚戌之变》,北京:中华书局,1977年,第906页。

成,冯保便在这里修祠勒碑,将"劝上恭默求贤,得姚少师而赞军政"增为刚铁功勋之一,暗含的意思便是自己劝上求贤,使朝廷得到张居正。刚铁故事的情节,就是这样因现实需要而不断制造出来的。

以后王家屏所撰碑记强调"护国",冯有经所撰碑记强调"报忠"和"忠之获福",都是为了表明心迹。这种心态到了清朝就日渐淡化,入清以后的碑文对刚铁功绩只是泛泛而论,不再成为颂扬的主体。虽然几次重修的宦官也都不是无名之辈,道光、同治、光绪各碑中都记载了管理长春园、圆明园、绮春园、乾清宫、御膳房、宁寿宫、长春宫等总管,包括安德海、李莲英在内的多人,但到这时,明代宦官那种托物寓意的味道已经很少了,清代宦官在这里已经不会去抒发他们作为政治角色的感慨,而只是把刚铁视为宦官的祖神,一如鲁班之于木匠、仓颉之于胥吏,只是为了满足宦官集团的心理需求。如康熙四十年《刚祖祠记》解释说:"拜祖墓者,景刚公之烈于不衰,即慕诸公之义于勿替也。"同年《刚祖圣会碑》也说,"念前朝老祖之祠甚是荒凉,公议诚心复起胜事"。乾隆五十三年《重修褒忠祠碑记》说:"此岂有私于公哉?所以彰有功、延庙食也。"这里说的并非客气话,像明碑那样主要吹捧修庙宦官的内容,确已不见于碑记中了,这当然是与他们在清朝政治舞台上的退却有直接联系的。

黑山会以及别的故事都可以说明,宦官对寺庙情有独钟,并通过寺庙与民间社会发生密切联系。沈榜《宛署杂记》记载宛平一县的210座寺(不包括庵、宫、观、庙、堂等)中,为宦官所建或为其重修的就有63座。除宦官亲自建庙修庙之外,他们也同地方精英联合建庙。如内官监太监刘原谋与阜成关外九十里王平社地主安能、安端及诸檀越兴修龙泉寺;正觉寺也是由御马监太监韩谅偕同善人郑道明兴建;嘉靖六年的护法寺(顺天府大兴县下马社刘家庄)碑,留有御马监太监王祥与恩荣官赵氏数代子孙增修该寺的记载(分别为弘治五年、正德十六年、嘉靖六年),碑阴题有王祥名下各衙门太监及御马监善士、锦衣卫百户、庄内民众的题名①。

奉命出镇京师外缘或董工在外的宦官也往往资助地方庙宇。正德六年御马监太监李嵩钦命守居庸关时,对当地的玉皇庙加以修缮,甲戌年蒙古入侵,"御用监太监张公永统兵征剿,乙亥凯旋,张公谒庙,亦捐白金五十两以隆香火"②。弘治八年司礼监太监郭福于三月间转内官监太监钦差守备天寿山,在确保皇陵无虞之暇,他又率长陵等五神宫监众宦官对当地的龙王庙加以修葺,于是众宦官便与"长陵等五卫指挥""昌平县知县""白净寺村"的善男信女以及乡耆老人等同勒善名于碑阴,流芳后世③。万历年间总督寿宫工程的内官监太监张祯、刘济等人更是先后对昌平县境内的圆通寺、弥陀寺、昭圣寺、西峰庵,房山境内的极乐寺等多处庙宇大加修葺。正是因为这些天子身侧的中贵官的参与,使得相对偏远的都城外乡村社会与国家中枢联系起来。同时,宦官所建的寺庙也会有民间的加盟,弘治十七年《关公庙碑》所记的关王庙本为御马监宦官所建,重修之时力有未逮,"已而本监太监黎公春暨司设监太监叶公彰等咸乐成之",而"官士耆庶施金帛为助者日益众"④。

宦官组成大量香会组织参与到民间祭祀活动中,在东岳庙庙会活动中体现得尤为突出。嘉靖三十九年《岱岳行祠善会碑》碑阴题名正中为"司设监信官陈公门下"陈朝等四会首,其下为管氏、蔡

---

① 分别参见《北京图书馆藏中国历代石刻拓本汇编》第53册,第5页;第52册,第63页;第64册,第144页。

② 正德十年《玉皇庙记》,《北京图书馆藏中国历代石刻拓本汇编》第54册,第18页。

③ 弘治八年《龙王庙碑》,《北京图书馆藏中国历代石刻拓本汇编》第53册,第37页。

④ 弘治十七年《北京图书馆藏中国历代石刻拓本汇编》第53册,第105页。

黑山会的故事：明清宦官政治与民间社会　　299

氏、李氏，再下有赵雄、陈详等宦官题名。左侧为御马监太监伍京等人，以下均为女信众之题名①。万历十九年的《岳庙会众碑》讲"中贵周公宽、李公坤、郭公进雅重岳山之神，鸠众二百余，于十六年创起会祀之礼，岁于三月二十八日行庆岳神生诞"②。同年的《冥用什物圣会碑》又向我们说明了一个由宦官刘经、陈钦创立的"进贡东岳庙白纸簿籍笔砚墨朱等物圣会"，这一圣会一直延至明末，至天启七年的两通《白纸圣会碑》仍对该会有详细记载③。万历三十五年的《神明圣会碑》更记载了"每遇圣诞，兹有司礼监太监成敬等官，会首刘朝奉、党用、傅诚、刘大用、王桢等倡约会众 800 余官员建醮迎神"的盛举④。

到清代，这种情况有所减少，但康熙二十八年小护国寺《涿州圣会碑》，除碑阴题名外，碑侧刻有"副香首都管事太监弟子郭之仪同立"字样，还是表明宦官势力与民众祭祀组织的密切联系。在明代，刚铁祠庙还是列入官方祀典，由宛平县负责定期祭祀，是大宦官抛头露面之处；到清代，它已经被从官方祀典中驱逐出去，变成宦官这个集团的行业神，于是开始出现"刚祖圣会"这样的由宦官牵头、民众参加的民间组织。在晚清各碑碑阴题名中，也已不再是清一色的宦官，除了"引善""领善"诸人为宦官外，还有如"黑山会各村众善人等"、"各村"某某、"辛德泰、源顺店、恒盛棚铺、西复隆、永成局"等个人与商号⑤。

---

① 《北京图书馆藏中国历代石刻拓本汇编》第 56 册，第 44 页。
② 《北京图书馆藏中国历代石刻拓本汇编》第 58 册，第 2 页。
③ 《北京图书馆藏中国历代石刻拓本汇编》第 58 册，第 5 页；第 59 册，第 186—189 页。
④ 分别参见《北京图书馆藏中国历代石刻拓本汇编》第 53 册，第 5 页；第 52 册，第 63 页；第 64 册，第 144 页。
⑤ 《护国寺题名碑》，《北京图书馆藏中国历代石刻拓本汇编》第 90 册，第 208—209 页。

与此相应的是,清代与宦官密切相关的寺庙及义会组织,也广泛运用了民间的资源;或者反过来说,民间力量大量加入宦官寺庙。恩济庄关帝庙(宦官公墓所在地)建成十八年后便开始"设立茶棚一座,秉意普结良缘"①。并于乾隆二十三年、咸丰三年两度买地取租,作为关帝庙茶棚年终普结良缘之资②。到光绪六年的《关帝庙题名碑》中"商人艾五"的名字赫然与"监管首领李双福、叶进喜"的名字鼎足而三③,碑中对艾五的"商人"身份的强调至少可以说明,同宦官寺庙发生关联的已不只是与其地产相关的乡村社会,还有与商品交换等相关的非农业人口。万寿兴隆寺则和黑山护国寺一样立足于庙会的开展。乾隆三十八年兴隆寺举办献花会,宦官"刘福庆,张进忠"赫然名列五会首中,碑文题名分为宦官与民人两个部分,前者更是占据了题名的五分之三④。嘉庆十六年宦官完全经管该庙庙务后,也对其善加利用,增加义会的收入。同治五年"总理万寿兴隆寺事务敬事房首领李寿福……因庙中日用不敷,会同庙内管事人王进喜……于同治五年五月初十日、十一、二日邀请善会恭庆三圣海神圣诞,敬神演戏三台。共进香资钱八千十八吊文、银四十四两;共用香资钱三千四百九十二吊三百八十文。除使下存香资钱三千三百二十五吊六百二十文,银四十四两,交与万寿兴隆寺公中费用"。此举令义会尝到了甜头,于是不一而足,两年

---

① 乾隆二十三年《关帝庙茶棚碑》,《北京图书馆藏中国历代石刻拓本汇编》第71册,第115页。
② 咸丰三年《关帝庙茶棚碑》,《北京图书馆藏中国历代石刻拓本汇编》第82册,第58页。
③ 光绪六年《关帝庙题名碑》,《北京图书馆藏中国历代石刻拓本汇编》第85册,第8页。
④ 乾隆三十八年《献花会题名碑》,《北京图书馆藏中国历代石刻拓本汇编》第73册,第92页。

后又办"马王会"①。

从宦官组织、参与、支持民间祭祀或庙会的活动中,我们能得到些什么信息呢? 首先,在寺庙这种特定的场所,在祭祀活动这种特定的氛围中,我们发现了宦官、贵族、士大夫和普通民众可以共享的文化。显然,庙宇是国家和民间共同认可的教化和活动场所,庙会是国家和民间都接受的活动形式。庙宇和庙会为国家和社会的互动提供了场所和方式,但是,这种特定的时间和空间给这些不同的社会集团制造了相互沟通的机会,这些机会就会被利用来扮演其他的角色。我们知道,明代罗教经典"五府六册"中就曾描述过宦官对罗祖的大力帮助;我们也知道,清代林清的天理教起事也有宦官的内应。在黑山会这里,宦官政治也通过民间的造神和拜神表现出来,最后故事的起因都消失了,但其大众信仰的形式和组织却保留了下来。更重要的是,这些故事启发我们去思考日常生活中宦官与京师民间社会的诸多联系,将宦官视为宫廷与民间社会之间的特殊中介。

其次,从许多生活实践的记录来看,宦官与宗教的关系可能是除了宗教师或信徒之外最为密切的。从这一点来看,他们与普通民众的距离要比与士大夫的距离近许多。我们能不能从这里看到宦官与士大夫之间张力的一些痕迹呢? 像清朝康熙年间的大臣汤斌那样对所谓"淫祀"深恶痛绝的人不少,这一点我们看看地方志、文集、官箴或善书之类就会知道。但宦官却对民间的这些宗教信仰予以支持、亲自参与,甚至与之密切往来。从这一点来说,我们有理由做出这样的假设:历代史书对宦官的大张挞伐是有文人的意识形态在起作用的,它本身就是一种知识精英的历史版本。

---

① 同治五年《兴隆寺邀请善会碑》,《北京图书馆藏中国历代石刻拓本汇编》第83册,第81页。

国家正祀与民间信仰的互动*
——以明清京师的"顶"与东岳庙为个案

大约70年前,顾颉刚先生为了研究神道和社会,先后对北京朝阳门外的东岳庙和京西南的妙峰山香会做过数次田野调查,并和他的一些同事一起,发表了一些开创性的成果①,这可以说是对东岳神系及其信仰的较早的科学探索。在这些成果中,已经有学者指出,对碧霞元君的信仰,在北方民众中要比对东岳大帝更强②。实际上,通过普遍查阅明清以来的地方志,我们知道碧霞宫(包括娘娘庙、九天玄女庙等)主要存在于北方,东岳庙则普遍见于全国各地;前者主要分布于乡村,而后者则立足于作为统治中心的各级城市。这说明,自上古帝王的泰山封禅以来,东岳崇拜就更多地体现了国家信仰,而碧霞信仰则具有更多的民间性。在这里,本文试图对北京周边崇拜碧霞元君的各"顶"、东岳庙及其二者的关系略做探讨,并且通过各种祭祀群体之间的联系,折射出在北京这个首善之区民间信仰如何与官方信仰发生互动。

---

* 本文曾发表于《北京师范大学学报》1998年第6期。
① 参见顾颉刚:《顾颉刚古史论文集》第一册,北京:中华书局,1988年,第68—74页;《歌谣》周刊,1924年第50、61号;《民俗》周刊,1929年第69、70期合刊。
② 罗香林:《碧霞元君》,《民俗》周刊,第69、70期合刊,第5页。

一、京师五"顶"

京师各顶,主要指北京城外几个有名的崇拜碧霞元君的寺庙,之所以称之为"顶",是指"祠在北京者,称泰山顶上天仙圣母"①。清人则说得更具体:"祠庙也,而以顶名何哉?以其神也。顶何神?曰:岱岳三元君也。然则何与于顶之义乎?曰:岱岳三元君本祠泰山顶上,今此栖,此神亦犹之乎泰山顶上云尔。"②意思是说北京人把原来在泰山顶上的碧霞元君移植到这里,仍相当于在泰山顶上。关于碧霞元君信仰的概况,因 80 多年前顾颉刚等人对妙峰山的研究而受到重视。近年来,由于妙峰山进香活动的复兴,学者们对妙峰山碧霞元君信仰的兴趣又重新恢复③。虽然在他们的研究中均提及明清北京的各顶,但多数语焉不详。

从明清时期的记载来看,主要的碧霞元君庙有五个,即所谓"五顶":

> 京师香会之盛,以碧霞元君为最。庙祀极多,而著名者七:一在西直门外高梁桥,曰天仙庙,俗传四月八日神降,倾城

---

① (明)刘侗、于奕正:《帝京景物略》卷三,"弘仁桥"条,北京:北京古籍出版社,1980 年,第 133 页。
② 康熙三年《中顶泰山行宫都人香贡碑》,北京图书馆金石组编:《北京图书馆藏中国历代石刻拓本汇编》第 62 册,郑州:中州古籍出版社,1991 年,第 35—36 页。
③ 其中若干重要的研究成果收于刘锡诚主编的《妙峰山·世纪之交的中国民俗流变》(北京:中国城市出版社,1996 年),如李露露《清代〈妙峰山进香图〉》、刘守华《论碧霞元君形象的演化及其文化内涵》、邢莉《碧霞元君——道教的女神》等;还有美国历史学家 Susan Naquin 的长篇论文: The Peking Pilgrimage to Miao-feng Shan: Religious Organizations and Sacred Site, 见 Susan Naquin 和 Chun-fang Yu 主编的 *Pilgrims and Sacred Sites in China*, 伯克利:加利福尼亚大学出版社,1992 年,第 333—377 页。另外还应提及北京师范大学中国民间文化研究所吴效群的未刊博士论文《北京的香会组织与碧霞元君信仰》(1998)。

妇女往乞灵佑；一在左安门外弘仁桥；一在东直门外，曰东顶；一在长春闸西，曰西顶；一在永定门外，曰南顶；一在安定门外，曰北顶；一在右安门外草桥，曰中顶。……每岁之四月朔至十八日，为元君诞辰。男女奔趋，香会络绎，素称最盛。惟南顶于五月朔始开庙，至十八日，都人献戏进供，悬灯赛愿，朝拜恐后。①

其他记载与此大略相同，也有一些差异。这里讲西顶在长春闸西，但附近还有其他碧霞元君庙（如高粱桥），如：

西顶碧霞元君庙遗址

碧霞元君庙在城外东南弘仁桥，成化时建。弘仁桥，元时呼为马驹桥。都人最重元君祠，其在麦庄桥北者曰西顶，在草桥者曰中顶，在东直门外者曰东顶，在安定门外者曰北顶，又西直门外高粱桥亦有祠。每月朔望，士女云集。②

这是说在高粱桥者非西顶。再如：

又有蓝靛厂，在都城之西，亦本局之外署也。万历三十六年，始建西顶娘娘庙于此。其地素洼下，时都中有狂人，倡为进香之说。凡男女不论贵贱，筐担车运，或囊盛马驮，络绎如

---

① （清）潘荣陛：《帝京岁时纪胜》，"天仙庙"条，北京：北京出版社，1961年，第17页。
② （清）孙承泽著，王剑英点校：《春明梦余录》卷六六《寺庙》，北京：北京古籍出版社，1992年，第1276页。

织,以徼福焉。甚而室女艳妇,借此机会,以恣游观,咸坐二人小轿,而怀中抱土一袋,随进香纸,以往进之,可笑也。①

此外,南顶也有类似的问题,如:

> 碧霞元君庙　臣按通志,庙在左安门外东南弘仁桥,明成化中建。春明梦余录云:弘仁桥,元时呼马驹桥。今此庙曰大南顶,旧曰南顶,共五层,坊二……在永定门外者曰南顶,有正德五年御制灵通庙碑,今曰小南顶,康熙五十二年敕修。②

大南顶遗址

小南顶遗址

可知南顶也有大小两个。除了上述五顶(或说六顶)之外,明清京师附近吸引大批信众的碧霞元君庙还有若干,如"涿州北关、怀柔县之丫髻山,俱为行宫祠祀"③,通州的里二泗等等。

据前述,东顶的位置在东直门外,准确的修建年代不详,但已见载于《春明梦余录》,说明在明代肯定已经存在。南顶如上述有二,大南顶在左安门外东南弘仁桥或马驹桥,建于成化年间,明

---

① (明)刘若愚:《明宫史》木集,"内织染局"条,北京:北京古籍出版社,1980年,第44页。
② (清)励宗万:《京城古迹考》,"碧霞元君庙"条,北京:北京古籍出版社,1981年,第6页。
③ (清)潘荣陛:《帝京岁时纪胜》,"天仙庙"条,第17页。

时最盛①;小南顶在永定门外"五六里,西向",在永定桥以北,当建于正德五年或以前,《朝市丛载》所记之"南顶"即此小南顶,而前者却已衰败。西顶在蓝靛厂,建于万历三十六年,或称其在"西直门外万泉庄"②,或称其在麦庄桥北(《春明梦余录》)、长春闸西(《帝京岁时纪胜》)等等,均指同一地③。该庙在明代称护国洪慈宫,于清康熙年间改称广仁宫。另外在高粱桥者也应比较出名,称天仙庙。北顶在安定门外,一说在德胜门内路东(《朝市丛载》),一说在德胜门外土城东北三里许(《燕京岁时记》),除说在德胜门内者欠妥外,余均指一地。该庙亦建于明初④。中顶在今丰台区右安门外中顶村,旧说在右安门外草桥:"其在草桥者曰中顶,天启七年建,名普济宫。"⑤

北顶

中顶

---

① (清)刘侗、于奕正:《帝京景物略》卷三,"弘仁桥"条,"盛则莫弘仁桥若,岂其地气耶",第133页。
② (清)励宗万:《京城古迹考》,"碧霞元君庙"条,第6页。
③ (清)周家楣、缪荃孙编纂:《光绪顺天府志》卷一七《京师志十七·寺观二》,"长河麦庄桥之西为长春桥,度桥为广仁宫",北京:北京古籍出版社,1987年,第550页。
④ "北顶娘娘庙坐落北郊二区北顶村一号,建于明宣德年间,属私产。本庙面积二十二亩一分,房殿四十三间;附属茔地十亩,香火地五亩",见《1928年北平特别市寺庙登记》(档号J181—15—107),北京市档案馆编:《北京寺庙历史资料》,北京:中国档案出版社,1997年,第89页。
⑤ (清)励宗万:《京城古迹考》,"碧霞元君庙"条,第6页。

但是，除了上述各顶外，还有一些庙也被民众列入"顶"之中。如崇祯十三年史可法撰文的《六顶进供圣会碑记》，其中说：

> 都城之东朝阳关外二里许，有敕建东岳庙焉。盖自元时迄今，威灵赫奕，耸动中外。内贵宫戚，士庶人民，近而都城市会，远而村落隐僻，及诸善信男女，无不□□□□，不约而同，千古有如一日，盖甚盛事也。……边缘都中，善人□□，□茹素事神，备心向善。爰以□□□□进贡白纸六顶等会，捐诚不苟，力独不倦。……其年例进贡东岳大帝、娘娘金身，珍宝珠翠，冠服带履……等项，□□□□、弘仁桥、西顶、北顶、中顶懿前暨药王庙六处，进贡香楮供祀之仪，必先秉达于勾魂之司，以为神庆之祀典也。①

这里的"六顶"似乎是加上了药王庙，而且表明了各顶与东岳庙之间的密切关系。另外清康熙四年春一个称"展翅圣会"的会首钱坦所立碑记说：

> 有彼都人士钱应元于每年三月二十八日圣诞，进贡冠服展翅。……后稍有废弛而渐至冷落，而沈应科、李国梁……复为效尤，不忆世代迁移，人心有懈，苟不振而兴之，善行又将泯灭。钱宗仁续而光倡之，大为修举，子钱坦丕承先人，克绍前烈，相率同志，创为八顶圣会，可称善述善继者。②

该碑左右两侧分别刻有"八顶进贡展翅老会"和"沿途寺庙二百六十四处"字样。虽然碑文中未提祭祀包括哪八项，但可肯定在通常五顶之外，还有若干重要庙宇被列入"顶"之中。同时也同样表明

---

① 崇祯十三年《白纸会碑》，《北京图书馆藏中国历代石刻拓本汇编》第61册，第19页。

② 康熙四年《东岳大帝圣会碑记》，《北京图书馆藏中国历代石刻拓本汇编》第62册，第49页。

了这八顶与东岳庙之间的关系。

我们还可以看到有所谓"二顶圣会",这个西华门四牌楼一带成立的进香组织,曾分别在东岳庙和蓝靛厂西顶立碑留记,似乎"二顶"是指东岳庙和西顶①;在东岳庙还有康熙三十年十月的一块《扫尘会碑》,碑的两侧文字分别是"九天、太乙、东岳三顶静炉掸尘老会"和"都城内外各城坊巷居住"②,指的更不包括崇拜碧霞元君的各顶;更有正阳门外猪市口粮食店的四顶圣会,其会碑立于东岳庙,但其四顶分别何指,于碑文中并无明载③。

由此我们可以知道,明清时期京师各顶虽以崇拜碧霞元君的五顶最为著名,但也有其他寺庙被称之为"顶"(还有我们尚未提及的、在清代非常繁盛的妙峰山金顶),无论如何,这些顶都与朝阳门外的东岳庙发生了一定的联系,这些联系又是由那些祭祀进香组织促成的,而这正是我们关心的问题。

二、京师东岳庙的国家正祀性质

碧霞元君是东岳的女神,与东岳大帝有密切的关系,这一点毋庸置疑。对她的信仰虽然比泰山信仰后起,但在北方民众中的影响却比泰山信仰还大。顾炎武《日知录》有"论东岳"一篇,说泰山的"仙论起于周末,鬼论起于汉末。《左氏》《国语》未有封禅之文,是三代以上无仙论也。《史记》《汉书》未有考鬼之说,是元、成以上

---

① 康熙十七年《二顶圣会碑》,《北京图书馆藏中国历代石刻拓本汇编》第63册,第114、115、118、119页。

② 康熙三十年《扫尘会碑》,《北京图书馆藏中国历代石刻拓本汇编》第64册,第188—190页。

③ 康熙二十年《四顶圣会碑》,《北京图书馆藏中国历代石刻拓本汇编》第63册,第155页。

无鬼论也。"①秦皇、汉武封禅泰山,是为祭祀名山大川,或望风调雨顺,长生不老,但汉以后泰山治鬼之说渐盛,所以东岳庙里要有10殿阎王和72司。三国时管辂对他的弟弟管辰说:"但恐至太山治鬼,不得治生人,如何!"②为了解决这个问题,一方面在泰山的方位上做文章,认为东方主生③;另一方面人们又利用民间泰山女的传说(见《搜神记》),逐渐创造了泰山的女神碧霞元君,保佑生育,治疗疾病,补足了泰山神的治生功能。或以恐怖威吓,或以仁慈感化,自然以后者更易得到民众,特别是肩负养育子女之责的女性的欢迎。

虽然碧霞元君在北宋时得到了统治者的册封,但在国家祀典中显然没有东岳泰山神的地位那样高。按明代国家祀典分大、中、小三类,其中岳镇海渎属中祀,洪武时规定春秋二祭,天子也要在祭日行礼;在此之外还有京师九庙之祭,其中就包括东岳庙,祭用太牢。弘治年间礼部尚书周洪谟等曾上疏说:对东岳泰山之神,"每岁南郊及山川坛俱有合祭之礼",对京师的东岳庙的祭礼也沿袭了下来,因此提出"夫既专祭封内,且合祭郊坛,则此庙之祭,实为烦渎",主张罢免,但没有得到批准。同时我们发现,在国家祀典中,找不到碧霞元君的踪影④。检光绪《顺天府志》,东岳庙被列入《京师志·祠祀》部分中,而各顶的碧霞元君庙则被列入《京师志·寺观》部分中,显然在制度的规定上二者是有别的,而后者是

① (清)顾炎武著,黄汝成集释,栾保群、吕宗力校点:《日知录集释》卷三〇,"泰山治鬼"条,石家庄:花山文艺出版社,1990年,第1353页。
② (晋)陈寿撰,(南朝宋)裴松之注:《三国志》卷二九《魏书·管辂传》,北京:中华书局,1959年,第826页。
③ (清)周家楣、缪荃孙编纂:《光绪顺天府志》卷六《京师志六·祠祀》,引明英宗御制东岳庙碑记说:"天下之岳有五,而泰山居其东。民之所欲,莫大于生,而东则生之所从始。故书称泰山曰岱宗,以其生万物为德,为五岳之尊也。"第158页。
④ (清)张廷玉等:《明史》卷四七《礼一》、卷四九《礼三》、卷五〇《礼四》,北京:中华书局,1974年,第1225、1283、1309等页。

被官方视为民间信仰的。

东岳庙祭祀仪式的官方性质或"正祀"特征还可从参与者或支持者的身份等级上得到证明。在明代所立的碑中,无论由何人所立,撰文题额的都是高官显贵,即立碑者也往往是上层之人。如隆庆四年八月的《东岳庙圣像碑记》由原刑部侍郎郭惟清撰文,原工部侍郎王槐书写,湖广总兵、安远侯柳震篆额,述京师缙绅段时泰倡议更新庙貌,共有锦衣卫指挥、千户、御用监、御马监、内官监、司礼监、尚衣监、神宫监的太监参与。观其题名,除列名最上的发起者22人外,下列5名会首,再下为"信官"41名、"信士"150余名、"信女"80余名(包括5名女会首)①。又如万历十八年三月的《岳庙会众碑》为南京礼部尚书王弘诲撰文,西宁侯宋世恩撰额,中书舍人谭敬伟书丹。

立碑者中,又尤以宦官这个群体最为突出。万历十九年的《岳庙会众碑记》说:"中贵周公宽、李公坤、郭公进雅重岳山之神,鸠众二百余,于十六年创起会祀之礼。"②次年的《东岳庙会中碑》则讲"御马监太监柳君贵、彭君进……监局官凡若干人,岁于神降之辰,张羽旗设供具以飨神"③;另有一碑阴题名中的领衔者为大名鼎鼎的司礼监秉笔太监魏朝④,这也就难怪可以请得动像翰林院修撰余继登、大学士王锡爵这样的名人来撰写碑文了⑤。

---

① 隆庆四年《东岳庙重新圣像碑记》,《北京图书馆藏中国历代石刻拓本汇编》第56册,第168—169页。

② 万历十九年《岳庙会众碑记》,《北京图书馆藏中国历代石刻拓本汇编》第58册,第2—3页。

③ 万历二十年《敕建东岳庙会中碑记》,《北京图书馆藏中国历代石刻拓本汇编》第58册,第21—22页。

④ 万历二十一年《东岳庙圣会碑》,《北京图书馆藏中国历代石刻拓本汇编》第58册,第36—37页。

⑤ 王锡爵撰文之碑为万历二十年《东岳庙碑》,《北京图书馆藏中国历代石刻拓本汇编》第58册,第23—24页。碑阴题名中除宦官以外,还有德妃许氏、荣嫔李氏等一干信女。

但即使是东岳庙这样的国家正祀也必须有民众的信仰活动作为基础。宛平城西有一东岳庙,"国朝岁时敕修,编有庙户守之。三月二十八日,俗呼为降生之辰,设有国醮,费几百金。民间每年各随其地预集近邻为香会,月敛钱若干,掌之会头。至是盛设,鼓乐幡幢,头戴方寸纸,名甲马,群迎以往,妇人会亦如之。是日行者塞路,呼佛声振地,甚有一步一拜者,曰拜香庙。有神浴盆二,约可容水数百石,月一易之,病目人虔卜得许,一洗多愈"①。朝阳门外的东岳庙碑文中也有类似的描述:"都城朝阳门外先年敕建庙宇一区,朝廷每岁遣官致祀,而祈祥禳禬,尤谆谆焉。以故都城人严事之典,无内外,无贵贱,无小大……"②可见国家祀典与民间信仰并不完全相斥。

考虑到当时都城居民的社会构成,除了宫廷内的大量宦官外,还有许多人都与官府有着千丝万缕的联系。他们可能就是大大小小的官员,或者是他们的亲属;在具有一定经济实力和社会地位可以起会立碑的人中,不可能有太多平民百姓,特别是贫贱下层。即使是那些一般殷实富户,也需要拉拢官宦太监,列名其上,以壮门面。天启四年有一《白纸会碑》,前面没有高官显贵撰文、篆额、书写的说明,碑文简陋,应属一般市民所立:"京都明时等坊巷有老善首锦衣牛姓永福,领众四十余载,今年末命男牛应科同妻王氏接续,领诸善信,各捐净资。"③此会虽属民间组织,但"锦衣"二字仍表明会首具有一定的身份。崇祯五年的《敕建东岳庙碑记》中说:"凡一切诸司善众,各有发心,会名不等,而崇文门外东南坊领众姓

---

① (明)沈榜:《宛署杂记》卷一七《民风一·土俗》,北京:北京出版社,1961年,第167页。
② 万历十三年《东岳庙供奉香火义会碑记》,《北京图书馆藏中国历代石刻拓本汇编》第57册,第134页。
③ 天启四年《东岳庙四季进贡白纸圣会碑记》,《北京图书馆藏中国历代石刻拓本汇编》第59册,第154页。

弟子卞孟春等起立白纸圣会,每岁四季进供……"①这也应该是一个民间善会,但却能请来尚宝司卿王某撰文,如果不是会首有较高社会地位,至少也有意借此抬高自己。与地方社会不同,这也许就是京师这个天子脚下的"民间社会"的特色。

必须指出,入清以后,北京东岳信仰的民间化过程进一步加速。虽然政府对它日益重视,康熙和乾隆年间两次大规模修缮,"规制益崇",甚至在皇帝谒东陵途中,也通常在这里"拈香用膳"②,但还是可以看到,由宦官所立的会碑、由高官显贵撰文题字的会碑大大减少,而一般民间香会的立碑明显增多。如康熙二十三年一碑文中写道:

> 若届圣诞朔望之辰,士庶竭诚叩祝者纷纷如云,神京远近,谁不瞻仰? 由是众等鸠集诸善,在于西直门里小街口,诚起金牛圣会。

碑阴题名列正会首若干人某某,副会首若干人某某以及众信弟子等,没有任何职衔列于前③。另一康熙二十九年的碑文这样写道:

> 京师四民,老幼瞻仰,遐迩欢心。每逢朔望,大而牲帛,小而香烛……尤虑人心久则懈,年深则泯,遂集同里之忠厚信心者,共成一会,攒印积金。

署名"东华门外散司圣会众善弟子等同立"④,显然也是社区性的

---

① 崇祯五年《敕建东岳庙碑记》,《北京图书馆藏中国历代石刻拓本汇编》第60册,第41页。
② (清)富察敦崇:《燕京岁时记》,"东岳庙"条,北京:北京出版社,1961年,第56页。
③ 康熙二十三年《金牛圣会进香碑记》,《北京图书馆藏中国历代石刻拓本汇编》第64册,第52—53页。
④ 康熙二十九年《东华门外散司会碑记》,《北京图书馆藏中国历代石刻拓本汇编》第64册,第144—145页。

祭祀组织。其他如同年安定门大街中城兵马司胡同扫尘圣会所立碑亦与此相同。再有康熙五十五年所立《子午会碑》,两侧分署"京都西安门外土地庙诚起子午圣会"和"内外各城坊居住众善人等名列于后"。从碑阴题名来看,最上为信官会首共8人,全为赵姓,下列正、副会首各姓若干人,善会若干人,最后是本庙西廊住持某某、西安门外土地庙住持某某,可知这又不完全是社区性的祭祀组织,大概是由官宦之家赵氏为主要资助人、由西安门外土地庙出面组织的跨居住区的香会组织①。与此类似的还有:

> 而盘香之会,则弟子三人率众自雍正十三年始接续,以至于今。……吾会中男女长幼九十余人,住居各地,同心共意。②

这也是一个跨居住区的祭祀组织,但不知是靠什么因素聚于一会之中。无论如何,尽管仍有署"大内钦安、大高二殿白纸老会"或请到大学士张廷玉题额的情况,表明官方色彩的持续,但清代民间祭祀组织介入的明显增多,也无疑是事实。

三、五"顶"的民间信仰性质

与此同时,祭祀碧霞元君的各顶又情况如何呢?根据韩书瑞(Susan Naquin)的研究,明代创建的各顶到清中期以后便先后衰落,其朝拜的盛况无法与乾隆后兴盛起来的金顶妙峰山相比③。虽然如此,清人如潘荣陛还是说"京师香会之盛,以碧霞元君为最",励宗万也说"都人最重元君庙",乾隆年间还对南顶和中顶进行过

---

① 康熙五十五年《东岳庙子午胜会碑记》,《北京图书馆藏中国历代石刻拓本汇编》第67册,第48—50页。
② 乾隆五年《盘香会碑记》,《北京图书馆藏中国历代石刻拓本汇编》第69册,第81页。
③ Susan Naquin(1992),p. 349.

重修,这说明至少在清前期各顶的香火状况还是差强人意的。而且,虽然情况有所不同,妙峰山金顶仍属碧霞元君崇拜浪潮的一个部分。

明清时期京师以及华北各地对碧霞元君的崇拜转热,也许与明清以来华北民间宗教中的"无生老母"信仰有某种关联。尽管罗教的祖师罗祖并没有明确直接地给出"无生老母"的概念,但已经暗示"祖即是母"的转化可能。我们看到,大谈"诸佛母,藏经母,三教母,无当母"的罗教经卷,正是《巍巍泰山深根结果宝卷》的《一字流出万物的母品第四》①。在晚清的一些民间宗教组织中,在最高层的无生老母之下,还有对不同层级的圣母或老母等女神的信仰②。虽然无生老母这个至高神很明确地与碧霞元君不同,但这至少说明了当时民众对女神信仰的普遍需求。甚至康熙皇帝在为西顶所撰御制碑文中也说:"元君之为神,有母道焉","母道主慈,其于生物为尤近焉"③。其基本思路与民间对女神的崇拜是一致的。

宋代以来,国家往往通过赐额或赐号的方式,把某些比较流行的民间信仰纳入国家信仰即正祀的系统,这反映了国家与民间社会在文化资源上的互动和共享:一方面,特定地区的士绅通过请求朝廷将地方神纳入国家神统而抬高本地区的地位,有利于本地区的利益;另一方面,国家通过赐额或赐号把地方神连同其信众一起"收编",有利于进行社会控制④。尽管传说宋真宗时就赐号"天仙玉女碧霞元君",尽管明清两代的统治者先后把一些神祇纳入国家

---

① 参见马西沙、韩秉方:《中国民间宗教史》,上海:上海人民出版社,1992年,第213页。
② 程歗:《晚清乡土意识》,北京:中国人民大学出版社,1990年,第244页。
③ (清)于敏中等编纂:《日下旧闻考》卷九九《郊坰》,北京:北京古籍出版社,1981年,第1640页。
④ 关于这方面的中外研究成果,可参见蒋竹山:《宋至清代的国家与祠神信仰研究的回顾与讨论》,《新史学》(台北)1997年第8卷第2期,第187—219页。

正祀,也先后对一些"淫祀"采取了禁毁的行动,但碧霞元君信仰始终没有被列入国家正祀之中。由于历代皇帝都在不同程度上对其持赞同或支持的态度,因此它或许可被视为一种"准正祀",是一种得到官方肯定的民间信仰。其之所以得到官方的肯定,除了它与正祀东岳信仰的密切关系外,还在于它在京畿地区的流行性和朝拜活动的无危险性[1]。

我们可以从各顶的碑文中获取一些有关的信息。以康熙三十五年正阳门外猪市口百子老会立于中顶的碑文看,这是一个普通的社区性香会组织。碑阴题名有正、副会首各若干人,司房管事若干人,还有某门某氏等女性140人左右。但却有大学士张玉书篆额,翰林院官史夔、孙岳分别撰文和正书,可见民间信仰仍需要相当的官方色彩作为支持[2]。

西顶大概是各顶中香火最盛之处,留下的碑文也最多。从这个角度来看,它与东岳庙一东一西,遥遥相对,其他各顶都无法与之相比[3],原来五顶所表现的传统宇宙空间格局似乎让位给了民众自身的信仰实践选择。从这里的碑文可以看出,虽然上述官方色彩依然保存,但其香会的民间组织性质仍然是主要的。同时,尽管明清之际经历了改朝换代的巨大风波,北京又首当其冲,但对民众的原有信仰生活似乎影响有限。我们看到,崇祯九年一碑为光禄

---

[1] 根据王斯福的说法,官方宗教与民间宗教的区别之一,在于前者强调其行政层级,而后者强调神的灵力。依此,碧霞元君信仰当然是民间信仰。他还指出,这两者间有重叠的部分,即官方通过赐额、封号、建庙等方式将民间宗教纳入官方系统,这显然也符合碧霞元君信仰的情况。见 Stephan Feuchtwang, "School Temple and City God", in C. W. Skinner ed., *The City in Late Imperial China*, Stanford University Press, 1977。

[2] 康熙三十五年《中顶普济宫百子胜会碑记》,《北京图书馆藏中国历代石刻拓本汇编》第65册,第85—88页。

[3] 康熙四年《西顶施茶碑记》,《北京图书馆藏中国历代石刻拓本汇编》第62册,第62页。碑文中说:"西顶距神京十五里许,接玉泉、凤凰诸山,其形势之耸秀,香刹之崔巍,实甲于诸顶。"

寺卿董羽宸撰文,宣城伯卫时春篆额,但碑阴题名之首为"京都顺天府宛大二县各城各坊巷居住总管会首……立",后列正、副会首、众会首及会众的题名。碑侧则为"在中城灵济宫南太仆寺街撒枝胡同总管香头等立"字样①。推测可能是各社区性的香会组织又在进香过程中形成一共同的香会联盟,选出总管会首为最高领袖,而此人可能就居住在撒枝胡同。

其他碑文同样说明许多有意思的问题。顺治十一年的《泰山西顶进香三年圆满碑》是由德胜门迤南三圣庵老会所立,碑阴题名已模糊不清,由一在野官员篆额、撰文和正书,判断亦为民间组织②;类似的还有康熙十二年"宣武门里单牌楼坐香圣会正会首张汉等同立"的《西顶进香碑》③、康熙二十六年"阜城(成)门里三条胡同进香圣会正会首任秉直、王黑子、王永寿、李哥、栗必才合会众等同立"的《西顶洪慈宫进香碑》④、康熙四十一年"西直门里西官园口坐香圣会香首曹国相众等同立"的《曹国相创善会碑》⑤等多种。它们中原来撰文、篆额的官绅列名都在碑阳最前,现在或列于文后,或干脆连邀请官绅撰文写字都免了。这多少表明,来碧霞元君庙进香的组织更富民间性质。

从各种碑文来看,进香者来自京城内外各个地区。由于清朝将汉民、汉官一律迁至外城,而内城居住者应该都是旗人,虽然可

---

① 崇祯九年《西顶香会碑记》,《北京图书馆藏中国历代石刻拓本汇编》第 60 册,第 75—77 页。

② 顺治十一年《泰山西顶进香三年圆满碑记》,《北京图书馆藏中国历代石刻拓本汇编》第 61 册,第 62—64 页。

③ 康熙十二年《西顶进香碑记》,《北京图书馆藏中国历代石刻拓本汇编》第 63 册,第 361—362 页。

④ 康熙二十六年《西顶洪慈宫进香碑记》,《北京图书馆藏中国历代石刻拓本汇编》第 64 册,第 93—94 页。

⑤ 康熙四十一年《曹国相创善会碑》,《北京图书馆藏中国历代石刻拓本汇编》第 66 册,第 6—8 页。

能共同信仰碧霞元君,但族群间的某种隔阂有可能妨碍了明朝的那种跨社区的进香联盟组织的形成。康熙二十八年的一块《子孙进香圣会碑》,是由"顺天府大宛二县正阳门外坊巷子孙进香胜会当年正会首刘昌"等立的,碑文中称"大宛善信绅士刘昌等公起进香圣会"云云①,虽说明香会的发起人并非普通百姓,但这组织似乎是外城的汉人香会组织,因此在特殊形势下也属于"民间社会"。而像前引曹国相创立的善会,从居住地区看,则应是旗人的香会组织;从题名来看,也有奴才、药师保、祖兴茂、三达子、鄂纳海、色勒、黑达子、索住、观音保这样的旗人姓名,但是碑文中开头便说"曹子国相,燕之清门庶人也。世居城西,尤好崇信佛教",似会首又应是老北京的汉人。再回顾以前所举的进香组织,多在某城门里,从会首、会众的题名看,也不见有特别明显的旗人色彩,因此判断沿城门、城根一带居住的普通汉人并不一定被外迁干净,有相当部分的老居民留下来与旗人混居的可能性。

与东岳庙香会相比,信奉碧霞元君的香会组织确实多在城墙的边缘或外围。康熙八年的一个西顶进香碑文中明确说:"盖都中之会固甲天下也,而城西之会,复甲于都中。创之者,关之西北善信……"甚至在西顶的一座《元宝圣会碑》两侧分别题为"山东济南府张丘县东二甲李凤""阜城(成)关外六道口村西顶元宝圣会香首李凤等立"②。说明此人落籍在山东,却住在京师的阜外,并建立起香会组织。我们知道,在传统城市中,城市居民的身份等级高低是从中心向边缘逐渐递减的。从社会空间(social space)的角度看,城市中心往往由衙门或官僚住宅占据,京师是天子所在之地,就更是

---

① 康熙二十八年《子孙进香圣会碑序》,《北京图书馆藏中国历代石刻拓本汇编》第64册,第121—123页。
② 康熙五十年《元宝胜会碑》,《北京图书馆藏中国历代石刻拓本汇编》第66册,第156页。

如此,汉人在清虽被驱往外城,但汉官居住区仍在外城的北缘而接近内城;旗人虽在内城,但沿城门居住的往往是守城的旗丁及其家属。下等人以及外来人口更多居城市边缘或城乡交界地带。因此就目前我们掌握的材料来看,可以说,有关碧霞元君的香会组织(包括本文没有涉及的妙峰山香会)大多是远离社会等级上层或权力中心的民间社会建构,尽管由于在京师的缘故,或多或少地带有官方的色彩。

另外值得一提的是,从西顶的碑阴题名来看,女性题名的数量引人注目。如前引顺治十一年碑,题名女性约有 70—80 人,占全部题名者的 30% 左右;康熙八年碑有 410 多人,占全部题名者的 80% 左右;曹国相碑有 170 多人,占全部题名者的 60% 多。这一方面说明碧霞元君的女神特征、她保佑生育和治疗疾病的功能特别吸引女性信众,另一方面,女性的积极参与正是明清民间宗教活动的特征之一,这反过来又证明了本文所论朝顶进香活动的民间性质。

四、京师国家与民间社会关系之一例

探讨明清时期信奉泰山神——东岳大帝和碧霞元君——的信仰组织及其活动在北京的表现,可能为学术界的相关讨论提供一个独特的个案。由于社会人类学和社会史通常论及的"社会"一词,是与"国家"相对应的一个概念,因此国家与社会之间的关系,特别是国家与"民间社会"的关系,就成为一个热门话题。研究民间信仰与基层社会组织的学者也从他们的角度切入其中,但由于他们(无论是历史学家、人类学家、民俗学家还是社会学家)所选择研究的点多属于中国的"边陲"①,或者是远离政治统治中心的乡村,因此民间信仰组织及其活动与国家及其代理人——地方官府之间具有相当大的距离。尽管国家可以通过赐额赐号来实现对民间诸神的控驭,可以通过地方士绅(民间权威?)的主持参与此类组织与活动,把官方的意识形态灌输到民众之中,同时地方士绅又可以代表家乡父老对官府的要求和维护地方利益等等,个中联系,千丝万缕,但民间社会与国家的二元对立还是相对清晰可见。

明清时期的北京却不同,对于外地或边地来说,它本身就是"国家",至少是国家的象征。但是,当我们剖析它的内部结构时,它又与其他地方一样,是一个复杂的社会,只不过在这里,国家的力量空前强大、无处不在而已。从以上的叙述和分析中,我们已经知道,一方面,无论是作为国家正祀的东岳庙,还是民间性较强的祭祀碧霞元君的各顶,都是民众活动的舞台,这些地方都有纯粹民间的香会组织(并非官方组织)在不断活动。另一方面,国家的力量不仅充分地体现在作为官方祀典的东岳祭祀和东岳庙香会组织上,也同样体现在主要作为民间信仰的碧霞元君信仰与其香会组织上;这里不仅有官方或具有明显官方色彩者的主动参与,也有民众对高官显贵参与的渴求。甚至我们看到各顶的进香组织最后来到东岳庙,在这里立碑,却很少看到东岳庙的某些祭祀组织到各顶,比如西顶来交流②。从碧霞元君庙与东岳庙在国家态度中的差

---

① 从弗里德曼(M. Freedman)到施珀尔(K. Schipper)、王斯福、科大卫(D. Faure)、桑高仁(P. S. Sangren)、武雅士(A. Wolf)、丁荷生(K. Dean),再到郑振满、王铭铭、刘志伟、陈春声等人,代表性研究成果都是关于福建、广东、香港和台湾的。他们的成果这里就不赘引了。

② 在西顶,我们看到有康熙十七年的《二顶圣会碑》。碑文中有"仰观诸岳,如华有洗头盆、蜀有捣帛石,元君其亦赞岱岳而流碣石者乎"等语,似乎也显示出作者认为碧霞元君相对泰山的辅助地位。同样是这个"四华门四牌楼二顶进香圣会",同年也在东岳庙立碑。由于碑文中没有文字显示,故不知这是否表明"二顶"指的是东岳庙和西顶。

别来看,这应该表现了在北京这个特殊的地方,一种民间信仰对一种国家信仰的顺从。

从碑文中我们看不到这种情绪的明显流露,但对东岳庙崇高地位的认可还是有迹可循的。如康熙二十年正阳门外猪市口粮食店四顶圣会所立碑文中说:"盖五岳各峙一区,必以泰岱为称首。帝位崇隆,宰制群物。"①又如康熙三十年一个三顶静炉掸尘老会所立碑文中说:"五岳于祀典皆等三公,而泰山之班次最贵。"②前面提到东岳庙有一碑两侧题为"八顶进贡展翅老会"和"沿途寺庙二百六十四处",由此揣测,该会是连续朝拜八顶及沿途经过200多座寺庙之后,最后以东岳庙为目的地的,这也表明会众把东岳庙祭祀置于各顶之上。

通过学者们的研究,我们知道,虽然国家通过区分国家的正祀、民间的杂祀和"淫祀",为神灵信仰划定了疆界,但是这种疆界的威慑力又与国家控制力的大小或是否可及有直接的关系。像东岳、关帝、城隍等虽被纳入国家信仰,在各地由官员定时祭祀,但在远离政治中心的地方或乡村,它们却被民众与其他杂祀鬼神同样对待③。相反,在北京,不仅东岳庙,就是在北方各地称为娘娘、泰山老母和天仙的碧霞元君也被官方化了,敬神的香会往往要请著

---

① 康熙二十年《四顶圣会碑记》,《北京图书馆藏中国历代石刻拓本汇编》第63册,第155页。
② 康熙三十年《东岳庙扫尘会碑志》,《北京图书馆藏中国历代石刻拓本汇编》第64册,第188—190页。
③ 关于关帝与村民祭祀,见 Prasenjit Duara, "Superscribing Symbols: The Myth of Guandi, Chinese God of War", *The Journal of Asian Studies*, 47, No. 4 (November, 1988), pp. 778-795;关于官方信仰与民间崇拜中的天后,见 James Watson, "Standardizing the Gods: The Promotion of T'ien Hou along the South China", D. Johnson, A. Nathan and E. Rawski, eds., *Popular Culture in Late Imperial China*, Stanford University Press, 1985, pp. 292-324;关于福建莆田江口的东岳观,见郑振满:《神庙祭典与社区空间秩序》,王铭铭、王斯福主编:《乡土社会的秩序、公正与权威》,北京:中国政法大学出版社,1997年,第171—204页。

名官宦书写碑铭,以壮声色,这说明京师民间社会所面临的官方影响和压力。

但是在另一方面,即使是在京师这样一个百官云集的地方,在天子脚下,在政令教化皆由此出的地方,民间社会的力量依然不可小觑。对民间香火极盛的碧霞元君信仰,皇帝不仅频繁赐额立碑,还派遣官员致祭,各种身份等级的官绅心甘情愿地为香会撰写碑文、篆额、书写,愿意把自己的一长串官衔爵位连带姓名镌刻在这些香会碑上。这充分显示出他们对这种民间信仰及其所显现的民间社会力量的兴趣和重视。同时,也表明他们对这种民间信仰及相关活动的共享。

在这里,我们并不是试图暗示,在传统国家时代,国家与民间社会之间存在一种相对和谐的关系,实际上,这种国家的强力或者国家与社会的二元对立并不是到所谓现代民族—国家时代才凸显出来,在中国传统社会,专制君主始终试图通过各种手段控制和约束民间社会。我们在此是想通过这个个案,说明在不同的地方,通过民间信仰表现出来的国家—民间社会关系,会有着相当不同的表现:在这里,民间社会利用了国家,国家也利用了民间社会;前者这样做的目的依然是为了自己的壮大,后者这样做的目的仍是为了控制后者,只不过表现出来的不是激烈的冲突,而是温和的互动而已。

鲁班会：清至民国初北京的祭祀组织与行业组织*

本文是我对明清以来北京善会组织的系列研究之一。

据现存东岳庙的碑刻资料，明清时期京师民众组成了相当多的善会祭祀组织，这些组织或多或少与东岳庙有直接或间接的关系，鲁班会，或碑文中所称的鲁祖会、鲁班圣会、鲁祖圣会等，就是这些组织之一。

由于鲁班并非像关羽、观音等神那样具有多重神格，而只是特定行业的祖师神，因此从成员来看，这样的祭祀组织就具有鲜明的行业特点。但它又不等同于某一个行业组织，往往容纳了若干个信奉鲁班的行业。可以说，鲁班会既是行业色彩很浓的祭祀组织，又可能是一个超越了具体行业的组织。因此，对这些祭祀组织的研究，必将突破过去在行会研究中将鲁班会等祭祀组织等同于行会或将祭祀活动视为某个行会的精神文化活动之一而稍稍提及的做法，去正面分析作为祭祀组织出现的鲁班会的祭祀活动，挖掘出它的更深层的社会意义，从不同的视角观察当时的行业组织，并引发对清代至民初社会发育程度的思考。

关于明清以来北京行会的问题，中外学者多有论及，但对鲁班会这一相关的个案，却缺乏学术研究，这里仅以初步的探讨，求教

---

* 本文系与我的研究生邓庆平合撰，特此说明。

于专家学者。

一、东岳庙与清代京师的鲁班信仰

京师东岳庙,祭祀泰山东岳大帝。泰山崇拜起源极早,且以泰山封禅等形式为历代统治者列入正祀之典,从而遍及全国城乡①。据光绪《顺天府志》引虞集《东岳仁圣宫碑》,京师东岳庙为正一派道士张留孙于元延祐年间始建,但主要工程为其继承者吴全节完成。至明英宗正统十二年重建,据其御制碑文,此时在大殿周围"环以廊庑,分置如官司者八十有一,各有职掌。其间东、西、左、右特起如殿者四,以居其辅神之贵者,皆有像如其生。又前为门者二,旁各有祠,以享其翊庙之神",从这里还看不出是否有祭祀工匠祖师鲁班的场所②。明万历时的《宛署杂记》记载:东岳庙"国朝岁时敕修,编有庙户守之。……民间每年各随其地,预集近邻为香会,月敛钱若干,掌之会头"③,也还不了解其中是否有行业性的祭祀组织。

京师地区何时开始出现祭祀鲁班的庙宇,暂时不得而知。清嘉庆十八年的《新建仙师公输祠碑记》中说:"京师为首善之地,而惟我师公输氏,绝少专祠。即有之,求其殿宇辉煌者,亦不多觏。"④在今西城区阜成门外大街的城隍庙中有乾隆二十六年的鲁班碑留

---

① 参见本书中的《国家正祀与民间信仰的互动——以明清京师的"顶"与东岳庙为个案》。

② (清)周家楣、缪荃孙编纂:《光绪顺天府志》卷六《京师志六·祠祀》,北京:北京古籍出版社,1987年,第158页。

③ (明)沈榜:《宛署杂记》卷一七《民风一·土俗》,北京:北京出版社,1961年,第167页。

④ 嘉庆十八年《新建仙师公输祠碑记》,北京图书馆金石组编:《北京图书馆藏中国历代石刻拓本汇编》第78册,郑州:中州古籍出版社,1991年,第113页。

存,碑文说"明朝永乐间鼎创北京,龙圣殿役使万匠,莫不震悚。赖师降灵指示,方获洛成。爰建庙祀之,扁曰鲁班门"①。说明代京师开始有祭祀鲁班之所,虽并非不可能,但还没有当时的碑文作为证据。昌平有顺治十年刻《鲁祖庙碑》,其中说它"香火久废",这时才使它"焕然一新"②,说明在清以前这个鲁祖庙便已可能存在。其实,鲁班的信仰者主要是建筑行业的工匠,在元明的大部分时间里,由于匠户制度的存在,工匠地位极其低下,行业群体的力量很难得到发展;直到明中期以后,匠户制度逐渐废除,其社会地位有所改善,行业群体的认同日益强化,建庙祭祀鲁班才有更大的可能。所以我们看到,为数不多的京师鲁班庙创建年代都较为晚近,譬如今交道口大街南土儿胡同的鲁班祠,建于清光绪二年;今金鱼池一带原有鲁班馆街,似后改称鲁班胡同,有公输祠,或称鲁班馆,是在嘉庆十四年以银6200两买地"创立祠宇"的③。同样以鲁班为祖师的皮箱行,据称在康熙二十八年成立"阖行公会",但"欲修祖庙,向无地基",直到光绪年间才"创修祖庙",叫作东极宫④。

就是在这个过程中,著名的京师东岳庙中也开始有了祭祀鲁班的香火。清康熙五十八年(1719),以"京师为首善,化百工之巧者,莫不汇而集焉。尤念乎事□技能之末,然所以善其事,而食其祭者,皆制作之祖,有以开其先而施其功也,则被乎教者,何可不俎豆之哉!于是各解其囊,共襄其工,择地于东岳庙之廊宇,盖而塑

---

① 乾隆二十六年《鲁班碑》,《北京图书馆藏中国历代石刻拓本汇编》第71册,第213页。

② 顺治十年《鲁祖庙碑》,《北京图书馆藏中国历代石刻拓本汇编》第61册,第57页。

③ 嘉庆十八年《公输祠碑》,《北京图书馆藏中国历代石刻拓本汇编》第78册,第113页。民国时档案似乎误为道光十四年,见北京市档案馆编:《北京寺庙历史资料》,档号J2-8-971,第617页。

④ 民国二十年《东极宫碑》,《北京图书馆藏中国历代石刻拓本汇编》第96册,第123页。亦见北京市档案馆编:《北京寺庙历史资料》,档号J181-15-683,第353页。

立之丹□□石涂之"。尽管碑文漫漶残缺,但我们还是可以看出,这时,蒙受了鲁班祖师"恩惠"的工匠,共同捐资在东岳庙中创建了这所"公输先师殿"。在碑阴题名的参加者包括顺天府大兴、宛平二县的约 480 名"弟子",其中有 28 人为会首①,这便是本文所论的鲁班会。尽管我们还不知道,究竟是在这个鲁班殿兴建之前就存在具有会首、会众的组织,还是为筹划兴建这个殿而专门成立了这个组织,因此也就不能判断这是建筑工匠的行业组织为了群体认同塑造精神象征,还是由鲁班殿的建立产生了一个同行业的祭祀组织。但是从目前碑刻资料判断,虽然这些会碑都是由从事这一行业的人所立,但较早期的碑阴题名中所体现的只是祭祀组织和每个个人,比如会首、会众,没有某个行业组织的名称;自乾隆四十八年《鲁班会碑》始,各碑题名中出现木作、石作、棚行、灰厂、木石瓦作等等名称,然后才是人名。由此,可以推测东岳庙鲁班殿建立之初,鲁班会首先是一个同行业的祭祀组织。

尽管没有明确的文献资料记载,但是东岳庙之所以能够容纳工匠们建立一座鲁班殿,恐怕与东岳庙的反复修缮和维护离不开这些建筑行业的工匠有关。而为什么这些工匠要在东岳庙而不是别的庙里营建一个行业神崇拜的基地,并且随着时间的推移,东岳庙鲁班殿的香火要比其他鲁班祠庙的更旺,则与东岳庙本身的特点有关。一些碑文的作者也曾力图暗示鲁班与东岳的关系,比如说他"妙作流马,曾记西蜀之武侯;巧削木鸢,又闻东鲁之公输"②,或说"我祖师裔传自鲁,岳泽于周"③,强调某种地缘的一致性,暗示鲁

---

① 康熙五十八年《修建公输仙师殿碑记》,《北京图书馆藏中国历代石刻拓本汇编》第 67 册,第 100 页。
② 道光元年《鲁班圣会碑记》,《北京图书馆藏中国历代石刻拓本汇编》第 79 册,第 6 页。
③ 光绪八年《鲁班圣会碑》,《北京图书馆藏中国历代石刻拓本汇编》第 85 册,第 76 页。

班殿设于东岳庙中的合法性,但这都不是关键的因素,关键的因素在于东岳庙的正祀性质及其在京师民间祭祀场所中的中心位置。

我们前已论述了京师东岳庙的国家正祀性质,论述了国家正祀与民间信仰存在一种相互利用或互惠的互动关系。实际上至少从宋代以来,国家对民间信仰以及民间对国家赐额赐匾的态度就是这样。从明清东岳庙的碑刻资料来看,这里有许多民间祭祀组织与东岳庙发生联系,使自己得到国家认可而具有合法性和正统性,从而在诸多民间组织中更具权威性。而建筑业工匠也希望跻身其中,这就必须先使本行业的祖神在东岳庙这所大庙中占有一席之地。我们看到,虽然东岳庙在入清之后有日益民间化的趋向,但立碑的工匠还是尽可能加强一点国家的色彩。在康熙五十八年初建鲁班殿立碑时,请来撰文的人挂着"内廷供奉翰林院待诏大理寺司务"的头衔;乾隆四十八年碑的撰文者是进士,碑文中说"且自大匠宗工,详于夏令,载在冬官,故凡穷奇巧幻、术业独精者皆谓之神。然粤稽历代,迄我皇定鼎以来,又未有如班圣先师之神明变化,可以法天下而传后世也"①,强调了鲁班甚至工匠行业在典章制度和现实政治中的合法性。乾隆五十七年,工匠们还为庆祝皇帝80寿辰,在东岳庙建"万寿天灯",因为太高,差点倒塌下来,幸"师祖默显神功,潜为庇佑,而工告成无虞",碑阴题名还有内务府营造司、工部营缮司等机构②。

明清时期京师寺庙极多,也多有祭祀游神的活动,但根据现存的会碑资料,东岳庙似乎集中了最多的香会组织③。前引明代《宛

---

① 乾隆四十八年《鲁祖殿重修碑记》,《北京图书馆藏中国历代石刻拓本汇编》第74册,第149页。
② 乾隆五十七年《鲁班圣祖碑记》,《北京图书馆藏中国历代石刻拓本汇编》第76册,第7页。
③ 见徐自强主编:《北京图书馆藏北京石刻拓片目录》,北京:书目文献出版社,1994年。

署杂记》中记载三月二十八东岳神诞时,"鼓乐幡幢,头戴方寸纸,名甲马,群迎以往,妇人会亦如之。是日行者塞路,呼佛声振地"①。清代潘荣陛的《帝京岁时纪胜》、富察敦崇的《燕京岁时记》等多书也记载其盛况。因此,工匠把自己的祭祀对象安置在这里,在这里举行同行业的祭祀活动,也可以壮大声势,抬高自己的地位。当然除东岳庙鲁祖殿之外,行业性的鲁班祭祀活动的主要场所还有西城区阜成门外大街城隍庙、旧鼓楼大街大觉寺(或称药王庙)等地②,但规模和集中的程度似不如东岳庙大。应该指出,虽然鲁班被工匠们奉为祖师和行业保护神,但这并不是清代的新鲜事;他们也完全可以在任何地方营造祭祀鲁班的场所,来表达他们的虔敬之心,这里的特殊之点是他们选择了东岳庙——在东岳庙的鲁祖殿中举行行业性的祭祀活动似乎具有非同其他的意义,这在此后牵扯祭祀活动的一些群体纠纷中可以看出一些蛛丝马迹。

二、鲁班信仰与行业组织的契合

鲁班会是基于鲁班信仰而结成的祭祀组织,那么鲁班信仰对于这个祭祀组织以及其中的各种行业组织的影响,也是本文要探讨的重要问题。

关于鲁班的传说,在我国的许多民族中都流传甚广,且源远流

---

① (明)沈榜:《宛署杂记》卷一七《民风一·土俗》,第 167 页。
② 另据《北京工商ギルド资料集》与《北京のギルド生活》,精忠庙亦为土木泥瓦工匠进行鲁班祭祀活动的场所;全汉昇据顾颉刚编著的《妙峰山》的记载指出,因为"各行的祖师——如技巧工人所崇拜的鲁班及一般行会所祭奉的关帝及财神的神位或神殿都在这里(妙峰山)",所以"北京的行会于每年阴历四月中,多不辞劳苦的跑到远在北京城西北八十里的妙峰山去进香及呈献本行的物品给所崇拜的神"(全汉昇:《中国行会制度史》,台北:食货出版社有限公司,1986年,第 130、125 页)。妙峰山祭祀的是另一位泰山神碧霞元君,自晚清以来与东岳庙一东一西,相互呼应。从这里似乎也可以看出鲁班信仰被黏合在泰山信仰上的痕迹。

长,是随着历史的发展沉淀累积而成的①。但是鲁班信仰的普遍性却远远不能和关帝、观音,甚至城隍、药王、土地等信仰相比,如果说妈祖也是渔民的行业神的话,她同时也是东南沿海许多地方的区域神。虽然鲁班信仰超越地域,但却仅仅局限于与建筑行业相关的职业群体中,其信仰空间不大,信众数量不太多。对他的来历,一般说即春秋时鲁人公输般,也有说是唐时肃州敦煌人,各碑文中也多有异辞,还有将二者事迹混为一谈者。所以《集说诠真》讥笑说:"是所敬之神,尚未知谁氏,遑论其他?"②但是,如果与商人相比,尽管鲁班信仰的地位似乎不比商人崇拜的赵公明、关羽更高,但商人对他们的信仰方式往往是个体的或者按地域的,甚至许多非商人也可对其崇祀,并不像土木工匠的鲁班信仰这样带有鲜明的行业性和群体性,因此影响并不如鲁班信仰。

在以"万般皆下品,唯有读书高"为主流价值观的农业社会,工贾地位一直很低。在清代,随着商品经济的发展,商人阶层兴起,社会地位日渐上升。但手工业者却一直处于下层社会。清朝统治者虽深知工商业的重要性,但还是认为农业最为根本。雍正帝就说过:"朕观四业之民,士之外,农为最贵,凡士农工商贾,皆赖食于农……市肆之中,多一工作之人,则田亩中少一耕稼之人。"③但与此同时,下层民众对于行业的观念则是比较务实的,正如俚曲里唱道:"大姐开言把话提,'七十二行属那行好?那行高贵那行低?'太太说,'我今说句不偏话,那行挣钱都不离。'"④崇拜鲁班的工匠在

---

① 可参阅许钰:《鲁班传说的产生和发展》,《民间文艺季刊》1986 年第 1 期;祁连休:《论我国各民族的鲁班传说》,《民族文学研究》1984 年第 2 期。
② 宗力、刘群《中国民间诸神》,石家庄:河北人民出版社,1987 年,第 671 页。
③ 《清世宗实录》(一)卷五七,雍正五年五月己未条,北京:中华书局,1985 年,第 866 页下栏—867 页上栏。
④ 殷凯编辑:《北京俚曲》第三辑,"十女夸夫"曲,上海:太平洋书店,1927 年,第 264—265 页。

谈及自己行业时，态度也是如此："维我匠役，业为途茨，虽属曲艺之末技，实为居家所日需，而叨恩更深也"①；"维我匠役，业为途茨，虽属四艺之末技，实为养家之常道"②。尽管有所不满，而且也承认自己的职业居"四艺之末"，但恰恰因为如此，他们需要通过多种方式来抬高自己的地位，加强群体的认同和竞争力。比如宣称"自古四民之中，工居其一，是故王朝动作兴役，惟工为先。工也者，考之古，有无穷之巧；验之今，有不尽之妙"③，这是把自己的工作与国家政治联系起来。但是更为重要的是塑造和强化本群体的信仰象征，并且使这个象征无可争辩地为社会各个阶层所接受。

工匠们在神化鲁班，抬高其祖师的地位时，显然是不遗余力的，因为鲁班作为远古的先人，在传说中又是神话般的人物，神化、抬高这样一个人，是可能被社会尤其是社会上层所接受的。在大多数鲁班碑中都提到了鲁班创制规矩绳墨良法，削木为鸢，初造云梯，造木人指地使吴地大旱三年等事迹，然后颂扬"先师鲁班灵巧性成，泄天地之化机，奥妙独蕴，树人世之奇功"④，并认为"凡穷奇巧幻，术业独精者，皆谓之神"⑤。以表彰鲁班、论证鲁班的神圣地位，来抬高自己的地位。

工匠们除了颂扬鲁班作为工匠始祖神的功绩外，还努力地将鲁班抬升到儒学原则上的圣人地位。乾隆二十六年在北京西城区

---

① 乾隆十八年《鲁班殿碑》，《北京图书馆藏中国历代石刻拓本汇编》第71册，第17页。
② 乾隆五十七年《鲁班殿碑》，《北京图书馆藏中国历代石刻拓本汇编》第76册，第32页。
③ 道光元年《鲁班圣会碑记》，《北京图书馆藏中国历代石刻拓本汇编》第79册，第6页。
④ 乾隆十八年《重修鲁班殿碑记》，《北京图书馆藏中国历代石刻拓本汇编》第71册，第17页。
⑤ 乾隆四十八年《鲁祖殿重修碑记》，《北京图书馆藏中国历代石刻拓本汇编》第74册，第149页。

阜成门外大街城隍庙所立的《鲁班碑》中详细记载了鲁班的生平,或者说是在工匠中流传并被广泛相信的鲁班生平,其中说他"迨十五岁,忽幡然从游于子夏之门人端木起,不数月,遂妙理融通,度越时流,愤诸侯僭称王号,因游说列国,志在尊周,而计不行,西归而隐于泰山之南小和山焉,晦迹几一十三年。偶出而遇鲍老辈,促膝宴谈,竟受业其门,注意雕镂刻画,欲令中华文物,焕尔一新……"①在这里鲁班已不仅是个巧匠,还是个从学于子夏门人且妙理融通的士人,是游说列国的有政见的儒士,是政治抱负失败而归遁山林的隐士。此外,工匠们还屡屡将鲁班先帅与古圣先贤相提并论,"夫世有四民,士农工商,各有其业,精其业于当时,遗其制于后世者,遂称师表焉。故儒者之宗,推重尼山;而稼□之传,始自后稷。……自伏羲虑生人之处木而颠,处土而病也,□营造之法立焉,垂于后世。爰稽书载列国之时,公输子名班,鲁之巧人……名重当时,规矩方圆之妙,法遗后世,□□至今,□我百工尊为师祖"②。同为乾隆五十七年所立的《鲁班殿碑》则更为直接地表为:"盖闻太上变化,按五行而施长;人间机巧,托一心之虚灵,德教固推孔圣,规矩实赖尊神。"③这种将鲁班比附为儒家先贤或将之与儒家先贤并论的做法,反映出工匠的一种复杂心态:一方面,可以说是儒学原则的胜利,工匠们的行业观仍受到传统社会主流价值观的影响,作为手工业者的工匠,他们没有受教育的机会,对"唯有读书高"的知识

---

① 乾隆二十六年《鲁班碑》,《北京图书馆藏中国历代石刻拓本汇编》第 71 册,第 213 页;这段记载与《鲁班经》中的"秘诀仙机"之"鲁班先师源流"内容如出一辙,仅有文字上的细微差别。《鲁班经》为清代流行的木工书籍,明代午荣等编,全称为《新刻京板工师雕镂正式鲁班经匠家镜》。这块碑中虽没有注明由谁撰写碑文,但从碑文的措辞来看,当是文人士绅,可以说,社会上层也是接受对鲁班生平的这种说法的。

② 乾隆五十七年《鲁班圣祖碑记》,《北京图书馆藏中国历代石刻拓本汇编》第 76 册,第 7 页。

③ 乾隆五十七年《鲁班殿碑》,《北京图书馆藏中国历代石刻拓本汇编》第 76 册,第 32 页。

分子充满了一种渴求;而另一方面,工匠将自己的行业祖师抬高到儒家先贤的地位,也表达了他们抬高本行业的努力。民国时的俚曲《十女夸夫》集中体现了各手工业者认为祖师地位高,则自己地位也高的普遍心态。如"木匠石匠是一个祖,我们祖师不累坠",圈箩匠"潘棋本是我的祖,我的祖师也高贵",厨业"易牙本是我的祖,我们祖师也高贵",打铁匠"敬德也曾打过铁,老君的门徒不累坠"等①。

这样一种态度,包括对鲁班的神化,与其说是表达一种职业的自豪感,不如说是对社会流行观念的积极反弹。因为在中国传统社会,除了工匠地位低下之外,还存有一种极为普遍的对建筑工匠的不信任心态,这种不信任又和中国人对阴阳宅风水的重视和对巫术的恐惧有关②。在清代,有一本极为流行的木工手本《鲁班经》③,书中不仅包括建房时所应遵循的恰当的礼仪规则,也有着种种恶毒的符咒④。此书序言部分为颇具玄奥的"秘诀仙机",其中有大量符咒,供房屋主人用来对付行妖法的坏木匠,因为他们认为,"凡造房屋,木石泥水匠作诸色人等,蛊毒魇魅,殃害主人","魇者,必须有解,前魇祷之书,皆土木工师邪术",所以屋主在"上梁之日,须用三牲福礼,攒扁一架,祭告诸神,将鲁班先师秘诀一道念咒云,'恶匠无知,蛊毒魇魅,自作自当,主人无伤'。暗诵七遍,木匠遭殃",念完咒后,"即将符焚于无人处,不可四眼见,取黄黑狗血暗

---

① 殷凯编辑:《北京俚曲》,"十女夸夫"曲,第268—270页。
② 对这个问题,孔飞力在《叫魂》一书中有所分析。〔美〕孔飞力:《叫魂——1768年中国妖术大恐慌》,陈兼、刘昶译,上海:上海三联书店,1999年,第143—146页。
③ (明)午荣编:《新刻京板工师雕镂正式鲁班经匠家镜》,俗称《鲁班经》,本文所用版本为清刻本。
④ 1930年《民俗》杂志(国立中山大学语言历史系研究所编印,总第108期)曹松叶的《泥水木匠故事探讨》专门将《鲁班经》中的巫术进行了分类;另可参阅 Klass Ruitenbeek,《传统中国木匠业的营造方式和礼仪》,原载于 *Chinese Science*,第7卷,1986年12月,第13—16页。

藏酒内,上梁时,将此酒连递匠头三杯,余下分饮众位,凡有魔魅,自受其殃,诸事皆祥"①。人们认为建房屋时将邪气排斥在外,对居住者生活中的吉凶有至关重大的意义,而建筑房屋的工匠在建屋时是否施行邪恶的法术,则成为屋主时时忧虑的问题。面对这种不信任,建筑工匠也是用鲁班祖师作为回应的。《鲁班经》中收录了建筑工匠在上梁前的仪式,即"起造立木上梁式","凡造作立木上梁,候吉日良时,可立一香案于亭,设安普庵先师香火,备列五色钱、香花、灯烛、三牲、果酒供养之仪。匠师拜请三界地主、五方宅神、鲁班三郎、十极高真,其匠人称丈竿、墨斗、曲尺,系放香椁米桶上,并巡官罗金安顿照官符,三煞凶神打退神杀,居住者永远吉昌"②。在这里,鲁班在屋主和工匠之间,承担了不同的角色,屋主视鲁班为压服木匠巫术的神灵,认为鲁班会惩罚那些使用了黑巫术的工匠;而工匠则请求鲁班保佑屋主的吉昌,这既是用鲁班先师来向屋主表达自己的诚意,也可看作是对屋主的不信任的反弹。这时的鲁班成为行业道德的监督者,凡信仰鲁班的工匠都应该遵循这种道德,不施行黑巫术,这样才会得到屋主的信任。似乎可以说,工匠们是用鲁班信仰来谋求社会的信任,求得认可。

鲁班作为祖师神,当然具有行业保护神的职能,即信奉鲁班的工匠都希望鲁班会保护本行业及他们自身的利益。我们所不断引证的鲁班碑,大多是工匠们为了求得鲁班的护佑或感谢先师"显圣默佑"而"勒石立碑"的。如乾隆二十六年立的《鲁班碑》就说:"明朝永乐间鼎创北京,龙圣殿役使万匠,莫不震悚。赖师降灵指示,方获洛成。……今之工人,凡有祈祷,靡不随叩随应。"③乾隆五十

---

① (明)午荣编:《鲁班经》之"秘诀仙机",叶10。
② (明)午荣编:《鲁班经》卷一,叶5—6。
③ 乾隆二十六年《鲁班碑》,《北京图书馆藏中国历代石刻拓本汇编》第71册,第213页。

七年的《鲁班圣祖碑记》云:"今皇上寿逾八十,起造□□之域,□□殿前建□万寿天橙,□因□物□高□触几至□倾,幸师祖默显神功,潜为庇佑,而工告成无虞,爰集众工同人,□神功之显应,永垂后□不朽焉。"①道光二十三年立的《鲁班殿碑》云:"祖师系著公输,名昭,姬鲁,规矩既设,绳墨诚陈,创于前者,述于后智,巧能夺乎天工,食厥德者报厥功,温饱悉原于神助。"②道光二十六年所立的《鲁班碑》,讲述了工匠中广为流传的鲁班显圣,帮助工匠完工的传说,"凡遇钦□急要,化像工人之□,身先领众,尽法□□。但是在行诸弟子,莫不仰赖以生成,皆有凛感之衷□"③。显然,与民间信仰中任何其他神灵的职能一样,鲁班也确实承载了工匠们对社会的要求和对生活境遇的美好愿望,使他们在精神上寻求到了依托感。

鲁班被赋予的祖师神和保护神的双重身份,表达出了工匠的两种基本要求,一是形成并加强行业群体内部的认同,二是被社会其他全体所认可。这表面上是在塑造和强化一个行业群体的宗教象征,实际上也是一个塑造和强化权威的过程。"先师鲁班灵巧性成,泄天地之化机,奥妙独蕴,树人世之奇功,凡号百工,无不遵守法则。"④清末一些西方学者在实地对中国行会进行调查时,非常注意崇拜行业神对行业团体的凝聚作用。马士(H. B. Morse)就曾以此为由,指出中国行会起源于宗教团体,认为行会最初不过是崇拜手工业商业等想象上的创始者(如泥水行之于鲁班,药材行之于药

---

① 乾隆五十七年《鲁班圣祖碑记》,《北京图书馆藏中国历代石刻拓本汇编》第76册,第7页。
② 道光二十三年《鲁班祖师殿碑记》,《北京图书馆藏中国历代石刻拓本汇编》第81册,第73页。
③ 道光二十六年《鲁班祖师碑记》,《北京图书馆藏中国历代石刻拓本汇编》第81册,第120页。
④ 乾隆十八年《京都大宛二县朝阳关内外五行八作重修鲁班殿碑记》,《北京图书馆藏中国历代石刻拓本汇编》第71册,第17页。

王菩萨)的人的结合①。对于这种说法,后来的学者有不同的意见,"其实,这种宗教上的崇拜只能算是加重行会团结的手段,决不是产生行会的母体"②。但这也说明了共同信仰对行业组织的凝聚作用和中国的行业组织在形成和发展过程中的独特之处。童书业也指出,"近代行会为求团结起见,对本行的祖师,都极端崇拜,遇祖师的诞辰,有热烈的庆祝,以作纪念,如木匠的崇拜鲁般,鞋匠的崇拜鬼谷子,都是例子"③。但是问题在于,通常被我们作为参照物的欧洲的行会,并不具有特定的神灵作为共同的信仰象征,由此可能导致一系列不同。在清代中国,以本文所论土木建筑行业为例,它既具有五行八作这些具体行业组织,同时又有由这些行业组织参与的祭祀鲁班的祭祀组织——鲁班会;因此便既有行业组织的首领,也有祭祀组织的所谓会首。按马克斯·韦伯(Max Weber)的分法,前者可能是传统型的权威(traditional authority),而后者则是神异型的权威(authority with charisma)。二者有可能是合一的,也有可能是分离的。如果是分离的话,那么究竟是谁来支配这个行业组织同时也是祭祀组织的群体呢?

有没有作为共同信仰象征的神灵也不是无关紧要的。按照某些考察中国乡村社会的人类学者的看法,中国的民间信仰对象包括神、祖先和鬼。神代表帝国官僚,祖先代表自己人,而鬼代表外人、陌生人或危险因素;神和祖先象征一种内化力量,而鬼象征外化力量④,但在城市的民间社会中,却存在鲁班这样的不代表官僚

---

① H. B. Morse, *The Guilds of China*, 1909.可参阅全汉昇:《中国行会制度史》,第2页。全汉升将 Morse 译为摩尔兹,后代学者一般译为 H. B. 马士。

② 全汉昇:《中国行会制度史》,第2页。

③ 童书业编著:《中国手工业商业发展史》,济南:齐鲁书社,1981年,第183页。

④ 这主要是武雅士和王斯福等人的看法,参见王铭铭:《神灵、象征与仪式——民间宗教的文化理解》,王铭铭、潘忠党主编:《象征与社会——中国民间文化的探讨》,天津:天津人民出版社,1997年,第89—123页。

的神,它也扮演着内聚和区分外部界线的角色。东岳泰山神的治鬼特色,使它包含了神鬼两套象征系统,代指亲疏正邪之间的紧张关系,这在中国城市与乡村的信仰体系中是相似的,代表了中国传统文化的一致性。但是这其中又插入了鲁班信仰,它与前面的象征没有什么关系,却表现了城市中社会分层的复杂性。同时,鲁班加入东岳庙的神系,象征某种平民身份试图加入支配性力量的努力,如果这种加入是至关重要的话,那么在它的光环之下聚集起来的祭祀组织以及被它赋予权威的会首,也就必然不是无足轻重的,否则,同行业内部的不同群体也就不会拼命争夺这个象征资源①。

可见,工匠们对鲁班的信仰已不仅是信仰意识的表现,而且是社团意识的表现,特别是在共同的信仰基础上,可能形成新的行业共同体,这种行业共同体所具有的浓厚祭祀色彩,使其不同于我们传统观念中的西方行会。共同的信仰与强烈的社团意识成为将这样一个由相关的不同行业组成的社会群体紧密整合起来的重要因素。如果说,共同的鲁班信仰是这些行业组织内部整合的精神纽带,那么,这些行业内部通过祭祀组织展开的有序的组织与管理,则成为整合的现实力量与保障。

三、作为祭祀组织的鲁班会

从现有的鲁班会碑材料,我们大致可以勾勒一下这个祭祀组织从清代到民初的活动情况。在清代北京,信奉鲁班祖师的行业有木作、石作、瓦作、棚行、扎彩业等,在碑文中时常将这诸多行业统称为"五行八作",它们多与建筑业有关。其他与建筑业无关的

---

① 据说,最初的鲁班殿是由棚行捐资所建,后因木工行的人来此进香受到歧视,所以后者又在北面另修了一座鲁班殿。见傅长青:《回忆东岳庙》,北京市政协文史资料研究委员会编:《文史资料选编》第22辑,北京,北京出版社,1984年,第208页。

还有皮箱行,也奉鲁班为祖师①。这些行业之所以组合在一起,是因为它们都与建筑业有关,因此信奉共同的行业神鲁班,有共同的祭祀活动;而且在建筑工程中,必然地要协同工作。民国初年的调查材料说,"以前木匠和石工都属于同一个组织,作为这种协同关系的理由,张氏提出以下几点:1.三者(包括涂工)礼拜同样的行业创立者;2.因为工作性质相似,即它们都与建筑业相关,因此同时增减工资成为惯例;3.当建造房屋时必然性地要协同合作"②。

这"同一个组织"最初究竟是一个包罗广泛的行业团体,还是一个由相关行业的成员组成的祭祀组织呢?我们现在只能做些推测。文前已经说过,在东岳庙鲁祖殿早期的碑文题名中,体现出来的只是祭祀组织,没有具体的行业的痕迹。在乾隆十八年的《鲁班殿碑》中,说此次修建,"兹因朝阳关外东岳庙西廊旧有鲁班殿一座,系前代诸行善人慕义乐输,建立庙宇,庄严圣像,后世工艺人众,朔望进香,按时祭祀,多历年所。奈岁深日久,无人修葺,殿宇渗漏,神像失色。匠役本会众等,每逢朔望,入庙瞻拜,睹其残坏,发愿整饰。独力难行,广募协成,□合京都大宛二县、朝阳关内外五行八作众善人等,各出资财……"③显然是整个相关行业以祭祀组织的形式的集体行为。但前注说民国时期道士傅长青回忆,最早的鲁班殿为棚行所建,也并非空穴来风,因为道光二十六年《鲁班碑》记述说:"盖以黄华既辟,国朝莫大焉,于京师凡欲鸠工起建,

---

① 民国二十年《东极宫碑》,"我皮箱行工艺,乃我始祖公输先师创造",《北京图书馆藏中国历代石刻拓本汇编》第96册,第123页。

② 《北京のギルド生活》,实为 J. S. Burgess, *The Guilds of Peking* 的日文译本,申镇均译,牧野巽校阅,昭和十七年(1942)生活社刊印。第三章《北京の三个ギルドの记述的研究》之二"大工组合",第121页。后文凡引用此书此章节内容的,均不再注明章节,只标明页码。

③ 乾隆十八年《京都大宛二县朝阳关内外五行八作重修鲁班殿碑记》,《北京图书馆藏中国历代石刻拓本汇编》第71册,第17页。

惟我棚行起造于前,全赖祖师神功显化,默佑之传也。"①据推测,这种变化发生在乾嘉之际,具体轨迹,留待后论②。

这些行业组织的祭祀鲁班仪式,也可以像维克托·特纳(Victor Turner)那样被视为"社会戏剧"(social drama)。与许多神诞日举行的庆典不同的是,对鲁班的祭祀仪式日期不是固定在神的诞日,这可能与鲁班神话本身的不成熟有关。按乾隆二十六年冬月所立的鲁班碑记载,"鲁班先师,每年腊月二十日圣诞",在祖师诞辰时举行祭祀活动③。《北京往事谈·扎彩子》说,"油漆、彩画、糊、瓦、木、石、搭、扎是旧京八大行业,扎彩子同其他七种行业一样,每年农历腊月二十四也祭奠鲁班"④,但考东岳庙的鲁班殿碑,除修建与重修完工时所立的三块碑外,其余"年例诚起"的碑多立于五、六月的吉日,从碑文中大量反映出的是工匠们频繁的定期祭祀活动,如"后世工艺人众朔望进香,按时祭祀……匠役本会众等,每逢朔望

---

① 道光二十六年《鲁班祖师碑记》,《北京图书馆藏中国历代石刻拓本汇编》第81册,第120页。
② 当然我们这里需要一个史料批判的过程,因为读者可能会因为本文使用的多是寺庙中的会碑资料,认为这些资料必然主要反映祭祀的内容,这种疑问显然是有道理的。因此,我们主要参考彭泽益主编的《中国工商行会史料集》(北京:中华书局,1995年),对其他行业组织的非会碑形式的行规进行了查阅,发现仍然存在许多类似现象,比如组织上作为祭祀领袖的首士或会首同时涉及行业组织内部的事务,祭祀活动中往往要解决许多具体的、世俗性的行业内部问题,行业规章中有大量与祭祀活动相关的内容,甚至直接指出成立组织的目的就是祭祀:"考诸百艺,各有其会,隆其禋祀。"(《湖南商事习惯报告书·洋铁手艺条规》,见《中国工商行会史料集》,第354页)嘉庆间苏州纺织业如意会制订新规,指出"凡入吾会者,须出上会银……入庙,注簿存贮,以待修葺庙宇、创建鸠工之费"(《苏州如意会重立新规碑》,王国平、唐立行主编:《明清以来苏州社会史碑刻集》,苏州:苏州大学出版社,1998年,第323页)。这还是能够在某种程度上说明问题的。
③ 乾隆二十六年《鲁班碑》,《北京图书馆藏中国历代石刻拓本汇编》第71册,第213页。
④ 李邢:《扎彩子》,北京市政协文史资料研究委员会编:《北京往事谈》,北京:北京出版社,1988年,第243页。

入庙瞻拜"①,"每朝每□,庙祝顶礼焚香;逢朔逢望,我辈推诚叩拜"②,又有"择吉致奠,并刻贞珉,务期在事,□人岁时奉祀"③。这种比一般神诞仪式更为频繁的活动,反映的是信众群体的更大需求。它显然不是局限于休闲娱乐或者利用象征强化群体认同等一般的功能,既可能因为频繁的建筑工程需要神的保佑,也可能要经常对群体内部的一些问题进行处理,更可能是祭祀群体内部的要求。

从有些碑文的题名中可以看出,参加的会众少者数十,多者数百。有负责人为会首,其余为会众。会首往往不止一人,比如在康熙五十八年初建东岳庙鲁班殿时,碑文所见会首有28人,可能是整个京师不同地区本行业的头面人物,也可能是本行业中不同行当的领袖,无论如何其时可能是个"松散"的联合。以后的碑文中,还出现过"值年会首"某某和"会末"或"值年会末"某某(按我们的看法,"会末"实际上就是会首,只不过是谦辞而已,表明自己只是为大家服务),这些都表明传统祭祀组织中的权力格局。

无论会首、会末,他们一般是祭祀组织里的德高望重者。在步济时的调查中,询问到"选举产生的组织领导者的类型",得到的答案是,"每年的定期选举中的年长者而受尊敬的人自然而然地成为领导者",这种情况在清代尤为明显,因此步济时认为,"跟清朝的村落一样,以前一般都是年龄和身份自然地产生权威"④。此外大

---

① 乾隆十八年《京都大宛二县朝阳关内外五行八作重修鲁班殿碑记》,《北京图书馆藏中国历代石刻拓本汇编》第71册,第17页。
② 乾隆三十三年《鲁班圣会碑记》,《北京图书馆藏中国历代石刻拓本汇编》第72册,第185页。
③ 嘉庆十八年《新建仙师公输祠碑记》,《北京图书馆藏中国历代石刻拓本汇编》第78册,第113页。
④ 《北京のギルド生活》,第115—116页。这种情况在近代发生了变化,"但到了近代,木匠们开始与外国式建筑工程签契约,或者实际地与外国工程师相竞争,因此他们希望出现新型的指导者……并且年轻人做领导者已成为需要"(第116页)。

量的众等弟子,便是参加祭祀活动的普通的行业组织成员,在题名中一般将他们称为"众善人等""等会""众弟子"等。这些见之于碑阴题名的人,当是在祭祀活动中缴纳了香火钱的,这也是祭祀费用的主要来源。在碑文中常常可以看到"各解其囊,共襄其工","五行八作,众善人等,各出资财,共□圣事"的记载。在清末民初关于北京的笔记中也有所反映,"各行工人恭庆祖师……一则可以说说公话,二则某同行藉此聚会一天。无论哪行,是日都要演戏酬神,并献云马钱银,以资庆祝,其一切费用,皆出自本行,或由大家集资,或由工码儿内坐扣,虽然所扣无几,集腋可以成裘"①。

从内容简略的碑文中,我们既不能看到这些仪式活动中的具体内容,也无法知道这些仪式的过程,只知道祭祀活动的规模还是相当大的,所谓"缥缈云烟,日积月累于案前;辉煌烛焰,计万贯千于几□"②,在不同的碑文中,多有强调"没有规矩,不成方圆"之意,比如"盖闻绳墨诚陈,不可欺以曲直;规矩诚设,不可□以方圆。是知规矩绳墨,固造物之所不能无也"③,暗示群体内部必须遵守行规,使鲁班成为行业内部控制的神化权威。《鲁班经》中也把当时建筑行业中规定的各种营造法式一概神化为鲁班祖师的遗留法式,不过这也说明这些行业组织需要借用鲁班的名义来约束行业成员,遵守各种行业规定。这在清末民初的一些调查报告和回忆材料中都有所反映,如上文多次提到的北平行会调查,就曾详细记载,组织的集会大体分为三种:1.委员会的非正式会议;2.需要变更工资率时举行的阴历三月份的预备会议;3.阴历五月五日举行的定

---

① 逆旅过客著,张荣起校注:《都市丛谈》,"恭庆祖师"条,北京:北京古籍出版社,1995年,第190页。
② 乾隆三十三年《鲁班圣会碑记》,《北京图书馆藏中国历代石刻拓本汇编》第72册,第185页。
③ 嘉庆十七年《鲁祖老会碑记》,《北京图书馆藏中国历代石刻拓本汇编》第78册,第106页。

期总体会议即宗教集会,"在精忠庙举行的总体会议当中,以宗教仪式为中心……当年委员会的议员提前一天聚集起来做好准备。会员到达之后,签名并付会员费,签名完毕,他们就到组织的祖先鲁班面前行礼。之后就演本职工演的戏剧。戏剧的前后和幕间讨论事务,朗读组织的规定,发表对违反者的处罚,读缺席者的名字"①。在西方人笔下的"委员会""议员",应该相当于中国行业组织中的会首、铺掌等头面人物。如刘宗祐的回忆,"祭师(鲁班先师)的日期不定。这一天,本街的工人与铺掌,在祭拜聚餐饮酒之外,要讨论这一年的公事。……办会的前夕,备一便席,值年会头与铺掌聚集一起,也可邀请本行的头面人物列席,商讨一年来的公事和来年的新规定。会商前,先将祖师爷牌位安坛,设驾上香后,开始入座,边吃边谈。最主要的是商讨来年的工资问题。因为是一秉大公,为公众办事,所以设坛上香,以昭郑重"②。可见,这些祭祀活动往往涉及行业组织内部的诸多重要问题,在处理这些问题时,反映出了组织内部权力的分层,并产生和促进这种分层。学徒期满,是在这一天出师,获取经营许可的,这是清代手工业行业组织的惯例,"按北京手工业的惯例,徒弟训练不结束之前不能成为组织中的一员,新会员每年集会时受允许才可加入组织,他们加入时会受邀请,但这种邀请显然带有强制性质。之所以这样说是因为如果不参加组织,他们的营业就不许可"③。而会首等领导人物也在这一天产生,"办会之日,新选定的本年会头及值年铺掌,在这一天接事"④。这些民国时期的材料多少可以弥补一些我们对清代类似问题的知识空白。

---

① 《北京のギルド生活》,第117—118页。
② 吴宗祐:《北京的棚行》,北京市政协文史资料研究委员会编:《文史资料选编》第19辑,第265—266页。
③ 《北京のギルド生活》,第113页。
④ 吴宗祐:《北京的棚行》,《文史资料选编》第19辑,第266页。

四、分化的挑战

正如有的学者指出的,"社会交往的过程,既是人类社会走向规范与有序,又是走向分化与冲突的过程"①。祭祀组织本身有促进和保障行业内部整合的功能,但行业组织的组织目标毕竟比前者更具现实性,因此有可能造成原来的祭祀组织的分化;同时行业组织又分别创造和利用新的祭祀组织,用来强化和凝聚分化后的行业组织。

我们仍以东岳庙的鲁班殿碑为例来看这种行业间分化的演变。康熙五十八年《修建公输仙师殿碑记》,题名为"京都顺天府大宛二县各处地方弟子众等"共约456人②。乾隆十七年立《鲁班会碑》,"众士人等年例诚起",题名亦是众等弟子的名字排列。乾隆十八年《鲁班殿碑》,"京都大宛二县朝阳关内外五行八作众善人等,各出资财,共襄圣事",这块碑的题名中出现了"□店木厂张邓于三人",即厂商,但还只是附于"随会众□人等"之中的。乾隆三十三年立《鲁班会碑》,碑文中出现了"东直门内南北小街木匠、石匠、瓦匠众善人",这表明在祭祀活动中行业间的界限已日渐明晰,这并不是指行业分工的明晰,因为这种分工早在清以前就已确立,而是指在这种共同的祭祀活动中,不同行业组织各自的业缘观念和社团意识已经增强。

到乾隆四十八年碑中,除了一般会众和会末外,出现了分离的木作个人、木厂、石作个人、棚行个人、灰厂及个人的题名,行业组

---

① 可参阅赵毅、刘晓东:《传统向现代化的萌动》,《16—17世纪中国社会结构问题笔谈》,《东北师大学报》(哲学社会科学版)1999年第1期。
② 以下所引分别见《北京图书馆藏中国历代石刻拓本汇编》第67册,第100页;第70册,第183页;第71册,第17页;第72册,185页;第74册,149页;第75册,第118页;第75册,第151页;第78册,第106页;第81册,第73页;第88册,第141页。

织的色彩、厂商的角色开始凸显出来。乾隆五十四年碑为朝阳关内南小街以内"众棚铺"搭彩后的行为,次年则是"朝阳门外棚行众善人等公献"。直到嘉庆十七年,才出现了"城里关外木石瓦作全立"的《鲁祖老会碑》,其中包括了木厂、山厂、灰铺、麻刀铺等单位和个人。此后,棚行扎彩与瓦木三作的祭祀组织基本上分道扬镳,道光元年的《鲁班圣会碑》、道光二十六年的《鲁班碑》均为棚行所立;道光二十三年《鲁班殿碑》则为"崇文门内东单牌楼瓦作"所立;光绪二十八年,立《鲁班碑》的题名,在"大清光绪岁次壬寅孟冬月吉日敬立"的左边,题有"头目、柜上众等"之名,右边则题有"广恩、德兴木厂商人"之名。前者为木作或石作的手工行业团体,而后者则明显是木厂商人的商业性机构。碑文中也出现"祖师传授万载之规模,护佑百工之灵应,历代工商同深钦感",可为之印证。此外民国十六年《鲁班会碑》题"陈设、彩作两行联合行内□公立",也属棚行。前引民初东岳庙的道士傅长青的回忆材料解释说,东岳庙西南小院里,"鲁班殿有南北两个,南边一个原来是由棚行经管,后来因为行业之间发生争执,营造业来庙进香时受到歧视,于是朝内森茂木厂及几家营造厂又在北头修盖了一座鲁班殿"①。可见这些由于拥有共同的鲁班信仰而走到一起的不同行业组织,由于行业间的独立发展和可能的利益冲突,导致了原有祭祀组织的分化。

　　但是在从清进入民国初年的一段时间内,这种分化显然并没有导致祭祀组织的功能完全消失及组织彻底解体。据步济时的调查,在行业总会议即宗教集会那一天,"当日委员们有酒席,但普通的会员就不允许参加此部分"②。地位的不同使得公议事务也成了一种形式,"每年一到三四月间,各手艺行都要恭庆祖师,在承平时还要唱一天戏,由本行公摊会议,藉此以答神庥,此外还可以说说

---

① 傅长青:《回忆东岳庙》,《文史资料选编》第22辑,第208页。
② 《北京のギルド生活》,第118页。

行规,宗旨不外乎维持同业。说公话时将戏扎住,由首事人相继登台演说,台下人都得尽服从义务,轻易不见反对者。即有一二反对,结果亦不能将所议推翻。此事由来已久,非自民国开始,名为'说公话'",在说公话这种行业公共事务中,起主要作用的实际只是"首事人",并且首事人还从中操纵着一过程的运作,"不知此等公话,内中黑幕很多,在事实上无非就是盖面儿,明知某人反对甚力,预先必得捏好了窝窝儿,惟恐某人一经反对,必有大大的不利。暗中先把(他)安置妥协,他人即无法再事阻挠,无论如何反对,当亦无效;因见有势力者全都软化,其余焉敢不服从?"①这样的场合基本上还是过去的仪式过程的延续。

  他们同样看到了行业组织成员对组织的依赖感,"在中国,不存在强制性问题。未入行会的手工业者,就像一个暴露在凛冽的寒风中没有斗篷的人"②。他们指出,中国的传统手工业行业组织为面对面的组织。老板、工人和学徒之间的关系带有密切的私人关系的性质。在这样的组织中,上层人物与普通会员、师傅与学徒之间即使产生矛盾,即使使用相当激烈的方式来予以解决,但事情一旦过去,他们仍然可以和谐地相处于同一个组织中,共同祭祀鲁班,共同应付行业组织中的各种问题。"对当时的一个手工业者来说,拒绝加入行会是不可想象的。"③步济时在对北京的木工行会进行调查时,他就组织权威的真正源泉进行了提问,得到的答案是"对祖先的由衷地信赖,对传统习惯的不懈的执着,会员之间的一体感,依据多数法则解决问题的习惯等"。他还指出,这些附于组织的权威,也成为产生会员忠诚心理的诸要素。在被调查的工头完成的一份类似于现代的调查问卷中,被调查者选择了这样几项:

---

 ① 逆旅过客:《都市丛谈》,"说公话"条,第191页。
 ② H. B. Morse, *The Guilds of China*,转引自彭泽益主编:《中国工商行会史料集》,北京:中华书局,1995年,第59—60页。
 ③ S. D. Gamble, *Peking, A Social Survey*, New York, 1921, p. 169.

(1)恐怖;(2)传统;(3)对优秀人员的尊敬;(4)会员间的相互利益。并且被调查者还专门在问卷后附加了"对祖先的由衷的信赖"这条①。可以说,这些行业组织传统的共同鲁班信仰以及由此产生或说与此紧密相关的对组织的心理依赖感,正是行业组织整合克服分化、维系团结的重要原因。正如有的学者在研究近代中国手工业行会的演变时,一再强调近代行会虽发生了一些变化,但仍可以让人强烈地感受到"行会的阴影、行规的魔力以及对人们心理和行为的制约和规范"②。从1940年代初日本学者对北京建筑从业者进行的访问调查来看,这种情况依然有所延续。被采访者都表示,"可以入会也可以不入会,但只有入会才有祭祀鲁班的权利","不入会者也可工作,但入会的一方较为有利"③。

作为碑刻资料的印证,民国年间东岳庙依然刻有两块"鲁班会碑"。民国三年房山琉璃河福兴村修鲁班庙时,"迨至缘簿一开,其应如响"④;皮箱行民国二十年重修祭祀鲁班的东极宫时,"将行规数条阖行人等公议修改,开列于后",而这所谓十一条行规都带有浓厚的祭祀组织色彩⑤。

---

① 《北京のギルド生活》,第121—122页。
② 王翔:《近代中国手工业行会的演变》,《历史研究》1998年第4期,第67页。
③ 仁井田陞:《质疑应答记录》,《北京工商ギルド资料集》(四),第650—657页,转引自王翔:《近代中国手工业行会的演变》,第69页。
④ 民国三年《鲁班庙碑》,《北京图书馆藏中国历代石刻拓本汇编》第91册,第57页。
⑤ 民国二十年《东极宫碑》,《北京图书馆藏中国历代石刻拓本汇编》第96册,第123—124页。其行规如下:"第一条,老前辈议妥,入行写名字,每名纳香资洋三元;第二条,柜上徒弟入行时,其师傅领之写名;第三条,行中人其子孙在行做事不纳香资;第四条,其子不在行做事,至祭神时准其来行赴会,可不算中人;第五条,本行人无后□过嗣子孙,应得纳香资洋一元五角;第六条,徒弟出□时无师傅引荐者,不许擅用;第七条,祖父是行中人,□父不做行中事,其孙入行,亦应当纳香资洋一元五角;第八条,行中人寒苦无□,子有病,准其庙中将养;第九条,一寒苦人病危病故,□汤熬药,亦及埋葬之费,均归行中□任;第十条,柜上徒弟入行不过三年,不准入行;第十一条,无论何家徒弟有规外之事非,均归有本□执事担□。以上十一条均是老前辈公同议论,后辈应当世世相守。如有不遵者,准阖行是□。"

尽管西方人按照他们自己的理解仍将这样一种行业性的、有可能表现为祭祀组织的群体称为行会，但根据他们的报告，人们不难看出，行业组织成员对组织或者权威或者某种象征拥有强烈的心理依赖感，这既出于利益的考虑，也出于传统的惯性的影响。而在这传统的惯性作用中，共同的鲁班信仰成为非常突出的因素。这种心理依赖感极大地帮助了行业组织的内部整合，使这个组织在很大程度上包容了分化。关于这种包容能持续多久，甘博在实地调查后预测，"雇主和雇工包含在同一个行会里的情况还能维持多久，很难说。但有理由相信，中国的职工工会和雇主的同业公会将分别发展起来。因为随着工业的发展，雇主和雇工的利益将日益分歧，目前两者之间的密切关系将渐趋消失"①。

五、余 论

布罗代尔认为，行会在 12 世纪到 15 世纪在整个欧洲发展，此后其鼎盛时代虽然过去，但残余影响依然巨大。它们在鼎盛时期承担交换、劳动和生产等方面的一大部分职责，协调本行业成员间的关系，保护本行业成员的利益。但行会本身也在发生分裂，不平衡和差异在加剧，包买商制度的出现导致了行会的终结，"大行会逐渐被大商人所掌握，行会制度于是仅仅成了控制劳动市场的一个手段"。商人给行会带来了机会，形成所谓"行会商业系统"，但最终是瓦解着行会制度。按他的看法，"资本主义又一次进入别人

---

① S. D. Gamble, *Peking, A Social Survey*, New York, 1921, p. 171. 彭泽益在《民国时期北京的手工业和工商同业公会》（载于《中国经济史研究》1990 年第 1 期）中也认为甘博的这一观察总的来说是具有洞察力的，"它（指这一观察——笔者注）预见到行会—公会已面临蜕变和行将崩溃，工会及职工运动迅速兴起势必取代旧有的行会组织"。而"事实的实际情况，证明不能不是如此"。

的家里",并且是鸠占鹊巢①。

在清代的土木建筑行业中,我们似乎可以看到类似的过程。当时北京的营造厂以广丰、兴隆、泰和等"八大柜"最为驰名②。如前述,早在乾隆年间的碑刻中,就已见到厂商列名。但在这里,由于厂商加入鲁班会这样的祭祀组织,与行业成员似乎成为"一家人"。嘉庆十四年,诏封承德郎王国栋措资倡修公输祠,在他倡议之下,便有十几个木厂捐资,其捐资额多至350两,少至5两③。到光绪六年,花翎候选同知加知府衔董廷广等因见祠貌荒落,"有重修之志,但虑功程艰钜,需用浩繁,谋诸众厂,□□同心共乐捐输"④。显然,厂商由于资金力量的雄厚,也逐渐成为祭祀组织中的重要力量。可能的情况是,厂商最初以加入鲁班祭祀组织的方式,与五行八作的行业群体结成一体,双方可以借助鲁班这个共同的象征资源来弥合利益上的根本冲突,但是商人力量的壮大是不可避免的,他们最终会成为行业群体的主人。清末人记载说:"清时土木工多……一工程出,而主者之家、木厂商人麇集。其弊也,数成到工,即为核实。内城宅第,其曾管工程者多为木厂报效也,木厂商之富实为都人所艳羡。有探子雷者,年最久,盖始于清初,长子孙者数百年。又有山子张者,以堆山石著名,皆属于木厂厂商之包工也。先用最低价以取得之,然后以续估取盈,续估过于原估往

---

① 〔法〕费尔南·布罗代尔:《十五至十八世纪的物质文明、经济和资本主义》第2卷,顾良译,施康强校,北京:生活·读书·新知三联书店,1993年,第329—336页。
② 参阅贺海:《燕京琐谈》,"旧时建筑行业的'八大柜'",北京:人民日报出版社,1983年,第101—102页。
③ 嘉庆十八年《新建仙师公输祠碑记》,《北京图书馆藏中国历代石刻拓本汇编》第78册,第113页。
④ 光绪六年《公输祠碑》,《北京图书馆藏中国历代石刻拓本汇编》第85册,第18页。

往数倍,谚谓'十包九不尽'云。"①

这样,如果行业组织必须通过厂商与市场发生联系,原来同一大家庭中的成员变成雇主与雇工间的关系,二者间的冲突就必然日趋激烈。据《申报》载,光绪十七年,颐和园工程,"所派厂商二十余家,工匠万余人","若辈桀骜不驯,前修三海时,滋事不止一次","颐和园工程处木匠,近闻皇太后驻跸在即,辄于月初众挟制,意图增长工价,相持十数日,竟无一人作工"。经过协调,厂商不答应木匠的要求,"至四月十七日,木匠多人有问厂商寻衅,一言不合,竟敢放炮号召他厂木匠,纷纷聚集,大肆猖獗,弹压工程官见之,深恐酿成衅端,飞调外火器营、健锐营、圆明园三项马队持械前来,以便拿办。木匠约集千余人,亦各手持巨斧,三队官兵急将木厂围在中间,严阵以待。旋经工程处及地方官再三开导,木匠慑于兵威,始各帖服,散归木厂,照常作工"②。

光绪三十年时,又发生了一次"匠役齐行"的事件,据《大公报》记载,"日前午后有瓦木匠役五百余人,在北城外黄寺庙前纷纷聚议。询系因禁城内南海及颐和园等处修造宫殿,各匠役因工饭钱不敷用度,意欲向各木厂增加,而木厂不允,故众匠役齐行会议耳"③。在行业组织每年的例会中,工匠与行业的头面人物也常常为了工资问题互相争吵,发生冲突,以至动武,甚至需要警察出动才能调解④。

到这个时候,利益冲突极为剧烈的厂商是否还可以与工匠同

---

① (清)夏仁虎:《旧京琐记》卷九《市肆》,北京:北京古籍出版社,1986年,第100页。
② 《申报》(影印本)第38册,光绪十七年(1891)五月初二日,"帝京景色",上海:上海书店,1984年,第883页上栏。
③ 《大公报》(天津版)第3分册,光绪三十年(1904)五月二十四日,"匠役齐行",北京:人民出版社,1982年影印本,第431页上栏,叶4a。
④ 《北京のギルド生活》,第117页。

处一个祭祀组织呢？我们不得而知。在前引光绪二十八年碑的题名中,右面是德兴、广恩两木厂商人,左面是柜上、头目和普通工匠,但到民国时的两块碑中,却只有笼统的会众题名。如果这表示厂商已经脱离了鲁班会,那么这一祭祀组织就成为单一的工匠群体的组织了;如果并非如此,那就说明这种祭祀组织具有超出一般行会的聚合力。对此,对文中提出的却还没有明确答案的问题,希望我们能在今后的研究中加以解答。

附 录

社会史:历史学与社会科学的对话

一、社会史是什么?

如果在这里,我并不十分强调社会史与社会学的亲缘关系,并不把社会史视为历史学与社会学的交叉学科[①],或者不像某些国外学者所认为的那样,把历史学看作是社会学向过去的投影[②],这也许是一件很不讨好的事,但是我仍然愿意固执己见,把社会史在观念和概念以至方法上受惠的学科从社会学扩展到整个社会科学。我希望社会史(social history)的修饰词"社会"是来自"社会科学"(social sciences),而不是或不仅是社会学(sociology)。

直到如今,史学界内部关于社会史的概念问题一直众说纷纭,这显然是制约着中国社会史研究发展的重要因素之一。相当一部分学者认为,社会史是历史学的一门分支学科,与政治史、经济史、思想史、军事史、法制史等等并列,具体来说就是社会生活史、生活方式史、社会行为史;也有一些学者认为社会史是一门综合史、通史和总体史;另外则有少数人指出,社会史是一种新的研究方法、

[①] 认为社会史是社会学与历史学交叉学科的看法,见龚书铎主编,曹文柱、朱汉国副主编:《中国社会通史·总序》,太原:山西教育出版社,1997年。

[②] 参见霍布斯鲍姆的批评。见其《从社会史到社会的历史》,中译文见蔡少卿主编:《再现过去:社会史的理论视野》,杭州:浙江人民出版社,1988年。

新的研究态度和新的研究视角①。我个人的看法是,社会史首先应是一种新的历史研究范式,是一种总体的综合的历史研究。

在中国,社会史研究还处在起步阶段。在这一阶段,对于研究者和大学历史系的各级学生来说,如果一开始就认定社会史是一门专史,而没有摸清社会史的来龙去脉,恐怕会给自己的视野设置极大的障碍。传统的学科分类显然是根据内容进行的,一切人类社会文化现象被分割为政治、经济、思想、军事、法律、外交、宗教、文学、艺术等等,于是逐渐出现了研究它们的学科;面对过去的历史学显然也被如此分割了,除了在特定时期被认为是历史研究主体部分的东西被保留下来以外,多数内容被划归各个学科,如文学史在文学、法律史在法学、宗教史在宗教学、思想史在哲学等等,甚至经济史也多在经济学。要不是政治学比起历史学纯属后生晚辈,而历史学长期以来就是政治家的御用学科因而历史也就是政治史,恐怕历史学家的饭碗里面早已是空空如也了。因此,在这样的历史学远远不符合时代需要的时候,社会史(也许还有文化史)应运而生了。如果把这样一个史学革命的产物重新装到传统史学分类的筐里,会使很多人认为,社会史与传统的政治史等等专史除了研究的内容不同以外,其他一切都将"涛声依旧"。

我们把社会史首先理解为一种新的历史研究范式,是从中外史学史的发展事实中得出的结论。几乎没有人否认中国在20世纪以前的史学,或西方在"新史学"出现之前的史学可以被称之为"政治史",这种政治史也是一种史学范式。这倒不是说在这种范式支配之下就没有对经济现象、思想和文化现象等等的历史研究,而是说"政治高于一切",不仅政治事件、政治人物等的比重被无限加大,而且对经济、思想及其他方面的研究都被赋予政治的功能和

---

① 关于各种不同看法,可参见常建华:《中国社会史研究十年》,《历史研究》1997年第1期。

政治性的解释。正如沃勒斯坦等人所说,"史学家一直都比较擅长研究过去的政治,而不太擅长于研究过去的社会生活和经济生活。史学研究往往侧重于事件,侧重于个体和机构的动机,而在分析处于历史长河(longue durée)中的那些不那么具有个性特征的过程和结构时就显得有点力不从心了。结构和过程似乎完全被忽略了。所有这一切都必须通过扩大史学研究的范围来加以改变,也就是说,必须加大经济与社会史的比重,并赋予它一种独立的品格,使之成为理解一般历史的钥匙"①。

正是这种独立品格的赋予,使社会史从一门专史或历史学的学科分支升格为取代政治史范式的新史学范式,"成为理解一般历史的钥匙",而不致沦落为研究社会生活及其他的"传统史学",也使得其他传统史学分支在社会史的影响下进行自我更新与改造。有倡导社会史是一门"专史"的学者以为,"新史学的开山祖在作为史观使用'社会史'这一概念时,同时就暗含着它是作为区别于政治史、军事史、外交史而存在的新的领域"②,这多少有些误会。因为就"领域"而言,社会史已经是"徐娘半老"了,不仅启蒙思想家(如伏尔泰)就已经倡导过包罗万象的社会文化史,至少还有屈维廉(G. M. Trevelyan)的《英国社会史》。这种传统社会史的"研究范围是生活方式、社会风俗等,其中没有政治和经济的地位,也没有阶级和斗争,看不到历史发展的巨变,这是一部日常生活的历史。此外,传统社会史引用的资料一般是文学传记性的材料和官方统计资料",因而遭到霍布斯鲍姆(E. Hobsbawm)的批判③。伊格尔斯(G. G. Iggers)也认为,这种对社会文化的关注"仍旧遵循民

---

① 〔美〕沃勒斯坦等:《开放社会科学——重建社会科学报告书》,刘锋译,北京:生活·读书·新知三联书店,1997年,第44—45页。
② 孟彦弘:《社会史研究刍议》,《史学理论研究》1998年第2期,第139—140页。
③ 姜芃:《霍布斯鲍姆与新社会史》,载《史学理论丛书》编辑部编:《八十年代的西方史学》,北京:中国社会科学出版社,1990年,第259页。

族政治发展的传统观念"①。因此,新史学倡导的社会史是与旧的政治史范式相对立的,是批判和改造传统史学(包括传统的社会史)而非被后者招安(如在传统史学分类中排一个座次)。如果不明白这一点,作为专史的"社会史"只可能还是传统的政治史。

作为范式出现的社会史的特征之一,在于它是一种整体的综合的研究。这种整体的和综合的特征并不标志它是一种宏观的通史,也不代表它只是研究对象的社会背景。它可以在非常具体而微观的研究中表现出来②。令人不解的是,赞成社会史是一门专史的学者同时也赞成"整体史观",好像不知道新史学提倡整体史学,正是因为传统史学通过主观的学科分类方法把历史肢解了,因此历史研究距离科学的历史认识越来越远。我当然理解"将其区分为若干专史是为了研究、认识历史的便利"③,但正如文化史那样,让社会史画地为牢殊为不易。因为从广义来说,社会与文化同政治、经济、军事、宗教、哲学、文学、艺术等范畴不在一个层次上。有的学者把作为专史的社会史的研究对象和范围设定为群体结构、社会生活、社会心态、社会运行和区域社会④,但社会心态难道不是思想史、宗教史等等可以研究的吗?社会生活不是可以由民俗史研究的吗?区域社会就更不用说,研究区域经济、区域文化,甚至人文地理的人都可以加入进来,凭什么说这是社会史的禁脔呢?

---

① 〔美〕格奥尔格·伊格斯:《欧洲史学新方向》,赵世铃、赵世瑜译,北京:华夏出版社,1989年,第33页。
② 关于这方面的论证,可参见本书中的《再论社会史的概念问题》一文。
③ 孟彦弘:《社会史研究刍议》,第139—140页。
④ 见孟彦弘《社会史研究刍议》。其实,该文的分类还有许多问题,比如在"群体结构"中,有"家族",还有"社会组织"。家族不就是社会组织之一种吗?另外,"自然灾变"怎么会归入"社会运行"中了?由于对社会史理解的偏差,人们很容易陷入自相矛盾之中。在该文谈及社会史与其他专史的关系时,认为"这主要表现在其研究对象或约略相同,而研究视角、方法以及想说明的问题却各异",这不等于认同了我们的观点,认为社会史是视角、方法等等不同于传统史学的新史学范式了吗?

何况在群体结构中,宦官究竟是政治群体还是社会群体,到底该归政治史还是归社会史研究呢?

其他学科的学者又是怎样看待社会史的呢?以重视历时性研究的人类学家王铭铭的著作为例,他并没有对社会史作出什么定义,而是轻松自然地在行文中使用这个在史学界颇多争议的语汇。在探讨弗里德曼(M. Freedman)的宗教研究时,他似乎是把认定宗族是巩固"封建"统治的研究归为"政治史"的研究,而分析特定时空中的宗族的社会组织形式等结构特征的研究则被视为"社会史"的研究①。在论及民间宗教研究时,他则说民间宗教"代表一个丰富的文化史,而且这个文化史的过程与以政治史为主线的历时进程有别"。由于人类学界的一些学者重视历史,同时"社会历史学界出现了一批对人类学的课题深感兴趣的学者",使对中国民间宗教的研究出现了新的气象②。这都在暗示,所谓社会史是专注于人类学研究课题,同时从人类学视角观察过去的历史研究。而且社会史与文化史在某种意义上是可以互换的(就像社会人类学与文化人类学一样,这有赖于它们的具体研究对象),这个意义似乎就是:它们是政治史的对立面。在人类学家看来,对他们的研究有意义的历史都是社会史,或者至少终将变为社会史。在人类学家的历史研究中,也许根本就用不着加上这个修饰语;在他们那里,历史就等于社会史。

我们不妨转述一个故事。在广东番禺的沙湾,曾经流传着一个"姑嫂坟"的传说。所谓"姑嫂坟",据说是当地何氏家族四世祖何人暮的夫人何妹妹的坟墓,其生活年代大约在南宋绍定前后,以后还一直受到族人的祭扫,并且仪式非常隆重。至于为什么会如

---

① 王铭铭:《社会人类学与中国研究》,北京:生活·读书·新知三联书店,1997年,第84—87页。

② 同上书,第170页。

此,故事的讲述者说是姑嫂感情融洽,姑不愿与嫂分离而不出嫁,后嫂病重,姑为其上楼取衣,失足摔下身亡;或说嫂亡后姑悲伤过度,亦病而身亡,后人把她们合葬一穴。针对这样一个传说,历史学家刘志伟首先认为,这样的传说并不足以说明这两位女性如此受重视的原因,其背后的社会情境是长期以来珠江三角洲的女性在社会生活中的角色颇不同于中原地区的女性,比如改嫁、女儿在家中的较高地位、自梳女与不落家的习俗,甚至某些家族尊崇女性祖先等等,表明该地区的民间社会起码不是以男性为中心的。然而,通过考证和比较该传说的三个大同小异的版本,发现随着时间的推移,地方传统遭到了官方话语的"入侵"。因为源于民间传说的、较简单地讲述二女情笃的版本,是较早出的版本,其主题无非是针对传统上比较普遍的姑嫂矛盾,但后来却被改造成为侍奉多病的丈夫、兄弟,或为少孤的子侄积劳成疾的两种版本,即围绕男性服务的新版本,出现在不同时期的地方志中。"一个普通的民间传说,成了士大夫推行道德教化的寓言。"同时,这一故事主题的变换,亦由于在"姑嫂坟"的左近后来增入而实际并不存在的三世祖可琛的墓,而得到加强[1]。

以我个人的看法,这样的研究是典型的社会史研究。这固然是因为它研究的主要对象是女性,因为它把民间故事研究上升到一种文化批评,并把一种心态(传说故事所表现的)落实到社会的情境中,但关键在于它与传统的政治史叙述背道而驰。研究女性未必不可以是政治史,如果研究循着族权—夫权的模式,离不开妇女受压迫和妇女解放的唯一思路,它就不可能是社会史。但社会

---

[1] 刘志伟:《女性形象的重塑:"姑嫂坟"及其传说》,苑利主编:《二十世纪中国民俗学经典》(故事传说卷),北京:社会科学文献出版社,2002年。完整版为 Women's Images Reconstructed: The Sisters-in-Law Tomb and Its Legend, in Helen Siu ed., *Merchants' Daughters: Women, Commerce, and Regional Culture in South China*, Hong Kong University Press, 2010。

史决不回避政治(无论承认与否,把社会史归入专史在潜意识里是在有意回避政治史),它所要做的是改造政治史,上面的故事恰恰反映了政治(国家力量)在地方社会中的推进。就此而言,下面的例子也许更能说明问题:

明末清初的社会动荡一直是史学家关注的问题。对李自成农民起义、清兵入关、南明政权等等的研究,一般都沿着传统政治史的轨道进行。但是日本学者岸本美绪却向我们揭示了对这些问题进行社会史探索的可能性。她独辟蹊径地向人们展示了崇祯十七年三月十八日李自成农民军攻破北京、次日崇祯皇帝自缢于煤山这一爆炸性新闻,是如何传播到江南社会的具体过程。由于此后江南地区的抗清活动曾异常激烈,而传统的政治史通常用"民族矛盾"或"阶级斗争"等标准来解释当时人们的各种行动,因此这项研究的目的是,通过了解真实的信息在传播系统遭到破坏和社会混乱的情形下被夸大、扭曲,甚至伪造的过程,更准确地把握信息接受者的主观世界,真正认识造成时人如此行为的具体动机。这样,研究的目标就直指明末清初动乱时期人民的意识和心理,不如此,就不能真正和全面地了解这一时期的社会变动①。

这样,传统的事件研究就被转化为对大众传播系统在社会变动中的作用、社会心理和社会反应的研究,反过来有助于对事件研究的可信程度的重新判断。传统的政治史就被改造成社会史。实际上,西方史学的最新变化似乎就是"政治史的复归",它是在福科和布尔迪厄的影响下出现的:哲学和社会学都对一个社会构成内部的权力运作大感兴趣,而文化人类学也从单纯地研究民间社会转而探讨国家与民间社会的关系。历史学也紧踵其后,但是正如乔治·杜比(G. Duby)所说,"重返政治史的我们已今非昔比"。

---

① 〔日〕岸本美绪:《崇祯十七年的江南社会与信息传播》,底艳译,赵世瑜校,《清史研究》1999年第2期。

他曾写了一部关于 1214 年布维纳战役的书,但他并"没有叙述战役的过程,而是利用了这一重大事件所引起的议论和反响","从围绕这次战役形成的大量人际关系的迹象着手,勾划出一种封建战争的社会学或人类学,再现出参加这次战斗的骑士的行为表现和心理状态"①。这种被社会史改造了的政治史或可称为"社会政治史"。

二、历史学与社会科学的互惠

从总结学术史的角度出发,沃勒斯坦(I. Wallerstein)等人作出了以下的总结:

> 在十九世纪后期,构成社会科学的学科系统有三条明确的分界线:首先,对现代/文明世界的研究(历史学再加上三门以探寻普遍规律为宗旨的社会科学)与对非现代世界的研究(人类学再加上东方学)之间存在着一条分界线;其次,在对现代世界的研究方面,过去(历史学)与现在(注重研究普遍规律的社会科学)之间存在着一条分界线;再次,在以探寻普遍规律为宗旨的社会科学内部,对市场的研究(经济学)、对国家的研究(政治学)与对市民社会的研究(社会学)之间也存在着鲜明的分界线。这些分界线中的每一条在 1945 年以后都开始面临挑战。②

以人类学而论,对文明世界进行研究的步伐早已开始(以费孝通的《江村经济》及马林诺夫斯基为该书所写序言为例),随后,历史学

---

① 〔法〕乔治·杜比:《法国历史研究的最新发展》,马胜利译,《史学理论研究》1994 年第 1 期,第 103 页。
② 〔美〕沃勒斯坦等:《开放社会科学——重建社会科学报告书》,第 39—40 页。

也被其大大地强调并被落实在具体的研究之中①。社会史当然也是这些分界线被打破的产物,而且在它身上,带有这些分界线被打破的鲜明印记。

作为新的史学范式的社会史的出现,一方面是由于史学界内部对传统政治史范式的日益不满,出现了要求变革的呼声;另一方面就是外部的社会科学的发展向史学提供了进行变革的方向和工具。就前者而言,以兰克学派为代表的传统史学倡导秉笔直书、通过严格地检验证据(史料)就能如实地再现历史的信念已经遭到质疑。由于再现历史的中介——史料——的先天缺陷,即它所带有的强烈主观性,使得依赖它建立起来的历史大厦的真实性并不绝对,这样,史学家个人对历史以及历史表象背后的意义进行解释,就得到了允许。当然,这些斗牛士登场时还需要武器,这就是解释工具。对此,他们暂时只能先向有关的社会科学学科借取。此外,20世纪世界的动荡和社会的复杂,迫使相当一些历史学家去思考这些变化和复杂性的历史根源,但以往注重政治史的史学家显然无法对付这种社会的复杂多样性,而历史学以前注重个别性的特征更使他们在面对长时段和共时性结构时茫然失措。因此,历史学与社会科学的联姻便有了可能。

后者的作用也可以由下面的例子得到说明:法国年鉴学派的先驱性阵地是亨利·贝尔(Henri Berr)办的《历史综合评论》,从这个名称就可以看出一种多学科的和理论概括的倾向。其中曾发表过社会经济学家弗朗索瓦·西米昂(F. Simiand)的一篇文章,就叫

---

① "爱德华·埃文斯-普利查德曾写道,'人类学就是历史学而不是什么别的',无论作者的这句话是要暗示什么,它都在更一般的意义上表示历史学的观念在人类学家心中——至少是在视人类学为人文主义努力的传统中——所占据的重要位置。"见郭然·艾吉莫(Goran Aijmer):《历史中的人类学与人类学中的历史》,社会史与文化人类学年度工作坊报告第3号,香港科技大学人文学部华南研究中心,1997年,第3页。

作《历史方法与社会科学:对拉孔布先生和瑟诺博斯先生近作的批判研究》。他和社会学家涂尔干(E. Durkheim)一起,展开了对主宰法国高等教育的政治事件史的进攻。尽管历史学家亨利·贝尔认为历史学与社会学不同,需要在经验观察的基础上进行理论概括,但是也主张只有当历史开始解释,而非满足于叙述之际,历史才成为一门科学①。

历史学从其他社会科学学科那里受惠是从研究主题或者研究对象开始的。年鉴学派第一代领袖吕西安·费弗尔(L. Febvre)就已发现,历史学家和地理学家已不再仅仅对"过去各国人民的政治、法律和宪法结构,或军事及外交事件感兴趣。他们关心人民的全部生活,他们的物质文化和精神文化,他们的科学、艺术、信仰、工业、贸易、社会划分和组合的全部发展"②。因此,在他于战后领导、而后由布罗代尔(F. Braudel)继任的法国高等实验研究院第六部中,不仅有历史学家,也包括了列维-斯特劳斯(C. Levi Strauss)、罗兰·巴尔特(R. Barthes)、皮埃尔·布尔迪厄(P. Bourdieu)等人类学家、语言学家、社会学家及经济学家和地理学家。因而有人总结说,年鉴学派"在主题和方法论方面扩大了历史学家对人类社会生活各个侧面感兴趣的范围,其中包括生物学的方面以及幻想和神话形成的领域,同时还探索到不仅是'史前的'而且是近期的、各种各类非书面的表达方式。他们把历史科学和最广义的'人文科学'结合起来,不仅就古典的社会科学或是行为科学而言,而且就结构人类学、精神分析学、最现代形式的艺术、文学和语言学而言,都是如此"③。

研究主题的变化直接导致社会科学的方法、概念被引入历史

---

① 〔美〕格奥尔格·伊格斯:《欧洲史学新方向》,第 55—56 页。
② 同上书,第 57 页。
③ 同上书,第 85 页。

学。从费弗尔到布罗代尔,他们对地理学的确是情有独钟,这不仅体现在他们的区域史研究上(比如前者关于弗朗士-孔泰和后者关于地中海世界的研究),而且反映在后者把地理的或生态的变化作为"长时段"的、结构性的历史放在史学家面前。对这两方面,我们都可以在勒华拉杜里(E. Le Roy Ladurie)著名的村落史著作《蒙塔尤》中看出。施坚雅(W. Skinner)利用德国地理学家克里斯塔勒的"中心地理论"(central place theory)所做的关于帝制晚期中国城镇市场体系的研究,实际上也是沿此一脉。此外,经济学和计量方法被引入对工资、物价等商业领域的研究;而英国和法国的学者在利用土地登记簿、赋税册、教区记录等资料的同时,引入了人口统计学方法,来研究乡村史和家庭史(古贝尔的《1600—1730年的博韦与博韦西地区》和勒华拉杜里的《朗格多克的农民》是其代表)。与此同时,德国的史学变化被称为"政治社会史",因为那里受马克思和韦伯的影响,利用政治经济学和社会学的概念研究工业化时期的政治权力和社会控制;而以希尔(C. Hill)、霍布斯鲍姆和汤普逊(E. P. Thompson)为代表的英国马克思主义史学家同样从社会学、社会人类学和社会心理学中汲取养料,因为他们的研究对象是社会冲突与意识形态冲突(人类学界比较熟悉的基斯·托马斯是希尔的学生,他的《宗教与巫术的衰落》一书实际也是属于探讨转型期意识形态冲突的传统的,同时他承认自己的研究"大大得益于现代社会人类学者对于非洲及其他地方的类似信仰的研究")。

新时期的有改革精神的中国学者还没有来得及与这一趋势接轨,从20世纪80年代开始,西方社会史研究又发生了新的变化。"目前,几乎所有的历史都是社会史,但现在其社会科学基础是放在诸如人类学和符号学这类探索集体意识、价值和意义,并将人视为历史局势中的积极因素的学科之上,而不是放在地理学、经济学或人口统计学这些对人类自由加上了外部限制的学科之上。""历史学家们并未离弃社会科学,而是离弃了这些学科机械的、数学性的模式。"①也许,社会史的前期模式距离中国的社会史学者过远,因为在中国历史上留下来可以构成序列的、相对可信的数据很少,受过严格社会科学学科训练的学者也不多,特别是它与中国传统的注意定性而非定量的研究路数也颇多不合②,倒是后期的模式较合中国学者的胃口,而最近西方较有影响的汉学家多属此一模式,他们在与中国学者的合作中得到接受,其研究特点也随之得以传播。试看,偏于前一模式的施坚雅、黄宗智(P. Huang)的观点往往引起极大争论(后者又略好一点)③,而像杜赞奇(P. Duara)、罗威廉(W. Rowe)、孔飞力(P. Kuhn)这一类就较容易得到认同④。

乔治·杜比曾在一次演说中指出,社会人类学、社会心理学等对历史学的影响导致了心态史甚至历史人类学。后者从前者那里受惠的表现,包括"应该参照'互惠'、'再分配'等这些当今已不起作用的概念。例如,为了弄懂封建社会的财产和服务是怎样流通的,我们就应该借助赠与和回赠的概念。我们还认识到,在过去的

---

① 〔美〕格奥尔格·伊格斯:《欧洲史学新方向》,第 206—207、203 页。

② 此外一些具体的原因也造成中国学者这方面研究的薄弱,因为这类收集数据和计算的工作要求较大规模的人力和财力的投入,要求没有后顾之忧的经年持久的研究过程,这些都是中国的历史学家所缺乏的。当然在这方面,丛翰香主编的《近代冀鲁豫乡村》(北京:中国社会科学出版社,1995 年)和陈春声的《市场机制与社会变迁——18 世纪广东米价分析》(广州:中山大学出版社,1992 年)是极少的优秀成果。

③ 施坚雅的著作中译本有《中国封建社会晚期城市研究——施坚雅模式》,王旭等译,长春:吉林教育出版社,1991 年;《中华帝国晚期的城市》,叶光庭等译,北京:中华书局,2000 年。黄宗智的著作中译本则有《华北的小农经济与社会变迁》与《长江三角洲的小农家庭与乡村发展:1350—1988》等。

④ 杜赞奇的著作中译本有《文化、权力与国家——1900—1942 年的华北农村》,王福明译,南京:江苏人民出版社,1994 年。罗威廉的著作中译本有《汉口:一个中国城市的商业和社会,1796—1889》,江溶、鲁西奇译,北京:中国人民大学出版社,2005 年;《汉口:一个中国城市的冲突和社区,1796—1895》,鲁西奇、罗杜芳译,北京:中国人民大学出版社,2008 年。孔飞力的著作中译本有《叫魂:1768 年中国妖术大恐慌》,刘昶等译,上海:上海三联书店,1999 年。

经济机制中,无偿奉献、赌博、挥霍和节庆占有相当的位置;……最后,在人种学为我们开辟的新领域中,首先应举出的有家族、家庭和亲属关系。……我们由此想到:这些在 19 世纪前的欧洲和在莱维—斯特劳斯看到的波罗罗人中是否具有同样的重要性?我们从深入研究婚姻(核心结构)史和查考有关资料中获益匪浅。我们从资料中发现了对世系的记忆和过去的人对其祖先的意识,以及这些记忆和意识是如何保持的,同时还了解到儿童和妇女在历史上的社会地位"①。对此,中国的一部分历史学家也明显感到并且承认这种受惠,如郑振满在他关于明清福建家族组织的研究中,充分利用了社会学和人类学的概念和研究路径,以至于王铭铭评价他:"采用了两个互补的参照系:即历史过程与结构功能的关系和政治制度与基层社会的关系,巧妙地结合了历史学与社会学、社会人类学的不同着力点。"②而历史学家陈春声则充满诗意地赞美他们在研究华南社会史时所做的田野工作:"置身于乡村基层独特的历史文化氛围之中,踏勘史迹,采访耆老,尽量摆脱文化优越感和异文化感,努力从乡民的情感和立场出发去理解所见所闻的种种事件和现象,常常会有一种只可意会的文化体验,而这种体验又往往能带来新的学术思想的灵感。"③

社会科学诸学科从历史学或社会史中受惠也许要晚一些。这固然是因为历史学太古老,老得像个古董,没有吸引新兴的或不断发展的社会科学注目的地方,但实质上是因为以往历史学注重独特性而轻视概括,而经济学、政治学和社会学都把自己与现实密切

---

① 〔法〕乔治·杜比:《法国历史研究的最新发展》,第 102 页。
② 郑振满:《明清福建家族组织与社会变迁》,长沙:湖南教育出版社,1992 年。王铭铭:《帝国政体与基层社会的转型——读〈明清福建家族组织与社会变迁〉》,《史学理论研究》1995 年第 1 期,第 130 页。
③ 陈春声:《中国社会史研究必须重视田野调查》,《历史研究》1993 年第 2 期,第 12 页。

结合起来,侧重研究普遍规律,正所谓道不同而不相为谋。但随着20世纪前期历史学对其他社会科学伸出求援之手,后者也开始对史学领域情有所钟。而这其中又分为两种目的:一是"将相对比较特殊、狭隘的社会科学理论、模式和程序,用于分析有关过去的材料",并不以发现关于过去的新东西为目标,而是利用历史资料来证实它们已有的理论模式和假设;二是去"描述和解释大规模的社会变迁",其"主旨并不是要检验、修正和制定普遍规律,而是要利用一般规则去解释各种不断变化的复杂现象,或从这些一般模式出发对它们加以说明"。对这第二种历史主义的趋向,开放的历史学表示认同,而且二者出现了日益趋同的迹象①。

如前述,至少在中国或中国研究领域,这种趋同首先表现在共同具有人文学特征的民俗学和人类学身上。这正如王铭铭在谈到中国民间宗教研究时所看到的:"80年代以来,人类学界的威勒、桑格瑞、王斯福表现出对历史的空前重视。更重要的是,社会历史学界出现了一批对人类学课题深感兴趣的学者。这两股潮流的涌现,使中国民间宗教的研究出现了新综合的景象。"②究其原因,当然是这些学科的研究对象曾有很大的一致性,因为人类学对原始的(至少是在西方工业化文明以外的)文化始终不能忘怀,而民俗学的研究对象则是生活文化的传承过程(tradition),它们最初都注重个别性和差异性的认识,对建立普遍法则不屑一顾。

也许艾吉莫的看法最能表现人类学家从历史学受惠的认识。他曾说,"因为人类学家只是典型地在一个特定的地方待上一两年或更少的时间,所以他们有些沮丧地认识到这样的事实:他们所研究的社会在被人类学家发现和研究之前很久就已存在了",因此他们会去探索过去以找到更进一步的证据,而这些资料与他对当前

---

① 〔美〕沃勒斯坦等:《开放社会科学——重建社会科学报告书》,第46—49页。
② 王铭铭:《社会人类学与中国研究》,第170页。

的研究有密切关系。艾吉莫认为,社会人类学家是从三个维度(dimensions)对人类社会进行探索的。这里最主要的是宇宙观的(cosmological)维度。因为世界实际上是想象的世界,而且在其是共享的而非来自个人独特体验的意义上,它是集体的象征,这种象征与语言的思想(linguistic thought)相悖,因此不能被采访者用语言说明或回溯。所以,"这种宇宙秩序是某种人类学家凭借直接的采访所无法理解的东西",象征必须被加以解构,或者必须通过历史的考察加以解构。在这种情况下,"如果人类学家通过一种宇宙秩序的观照去选择研究过去的某一社会,他就会感到信心百倍。在此,他就不会依赖于什么人在某一次说了什么或想了什么,而毋宁依赖于他们按照仪式化的典礼和长期存在的惯俗——如岁时节庆和建筑的特征——所做的什么"。

艾吉莫这里要说的实际上是人类学家和历史学家的互惠。他认为在某种宇宙秩序内探索社会想象,会向人类学家提供常常是出乎意料的观察一个社会之象征基础的视点。而人类学家无疑会在这一特定领域中打开一条新路,这条路是历史学家很少走过的,并因此会导致对真正的历史学家的工作互补和支持性的结果。他确认,"一旦想法一致的历史学家和人类学家决定携起手来,就能创造出一种新型的文化史,把探索宇宙观与实际地关注政治、决策、个人野心以及所有这些对社会生活的共同影响结合起来"①。

社会史,或者如上述,一种新型的文化史,是历史学和社会科学互惠的产物。社会史的发展前景,或包括历史学在内的一切社会科学学科的发展前景,都将取决于这种互惠:

> 现在需要做的一件事情不是去改变学科的边界,而是将现有的学科界限置于不顾,去扩大学术活动的组织。对历史

---

① 郭然·艾吉莫:《历史中的人类学与人类学中的历史》,第2—3、7、9、10页。

的关注并不是那群被称为历史学家的人的专利,而是所有社会科学家的义务。对社会学方法的运用也不是那群被称为社会学家的人的专利,而是所有社会科学家的义务。……我们也没有绝对的把握说,专业历史学家对历史解释、社会学家对社会问题、经济学家对经济波动就一定比其他社会科学家知道得多。总之,我们不相信有什么智慧能够被垄断,也不相信有什么知识领域是专门保留给拥有特定学位的研究者的。①

三、社会史与社会科学:相互的批评

耶鲁大学人类学系萧凤霞教授(H. F. Siu)曾以亲身经历说明了学科间的互惠与隔阂②。

大约自20世纪80年代中期开始,她与一些历史学家共同参与了一项华南研究计划③。当他们在珠江三角洲做田野工作的时候,每当她专注于向老农请教地方仪式和习俗时,历史学家刘志伟就总是催她走。"他的理由很明显:我们已经发现了关于这个特定的历史事件的碑文,那上面已经写得清清楚楚了!"而她则坚持认为,老农对碑文的解释与碑文本身同样有意思。而当他们在当地档案馆中挖掘材料的时候,也会出现一些有趣的事情。一次在她查阅《香山县志·节妇传》时,发现地方士绅对妇女赶快跑回将死的丈夫床边颇为感动,他们常用最儒家化的词句赞扬这些德行。但是,在这些妇女冲回家之前,她们会在哪儿呢?如果在婚后他们不待

---

① 〔美〕沃勒斯坦等:《开放社会科学——重建社会科学报告书》,第106页。
② 〔美〕萧凤霞:《人类学家可以用文献做什么?》,《华南研究资料中心通讯》1995年第1期,第3—4页。
③ 这些历史学家包括中山大学历史系陈春声教授、刘志伟教授,广东社会科学院历史所罗一星研究员以及牛津大学中国研究所科大卫博士(David Faure)等人。

在丈夫身边被当地的男女双方都认为是正常的话,那么关于文化认同(cultural identity)和族群关系(ethnic relationships)的演化,这段材料会告诉我们什么?难道还有另一层次的文化意义可以说明地方行为,但却被编织成精心阐释的儒家语言和文献?我们该如何决定留而未言的东西与碑文和书本上的东西是否同样重要?

萧凤霞认为,就基于民族志田野工作的对非知识社会和口头传统的研究而言,尽管人类学家可能觉得利用历史文献纯属多余,而对于研究前提就是仔细寻找片段文献证据的历史学家来说,把大量时间花在田野工作上似乎也同样奇怪,但有价值的是双方都感受到了对传统学科界限的不满,而且珍视自己超越这一界限的知识旨趣。比如说,从上述问题中,"我们可以明白,民族志的和历史的探索可以通过批评性地'解读'我们试图搜集和概念化的文本材料而得到丰富,我们强烈的敏感性使我们能意识到编织成为书面记录、标准化的仪式和村民忆旧的地方文化意义中的微小差别。对中国文化和历史的多中心的探索使得通常分析上的二元性——如中央政权与地方社会、大众文化与精英文化、知识传统与口头传统——出现了问题"。

尽管萧凤霞认为这样的合作表现了共同的思想关注,并且提出了以往对方很少考虑的问题,从而为多元的解释提供了前提,但更多地表现出历史学(甚至是社会史)与人类学之间的差异,或者人类学对历史学的批评。艾吉莫也说,人类学家总体来说对各种发现如何与因果关系相联系没什么兴趣,而是要寻找模型(patterns)。对历史学家来说,对过去的口头说明虽也重要,但是只有在它们可以证实在文字材料中发现的东西时才是如此。但对人类学家则不同,"历史叙述有时是当代政治话语的一部分,涉及与现在的关系,与叙述者的生活世界相关的各种不同的政治、经济和宗教要求,都被转换为历史的语言和修辞,它们得到了一种新的力量"。"一个社区的现实政治往往披着历史的伪装,好像今天的一切争端实际上都发生在或起因于遥远的过去。"①历史学不仅不注意分析工具和解释模式,而且只知从文献中重现历史。

对于当时中国大陆的历史学而言,萧凤霞的批评过于超前。因为她批评的对象恰好是大陆社会史(或新史学)较早的实践者,这些人还具有傅衣凌、梁方仲等人开创的社会经济史传统,注重区域性,注重文献与田野工作的结合。实际上,占历史编纂的主流观念的,或对于社会科学或真正社会史的实践而言需加警惕的主要是另外一些倾向。首先,眼光依然狭隘,态度仍不而言宽容。一些学者依然把过去发生的事情分为重要的和不重要的两类,而重要的基本上可以说是类似改朝换代之类的重大政治事件。尽管他们今天也许并不认为吃饭穿衣就一定比"两会"召开更微不足道,但放到历史上他们却会为争论某一名人的生地或死地投入极大精力。这基本上是反映了民主时代之前的传统政治史观。其次,完全不重视历史认识的更新。一些研究虽在钩稽史料、展开历史叙述方面花了极大的功夫、做出了值得称道的努力,但由于传统潜意识的支配,使观念停留在旧史家的轨道上,比如依然认为胥吏是万恶之源,流氓总是社会的赘瘤。再次,一些研究虽转向下层民众或社会生活,但其分析工具多是传统的,甚至缺乏多样性的解释模式。这反映了这些学者虽然力图挣脱政治史范式的窠臼,但因拒绝向社会科学充分开放而导致努力的失败。更有甚者,为了迎合市场,一些研究选题趋时媚俗,流于猎奇,败坏了社会史的名声。最后,一些社会史研究虽力图丰富自己的分析工具和解释模式,但却不求甚解地简单套用社会科学某学科的理论和方法,脱离了特定的历史情境和本土的历史解释传统,走到了另一个极端。

---

① 郭然·艾吉莫:《历史中的人类学与人类学中的历史》,第8—9、3—4页。

历史学与它的社会科学兄弟们一样看到了历史学的问题,于是才出现了社会史。但历史学的特征与它所研究的对象——历史——一样,本身就是一种传统,改造起来十分困难,而且有可能在改造过程中被扭曲成一种不学无术或浅尝辄止的东西。但也正因为历史学术的博大精深及其传统方法和思维模式的千锤百炼,社会科学对它的吸纳也不是件易事。社会学、人类学或经济学、政治学在涉及本土的时候,如果希望"介入"历史,首先就遇到文献的问题。从习惯于口述资料到研究文献,实在是一件很痛苦的事情。且不说一读文献就被头脑中预设的理论问题牵着鼻子走,与历史学家从文献的大量阅读中产生问题的程序截然相反,就是一些基本的问题也会使社会科学家轻易出错,比如句读的问题、考订的问题、校勘的问题、版本目录的问题等等。正是因为诸如此类的问题,历史学家极为重视第一手资料,而社会科学家在"介入"历史时习惯于转引,只要那些资料符合他们的预设。他们不可能也不愿意像历史学家那样去面对层出不穷、支离破碎,甚至有可能相互对立的史料,但在涉及"历史问题"的时候,至少有一点应该向史学家学习:由于个人不可能穷尽所有说明问题的材料,反而完全有可能在日后发现可以证伪的相反的材料,因此结论永远不要下得过于绝对。

比如说目前国内社会学与人类学界由于吉登斯(A. Giddens)的民族—国家理论(或再加上市民社会与公共领域理论)而特别重视研究中国的国家与社会之关系,并延伸至传统国家与乡土社会或民间社会的关系,以把握这种关系的社会变迁,这对社会史研究而言,无疑是一条新的思路。但我们如果熟悉中国和西方前现代的(pre-modern)的历史,就会知道二者在传统国家时代有着很大不同,西欧"封建社会"的国家与社会是相当疏离的(这里面还有神权或教会权力的问题,它比政权与民间社会的距离更近),只有到了现代早期(early modern)也即民族——国家形成时期,国家的绝对主义权威才大大加强;而中国的传统国家时代早就是空前集权化的,国家对基层社会的控制是不遗余力的,问题只是这种控制究竟在何种程度上成功或失败。我们不能在未对王朝史上的基层乡里组织(如明清时期的乡、里、都、保、图、社)或者基层政府的胥吏之功能详加研究之前,就得出结论说,政府的"行政权只下达至县一级,而且以下的公共领域大多是由非正式的地方性社会组织所经营"①,也不能用"天高皇帝远"的边陲社会来概括整个中国的情形。同时,与民族——国家相对的传统国家,在中国具有"文化——国家"的意义。国家可以通过文化思想控制(教化)来体现国家的权力,恰好,中国传统国家也设置了一套意识形态传输的网络(如乡饮酒礼、木铎、老人等),地方精英往往也是其中的工具。有趣的是,社会学家或人类学家往往强调士绅的地方性,而历史学家如杜赞奇却在承认"保护型经纪"的同时,不敢否认也有"国家经纪"存在。

在涉及中国的文化传统时,历史文献的价值会空前凸显。我对一位社会学家所做的关于"灯"与"丁"的隐喻关系的研究非常感兴趣②,他所依据的正是文献资料和田野调查的所得。但我最终关心的是灯对丁的隐喻如何实现的问题,因为作者认为那完全是因为二者的谐音,却又没有举出谐音转换的证据。我想,注意一下历史,也许会多一种解释取向。因为灯实际上是火和光明的延伸,而后者象征着生,与黑暗象征死一样,早已存在于先民的观念中。而灯具有广泛的文化象征意义,应该是在佛教和正月十五燃灯之俗

---

① 王铭铭:《权威的形象与生活史:闽台两村案例初探》,王铭铭、潘忠党主编:《象征与社会——中国民间文化的探讨》,天津:天津人民出版社,1997年,第359页。
② 周星:《灯与丁:谐音象征、仪式与隐喻》,《象征与社会——中国民间文化的探讨》,第1—26页。

东传之后,特别是与道教的"三元节"结合起来,把抽象的、潜在的"生"的象征民俗化。我们可以发现,灯的狂欢节基本都在著名的月圆之夜,而许多祈子民俗也发生在此时。于是,火—生的象征关系,融入了满月—生育的象征关系,有可能最终导致了从灯到丁的隐喻转换。

另一个例子是我在河北武安固义村观看"打黄鬼"等民俗活动时注意到的。在观看完上午的"打黄鬼"仪式后,下午到该村戏台看戏。正式开演前,舞台两侧各站五人,戴面具。然后探神(看似一小鬼模样)出舞,随后戴巨型面具之关公出场,坐供桌上。探神在桌前做参拜、上香等舞蹈动作,似先上香之类被拒,后又上银帛之类才被接受。又有社首登台焚表。此后关公下供桌,持大刀舞,最后斩一持双刀者(据说是颜良之子颜昭)于地。其间"掌竹"(类似引戏人)念白关公生平事迹。由于角色戴面具,所以称为"面戏",名"吊掠马"。此后,又接演不戴面具、角色只勾脸的三国戏《虎牢关》。对此,民间戏剧(傩戏)的研究者多注意其戏剧类型的不同,却未注意这是一种仪式化的迎神赛会程序。如果我们读一下明代山西地方文献《迎神赛社礼节传簿四十曲宫调》,就会明白,前者是在演戏前的祀神供盏活动,民众向所供之神祈告并征求同意,它本来应在神庙前进行,然后正式的酬神演出再移至庙对面的戏台上进行。但在条件不太具备的地方,两种东西便被合并到同一个表演空间,侧重娱神的、仪式性比较强的部分和侧重娱人的、演出的部分就很可能会被田野工作者误解为前后两个戏折。

显然,社会科学家在涉及历史领域时需要谨慎小心,正如社会史学者在使用社会科学的概念和模式时需要谨慎小心一样。前者需要具备更广泛的历史背景知识,需要很认真地对待文献证据,将其与田野资料相比照对应;后者则需要在面对文献时像前者那样提出问题,但分析问题时对工具(无论是概念还是方法)的使用却要有选择性,使其符合历史主义的基本原则。无论如何,以上的这些问题即便是错误,也是令人兴奋的、探索学科发展过程中的高级错误,与那些故步自封的低级错误不可同日而语。前者可以通过学科间的相互批评得到解决,而后者只会导致学科发展的终结。

再论社会史的概念问题

十余年来,关于社会史的概念,即什么是社会史的问题,引起了广泛讨论,观点纷呈,对推进中国的社会史研究具有重要意义。我不同意台湾学者杜正胜所谓"'什么是新社会史'这种问题,应该不再浪费笔墨阐述"的看法,因为不可能"作品一旦累积到相当程度,什么是新社会史自然迎刃而解"①。近年来中国学者的社会史论著不断出版,社会史学术会议屡屡召开,但研究的总体水平并未有很大的提高,可能其中就有理论滞后的因素。我针对目前流行的几种看法,略陈管见,以求正于专家学者②。

一、关于社会史概念的一些疑问

近年来关于社会史概念的讨论情况,可参见常建华的研究述评③。不同学者就社会史是历史学的专门史还是通史,社会史是历史学的一个分支还是一种新的视角,社会史与社会学的关系如何

---

① 杜正胜:《什么是新社会史》,《新史学》(台北)第 3 卷第 4 期,1992 年 4 月。
② 以下论述中涉及的各种主张的提出者,大多为我尊敬和熟识的学术界前辈和朋友,对他们的观点,我无论是赞同还是持有异议,都只是学术上的探讨。如有冒犯不恭之处,还请多多原谅。
③ 常建华:《中国社会史研究十年》,《历史研究》1997 年第 1 期。下引此文不再出注。

等问题展开了讨论。实际上,这三个问题是相互联系的,因为承认社会史是一门专史的人,势必要承认它是历史学的一个分支学科;而力图把社会史当作一门新的专史来研究的人,一般也不能避免全面借鉴社会学的理论和方法,仿佛没有社会学,社会史研究就不可能问世。而认为社会史是一门通史或总体史的人,实际上是针对以往的"政治史通史"有感而发的,同样是"通史",社会史"新"在哪里?当然就是新在视角,新在方法。

于是,在社会史的概念问题上就存在以下各派:一、社会史是历史学的一门分支学科,相当于政治史、经济史、思想史、军事史、法制史、外交史等等;具体言之,就是社会生活史、生活方式史①、社会行为史②。二、社会史是一门综合史、通史、总体史,换言之,真正的通史应该是社会史③。三、社会史是一种新的研究方法、新的研究态度和新的研究视角,简言之,社会史研究是史学研究的一种新范式(paradigm)。其中,常宗虎比较强调其方法的特点,而我更为强调其视角和范式的意义④。四、社会史是社会构成、社会运行和社会变迁史的综合,它既非"以所谓新史观指导的全部的史学内

---

① 冯尔康:《开展社会史研究》,《历史研究》1987 年第 1 期;乔志强:《中国社会史研究的对象和方法》,《光明日报》1986 年 8 月 13 日;王玉波:《为社会史正名》,《光明日报》1986 年 9 月 10 日;陆震:《关于社会史研究的学科对象诸问题》,《历史研究》1987 年第 1 期。并参见宋德金:《开拓研究领域促进史学繁荣——中国社会史研讨会述评》所引李晓东、汪征鲁的观点,《历史研究》1987 年第 1 期;周晓虹:《试论社会史研究的若干理论问题》,《历史研究》1997 年第 3 期。下引以上诸文不再出注。

② 彭卫、孟庆顺:《历史学的视野——当代史学方法概述》第 4 章,西安:陕西人民出版社,1987 年。

③ 陈旭麓:《略论中国近代社会史研究》,《华东师范大学学报》1989 年第 5 期;张静如:《以社会史为基础深化党史研究》,《历史研究》1991 年第 1 期。

④ 常宗虎:《社会史浅论》,《历史研究》1995 年第 1 期;赵世瑜:《中国社会史研究笔谈·社会史研究呼唤理论》,《历史研究》1993 年第 2 期,在该文中,我并未对此问题加以展开,但常建华前引文将我的观点概括到该类之中,因此不将原意阐述明白,就有可能引起一些误会。

容",是史学的一个分支学科,从而与第二、三两种观点划清了界限,又非"简单的下层社会史或社会生活史",与第一种观点也分道扬镳。同时,它是历史学与社会学的一个交叉学科①。

以上的观点并不是中国学者的独创,外国学者也同样有着各种各样的歧见。霍布斯鲍姆总结说,关于社会史有三种看法:一是关于穷人或下层阶级的历史,二是关于日常生活、风俗或生活方式的历史,三是社会经济史②。布雷维里同样指出了三种不同的认识,一是关于生活方式和闲暇的历史,二是关于特定社会的整体史,三是关于生活体验而非行为的历史。克拉克则提及关于社会史的另外三种观点,一是经济史,二是革命史或社会控制史,三是历史社会学③。

以上的说法当然不能说是错误的,社会生活、社会行为、社会结构、社会运行等等统统是社会史研究的重要内容。当我们具体投身于社会史研究时,尽可以关注这些内容。但是,对问题认识到这一步还是远远不够的。把社会史的研究对象加以限制,特别是限制在下层人民的日常生活方面,把社会史仅仅视为历史学的一个分支,既不符合社会史产生时的初衷,也不符合这些年来社会史研究的实际,更把社会史研究的发展前途局限住了。作为新史学革命代表的社会史,意义绝不止于此。

我们不是不可以定义一个狭义的社会史,但一方面这样的定义有可能千差万别,另一方面,当我们试图把社会史与狭义的政治

---

① 参见龚书铎主编,曹文柱、朱汉国副主编:《中国社会通史·总序》,太原:山西教育出版社,1997年;戴逸:《加强社会史学的研究》、张研:《中国社会特质与社会史学》,俱见《北京日报》1997年9月7日第4版。

② 〔英〕霍布斯鲍姆:《从社会史到社会的历史》,中译文见蔡少卿主编:《再现过去:社会史的理论视野》,杭州:浙江人民出版社,1988年,第2—3页。

③ 〔英〕J. 布雷维里等:《何谓社会史》,《再现过去:社会史的理论视野》,第145—152页。

史、经济史、思想文化史、法制史、史学史、民族史等等历史学分支并列时，往往会发现一系列困难。后面这些领域几乎都有相当明确的研究对象：政治史主要研究历史上的政治事件、政治制度、政治思想、政治人物，甚至可以包括外交史和军事史；经济史研究历史上的经济发展、经济制度、经济思想，以及部门经济和区域经济；思想文化史则多研究各不同门类（哲学、宗教、文学、艺术等）的学术思想、人物、作品；史学史研究历史学科学术的起源、发展和成就，史家、史著、史学思想和观念；民族史研究历史上不同民族的起源、发展过程和民族关系。那么社会史呢？研究"社会"？这个"社会"是什么东西？它如何定义？前引《中国社会通史·总序》说："社会是人类生活的共同体……是一个有机的系统，一个由许多要素部分组成的有机的整体。"这样，社会史实际上就成为一个整体的历史研究，而不同于研究历史上人类活动的某一个部分或者断面。其中，地理环境、人口、生产力等等作为社会存在的前提出现在"社会史"中，挖去了经济史的重要内容；社会结构中的等级和阶级历来是政治史研究的内容，民族有民族史照顾，"文化构造"则是文化史研究的对象。剩下来的、以前没有哪个学科分支宣布过主权的，大概只有社会生活史和社会问题史（严格说起来，社会问题也是社会生活的一部分）。于是，这样的社会史基本等同于通史，而与倡导者所说的历史学分支学科有较大的距离。

　　如果干脆不提社会史，就叫社会生活史，倒也省去不少麻烦；但如果把社会史定义为社会生活史，则会引起更严重的后果。已经有人讥笑社会史只研究一些无关大局、琐细不堪的东西，甚至有猎奇猎艳的倾向，比如研究宦官、妓女、小脚、无赖之类。这固然是保守者全然不解社会生活研究的意义之故，可以置之不理，但如果只把社会生活史理解为内容上的丰富，只是描述和记录其表面现象，而不在研究视角和方法的转换上下功夫，客观上还是极有可能造成上述局面。况且,同意社会史是史学分支的学者周晓虹也认为,"用'社会生活'或'历史上人们的社会生活'来作为社会学或社会史学的研究对象的缺陷在于,它缩小了这两门学科的研究范围,因为这动态的作为人类群体共同活动过程的社会生活似乎很难将人类群体及其结构本身包含进去"。蔡少卿也指出:"将社会史局限于研究社会生活,视野似乎褊狭。"①实际上,研究社会生活或风俗的成果并不一定就是社会史,因为司马迁的《史记》或者《荆楚岁时记》《东京梦华录》之类也多有社会生活或风俗方面的内容,但恐怕没有人说它们就是社会史研究,至多是为我们今天的社会史研究提供了资料或素材而已。

常建华出于善意的调和异说的目的,认为专史说和通史说在研究对象上"并无实质性分歧,专史说不过是强调在社会形态骨架外研究其'血肉',而通史说则要把专史的'血肉'填在通史的骨架中"。这与我理解的"通史说"大异其趣。姑不论其视"通史"为"社会形态"是否允当(我这里的"通史"绝不只是历时性的"纵通"历史,更不是有人害怕社会史成为的那种社会发展史,它还是人类历史各组成部分相互关联的"横通"的历史,是年鉴学派所谓"全史"或者"整体历史",此点留待后论),就是"血肉"一宗,也已抹杀了专史说所代表的"学科分支"说与通史说所暗示的"新视角新方法说"的区别。因为如果是同样的"血肉",那么作为专史的社会史岂不就不能局限于社会生活或社会行为或社会结构或社会运行等等了吗?为了证明专史说同样主张综合史,常建华举了冯尔康的《三论开展社会史研究》一文为例,文中说:"社会史渗透到政治史、经济史、文化史等领域,凡是这些专史中属于人们社会关系的内容,也就是社会史的内容。"尽管这些专史的研究者对自己的领地

---

① 蔡少卿:《中国社会史研究笔谈·扩大视野注重理论方法》,《历史研究》1993年第2期。

被社会史瓜分或者蚕食不见得心甘情愿,但我却十分欢迎这样的说法,因为这当然是说社会史与其他史学分支有着重叠的部分;不过这些重叠部分绝不只是一点点边缘,因为无论政治关系、经济关系,还是文化关系,都是一种社会关系,而绝不仅仅是一种个人关系;政治史等等也就都可以被纳入社会史,或者反过来说,一切传统的政治史、经济史、思想文化史研究内容,都可以从社会史的角度重新加以探讨。

关于"作为方法的社会史"是否能够成立,常建华的驳论还是很有力的,我对其论点的相当一部分是同意的。的确,作为方法的社会史同"广义的社会史"(即"通史"说?)并无实质的区别,而且它也的确成为历史学(或者历史编纂学)的一个流派,但是,它绝不是后者的一个分支。我们前面所说的"分支"指的是政治史、经济史、军事史、思想史等等专史或者分支学科,而"流派"则是指兰克学派、年鉴学派之类。我们这里所要论证的社会史,从来不是要跳到历史学之外,而恰是历史学的一个"流派"或者范式。同样,作为流派和范式意义上的社会史与"新史学"本来就分不开,而且也无须分开。如果对"新史学"和社会史的兴起比较了解的话,是否能得出它们是两回事的结论?是否能排除社会史来谈论"新史学",或者离开"新史学"来谈论社会史?"新史学"思想的实践必然导致社会史,也必然导致从社会史的角度去改造传统的政治史、经济史等等,所以,说"新研究方法同样适用于政治史、经济史等学科",是完全正确的,社会史学就是这样在改造传统的政治史学。我们终于欣喜地发现,以往一些属于政治史或经济史研究的课题,被重新加以"社会史的"研究(比如农民战争),这也正是我所理解的冯尔康先生所说的社会史对其他史学分支的"渗透"。

附带要说的是,史学的社会科学化与"新史学"及社会史还不能完全画等号,尽管它们之间有着密切的联系。史学的社会科学化显然是"新史学"的重要特征之一,但存在着把相关的社会科学理论和方法化为历史学自身理论和方法的需求。对于史学来说,存在着把上述理论和方法本学科化和本土化的任务,换言之,就是把这些理论和方法与历史研究实践恰当地结合起来。而从某种角度说,这就是社会史。我们后面还会谈到,某些社会科学理论、方法与历史学的结合并不必然导致社会史,而只可能导致历史社会学或"社会科学史学"(social science history)。因此,强调社会史的新视角、新方法,还是可以与"历史学的社会科学化"相区别的。

二、作为历史研究范式的社会史

所谓"范式"(paradigm),是借用托马斯·库恩(Thomas Kuhn)创造的一个著名概念,或者说类似于加斯东·巴歇拉尔(Gaston Bechelard)所谓的"知识模式"(episteme),即某一科学群体在一定时期内基本认同并在研究中加以遵循的学术基础和原则体系。它包括(相对而言)共同的科学理论和方法论、共同的对事物的看法和共同的世界观。按照库恩的理论,科学发展的基本途径是从前科学(尚未形成范式)发展到常规科学(形成范式),但因常规科学(或旧的范式)出现了危机即无法正常解释的问题,一些科学家便按照新的科学逻辑(在旧范式看来可能完全不合逻辑)创造出新的范式,即出现了"科学革命"。这个旧范式的"叛逆"逐渐占据了科学解释的主导地位,因而也就变成范式或者常规科学,等待着被新的范式所取代。库恩认为,科学的发展就是沿着这样的轨迹进行的。比如说,从牛顿以前的物理学到牛顿(经典)物理学,再到爱因斯坦相对论,就是不同范式的演替过程。

西方史学家也对欧洲史学的发展做出了归纳。比如斯托扬诺维奇总结说,从古希腊到马基雅维里时代的史学范式为资训型范式(exemplary paradigm),兰克史学为叙事型范式(narrative paradigm),

这以后则是结构—功能型范式（structuralist functionalist paradigm）①。这样的概括虽有些不统一（如前者从研究目的考虑，中者与后者则是从研究方式考虑），但毕竟正确地区分了古代中世纪史学、近代史学和现代史学的不同研究范式。无独有偶，美国史学家伊格尔斯在讨论19世纪以来欧洲史学变迁的时候，也在前面提出了库恩和巴歇拉尔关于范式的问题。他指出，兰克学派"为使历史从博学变为一门以科学自诩的学科，必须使批判地利用证据在更广泛的历史探索模式中占据一席之地，而这些模式提供了用以解决所提出问题的概念框架"；但是19世纪末到20世纪初以来的世界变化，"使人们日益不满于19世纪科学学派所提供的学术方法范式。在这一意义上，历史学科的变化与社会文化史是密不可分的，因为它正是社会文化史的组成部分"②。在这里，伊格尔斯不仅同样区分了启蒙史学及以前史学范式与兰克史学范式、新史学范式的区别，而且特别指出了新史学范式注重社会文化史的特征，与社会文化现实的巨大变化息息相关。

实际上，已有学者如周晓虹在讨论社会史理论问题的时候，是从社会史的发生谈起的，虽然没有明说，却已暗示了社会史是作为一种史学范式而出现的③。一定会有人质疑说，相对兰克史学出现

---

① 参见杨豫：《法国年鉴学派范式的演变》，《史学理论研究》1992年第2期。
② 参见〔美〕格奥尔格·伊格斯：《欧洲史学新方向》，赵世铃、赵世瑜译，北京：华夏出版社，1989年，第5—10页。
③ 其实表述得比较明确的是陈启能所谓"战后西方史学从传统史学向新史学的转变，最本质的或者最主要的，就是'范型'的变化"（陈启能：《八十年代的西方史学》，《史学理论丛书》编辑部编：《八十年代的西方史学》，北京：中国社会科学出版社，1990年，第66—70页）。另外杨玉生在《功绩与启示：维纳尔·康策及其社会历史学思想》一文中，引述康策（Conze）的看法说，"战后在国际史坛上兴起的社会史首先应被看作是一种新的历史学的观察方法和研究方法"，而"近年来我国史学界在关于开展社会史研究的讨论中，主要是把社会史当作历史学研究中的一个新领域来看待，而忽视了它在方法论方面的意义"（《八十年代的西方史学》，第309—315页）。

的新史学范式是"新史学",而不只是社会史,但实际上新史学基本上或者首先就是以社会史为表征的。也许"没有任何新的'范式'能够像19世纪下半叶及20世纪初的兰克模式那样得到众多历史学家的认可,尽管后者的影响也是十分有限的。相反,代替一个'范式',出现了一批范式,对于不同的史学流派来说,每一范式各自代表一种寻求更大科学性的研究模式"①。所以至少社会史是替代兰克模式的最主要范式之一。

实际上,政治史在某种意义上说也是一种范式。兰克学派的科学史学或实证史学"所用史料中证据的性质本身,致使叙述范围从启蒙学者们的包罗万象的社会文化史压缩成注重政治事件、宗教事件和有权有势者活动的历史"②。几乎所有人都会承认,兰克史学就研究对象而言,就可以被概括为"政治史"。鲁宾逊的概括可能是最清楚的关于政治史是一种史学范式的说明了:"政治史是最古的、最明显的和最容易写的一种历史。因为君主的政策、他们所发布的法律,和进行的战争,都是最容易叫人记载下来的。国家这样东西,是人类的最伟大的和最重要的社会组织。历史学家一般都认为人们最值得知道的过去事实,都是同国家的历史有着直接的或间接的联系。兰克、德罗生、毛兰勃莱克、傅利门等人都把政治史看成真正的历史。"③中国传统史学中的官修正史也基本是帝王将相的历史和重大政治事件的历史,它们是为统治者的统治需要服务的,因此也是一种政治史。当历史著述的主要内容都是政治史,所依据的材料都是政治方面的文书档案,把政治层面的因素(包括重大政治事件、重要政治人物在历史上的作用)看成是决

---

① 〔美〕伊格尔斯主编:《历史研究国际手册——当代史学研究和理论》,陈海宏等译,北京:华夏出版社,1989年,第34页。
② 同上书,第17—18页。
③ 〔美〕詹姆斯·哈威·鲁滨孙:《新史学》,齐思和等译,北京:商务印书馆,1964年,第33页。

定历史发展变化的关键力量,同时尽量从政治方面去解释历史,其功能也是服务于国家的政治统治的时候,政治史就是一种史学范式。这样,这里发生的范式的转换,即新史学代替兰克史学,也就是"社会史"取代"政治史"。

还是让我们来看看,在传统的政治史学被新史学逐渐取代的过程中,社会史是如何发挥着特殊的作用的吧! 被视为"新史学"前驱的英国史学家巴克尔(H. T. Buckle)及其出版于19世纪中叶的《英国文明史导论》,被评论为"在许多读者的生活中标志着一个时代,并为历史的社会学调查方法提供了极大的推动力"[1]。同时代的牛津大学历史教授则主张"每个历史学家所应该解决的主要问题是揭示社会状况中的关键性变化",历史研究应该涉及群众史、社会史和文化史[2]。到20世纪初,美国新史学的倡导者鲁宾逊殷切地希望:"假使写历史的人,不专门注重战争、围攻和国王的行动,假使他写历史的目的不是想教读者去做好的军官和政治家,恐怕他一定要选择一些政治以外的事情作为线索。他可以说人类对于世界的知识、人类的义务观念、生产活动、建筑的性质和样式,实在比人类在某时期所制定的法律和他们所进行的战争更加有意义。""倘使我们想出一种方法,能够把社会的状况和制度写得津津有味而且易于了解,并用真正的联系来替代君主世系的联系,如果我们能写出这样的历史,那么那些反对从根本上改变现在流行作史方法的人们,也许就会取消他们的反对态度。"[3] 与此大致同时,法国的亨利·贝尔(Henri Berr)创建了《历史综合评论》,倡导跨学科的综合研究;他主创的"进化与人类"丛书"不再以事件为中心,

---

[1] 〔英〕乔治·皮博迪·古奇:《十九世纪历史学与历史学家》下册,耿淡如译,卢继祖、高健校,谭英华校注,北京:商务印书馆,1989年,第876页。

[2] 转引自何兆武、陈启能主编:《当代西方史学理论》,北京:中国社会科学出版社,1996年,第22页。

[3] 〔美〕詹姆斯·哈威·鲁滨孙:《新史学》,第96—97、13页。

也不对民族国家的政治史按编年顺序撰写,而是企图将社会和文化史置于中心位置"①。

在这样的前驱的引导之下,"新史学"在 20 世纪 30 年代前后开始了它的形成过程,并在战后进一步发展,其中的典型代表就是法国的年鉴学派和马克思主义史学,这两者都与社会史或者社会文化史、社会经济史有着极其密切的关系。我们谈论新史学不能离开年鉴学派和马克思主义史学,而这两者恰恰都是从范式的或总体的角度认识社会史的。周晓虹的文章中承认年鉴学派"谋求创立一种与先前的叙述具体政治事件的'事件史'相对立的'全面的'或曰'总体的'历史,并曾将这种历史学称之为'社会史'","年鉴学派曾以社会史来指代他们欲图创立的总体史",但却以两个理由拒绝承认"社会史"在年鉴学派这里的范式意义。一是说年鉴学派自己往往是在与政治、经济、文化、心态并列的狭义的意义上使用"社会"这个词的;二是说他们力图使社会史成为总体史的努力从来也没有获得过成功。对后一点,常建华的文章也表示同意,认为这只不过是一种难以实现的追求而已。

其实,在"新史学"的层面上或在科学范式的意义上理解和使用"社会史",与在具体的研究中使用狭义的"社会"一词并不矛盾,因为社会史研究者并不总是在写一些抽象的理论文章,而是经常在做具体的微观研究,比如倡导广义的、综合的社会史的于尔根·科卡(Jurgen Kocka)也是以研究职员史和劳工史著称的。因此我们在做具体的研究时,"社会"一词可以有多种狭义的指向。但是必须指出,即使在微观研究使用"社会"一词时,也往往只是相对"国家"(state)而用的,大多数情况下也是综合了政治、经济、文化等因素在内的。比如我们说"乡村社会",或者"城市社会",或者"基层社

---

① 〔美〕伊格尔斯主编:《历史研究国际手册》,第 56—57 页。

会",或者"中国宗族社会"等等,都应该是一个综合的概念①。其次,即使年鉴学派追求的理想还未实现,也不能因此否定这一理想的积极意义。是不是说他们未能实现的作为总体史的社会史目标是完全错误的呢?恐怕谁也不能这样说。因为作为新史学的代表、作为总体史的表现的社会史,是作为叙述性的政治事件史的对立物而出现的,它作为新的史学范式,是取代旧的史学范式的旗帜。无论它在以后的史学实践中的具体命运如何,作为具有总体史特征的史学范式的社会史,对以后史学发展的导向作用是很重要的。况且,能否说年鉴学派的创造作为总体史的社会史的努力没有成功,或者没有成功的希望呢?恐怕也不能这样说。第一,如果说布罗代尔的《地中海世界》还只是一部区域社会史,那么他的《15—18世纪的经济、文化和资本主义》总是全球性的吧;第二,我极为赞同常建华的这一观点,即区域史也可以是总体史,而作为总体史的社会史这一目标的实现,在相当程度上就体现在其区域史的成就上。勒华拉杜里的《蒙塔尤》研究了一个说奥克语的村庄,应该说是一个社区范围很小的区域史研究了吧,但这丝毫不妨碍它成为总体史或者总体的社会史的杰作。它涉及这个村庄的方方面面,绝不只是它的政治史或经济史或文化史。用勒高夫的话说,这部书"明确表示了新史学的总体研究愿望"②。在这里,我必须重申前面已经说过的话:总体史绝不仅仅只有时间或者空间上的意义,它更多地是表示跨学科、跨领域的整合。事实上,对作为总体史的社会史的追求,有着许多成功的范例。

---

① 以冯尔康、常建华、朱凤瀚等《中国宗族社会》(杭州:浙江人民出版社,1994年)为例,其中涉及宗法制度、宗族与国家的关系(政治),涉及族田族产(经济),涉及祭祖修谱和宗族教化(文化),绝不限于婚姻、家庭、宗族组织等内容,显然使用的是综合的概念,而且也是极其正确的概念。

② 〔法〕J. 勒高夫等主编:《新史学》,上海:上海译文出版社,1989年,第5页。

中国的情况又何尝不是这样呢！在 19 世纪末 20 世纪初,许多当代的西方史学著作传入中国,与中国自身对传统史学的不满汇合起来,形成中国的史界革命。梁启超猛烈批判旧史学"知有朝廷而不知有国家","知有个人而不知有群体","知有陈述而不知有今务","知有事实而不知有理想",只是"君史",是帝王一家一姓的家谱。因此主张历史研究应"合人类全体而比较之,通古今文野之界而观察之。内自乡邑之法团,外至五洲之全局,上自穹古之石史,下至昨日之新闻"都要研究,从而"使国民察知现代之生活与过去未来之息息相关"①。曾在德国新史学代表人物兰普莱希特(Karl Lamprecht)主持的研究所中学习和工作过的蔡元培接受了重视对民众、对社会文化的研究的观念,在莱比锡大学时,"于哲学、文学、文明史、人类学之讲义,凡时间不冲突者,皆听之"②。所以他后来认为:"新体之历史,不偏重政治,而注意于人文进化之轨辙。凡夫风俗之变迁、实业之发展、学术之盛衰,皆分治其条流,而又综论其统系,是谓文明史。"③这样的思想,经五四新文化运动而变得日益具有影响力,人类学、社会学和民俗学学科在中国的相继成立,也促进了社会史观念的传播,与马克思主义史学的"社会史大论战"一起,共同瓦解着旧史学的坞壁。

在对同样的事实进行简单勾勒之后,李华兴也做出过史学范式演变过程的概括。他说:"政治史→经济史和文化史→社会史,这几乎是中外史学研究顺理成章的共同走向。"④

到此为止,我们已经试图把社会史与"新史学",或者与年鉴学

---

① 梁启超:《饮冰室合集》文集之九《新史学》,第 10 页、专集之七十三《中国历史研究法》,第 3 页,北京:中华书局,1989 年。
② 高平叔编:《蔡元培史学论集》,长沙:湖南教育出版社,1987 年,第 323、328 页。
③ 同上书,第 139 页。
④ 李华兴:《中国社会史研究笔谈·方兴未艾任重道远》,《历史研究》1993 年第 2 期。

派追求的"总体史"画上等号,从而论证社会史绝不仅仅是历史学的一个分支学科,而是一个史学新范式,一个取代传统史学的政治史范式的新范式。只有这样,我们才能充分认识倡导社会史研究的意义:它并不只是重新发现一个以往被遗忘了的角落,而是一场革命,是使史学家的眼界、方法、材料统统发生变化了的一场革命。如果一个史学家在研究历史时,除了研究对象以外,以上这些全都依然故我,那就绝对不是社会史。

三、作为整体研究的社会史

在以上探讨年鉴学派的"总体史"观念时,实际上已经涉及这个问题:社会史不仅是一种新的史学范式,而且应该是一种综合的、整体的研究。首先,我们已经论证说,即便社会史研究还没有达到它作为整体研究的目的,也不能因此而否定这一目的本身的正确性。

其次,目前社会史研究所取得的成果,无论是与以前的研究成果相比,还是与其他领域如政治史、经济史、思想史等相比,都更明显地带有综合性和整体性。以年鉴学派的作品为例,费弗尔的《菲利普二世与弗朗士-孔泰》虽然似乎是区域政治史,但"他否认社会实体中任何个别成分:经济的、宗教的、政治的或地理的,具有首要作用。他认为,上述成分形成一种合力"①。此外,布洛赫的《农村史的基本特性》和《封建社会》、布罗代尔的《菲利普二世时代的地中海和地中海世界》和《物质文明和资本主义》、古贝尔的《博韦和博韦西地区》、勒华拉杜里的《朗格多克的农民》等等的目标都是撰

---

① 〔美〕伊格尔斯主编:《历史研究国际手册》,第58页。

写"总体史"①。再以国内近年来的社会史研究来看,无论是朝向社会史方向的努力和尝试,还是比较规范的社会史研究,无论是时期性的还是区域性的研究,都比以前的研究更具综合性和整体性。我们把乔志强主编《中国近代社会史》、龚书铎等主编《中国社会通史》、郑振满著《明清福建家族组织与社会变迁》、郭润涛著《官府、幕友与书生》、丛翰香主编《近代冀鲁豫乡村》、魏宏运主编《二十世纪三四十年代冀东农村社会调查与研究》等拿来仔细比较,不难看出,它们都比以往的断代史、通史、政治史、经济史具有更强的综合性和整体性。因此,我们还怎么可以为了替坚持它的专史或学科分支性质寻找理由,而拒不承认这个明显的成就呢?

再次,我们切不可把作为整体研究或综合研究的社会史理解为以前的那种社会发展史,或者以前的那种通史;并不是提倡整体或综合的社会史,就不允许微观的个案的研究存在。恰恰相反,从研究的步骤上看,首先就应该是大量微观的个案研究。但是,这些微观的个案研究也是整体的、综合性的。就以我近年来研究的庙会为例,它包含着宗教、经济(商业)、文化娱乐,甚至政治的成分,但之所以它不是一项宗教史研究、经济史研究或文化娱乐史研究,而被视为社会史研究,就在于我的研究角度是立足于整体和综合的。乔夫·埃利在一篇关于《社会史新趋势》的文章中说,"社会史可能范围的界限已扩大得实际上变得同整个学科的界线共处在同一个范围内,就在这时'个别的'社会史学家的研究工作可以经常比以前更专门化"②。

我们绝对不能完全忽视那些"新史学"或者社会史的代表人物的想法。马克·布洛赫在《为史学而战》中指出:"经济和社会史其

---

① 伊格尔斯说,古贝尔和勒华拉杜里的"这两项研究的目的是撰写一部在一定时期内某一地区的'总体史'"。参见《历史研究国际手册》,第69页。
② 〔美〕伊格尔斯主编:《历史研究国际手册》,第69页。

实是不存在的,只有作为整体而存在的历史。就其定义而言,历史就是整个社会的历史。"①霍布斯鲍姆则说,在社会史研究领域中最有成就的人往往"要么象那些使我们得益匪浅的伟大的法国人那样,宁肯把自己说成是历史学家,把'总体的'或'普遍的'历史作为自己的目的;要么象那些试图寻求使历史学中所有有关社会科学成为一体的人,而不是代表其中任何一个学科";"不象经济学或其他用连字号连接的史学,社会史从来就不可能是一个专门化学科,因为它的主题不能孤立起来"②;哈罗德·珀金认为,"社会史不是历史的一部分,用阿瑟·雷德福的话来说,社会史是从社会角度而言的全部历史";"我的观点是,社会史学家必须把握社会,并试图了解社会的全貌。除了研究社会成员的日常生活之外……他还应该把自己同社会、社会活动和社会、社会制度联系起来"③;勒高夫则说:"任何形式的新史学(包括那些装出新样子的史学),及那些表面标有局部研究字样的著作,如保罗·韦纳的社会历史学或阿兰·贝桑松的心理分析历史学等,事实上都是总体史的尝试。"④

中国的社会史学家经过一段时间的具体研究实践后,也大多认可这种观点。仅在 1993 年历史研究编辑部组织的一次笔谈中,就有王家范认为,"社会史的最终目标,将是重新改写'历史'";冯尔康则对目前的社会史"研究内容显得琐碎、重复","没有对社会历史作整体的研究"表示不满,因而主张"在整体研究上下工夫";乔志强说,"社会史最基本的特征之一是它体现的那种'全面的'、'整体的'历史";刘志琴认为,"社会史是一门实证性和综合性的科

---

① 〔法〕J. 勒高夫等主编:《新史学》,第 6 页。
② 〔英〕霍布斯鲍姆:《从社会史到社会的历史》,中译文见《再现过去:社会史的理论视野》,第 5—6 页。
③ 〔英〕哈罗德·珀金:《社会史》,中译文见《再现过去:社会史的理论视野》,第 126—127 页。
④ 〔法〕J. 勒高夫等主编:《新史学》,第 5 页。

学",并批评"现有的史学门类分工太窄,政治、经济、思想各立门庭,不太适应社会史人才的培养";陈春声指出:"社会史研究的源源不断的活力,来自于它从不圈定自己的领地,始终保持边界的模糊性,而把注意力集中于揭示人类社会历史内部各要素和各组成部分的复杂互动关系,并尽力从文化层面进行阐释的学术传统。"①

我在这里不厌其烦地罗列摘引中外学者的有关论述,只是试图探讨为什么大家能形成这样的共识。对于那些西方"新史学"的早期倡导者来说,他们是出于对当时史学状况的不满而提出自己的看法。比如米什莱(Jules Michelet)早就批评说:"法国只有编年史而没有一部历史。学者们主要从政治角度去研究这些编年史,没有任何人深入到法国的各项活动(宗教的、经济的、艺术的)、各种发展的无穷细节中去。没有人能宏观地看到构成法国的地理和自然因素的生动整体。"西米昂(F. Simiand)除了抨击历史研究中的"编年史偶像"和"政治偶像"以外,还批判了"个人偶像",后者"使研究围绕某些历史人物,而不是围绕制度、社会现象或一种联系去进行"②。而替代这种旧史学的角色无法由任何一门史学分支来承担,社会史是唯一的选择。

对于中国的历史学家来说,社会史兴起的背景与欧洲并没有本质的区别。实际上,用年鉴学派的话说,马克思主义也是一种强调综合和整体的长时段史学,而马克思主义史学自20世纪30年代以来在中国的传播,有力地推动了社会经济史研究和社会发展史的发展,对于破除旧的以王朝世系为纲的编年史有巨大的意义。但是,中国历史学家的这种有利的形势并没有被较好地保持和发展。一方面,政治史依然一花独放,经济史的研究是为了揭示政治史的发生发展基础,而对社会阶级结构的研究也几乎被简化为地

---

① 以上所引均见《历史研究》1993年第2期。
② 〔法〕J. 勒高夫等主编:《新史学》,第22—23页。

主阶级与农民阶级的厮杀史,其他方面则相对凋零;另一方面,通史没有有效地表现整体、综合和长时段,或者只强调了纵向的贯通,剩下社会形态与王朝世系交织起来的骨架,看不到全社会各个不同方面的丰富内容及相互之间的内在联系。20世纪80年代以来社会史和文化史的勃兴(或者"复兴")就是在这样的背景下出现的①。人们倡导社会史的初衷绝不仅仅是填补一块空白、增加一个史学分支,而是要利用社会史、文化史或者社会史观、文化史观对当时的史学进行一番改造。所以,为匡正此前史学弊病而出现的社会史,必然应该是总体史、综合史。

当然,社会史之所以必然是整体的、综合的历史研究,主要是由其研究对象所决定的。如果社会史的研究对象真的是"社会",那么它与政治、经济、军事、宗教等等相比,就的确如费弗尔所说,是个含义模糊的词。我们不能不承认"社会"这个词的涵盖面要比政治、经济等等大得多。为了研究这个"社会",人们不惜用"社会科学"的全部力量,而所谓广义的"社会科学",不仅包括哲学、历史学、文学艺术等传统的人文科学,也包括经济学、法学、政治学、社会学、人类学、心理学、伦理学、教育学、地理学、人口学等等或大或小的学科分支。也就是说,社会科学各学科全部分支的研究对象都是这个"社会"的不同部分。即便是主张社会史是历史学的一个分支的学者,倡导研究社会构成、社会运行和社会变迁的历史,后面的这些研究对象也都是一些综合的概念。比如社会结构中的社会群体,以宋代的五等户及"形势户"为例,他们既是政治概念(阶级或阶层),也是经济概念(赋役义务),甚至还有文化概念的意义。我们把他们当作社会群体来研究时,根本无法脱离他们本来就有的政治、经济、文化成分。

---

① 参见刘志琴:《中国文化史》、田居俭:《中国社会史》,载肖黎主编:《中国历史学四十年》,北京:书目文献出版社,1989年。

令我感到奇怪的是,常建华在文章中基本否定社会史在"总体性"或"综合性"方面的努力,但是,他以肯定的口气引述的费孝通的话,却是这样说的:"从发展的趋势上看去,可以说的是社会学很不容易和政治学、经济学等在一个平面上去分得一个独立的范围。它只有从另外一个层次上去得到一个研究社会现象的综合立场。"这显然是说,就研究社会而言,社会学与政治学、经济学等并不是并列的学科,它的作用在于"综合立场",因而在科学体系中处在"另外一个层次"的地位。而这个"综合立场"的实现,一是通过研究"社区",因为这是综合各种生活和制度的"时空坐落";二是社会行为的形式,因为它们凝聚着社会活动的功能,反映着社会活动的不同过程。如果以这番话来论证社会史,倒是正与我的见解相同。

因此,虽然我认为最好的通史应该是社会史,或者是从社会史的角度去撰写的,但绝不意味着我认为所有的社会史研究都必须是通史。只是说各种社会史研究,无论是宏观的作品,还是微观的个案,都应是综合的、总体的历史,与传统的政治史、经济史或思想史等等历史学分支截然不同。这样做的结果,一方面,由于我们消除了强调社会史的总体性和综合性即可能导致社会史即通史的误会,主张微观的个案研究不仅可以,而且也应该是综合的、总体的,担心"建立一种总体史的企图不仅会使人类共同体中那真正能够称之为'社会'的……部分再度失去关注,而且这种企图本身也难以实现",便成为杞人之忧;另一方面,论证陈旭麓给出的社会结构、社会生活、社会意识三大部分社会史研究内容"依旧只限于一个时代的特定层面",而不是所谓的总体史或综合史,也就失去了根据①。总而言之,这里的总体的、综合的社会史并不是与传统意义上的"通史"画等号,因此不会被视为"有关社会史与一般历史学

---

① 周晓虹:《试论社会史研究的若干理论问题》。

即通史关系"的第四种观点,除非"通史"的"通"被赋予全新的意义,那就是"总体"与"综合"。

我们当然不愿意看见——正像某些学者所担心的那样——所有的社会史论文都写成从原始社会一直到中华人民共和国的"通史"的局面,但也绝不会为某一项微社会研究(或小社区研究)抛开了那里的生态环境、基层管理组织、生产发展水平、生育制度、两性关系模式等等而孤立地分析某一个侧面拍案叫绝,不会把无视凝聚其中的社会意义、角色意义、社会关系网络、社会观念变迁或文化象征,以及停留在表层描述水平的服饰研究、家具研究、民居研究等当作社会史研究的理想目标。综合地、总体地研究某一个历史事象,正是社会史的特征;或许,当人们从社会史的角度,利用社会史的范式去研究政治史、经济史、法律史、军事史的时候,后面的这些学科分支也会被改造成总体史、综合史。

四、属于历史学而非社会学的社会史

关于社会史与社会学的关系,也是一个众说纷纭的问题。许多学者都认为,社会史是历史学与社会学的交叉学科[①];国外学者如查尔斯·蒂利也写了题为"在社会学与历史学交叉点上"的文章[②]。但是,社会史与历史学、社会学之间的距离并不是同等的。有的学者虽然正确地指出,社会史是属于历史学的范畴,而历史社会学则是属于社会学的,但说社会史也"是在社会学和历史学之间形成的一个相互重叠的研究领域",却未必一定准确[③]。由于不少

---

① 比如王先明:《论社会史研究的对象》,《河北学刊》1990 年第 2 期;龚书铎主编,曹文柱、朱汉国副主编:《中国社会通史·总序》;等等。
② 蔡少卿主编:《再现过去:社会史的理论与视野》,第 207 页。
③ 周晓虹原文说社会史是历史学的一个"分支",历史社会学则是社会学的一个"分支"。由于本文不同意"分支说",所以这里未直接引用他的原文,而使用他的大意。

人都认为社会学对社会史的影响巨大,所以就此做一点辨析还是有意义的。

诚然,社会学与社会史之间的关系是极为密切的,但如果我们仍然从社会史的发生发展过程来看,与其说社会史(social history)一直被笼罩在社会学(sociology)的光环之下,不如说社会史受到社会科学(social sciences)各个学科的巨大影响。鲁宾逊在倡导"新史学"的时候,把人类学、史前考古学、社会心理学、动物心理学、比较宗教学、经济学、地理学和社会学看作是"史学的新同盟军"①;年鉴学派的"新史学还主张把目光移向'邻居',希望使'互不相识的兄弟'进行对话"②,而这些"兄弟"就是布罗代尔在其《历史和社会科学:长时段》一文中提到的经济学家、民族学家、人类学家、社会学家、心理学家、语言学家、人口学家、地理学家,甚至社会数学家或统计学家③。对此,菲雷(F. Furet)进一步论证说,社会科学的引进是建立"总体史"的需要④。当一项具有总体史追求的社会史研究在涉及地理环境或空间发展的时候,地理学的帮助是必要的;涉及人口流动与经济发展的时候,离开人口学、统计学和经济学等也是不行的;如果研究个人或者集体的心态问题,心理学与行为科学、角色理论等等统统可以派上用场。也就是说,社会学可能是主要的,但绝不是社会史唯一的依靠对象。

伊格尔斯早就指出,年鉴学派"把历史科学和最广义上的'人文科学'结合起来,不仅就古典的社会科学或是行为科学而言,而且就结构人类学、精神分析学、最现代形式的艺术、文学和语言学而言,都是如此"。即使到 30 年后人们对"社会科学的滥用"进行

---

① 〔美〕詹姆斯·哈威·鲁宾孙:《新史学》,第 51 页。
② 〔法〕J. 勒高夫等主编:《新史学》,第 15 页。
③ 蔡少卿主编:《再现过去:社会史的理论与视野》,第 50 页。
④ 〔法〕F. 菲雷:《社会科学方法与"全面的历史"》,《再现过去:社会史的理论与视野》,第 79 页。

纠正的时候,当劳伦斯·斯通(Lawrence Stone)宣判"新史学"的末日的时候,"历史学家们并未离弃社会科学,而是离弃了这些学科机械的、数学性的模式",比如"社会史倾向于强调意识的作用,力图把握历史局势的定性本质"。其中的例子有卡洛·西波拉关于托斯卡纳一个村庄的百姓对瘟疫的反应的研究,勒华拉杜里重现14世纪一个村庄精神世界的《蒙塔尤》和表现一个城市冲突的《罗曼城的狂欢节》,卡洛·金兹堡通过一个磨坊主的个人传记展示一种潜在的农民文化,而乔治·杜比则通过描写一次战斗来揭示法国封建社会的社会环境和精神状态。因此,伊格尔斯总结说:"目前,几乎所有的历史都是社会史,但现在其社会科学基础是放在诸如人类学和符号学这类探索集体意识、价值和意义,并将人视为历史局势中的积极因素的学科之上,而不是放在地理学、经济学或人口统计学这些对人类自由加上了外部限制的科学之上。"①这无疑说明了"社会史"与"社会科学"而非"社会学"的直接关系。只不过后来的社会史由于视角的转换和矫枉的需要,所联系的社会科学学科与以前的社会史不尽相同了而已。

实际上,常建华已经正确地指出社会学不是社会史唯一的理论基础和方法,主张多借鉴以社会或文化人类学为主的多学科研究方法,周晓虹虽集中探讨了社会史研究如何借鉴社会学理论与方法问题,但也承认"对社会学、人类学和心理学等实证科学理论与方法的借鉴,正是社会史及其他新史学与传统史学的区别标志之一"。可是一方面,史学界仍有新近出版的、规模较大的社会史著作特别强调社会学对社会史的作用,基本上套用社会学的概念来进行社会史的描述和体系建构;同时,在最近的关于断代社会史学术会议的综合报道中,居然以大标题的形式,把社会史说成是

---

① 〔美〕格奥尔格·伊格斯:《欧洲史学新方向》,第85、203—207页。

"从社会学角度考察中国历史"①,使社会史沦落到社会学仆从的地位。另一方面,即使主张正确如前两者,虽倡导社会史与社会科学多学科、而非仅与社会学的结盟,却没有仔细考虑这是与前面论证的社会史的综合性和总体性特征直接相关的(如菲雷所说),从而给自己的立论留下了又一个不易觉察的矛盾。

即便我们把社会学视为社会史的盟友之一来考虑它的影响,也要警惕可能出现的对社会学概念、方法的生吞活剥。霍布斯鲍姆早就说过,"我十分怀疑把社会史看作社会学向过去的投影,就象把经济史看作是经济理论的还原一样"②。国内学者周晓虹也指出,社会史不应成为社会学的简单的拷贝或复本,即一方面历史学的理论和方法应该依然是社会史的主要支柱,另一方面社会史有不同于社会学的特殊性。其实不仅社会学如此,人类学和其他社会科学也是如此。尽管历史学早已不再满足于注重个体,而包括社会学在内的社会科学也不再只顾追求一般,但历史学还是比较注意历时性,而社会学、人类学等比较强调共时性;历史学更多地是研究过去而社会学等主要是关注现实;社会学等的理论和方法是在共时性研究和现实研究的基础上创立和发展起来的,而历史学的理论和方法则依赖于历时性研究或历史研究。因此,在社会史研究中借用社会学等等的概念、理论和方法需要小心谨慎,更需要根据历史学研究实践对其加以改造。

沃勒斯坦(Immanuel Wallerstein)等人曾概括说,社会科学家朝史学领域的扩张有两种不同的形式:一是运用社会科学理论、模式和程序去分析过去,故而被称为"社会科学史学"(social science history);二是描述和解释大规模的社会变迁,即"历史社会学"

---

① 见《北京日报》1997年9月7日。
② 〔英〕霍布斯鲍姆:《从社会史到社会的历史》,《再现过去:社会史的理论视野》,第7页。

(historical sociology)。前者"当中的绝大多数人既不期待、也未曾发现多少有关过去的新东西。恰恰相反,有关过去的材料似乎被证实了,或顶多是略微修改了作为他们基本兴趣所在的一般法则";后者"研究工作的主旨并不是要检验、修正和制定普遍规律(如现代化的规律),而是要利用一般规则去解释各种不断变化的复杂现象,或从这些一般模式出发对它们加以说明"。因此就前者而言,"他们的主要目标并不是要填平社会科学与历史学之间的鸿沟,而是要扩大自己的数据库";后者则"牵扯到对流行方法论的批判"①。显然,这两种把历史学与社会科学交叉结合的做法,并不能导致理想的社会史,因为这两者都没有把历史当作自己的研究主体,前者对史实没有多大兴趣,因此其解释可能建立在虚假的事实基础之上;后者出于现实的考虑只注意社会变迁的主题,而且免不了从社会学的角度得出过于概括的结论。

霍布斯鲍姆实际上已经指出:"社会的历史不能依靠运用其他科学内容贫乏的现成模式来写,它需要架构恰当的新的模式——或者起码(马克思主义者这样认为)需要把现有的框架发展成模式。"②这就是说,其他社会科学的概念和方法可以启发历史学,或者被历史学改造成为它自己的概念和方法,然后再用以指导对历史的解释。我们注意到,尽管目前中国的社会史研究的确不存在过分社会学化的问题,但在尝试使社会史尽快摆脱"新瓶装旧酒"局面的过程中,还是存在这方面的隐患。

我们不妨以"社区"这个概念为例。对社区的历史研究当然是应用了社会学概念的社会史研究,在社会学中,"社区"可以有人为划分的多种形态,比如法定社区、自然社区、专能社区等,其中又可

---

① 〔美〕沃勒斯坦等:《开放社会科学——重建社会科学报告书》,第46—48页。
② 〔英〕霍布斯鲍姆:《从社会史到社会的历史》,《再现过去:社会史的理论视野》,第6页。

析分为城市社区、乡村社区、政治社区、经济社区、文化社区、军事社区、宗教社区、种族民族社区等等①,但这大多是在现实社会社区区划日益复杂的情况下划分出来的,在研究历史时期的社区时,是否能完全套用这些概念,还要看某一地区历史上的具体情况。另外,社区的划分应该是有比较明确的空间界限的,社区内部应该是有比较稳定的社会交往的,不具备这些特点的区划是否应属文化地理学的文化区?跨越一个城市或者乡村的带有更高层次上的共性的区域,还能不能被称之为社区?以上那些社区的概念是否一定能在中国的历史上找到对应物?比如种族或者家族本身是一种"社区",还是构成社区的一种社会实体?墟集或者庙会这些一般不具有长期居民的经济、娱乐场所,是否可以用现代社会学的社区概念来概括?先秦的国、野、都、鄙,隋唐的坊、市,明清的里、甲、图、社等等,如何与"社区"这个概念适当地挂钩?这些问题在社会史研究中都需要特别慎重地对待。而以上所说还只涉及概念的问题,当运用这些概念,特别是社区理论去进行历史研究的时候,就更需要把握历史学学科本位的原则。

其实,国内的一些人类学家,在建构本土人类学体系的时候,就已经注意到了这个问题。他们指出,20世纪支配中国社会人类学研究的理论范式包括社区论、宗族论、区位论、宗教论,它们虽然在一定程度上反映了中国社会与人的生活世界的状况,但大多属于西方人类学概念在中国社会的运用。他们也举出"社区"一词为例,认为传统汉语中的"社"含有社神、乡社、社祭、结社等多重意义,它与"区"(place)一起并不能构成英文 community 这样的功能一体的分离性空间。此外,用非洲研究发展出来的概念 lineage(宗族)来描述中国的亲属组织,也把中国丰富的"家""房""宗""族"

---

① 参见龚书铎主编,曹文柱、朱汉国副主编:《中国社会通史·总序》;张研:《试论清代的社区》,《清史研究》1997年第2期。

等内容简化了。因此他们主张,应该充分讨论人类学中"社会""文化""个人"等等概念在本土文化中的运用限度,发展出对中国社会与人文景观的独特理解①。

这样说起来,如果在一个学科内部,由于一般概念、方法与本土的实际生活之间存在距离,便导致了立足于本土立场的,对所应用的概念、模式、方法的反思检讨的话,那么,当社会史参考和借用其他学科的概念、模式、方法的时候,特别是考虑到历史研究主要借助的文献资料本身就含有自己的一套概念、话语和思维结构的时候,我们在这个问题上究竟应该采取什么态度,就不言自明了。

综上所述,我认为,关于社会史是什么的问题虽然可以见仁见智,各抒己见,但如能在广泛讨论之后取得包容性较大的、相对可取的共识,对于中国社会史研究的发展,特别是对初学者的引导来说有着重要的意义。因此,我们首先应该把社会史理解为一种新的史学范式,而不是一开始就将其理解为一个学科分支,这才能使我们的社会史研究具有新的面貌,避免"新瓶装旧酒"和研究庸俗化,同时发挥它在改造整个史学方面的积极作用。这样的理解并非已经过多,而是远远不够,因此需要大声疾呼②。其次,社会史作为一种整体研究,是作为新史学范式的具体表现。它既不应被误解为"通史"或"社会发展史",也不是可望不可即的幻想,而是我们

---

① 王铭铭:《社会人类学与中国研究》,第251—253页。

② 有的学者是完全了解社会史作为新范式的意义的,但又认为"作为史观的'社会史'已完成了它的使命,只有将其视作专史,才能将前此开辟的新的史学领域的研究推向系统、深入"。这种观点虽无可厚非,但却不可避免地造成自身的自相矛盾。因为作者接着指出,"社会史与其他专史……的交叉之处,这主要表现在其研究对象或约略相同,而研究视角、方法以及想说明的问题却各异",等于否定了自己的专史说而趋同于视角说。参见孟彦弘:《社会史研究刍议》,《史学理论研究》1998年第2期,第138—144页。无独有偶,另有学者认为,社会史"是历史学的一个分支学科",但其显著特点"即是从社会学的视角来观察人类历史上的社会",等于也强调了视角,而非研究内容的意义。参见朱汉国:《关于社会史研究的若干问题》,《史学月刊》1998年第3期,第82—91页。

努力追求的目标。最后,把社会史视为历史学与社会学的联姻,是尤需警惕的倾向。如果仅把社会史汲取养料的兄弟学科限于社会学,社会史不仅会有概念误用,即历史学的社会学化的危险,而且把自己的领地限制得太狭隘了。除了社会学的概念和方法之外,社会史拒绝接受其他,于是,社会史变成了社会学建构其理论体系的资料库及其概念、方法的实验场。这样的前景,想起来就让人不寒而栗。

文献工作与田野工作
——民间文化史研究的一点体验

民间文化史,或说下层社会史,也就是民俗史,既是历史研究的内容,也是民俗研究的内容。自从 20 世纪以来,国际史学发展的主要趋势就是从研究政治事件和精英人物转到研究下层社会和小人物,这就要求历史学与社会学和人类学联姻,于是从理论上和方法上就有了与民俗学的相通之处。而民俗学自产生伊始,就有以现实中的远古残留物来反观历史的一派,同时民俗的传承特征和相对稳定的特点,要求对现实民俗的研究必须关注其来龙去脉,因此民俗学领域切不可忽略对民俗史或民间文化史的研究。田野工作与文献工作的结合,就是这种研究所采用的基本方法,也是对传统史学方法的新突破。

一、从新史学说起

所谓新史学,广义地说,是指 19 世纪末以来从欧洲开始并逐渐席卷全球的改造传统史学的新浪潮,在中国亦有梁启超的《新史学》相呼应;狭义地说,20 世纪 30 年代由法国年鉴学派开始的历史学与社会科学广泛结合的新史学趋向,在第二次世界大战以后得到广泛响应,并在欧美史学界产生出许多变种。新史学所强调的东西,从内容或选题来说,是着重研究下层社会、大众文化、小人物;从视角来说,是着重研究"长时段"的历史现象,比如人口、物价的变化,研究"总体史",即包括生态环境在内的社会结构整体的历史。这样,历史学和民俗学就有了许多共同点(当然其间依然有许多不同之处)。

年鉴派的创始人之一吕西安·费弗尔曾专门撰写了《民俗学与民俗学家》一文,而年鉴派的另一位创始人马克·布洛赫的重要著作之一《创造奇迹的国王们》,则通过流行于中世纪英法两国的一种民俗事象,研究英法国王所创造的超自然奇迹的历史,那就是两国民间相信通过国王的亲手触摸便可以治愈瘰疬(淋巴结核)。这种最初的传说逐渐发展为国王定期触摸病人的一整套规范的礼仪,更重要的是民间形成的这种对国王的奇理思玛(Charisma)的信仰。布洛赫从人类学的视角出发,对该事象的礼仪、偶像、举止以及当时的医疗卫生水平等做了细密的考证,从而弄清了它产生、发展、定型以至衰亡的全过程,至此,这项研究可以说是民俗学或民俗史的研究。但作者并未停留于此,而是继续追踪该现象为何产生、为何在法国比在英国延续的时间要长一百多年、又是如何终止的等等,答案就不只是民俗的了,而涉及政治、经济、宗教、心理、社会等多方面的问题。于是,这部542页的巨著就不仅是一部新型的历史著作,而且是一部新型的政治史著作。

布洛赫的后继者不乏其人,他们把对习俗的研究称为历史人类学,法国历史学家比尔吉埃尔以为,这就是关于生理习俗、行为习俗、饮食习俗、感情习俗、心态习俗等等的历史学。他认为,布洛赫的研究中涉及的那些仪式的遗迹残留,"就是最落后的见证人也认为它只具有一种多少带点民俗色彩的趣事轶文价值。然而,法、英君主制仪式的这一怪现象实际上一直延续到工业化时代,它不仅将英、法区别于其他欧洲君主制国家,还揭示着君主制形象具有魔力的方面,这些一直残留在群体表象中"。他还转引布洛赫的话说,"在许多方面,所有这些民俗向我们揭示的东西要比任何理论学说都经久"。因为"民俗在社会活动中从表面看没什么意义,但在它的下面却掩盖和保留着重要的意义"。

这种趋势同样影响了欧美其他国家的史学界。在英国,克里斯托弗·希尔、霍布斯鲍姆、E.P.汤普森等马克思主义新社会史学家特别注重下层人民的日常生活,希尔的学生基思·托马斯所著《宗教和巫术的衰落》(中译本名为《巫术的兴衰》,不甚准确,1992年12月上海人民出版社作为"域外俗文化译丛"之一出版),是对16、17世纪英国大众信仰的研究。他在该书前言中指出,像占星术、巫术、巫医、占卜、预言、鬼怪和女妖这样的在当时盛行的文化观念,"被当代学者正确地视为非科学和非理性的行当,却被当时的学者所严肃看待。我的目的即是要显示它们在我们祖先生活中的意义和用处。在研究中,我大大得利于当代社会人类学的理论和实践的有益影响"。"我希望我的研究能有助于我们理解近代初期英国社会的精神心理状况。"在德国,日常生活史的研究成为历史学界的热点。1980年到1981年间,曾有12000人参加了"德国历史教育总统奖"的竞争,而竞争的主题就是"纳粹统治下的日常生活",一些日常生活史的倡导者还将"民族学认识方法"作为实现其目标的最佳手段。

美国史学界的发展则更加色彩纷呈,历史学家重点研究的是妇女史、家庭史、人口史、城市史、社区史,甚至医院史、监狱史等等,特别是口述史和心态史的研究,从方法和着眼点上,都与社会学、人类学和民俗学等相似。仅以美国的中国史研究为例,加州大学伯克利分校曾以"中华帝国晚期的民间文化"为题,举行过数次工作坊(Workshop),并以同类题目出版了几部论文集。许多史学家还多次来中国的东北、华北、太湖流域、珠江三角洲、闽江三角洲等地做田野工作。比如杜赞奇(P. Duara)在东北和华北的工作(参见其 *Culture, Power, and the State: Rural North China, 1900—1942*)、Robert Marks 在广东的工作(参见其 *Rural Revolution in South China: Peasants and the Making of History in Haifeng County, 1570—1930*)、科大卫(David Faure)在香港新界的工作(参见其 *The Structure of Chinese Rural Society: Lineage and Village in the Eastern New Territories, Hong Kong*)等等,不胜枚举。

从以上史学发展的新趋势来看,我们已然知道历史研究,特别是社会史研究正着重探讨有关下层民众的内容、民间的行为和大众思维模式,从理论上可以借鉴人类学、社会学诸理论,从而逐渐使理论本土化,在方法上则使传统的文献工作与田野工作相结合,不仅通过田野工作进一步搜集散于民间的文献,如家谱、族谱、碑刻等,也不仅借此搜集和挽救许多口碑故事,从而寻找人们头脑中观念的滞留和变迁,而且意在借此亲临其境,寻找一种在书本中找不到的感觉和情境,那就是对历史学家十分重要的历史感。

二、民俗史与民俗学

在某些概论性的民俗学著作中,比较强调民俗学的"现在性",从而表明民俗学与历史学之间的区别,实际上,民俗学的"历史性"是同样重要的学科特征。这倒并不是说民俗学也应如历史学那样主要研究过去,而是说任何一种民俗都既是历史的,也是现实的。由钟敬文先生主编的《民俗学概论》中,专门指出了民俗学与历史学之间的密切关系,指出民俗学研究包括民俗史的内容,明确和澄清了这个问题上的模糊认识。

民俗的研究者大都了解英国人类学派关于"文化遗留物"的理论,他们认为现存民俗可以被视为远古文化的遗存,我们姑且不论此种看法是否过于绝对,但其中显然含有合理的成分,那就是民俗乃是历史的积淀。如果我们把风俗定义为"人民群众在社会生活中世代传承、相沿成习的生活模式"的话,这"世代传承、相沿成习"八个字便说明了民俗的历史性特征。其实一切事物都既是现实的,也是历史的,因为它们一俟产生,便有了它们的过去或者历史;我们这里还不是就此一般意义而言,因为民俗和"传统"一样,都有其相对静止、凝固的特性,它们在此时此刻就既体现现实,又体现历史。因此,好的民俗研究必然体现出历史主义的观照,必然具有历史感;同时,民俗研究又切不可撇开民俗史和民间文化史的研究,因为后者几乎就是前者的基础,即以庙会这种民俗事象为例,如果不知其来龙,又怎能探讨其去脉?

正像上一节所说,新史学要求历史学家在注重文献工作的同时,还要注重田野工作,同样,民俗学也要求民俗学家在注重田野工作的同时注重文献。在前面提到的钟敬文《民俗学概论》一书中,首先论及田野作业方法,说它是"民俗研究中最重要、也最有效的方法",其次便论及文献学方法,认为"不仅搞古代民俗文化研究,即使研究现在的民俗,也要参考文献",让文献"与用现代科学方法搜集来的资料互相比较发明,为今天田野调查提供历史佐证"。

民俗研究的田野工作必须依赖文献工作,这是民俗研究的实践所证实了的。我们在实地调查中遇到的许多民俗事象复杂多样,几经变异,如果我们不借助文献,而只通过口碑,也许就无法知道它们在数百上千年前的原型,无法知道它们为什么变、如何变。我们今天可以把游神行列中的面具歌舞解释为远古傩事的遗存,那一方面是因为人们在那些仍保持原始习俗的少数民族的祭神活动中发现了类似的东西,另一方面则是因为人们在历史文献中发现了对此的记述,否则这个"傩"字又由何而来,人们如何得知?

我在关于庙会的研究中发现,目前北方地区的一些传统庙会,大都演变为骡马大会或经济物资交流大会,其经济功能呈明显加强趋势,再辅以文化娱乐的功能;但东南沿海地区的传统庙会,除了文化娱乐功能而外,其宗教功能呈复兴趋势,再辅以维系本社区或本聚落的内聚功能。那么,除了写一篇叙述性的调查报告外,我们又能做哪些分析和解释呢?如果我们通过文献资料略加追溯性考察的话,可以发现自南宋以来,经明清以降,有一条明晰可见的变化的线索:这与不同时期的区域性商品货币经济的发展程度有着密切关系。

这里,我们还要强调田野工作的"理论准备"问题。有时,人们会批评田野工作者在进行工作时缺乏理论准备,一份田野报告只是如实记叙,好像田野工作者的目的只是把所见所闻记录下来,弥补人们前所未知的现象和事实,将非文献的东西变成文献的东西而已,实际上并非如此。一个好的田野工作者只是把田野工作当作一种技术手段,其目的还是利用田野工作获得的材料得出某个较大的结论,体现自己的某种观点,甚至构建在一定范围内适用的或一定层次上的体系。如果是这样的话,田野工作者在进行工作前和进行过程中,对为什么选择这个地区、为什么选择这个主题、有可能使用什么概念工具和分析工具,就应有初步的考虑。我们也许应该通过下面的例子对此进一步加以说明。

一个民俗学家必然是一个文化学家,因为民俗便是民间文化,而文化作为一种最基本的、最富特征性的东西,其变化是最为缓慢的,它比政治事件甚至社会结构的变化还要缓慢。中国几千年历史上的政权更替已不胜其数,甚至1949年这样的巨大变化亦已发生,但中国文化从总体上说并没有变(相对西方文化或其他异域文化而言)。因此我们所研究的东西,借用年鉴学派的词汇就是"长时段"的东西。比如说,请恕我一时离开田野工作的主题,法国大革命是世界近代史上的大事,但它仍是"短时段"的、转瞬即逝的东西,新史学家已不屑对它就事论事。法国年鉴派史学家伏维尔从"长时段"的视角出发,探讨 1750 年到 1820 年普罗旺斯地区节日的演变,意在把大革命时期的那种狂热的群众行为和心理置于这一全过程中去考虑。"也就是说,是为了说明一种已有的、群体性的、丰富的和有生命力的,也是在文字出现以前就存在着的'民俗性的'节日系统,与大革命的、民族性的、国民性的、适应一种完全不同的历法的节日相汇合。在这两者之间,是否存在着相互感染、相互共存或相互排斥?"①这个"长时段",就是研究者的理论准备。

为了研究 15 世纪以来的庙会以及相关的娱神活动,我不仅查阅了大量文献资料,而且也做过一些田野调查。那么我所做的这一切的理论准备是什么呢?我们不妨赘引同一作者的另一段话:"关于'狂迷性',在历史人类学家的指导下,人们将会感到这是确实存在的,也曾亲身遇见过的。如同克洛德·盖涅贝在他研究关于狂欢节的书籍中所说的那样,狂欢节所显示的是从史前到我们今天的逆反结构,隐藏在群众性纵情狂欢中的力量,人们重新使用和发掘一些如同这个世界一样古老或至少是和前基督教时代乡村异教等古老宗教一样古老的行为、形象及态度,来为相同的发泄精力活动服务。喧闹、狂人节、情人节的情人和熊皮高帽、滑稽可笑的舞蹈又使我们回到法兰多拉舞中,乃至人类的起源和彼世!拉伯雷确实也会这样说。这些多少世纪以来存在着而又通过民俗学家的话语而获得揭示的行为和神话残余,是否给我们提供了理解人类行为或理解已失去了意义和其真实内容的形式结构的最秘密的钥匙了呢?"既如此,我们是否能在中国的庙会以及娱神活动中发现中国的狂热性或狂欢精神呢?难道真像某些比较文化学家所认为的,中国的文化精神完全是一种理性精神,而没有西方那种

---

① 参见米歇尔·伏维尔:《历史学与长时段》,载勒高夫等主编:《新史学》。

"酒神精神"吗？带着这种比较宏观的疑问，我才能方向明确、有备无患地进行文献的或是田野的资料的搜集，从一个较小的领域入手，考虑一个较大的问题。或者像某些日本学者和中国台湾学者曾经做过的那样，在为研究某个民间神祇或某种民间信仰而进行田野或文献工作的时候，他们是在确立或论证祭祀圈或信仰圈的理论。总之，无论对民俗研究还是对民俗史研究来说，具有某种理论准备都是必要的。如果缺乏理论准备，基于文献工作的研究就有可能成为资料汇编，而基于田野工作的研究就有可能只是一份调查报告，远非一项科学研究。

三、民间文化史研究数例

无论对于历史学家还是对于民俗学家来说，近年来一些青年历史学家通过田野工作与文献工作相结合的方式所做的民间文化史研究，或叫区域生活史研究（这是我的概括，也许研究者们自己并非这样定名），尚未为人熟知，比如厦门大学和中山大学的一些学者对珠江三角洲、莆仙平原等地的民间信仰，上海和江西的一些学者对本地区个别村落的家族组织的调查研究等。这里仅简介数例，希望能引起读者的兴趣。

首先要向读者介绍的是中山大学历史系陈春声教授的研究，近年来他调查的点主要在粤东饶平县的古港樟林村，关注的对象主要是源于当地的三山国王信仰以及相关问题。除了借助地方志等文献材料外，陈氏主要是通过赴该处的实地调查，发现了一批本地的乡土材料、残存在庙宇中的碑记和乡民的口碑，特别是庙宇的位置，在文献材料中未必有记载，而这对于了解庙宇在社区中的地位又是十分重要的。借助这些材料，陈氏探讨了三山国王崇拜与社区组织的关系，认定这一崇拜乃是社神崇拜，原来的境主妈祖则与社区内部结构没有关系,它及其樟林乡社神地位的出现,体现了明末清初该地区从渔乡变为农业聚落的结果。此外,陈氏还分析了社区内四个作为社庙的三山国王庙的不同地位。关于建村比较晚的仙陇国王庙,有一些有趣的传说,如说该国王性凶猛狭隘,只容本社人进去参拜,外社人进去会遭报应;又说神像下面镇压着许多凶神恶煞,所以该国王不能出巡,否则鬼怪跑出来会引起大乱。据说20世纪内该国王共巡游过三次,20年代引起了闹农会,30年代末引起了日本鬼子的放火烧乡,90年代的一次无所附会,则传为苏联解体和科威特大火。这类禁忌无非表明了社区内部的某种歧视和限制。同时,陈氏还指出了这种社庙在杂姓而居的社区中的功能,因为在附近的许多地方,聚族而居的社区往往有宗祠在起同样作用[1]。

陈春声在此基础上的系列研究有《从〈游火帝歌〉看清代樟林社会》《地方神明正统性的创造与认知——三山国王来历故事分析》《三山国王信仰与清代粤人迁台——以乡村与国家的关系为中心》等等。其中清末所作记述外地人来此观看游神的《游火帝歌》和有关三山国王的故事,是靠田野工作获得和丰富的。从主题和取材来看,它们与民俗研究并无二致,但其内容的注重点显然又是历史学的。

其次则要介绍中山大学历史系的另一位青年学者刘志伟的研究,近年来他调查的点主要是珠江三角洲的番禺沙湾,特别注意当地的何氏大族。在《祖先谱系的重构及其意义》一文中,他除了利用谱牒资料外,还特别指出,"有关宗族的历史传说,蕴含着宗族的文化隐义"。他从调查得来的口头传说、特定的词语称谓以及碑文中得出印象,何氏宗族在沙田的开发和地方社会权力结构中的作

---

[1] 参见陈春声:《社神崇拜与社区地域关系》,《中国历史社会发展探奥》,沈阳:辽宁人民出版社,1994年。

用非同小可。然而引起我特别兴趣的是他的一篇相关论文——《女性形象的重塑:"姑嫂坟"及其传说》。我以为,该文是田野工作与文献工作相结合进行民俗史研究的绝好范例。

最后应该提到的是厦门大学历史系的一些青年教授所做的工作,我们可以提到陈支平、郑振满等一些人,他们最初是随傅衣凌先生做明清时期福建家族的研究,数年间在闽北山区等地调查研究,搜集了大量谱牒、田契、乡规民约、当约、口碑资料,出版了《五百年来福建家族社会的变迁》《明清福建家族组织与社会变迁》以及大量有价值的论文。近年来他们也投入到对地方民间信仰的研究中去,比如郑振满对莆田江口平原近10年的田野调查,参观了上百场神庙祭典,通过了解祭典组织和仪式过程,探讨了以村庙为中心的村落从血缘关系向地缘关系的演化趋势,以及社区内不同村落的层级体系,特别是祭典组织与基层行政组织(如里甲)的密切关系。由于他所调查的那一区域极为独特并且较完好地保留了许多传统的东西,而民间信仰本身就有顽强的生命力,因此他在田野工作中找到的东西可以说就是活的历史。而他在这上百神庙之中发现的碑文,汇集起来便是极其珍贵的研究资料。

我们还应介绍上海社会科学院和华东师大的钱杭、谢维扬所做的工作,他们主要是在江西泰和县罗家村等地做有关宗族的研究。无独有偶,江西师大的梁鸿生和南昌大学的邵鸿亦在赣东的乐安县流坑村做有关当地董氏家族的研究,大致都是从明清时期考察到现在。清华大学的秦晖教授曾在关中地区搜集了大批土改档案资料,通过数理统计,得出"关中无地主、无租佃而有封建"的"关中模式"。限于篇幅,对上述有价值的研究成果不再展开介绍。但毫无疑问,他们的工作方式都是田野工作与文献工作相结合,这对于人类学、社会学、民俗学的研究者来说也许并不甚新奇,但对于长期囿于文献的历史学家来说,则不能不说是一个突破。而它们的结合方式和着眼点的不同,或许也能对前面那些学科有所启示。

关于这一点,陈春声的体验是这样的:"在田野调查中,可以搜集到极为丰富的民间文献,包括族谱、碑刻、书信、账簿、契约、民间唱本、宗教科仪书、日记、笔记等等,这些材料在一般的图书馆是无法获见的。更为重要的是,在调查时可以听到大量的有关族源、开村、村际关系、社区内部关系等内容的传说和故事,对这些口碑资料进行阐释,所揭示的社会文化内涵往往是文献记载所未能表达的。置身于乡村基层独特的历史文化氛围之中,踏勘史迹,采访耆老,尽量摆脱文化优越感和异文化感,努力从乡民的情感和立场出发去理解所见所闻的种种事件和现象,常常会有一种只可意会的文化体验,而这种体验又往往能带来新的学术思想的灵感。这种意境是未曾做过类似工作的人所难以理解的。"[1]这一是说增加了新的资料来源,二是说提供了研究者所能移情的氛围。因此,田野工作本身就既有文献方面的意义,也有"田野"方面的意义。当然,无论是田野工作还是文献工作,都只是研究的初步。研究者如何从叙述性的报告入手,得出分析性、理论性的结论,如何从具体的民俗事象或一个微型社会入手,收到管中窥豹、以小见大的功效,是历史学家和民俗学家所面临的共同问题。

总之,民间文化史或民俗史的研究,无论对于历史学还是对于民俗学,都是需要加强的方面,而田野工作和文献工作的结合,正是这方面研究的最佳方法。

---

[1] 《社会史研究应当重视田野调查》,《历史研究》1993年第2期。

后 记

本书是我十余年来研究庙会的大部分成果,其中有3篇是与我的研究生合作完成的,尽管初衷是为了让她们有个学术研究的训练,但我还是应对她们所做的初步工作表示感谢。

大约在1988年左右,我萌生了研究中国历史上的寺庙与民间信仰问题的念头,写了两篇概述性的论文,现在看起来十分粗浅幼稚,如果照旧收录,必会亵渎读者,因此在本书中做了较大幅度的修改。但也正是以此为契机,我申请了前国家教委的社会科学青年基金项目,据说这个题目还比较新颖,所以就被顺利地批准了。由此想到,我近年来的一些成果之完成,没有基金评审组的专家的支持,是不可能完成的,自然以后的研究也就没有了基础。

但是随着研究的深入,我发现这样一个题目过于庞大,必须选择一个具体的切入点才能操作,所以我首先把研究重点放在了庙会问题上,希望能把它搞清之后,再逐一涉猎其他。不料研究庙会之后,发现即此一题,亦有无数问题,问题又牵连新问题,因此直到如今还没有投入新的相关领域。其原因一是在于中国的情况非常复杂多样,即明清时期也需考虑区域、行业等方面的不同,于是我又只好收缩战线,把主要精力置于华北,偶尔涉及江南地区;二是在于认识在不断深化,问题意识在逐渐加强,一旦换一个角度,换一个思路,同一个领域中就会生出一连串值得研究的问题。

在这里我必须提到我的民俗学学习。虽然这项研究的缘起是受法国年鉴学派思想的影响,强调的是对民众生活史的研究以及多学科的方法,但是在当时的史学界很少有人身体力行。1994—1997年,我有幸攻读北京师范大学民俗学专业的在职博士研究生,受教于民俗学的权威钟敬文教授,在他的指导下,我的确受益匪浅。有了这样的机会,便有了与本专业的其他老师、同学、师弟妹之间的相互切磋,进而有了与兄弟学科民族学、人类学、社会学的学者密切交流的机会,使我可以从不同的角度去审视文献材料,去思考田野资料与文献资料之间的疏离,这都使我颇有脱胎换骨、易筋洗髓之感,历史学的同事、同行读了我此后的文章也有类似的感觉。

本书的一些个案研究也表明我的一种追求。对于许多历史学者来说,这些研究成果根本算不得什么学问,即使是研究社会史的同行,也认为那种试图以社会史来改造传统史学的努力虽然美好,但却无法成功,因此社会史只能是历史学中的一个分支领域。我所希望做的,正是提供一些尝试,证明以上努力不仅是美好的,而且完全可以成功,关于宦官的主题、明清易代的主题等都是例子。当然我还会继续通过实证性的研究来证明我的观点,因为本书的出版只是代表着漫漫旅途中的一个驿站,我的跋涉还远未到尽头。

我必须衷心地感谢教育部的有关领导,在我被荣幸地列入首批跨世纪人才培养人选的同时,我的"明清以来的庙会与华北基层社会研究"被列入教育部的哲学社会科学九五重点项目,本书即为该项目的成果。我也必须感谢中共中央统战部和北京师范大学党委统战部的领导,他们的推荐使本书获得华夏英才基金的出版支持。我还要感谢三联书店的支持,这终于使我不仅成为她的读者,也成了她的作者。最后我应该感谢我的学生杜正贞,她花费了许多精力帮我核对了材料和出处。至于我本人,最为必要的是重申以前历次出版后记中的希望:我将真诚地等待着读者的批评。

本书的序写于 2000 年的初冬,而后记则写于 2001 年的元月;全书工作是在上个世纪的最后 10 年中进行,也许还将在新世纪里持续 10 年、20 年。它和我一样经历了新旧世纪的跨越,使我始终不觉得这个千年交替是个间断,而毋宁说是个连续。

赵世瑜
于 2001 年 1 月 21 日

再版后记

本书自 2002 年出版以来,15 年已经过去。在此 4 年后,我又编有《小历史与大历史》一书,至今也已经过去 10 年多,到今年才编出第三本,这三本书是 20 年来我研究区域社会史的历程的展现。

就本书而言,我没有做什么大的改动,只是改正了发现的文字错误和少量不要的表述。另外,由于原来书中的插图都是胶卷照片,现在已经不知道哪里去了,只好舍弃或替换为其他图片,特此说明。

我的学生杨园章帮我核对了史料,补充了注释中信息不全的地方,在此表示感谢。

2017 年 2 月 9 日